KB118391

사랑의
탄생

LOVE : A HISTORY

이 도서의 국립중앙도서관 출판예정도서목록(CIP)은 서지정보유통지원시스템 홈페이지
(http://seoji.nl.go.kr)와 국가자료공동목록시스템(http://www.nl.go.kr/kolisnet)에서
이용하실 수 있습니다.(CIP 제어번호 : CIP2016007414)

사랑의 탄생

혼란과 매혹의 역사

사이먼
메이
지음

김지선
옮김

LOVE:
A HISTORY
Simon May

문학동네

MLM과 ADG에게 바칩니다.

LOVE:
A HISTORY

차례

일러두기

1. 본문에 ●로 표시된 각주는 모두 옮긴이 주이며, 숫자로 표시된 미주는 지은이 주다.
2. 본문 중 고딕체는 원서에서 이탤릭체로 강조한 부분이다.
3. 인명, 지명 등 외래어는 국립국어원의 외래어표기법을 따랐다. 단, 외래어표기법이 제시되지 않은 일부 언어들은 국내 매체에서 통용되는 사례를 참조했다.
4. 본문에 인용된 성경 구절들은 언급된 일부 예외를 제외하고는 모두 영국의 신개정판 표준성경(New Revised Standard Version)을 따른 것이다. 한국어판에서는 공동번역성서를 토대로 경우에 맞게 번역했다.

사랑을 어찌 정의할 수 있을까. 생각이 아니라 느낌의 문제인 것을.
어디 그뿐인가. 이 더없이 자연발생적이고 수수께끼 같은 감정을 파
헤친다는 것은 자칫 그 마법을 깨뜨릴지 모를 위험천만한 짓이 아니
겠는가. 급기야 우리가 이해하고자 하는 바로 그 감정을 죽이는 짓이
아닌가.

그간 이런 물음들을 거듭 접해왔다. 아울러 사랑의 **철학**이라는 개
념 그 자체에 대한 회의, 나아가 적개심까지도. 많은 사람들이 사랑의
철학이란 헛되거나(사랑은 정의할 수 없다), 자멸적(사랑을 정의하는
것은 사랑을 망치는 짓이다)인 것이라고 말한다. 그런 연구를 하려는
동기는 그저 순진한 정도를 넘어 수상쩍기까지 하다. 이런 시각에 따
르면, 사랑에 관해 철학하는 사람은 사랑을 경험할 수 없기 때문이다.

그렇지만 사랑을 경험할 수 없는 사람이 도대체 어떻게 사랑에 관해 철학할 수 있겠는가?

흥미롭게도, 이런 비판론자들이 다른 감정들을 그런 식으로 보는 일은 거의 없다. 연민이나 너그러움, 욕망이나 비애, 존경심이나 불멸을 향한 갈망을 철학의 대상으로 삼는다 해서 그런 감정들을 느낄 능력을 잃어버릴 거라고 생각하는 사람도 거의 없다. 혹은 그렇게 하려는 동기 자체가 그런 감정들을 가질 능력이 없음을 드러낸다고 생각하지도 않는다. 증오에 관심이 있는 사람이라고 해서 그가 남을 증오할 능력이 모자란다거나, 남에게서 증오를 산 적이 거의 없다거나, 혹은 증오하는 관계를 유지하지 못할 거라고는 생각지 않는 것이다. 오히려 그 반대로는 짐작할 법하다.

반면 사랑의 심리학을 향한 태도는 훨씬 긍정적이다. 특히 진화심리학에 대해서는 더욱 그렇다. 사실 사랑을 철학의 대상으로 삼으려는 시도를 경멸하는 사람들이, 예를 들어 짝짓기 전략과 진화 적합성, 뇌 상태와 신경전달물질, 있을 법한 다양한 사랑의 관계에 관한 '이야기들', 아동기 애착의 유형, 혹은 친애°나 섹스나 아이를 원하는 욕망의 작동 등의 관점에서, 우리가 왜 그리고 어떻게 사랑하는가에 관한 설명에는 호기심을 드러낸다. 학술서, 토크쇼, 대중가요 가사, 인터넷 만남 사이트, 자기계발을 위한 지침들 모두가 사랑의 성공조건, 천생연분 배우자, 바람기와 질투, 혹은 공감과 존중과 관용 같은 친밀한

° 고전 인문서에서 이 단어는 보통 그리스어 'philia'의 번역어로 쓰이지만 편의상 이 책에서는 더 자주 등장하는, '가까운 관계' '애정'을 뜻하는 'intimacy'의 번역어로 쓰고, 남녀나 동성 간의 우정이나 우애를 주로 뜻하는 philia는 '필리아'로 곧장 읽기로 한다.

관계를 위한 덕목들에 대한 궁금증으로 넘쳐난다. 사랑으로부터 마법의 힘을 빼앗기로 말하자면 이런 환원주의적 이론들이 철학과 다를 바 없다고 생각하는 사람들도 있겠지만, 누군가를 사랑하고 있거나 근래에 실연당한 사람들의 감정을 묘사하고, 친애를 방해할 수 있는 감정 및 과거사를 파악하고 그 극복방법을 찾고, 여러분이 자신의 성격 때문에 왜 다른 누구도 아닌 유독 그 한 사람에게 빠지는가를 설명하고, 뇌와 구애와 짝짓기 행동의 성적 차이들을 탐색하는 것 등등은 꽤 그럴싸한 일로 보인다.

그 괴리는 무엇 때문인가? 누구나 사랑을 이야기하는데 사랑의 특정한 의미가 금지구역이 되는 이유는 무엇인가?

감히 답을 내놓기 전에, 우선 늘 그래오지는 않았다는 사실을 떠올려보는 편이 도움이 될 듯싶다. 여러분이 플라톤, 아리스토텔레스, 아우구스티누스, 그리고 토마스 아퀴나스 같은 서양식 사랑관의 가장 위대한 아버지나, 17세기의 스피노자와 19세기의 쇼펜하우어 같은 철학자들에게 사랑을 정의할 수 있느냐고, 혹은 사랑의 본질에 관한 기탄없는 사색이 사랑을 더 잘하는 데 도움이 되느냐고 물어보았다면, 그들은 그 질문 자체에 놀라워했을 것이다. 그들 모두가 사랑의 세세한 정의를 제시할 수 있었을뿐더러 사랑은 그들 철학의 핵심이었고, 따라서 오늘날 윤리학과 형이상학, 미학처럼 별개의 학술 영역들에서 다루는 내용에서도 대체로 핵심을 차지한다. 이 사상가들은 사랑이 무엇인지, 무엇이 사랑을 일깨우는지, 우리가 사랑에서 무엇을 찾으려 하는지, 어떤 품성들이 가장 사랑할 만한 가치가 있고 어떤 것이 그렇지 않은지, 사랑을 위해 치를 만한 대가는 어떤 것들이고 그렇지 않은 것은 어떤 것들인지, 우리가 성공적으로 사랑하려 한다면 어떤 덕목들을 함양해야 하는지, 우리가 어디서 개념 오류에 빠질 수 있으며 어떻게 하면 그런 오류를 알아보고 피하도록 스스로를 단련할 수 있는지 명확히 밝히는 것, 이 모두를 사랑을 좌절시키기는커녕 오히려 사랑을 번영케 하는 것들로, 그리고 올바른 관심을 가지고 올바른 대상을 사랑하게 해줄 수 있는 것들로 보았다.

그렇다면 오늘날의 현상은 어찌된 일인가? 그 답은 아마 이렇지 않을까. 우리는 사랑에 대한 전통적 기대를 실현하는 동시에, 사랑에 의문을 품지 않기로 단단히 작심하고 있다. 사랑이 어떻게 작용하게 되는지, 왜 작용하지 않게 되는지, 사랑이 어떤 사회적 또는 진화적 목적에 봉사하는지, 어떤 종류의 관계들이 사랑을 담아내는지를 묻는 것은, 사실 괜찮다. 그러나 사랑의 본질, 즉 사랑이 정확히 무엇이며, 우리가 사랑에 무엇을 요구하느냐 하는 문제는 성역이다. 사랑은 진정 무조건적인가? 사랑은 진정 자연발생적이며, 그 동기는 끝내 이해가 불가능한가? 부모는 진정 모든 자식을 방식은 다를지언정 동등하게 사랑하는가? 사랑은 진정 우리의 가장 개인적이고 내밀한 감정인가? 사랑은 항상 이타적인가? 사랑이란 본질적으로, 다른 사람을 전체로서 평가하는 것인가? 그리고 우리가 가치를 부여하는 이 '전체'가 무엇인지는 진정 명확한가? 소유욕은 진정 사랑의 성공을 막는 적이며, 사랑하는 대상의 실재에 복종하는 것의 대척점인가? 우리는 타인을 그녀 혹은 그[1] 자체로서 사랑하는가?

이런 유형의 질문들에 대한 답은 대체로 '그렇다'로 여겨진다. 수백만 연인들이 그들의 관계에서 기쁨과 절망, 승리감과 좌절, 불만과 만족감을 느낄 때, 그들의 기대는 굳게 다져진다. 우리는 낭만주의의 어떤 부류에 속하는, 19세기 후반 이래 그 본질이 변하지 않은 사랑의 밑그림에 여전히 지배당하고 있다(1장에서는 내가 이 밑그림의 핵심 요소라고 생각하는 것들을 요약할 것이다). 사실, 사랑에 관해 이야기하자면 '긴 19세기'는 20세기, 1914년이나 1917년까지만이 아니라, 21세기까지도 족히 이어진다.

이것이 옳다면, 우리는 매혹적인 역설을 다루고 있는 것이다. 지난 100년간 섹스와 결혼이 엄청나게 자유로워지면서, 사랑은 새롭게 태어나기보다는 경직되었다. '자유연애'는 사랑을 자유롭게 만들지 않았다. 우리에게 사랑에 대한 새로운 개념을 제공했는가를 따져볼 때, 그렇지 못하다. 그와 반대로 새로 얻은 자유, 특히 20세기에 일어난 가장 광범위한, 그리고 아직 끝나지 않은 혁명의 산물인 이혼, 피임, 그리고 동성애 인정, 이 세 가지는 전과 다름없는 낡은 이상을 추구할 기회를 전보다도 더 많이 제공해왔다. 낙태와 페미니즘과 손을 잡고, 그것들은 여성과 남성이, 그리고 동성애자들 역시, 더는 임신이나 전통적인 사회적 관계들 때문에 서로 얽매이지 않고 자유롭게 '바로 그' 사람과 '바로 그' 사랑을 찾아나설 수 있음을 뜻했다.

사랑의 소비주의가 확산되는 현상 역시 그 탐색에 불을 지펴왔다. 욕망의 다른 영역들과 마찬가지로 여기서도 속성 만족을 요구하고, 그것이 충족되지 않으면 반복적으로 새로운 파트너로 옮겨가려 하는, 사실상 일평생 계속 '움직이려' 하는 충동. 또한 훨씬 향상된 이동성과 전 지구적 범위의 인터넷 교제 덕분에 가능한 파트너의 범위가 꾸준히 확장된 것도 거기 한몫했다. 그리고 부의 확충, 수명 연장과 건강 증진은 사람들을 빈곤과 전쟁과 사별의 족쇄에서 해방시켜 더 큰 문화적 성취의 불가결한 조건인 여가시간을 제공함으로써 그 탐색을 점점 더 실천 가능하게 만들어왔다. 그 어지러운 속도와 절차중심주의에도 불구하고, 현대의 삶은 그 어느 때보다도 더 많은 사람들에게 사랑을 추구하는 데 필요한 시간과 집중력을 허용한다.

19세기에서 현대로 온 사람이라면 도덕성이나 자유, 혹은 여성의 지위, 예술, 인종, 자녀 양육, 동성애, 교회, 여행에 대한 우리의 일상적 태도를 이해하지 못할 것이다. 이성 간의 상호작용, 아이들이 부모를 대하는 태도, 흑인이 백인에게 말하는 방식, 동성애자들이 서로를 만지는 것 같은 평범한 사회적 관계들에 놀라겠지만, 그는 우리가 생각하는, 혹은 우리가 옳다고 생각하는 사랑관만큼은 금세 이해할 것이다. 우리 삶을 지배하는 위대한 개념들 중에서 오로지 사랑만이 시간의 흐름 속에서 얼어붙은 듯 보인다.

어째서일까?

종교적 믿음과 사랑에 빠지는 경험 사이의 유사성은 자주 주목받아왔다. 하지만 현대의 사랑관을 이야기할 때, 우리는 무언가 다른 이야기를 하고 있다. 그 자체로서 종교가 되는 사랑. 그것은 그 어떤 교회의 공인公認이 아니라 숭배자들에 의해 스스로 강화되기 때문에 더욱 주목할 만한 종교다.

모름지기 종교란, 무엇보다도 지극히 가치 있는, 실상 '성스러운'

것으로 숭앙받는 몇몇 상황들을 사실로 간주하는데, 왜냐하면 대체로 우리가 가장 두려워하는 그 무언가로부터의 구원을 제공하는 것이 바로 그 상황들이기 때문이다. 그리고 그것이 우리로 하여금 삶의 본질과 목적에 관한 가장 난해한 문제도 이해할 수 있게 해주기 때문이다. 그 결과 우리는 일상을 한참 넘어서는 것으로 경험하는 상황의 힘과 위엄에 경외심을 느낀다. 따라서 종교를 믿는 사람들은 대체로 그 종교를 떠받치고 밀고 나가는 믿음과 실천들에 근본적 의문을 던지는 행위를 불합리한, 심지어 비뚤어진 행위로 볼 것이다.

사실, 실제로 의문을 품는 사람들은 누구든 이미 그 의도 자체로, 자신이 의문을 품고 있는 대상에 문외한임을 입증하고 있는 셈이다. 그의 시도가 그 시도 자체를 무효로 만든다. 제아무리 그럴싸해 보여도, 그의 논지는 무의미하다. 그 어떤 종교든 근본적 믿음을 공유하지 않는 자에 대해서는 그 종교를 비판할 자격을 갖춘 사람으로 인정하지 않는다.

나는 좀 과장하고 있다. 이런 자세가, 우리가 사랑의 본질에 관한 연구를 시작할 때 놀라운 현상을 접하게 되리라는 것을 알려주기 때문이다. 그 현상이란, 서구 세계의 많은 이들에게 사랑이 바로 이런 의미에서 종교가 되어왔다는 것이다. 심지어(특히?) 자신이 종교에 적대적이라고 주장하는 사람들에게도.

그런 강한 반응을 겪어보지 못한 사람도 있을지 모른다. 그러나 나는 그런 반응을 접하고 큰 충격을 받았고, 그 반응이 사랑을 향한 현대인의 태도에서 나타나는 너무나 강력한 한 가지 징후여서, 그것은 어떤 면에서 이 책의 주제 중 하나가 되었다. 실제로 그들은 어느 정도 다음과 같은 길잡이 물음의 동기를 제공했다. 인간의 사랑은 어쩌다 신의 사랑을 모범으로 삼게 되었을까? 사랑에 관한 어떤 환상이 그런 자만심을 키워왔을까? 그리고 우리는 어떻게 해야 사랑을 그르치는 이런 오류와 신성모독을 저지르지 않으면서 사랑을 다시 생각할 수 있을까? 사도 바울의 말씀마따나 위대한 것들 중 '가장 위대한 것', 사랑보다 더 위대한 인간 욕구는 없다는 바로 그 이유로, 우리는 행여 사랑이 신 놀음을 하게 되는 일이 없도록 단속할 필요가 있다.

1
하느님 놀음을 하는 사랑

"거의 2000년이 지나도록 단 하나의 새로운 신도 나오지 않다니!" 니체는 1888년에 이렇게 외쳤다.[1]

그렇지만 니체는 틀렸다. 새로운 신은 있었다. 그것도 바로 우리 코앞에. 새로운 신은 사랑이었다. 인간의 사랑.

그리고 이제 인간의 사랑은, 과거에는 신의 사랑만이 할 수 있다고 여겨지던 일들을 해내야 하는 임무를 그때보다도 더 광범위하게 떠맡았다. 그 임무란 우리에게 의미와 행복을 주고 고통과 좌절을 극복할 힘을 주는 궁극의 근원으로서의 구실이다. 사랑은 가장 희귀하고 예외적인 것이 아니라 실제로 사랑을 믿는 모든 이에게 열린 가능성이 되었고, 조물주나 오래고 엄격한 단련 덕분에 얻게 된 힘이 아니라 우리 모두가 어느 정도는 갖고 태어난 자연적이고 직관적인 힘이 되었다.

사랑을 우리 현대인들에게 개방된 평등주의적이고 심지어 보편적인 형태의 구원으로 보는 이런 믿음은 신의 사랑을 인간 사랑의 근원이자 모방해야 할 전범으로 보아온 오랜 종교사의 산물이지만, 그 믿음이 처음 등장할 수 있었던 것은 역설적이게도 종교적 믿음의 쇠퇴 덕분이었다. 18세기 말 이후로 기독교가 물러나면서 남긴 진공을 사랑이 점차 채워나가지 않았다면 이는 불가능했으리라. 그 시기에 '신은 사랑'이라는 공식이 그 반대처럼 보이는 '사랑은 신'[2]이라는 공식으로 역전되었고, 지금은 서양의 암묵적 종교, 어쩌면 서양에서 유일하게 보편적으로 받아들여지는 종교가 되었다.

이것의 진짜 의미는 무엇일까? 그것은 우리가 기독교인이든 아니든, 기독교 전통을 토대로 형성된 문화에서는 신의 사랑의 한 특정한 상像을 진정한 사랑의 전범으로 삼는 경향이 있다는 뜻이다. 이런 것은 예수가 했다고 전하는 말의 내용들과는 별로 관련이 없다. 앞으로 보게 되겠지만, 오히려 예수는 후세의 믿음과 실천들에 비해 사랑을 거의 언급하지 않는다(그리고 섹스에 관해서는 거의 입도 떼지 않는다). 핵심적인 믿음은 이런 것들이다.

사랑은 무조건적이다. 사랑은 타인의 가치나 품성에 의해 생겨나거나 사그라지거나 하지 않으며, 아무것도 바라지 않고 마음에서 우러나서 베푸는 선물이다(전형적 사례: 자식에 대한 부모의 사랑).

사랑은 사랑하는 대상의 고유함particularity 전체, '좋은 점'뿐만 아니라 '나쁜 점'과도 관계 맺고, 아울러 긍정한다.

사랑은 본래 이타적이다. 사랑하는 대상 자체의 번영에 쏟는 순수한 관심이다.

사랑은 자비롭고 조화롭다. 평화로운 안식처다.

사랑은 영원하다. 사랑은, 그리고 사랑의 축복은 결코 죽지 않는다.

사랑은 우리로 하여금 뒤죽박죽이고 불완전한 일상의 세계를 넘어 더 높은, 순수하고 완벽한 세계로 가게 해준다.

사랑은 삶의 상실과 고통으로부터 우리를 구해준다. 사랑은 그런 감정들로부터 우리를 해방시키고, 그 감정들에 의미를 부여하며, 자신의 가치로 감정들을 압도하여, 그 감정들로 인해 갈라졌던 최고선과 우리를 화해시킨다.

대중문화는 이런 식의 생각에 흠뻑 젖어 있다. 다른 면에서는 대담한 사상가들 역시 그런 생각들을 되풀이하면서, 사랑은 '사랑하는 이 자신을 위해' 사랑하는 대상의 '행복에 쏟는 순수한 관심'이라느니, 사랑은 자발적인 '가치 부여'라느니, 사랑은 그 대상의 '충만한 고유함'을 향한다느니 하는 클리셰를 널리 퍼뜨린다. 그리고 그런 뻔한 덕담에 한몫 거들지 않았다는 이유로 플라톤과 프루스트 같은 위대한 선구자들을 대뜸 꾸짖는다.[3] 무엇보다도 이러한 이상들은 우리가 낭만적인 사랑과 부모의 자식 사랑에 기대를 품도록 불을 지핀다. 인간의 사랑은 막대한 대가를 치르며, 과거에는 오로지 신의 사랑만이 할 수 있었던 역할을 가로채왔다.

인간의 사랑이 신격화되는 현상은 우리가 개인적으로 심각한 상실, 즉 우리 삶에서 의미와 안정감이 급작스레 빠져나가게 만들 수 있는 상실을 맞닥뜨린 상황에서 가장 명확히 드러난다. 우리의 업적과 재산과 건강과 직업의 불안정을 정면으로 맞닥뜨렸을 때, 우리를 무력하게 만드는 질병, 빈곤, 사별, 테러리즘, 혹은 실직의 고통을 정면으로 맞닥뜨렸을 때, 사랑은 종교적인 신앙을 가진 사람과 그렇지 않은 사람을 막론하고 대다수 서양인이 매달릴 수 있는 가치척도의 목록에 올라 있다. 왜 나에게? 왜 그 죄 없는 아이에게? 그런 재앙은 도대체 무슨 목적이 있지? 오직 사랑만이 그런 의문들에 지지 않는 것처럼 보인다. 오로지 사랑만이, 끔찍한 일들에 '그의 죽음은 헛되지 않아' 하는 식으로 의미를 가득 채우는, 모든 것을 정복하는 힘을 가진 듯하다. 또는 그의 죽음이 허무하다는 사실이 너무나 명백해서 그 죽음에 의미를 부여할 수 없는 경우에는, 그의 삶에 의심할 수 없는 가치를 부여할 수 있다. '그는 사랑하고 사랑받았으니, 그로 인해 그의 삶은 의미를 얻고, 이 의미 부여로 인해 그 죽음의 무의미함은 덮인다.'

완강한 무신론자라고 해서 불가지론자나 신앙인에 비해 사랑이라는 종교에 덜 빠져드는 것은 아니다. 다른 모든 영역에서는 절대자와 영생을 단호하게 거부하는 많은 무신론자들이 사랑에서는 그것을 맛

본다. 속세를 찬양한다는 반항적인 명제로 시작해, 고인이 떠난 후에도 '살아남는' 사랑에서 위안을 찾고, 그리하여 고인에게 약간이나마 불멸성을 끼얹는 일이 없는 인본주의자의 장례식은 드물다. 고인은 사랑하고 사랑받는 행위 속에 살아남아 있고, 아직 살아 있는 이들이 가진 그 사랑의 기억들 속에 살아남아 있다.

이제 여러분이 무신론자에게 사랑이, 혹은 그 사랑의 결과가, 그 사랑을 접했던 이들이 죽은 이후에조차 어떤 형태로든 계속 살아남느냐고 묻는다면, 많은 경우에, 아마도 대다수의 무신론자가 '그렇다'고 말하고 싶어할 것이다. 마치 사랑이, 한번 표면화하면 결코 소실되지 않는 어떤 도덕적 에너지라도 된다는 듯이. 기독교의 상속인들과 계승자들에게 이 믿음은 절망에 맞서는 최후 방어선이다. 그들은 사도 바울의 "사랑은 가실 줄을 모릅니다"라는 말씀에 찬동할 것이다.(고린도전서 13:8) 필립 라킨은 환멸을 다룬 시 「어런들 무덤*An Arundel Tomb*」의 마지막 행에서 문명 전체를 대표해 이렇게 말한다. "우리 중 살아남을 것은 사랑이다."[4]

반면 서양이 신에 대한 믿음을 잃기 시작한 17, 18세기 이후로, 신의 모든 대용품, 즉 이런저런 시대에 인간의 격상과 구원의 조짐으로 숭앙받으며 그들이 구축하는 그 모든 것을 가치와 의미로 채워온 모든 대상들은 차례로 결함을 드러냈다. 이성, 진보, 민족, 국가, 공산주의를 비롯해, 신의 서서한 '죽음'이 남긴 공백을 채우기 위해 구원의 종교로 격상되었고, 몇몇 경우 민족주의와 예술처럼 아직도 이따금 격상되고 있는 다른 우상들과 '주의ism들'의 무리는 모두, 사람들이 기대했던 궁극의 만족이나 무한한 약속을 실현하지 못했다. 그들에게 아무리 온갖 영적이고 도덕적인 의미가 들러붙었어도, 그중 무엇도 서양의 정신세계가 여전히 그토록 중독되어 있고 그 때문에 계속해서 우상들을 세우는 그 환상을, 모든 좋은 것들이 조화롭게 공존하는 어떤 최후의 완벽한 상태에 대한 환상을 유지해주지는 못했다. 그 무엇도 전체로서의 삶에 의미를 주고, 그 과정에서 고통과 부당함으로부터 구해주거나, 그것들을 설명하거나, 정당화하거나, 씻어주거나, 아니면 무찌르는 궁극적인 최고의 이상이나 경험을 성공적으로 제공하지 못했다.

자유. 대중 종교의 대용품으로 유일하게 남은 이 후보는 성공을 거두지 못할 것이다. 그 이유가 단지 자유의 한계나 가치가 이론상으로조차 무제한이 될 수 없기 때문일지라도. 자유는 현대 세계에서 거의 보편적으로, 심지어 자유의 적들에게서까지 최고선으로 칭송받지만(자유는 어떤 가치가 얼마나 강력해질 수 있는가를 줄곧 보여줘온 본보기다), 순수하게 자유라는 이름하에 행해진 모든 행위에 사랑과 같은 식으로 가치를 부여하지는 않는다. 그리고 우리가 모든 사랑의 증대를 반드시 선이라고 여기는 것처럼, 모든 자유가 증대가 반드시 선으로 여겨지는 것도 아니다.

인류의 종교적 필요를 충족시킨다는 면에서는 예술이 자유보다 낫다. 하지만 일부에게만(그리고 예술의 창조자들을 따지자면, 훨씬 더 적은 이들에게만) 그렇다. 현대예술이 너무 작정한 듯 역설적이고, 그 톤이 너무 의도적으로 일상적이며, 그 임무를 믿음직하게 완수하기에는 구원이나 지고의 뜻이나 무조건성이나 항구성 같은 개념을 너무 경멸한다는 점은 아예 논외로 치더라도 그렇다. 그간 인종 평등이나 성 평등, 혹은 환경 보호와 동물권 같은 다른 이상들도 생겨났다. 그러나 그 어떤 고귀하고 필수적이고 혁명적인 이상도, 서양의 정신이 여전히 갈구하는 삶의 목적과 의미의 궁극적 근거가 되어줄 수는 없다. 사회가 더 개인주의화해갈수록 사랑이 소속감과 구원의 궁극적 원천으로서 계속 격상될 것을 우리는 더 기대할 수 있다. 서양 우상들의 황무지에서, 오로지 사랑만이 무사히 살아남는다.

오만의 위험

그 어떤 인간적인 이상도 신성을 부여받음으로써 나아지는 경우는 없다. 아담과 이브가 선악과를 훔치고, 프로메테우스가 신의 불을 빼돌리고, 바빌론인들이 천국에 닿는 탑을 세우려는 야망을 품은 일에 이르기까지 그토록 많은 고대의 신화들이 들려주는 역설은, 신을 흉내내거나 인간을 신격화하려는 모든 시도는 재앙으로 끝난다는 것이다.

사랑도 예외가 아니다. 무조건성과 불멸성 같은, 신의 사랑에 속한 것으로 놔두는 편이 제격인 특색들을 인간의 사랑에 부여함으로써, 우리는 더없이 조건과 시간에 구속받는 본성과 세속적인 감정을 거짓으로 꾸미고, 감당하기 힘든 짐을 억지로 지려 한다. 인간 사랑의 신격화는 신들의 힘을 훔쳐오려는 인류의 강박적 여정의 종장이자, 인간의 한계 너머로 발돋움하려는 시도 중 가장 오래된 것이기도 하다. 그 시도는 다른 시도들과 마찬가지로 실패할 수밖에 없다. 이런 이야기들의 교훈에 따르면, 인간의 한계를 무시하다가는 끔찍한 대가를 치르게 마련이기 때문이다.

그렇지만 오히려 세상에는 사랑을 종교로 보는 시각에 대한, 또는 심지어 한 쌍의 천생연분이 불가피한 시련을 겪은 후에 완벽한 행복을 찾아내어 여생을 소중히 지켜가는 낙관적인 할리우드식 이야기로 보는 시각에 대한 회의주의가 가득차 있지 않느냐고 반박할 사람도 있을지 모른다. 어쨌거나 오늘날에는, 물론 예전에도 그랬지만, 내가 앞서 간략히 제시한 신divine 모델을 실제로 거부하는 사람들이 꽤 있으며, 이 책에서 아울러 살펴볼 텐데, 그들의 사랑관은 사랑을 박물학적 관점에서 보는 오랜 전통을 반영한다.

예를 들어 연애, 섹스, 그리고 관능적인 상상의 쾌락을 가능한 한 오래도록 즐기고, 그런 것들을 세련된 스포츠나 예술로 계발하되, '사랑에 빠져' 미치지 않도록 조심하고, 사랑의 더 높은 의미에 대한 환상에 혹하지 말라고 충고하는 오비디우스 같은 향락주의자들이 있다. 열정적 사랑, 그리고 그 모든 이상과 환상은 두 사람이 다음 세대를 낳아 키우기에 충분할 만큼 오래 서로에게 빠져 있도록 하려는 번식욕의 교묘한 술책이라며 김을 빼는 쇼펜하우어 같은 사람도 있다. 그런가 하면 아리스토텔레스나 몽테뉴처럼 우애를 옹호하는 사람들도 있다. 이들은 하늘까지 솟구치는 사랑보다, 우리가 '제2의 자아'로서 경험하는 타자의 행복을 위한 헌신이 우리의 번영에 더 도움이 된다고 여긴다. 그리고 적어도 몽테뉴는, 이 역시 열정 면에서 모자람이 없다고 여긴다. 보다 최근에는, 사랑을 원시적이면서 때로 퇴행적인, 육체적 만족과 보호와 결속감을 찾으려는 욕구로 그리는, 또 사랑의 성숙을 그 유아적 패턴으로부터의 해방으로 그리는, 프로이트를 필두로 하는 정신분석학자들이 있다. 그리고 인간들 사이의 사랑이란 대부분 무자비하고 변덕스러울뿐더러 대개 착각에 불과하며 자신에게서 벗어나 안전하고 참신한 다른 누군가에게로 도피하려는 행위라고 여기는 프루스트 같은 이들도 있다.

우리가 벗어날 수 없고 오늘날 두루 만족되지 않고 있는 종교적 요구를 충족시키는 데 있어, 결국 사랑은 신 모델을 몰아내기에는 너무나 중요한 역할을 맡고 있다. 하지만 그렇다 하더라도, 그 뒤에 있는 강력하고 보편적인 요구들을 정당화하면서 신성이나 환멸 중 어느 쪽에도 기대지 않고 사랑을 설명하는, 사랑에 관한 또다른 사고방식이 있음을 보여주고 싶다. 이런 시각에서 사랑은 다른 이들의 행복 그 자체를 목적으로 하는 무조건적 헌신도 아니고, 인정recognition, 친애, 생식 혹은 성적 만족에 대한 욕구로 치부될 수도 없다.

그렇다면, 그것은 무엇인가?

사랑의 이론: 1차적 윤곽

사랑이란, 무너뜨릴 수 없는 삶의 기반에 대한 희망을 우리 안에 일깨우는 사람과 사물들에게 느끼는 황홀이라고 나는 말하련다. 그 황홀은 우리로 하여금 우리 존재와 그들 존재 사이의 안정적 관계를 위한 오랜 탐색을 시작하도록, 그리고 지속하도록 만든다.

우리 모두가 사랑에 대한 욕구를 가지고 있다면, 그것은 우리가 이 세상에서 고향에 온 듯한 기분을 느끼고 싶어하기 때문이다. 지금 여기에서 우리 삶의 뿌리를 내리고 싶고, 우리 존재에 견실함과 의미를 부여하고, 존재한다는 감각을 속속들이 느끼고, (삶은 일시적이며 죽음으로 끝맺는다는 점을 인정하더라도) 우리 삶의 실제를 파괴 불가능한 것으로 경험하고 싶어하는 것이다.

이것은 내가 '존재론적 정착ontological rootedness'이라고 부르는 느낌이다. 여기서 존재론이란 존재의 본질과 경험을 다루는 철학의 한 갈래다. 나는 우리가 사랑하는 대상이 오로지 우리 안에 존재론적 정착의 약속을 불러일으킬 수 있는 (무척 드문) 사람이나 사물이나 개념이나 교리나 풍경 들로 제한될 거라고 생각한다. 존재론적 정착의 약속만 가능하다면, 다른 자질들이 어떻든 우리는 그들을 사랑할 것이다. 그들이 얼마나 아름답고 선량한지, (우리가 사랑하는 대상이 사람일 경우에) 얼마나 너그럽고 이타적이고 동정심이 넘치는지, 우리 삶과 계획들에 얼마나 관심이 있는지, 그리고 심지어, 그들이 우리의 가치를 알아주는지 여부는 상관이 없다. 사랑이 다른 무엇보다도 가장 앞세우는 관심사는 우리 삶과 존재의 고향을 찾는 것이기 때문이다.

우선, 고향은 우리의 어머니이자 아버지이다. 그리고 가능한 고향의 범위는 점점 더 커지고 복잡해진다. 직업, 친구, 자녀, 자연, 하느님까지도 거기에 포함될 수 있다. 또는 장소들, 개념들, 그리고 이상들까지도. 아니면, 흔한 편견과는 반대로 돈이나 지위, 그리고 그것들로 나아가는 다리를 놓아주는 사람들까지도 포함될 수 있다. 아무리 사랑의 다른 목적들에 비해 덜 고귀하고 덜 중요해 보인다 해도, 이런 것들 역시 단단히 뿌리를 내리기 때문이다.

　사랑이 너무나 혼란스러울 수 있다는 사실은 크게 놀랍지 않다. 사랑의 목적, 즉 터전을 잡음groundedness, 정착, 고향에 있음at-homeness은 규정하기 어렵고, 우리는 결코 그것을 이루었다고 자신할 수 없다. 하물며 확실히 이루었다고 자신하는 것은 어림도 없다. 사랑은 다양한 종류의 대상들로 만족될 수 있다. 비록 우리가 사랑하는 이들의 품성과 성실함에 관해, 그리고 그들이 우리의 사랑에 얼마만큼 보답하느냐에 관해서도 우리는 착각할 수 있지만, 그들이 우리로 하여금 터전을 잡게 해주는 동인이라는 믿음만큼은 결코 '착각'일 수 없다. 사랑에서는 겉보기에 모순적인 태도들이 표출될 수 있다. 복종과 소유욕, 너그러움과 이기심, 강렬한 감사와 특히 요구가 너무 간절해져서 심지어 폭력성까지 띠게 되었을 때 쉽사리 커지는 무례함.

　그렇지만 그전에 명확히 해둘 것이 한 가지 있다. 사랑은 존재론적 정착이라는 이 약속에 관한 한 무조건적이기는커녕 조건적일 수밖에 없다는 것이다. 사랑은 겉보기에는 무조건적인 듯한데, 이는 우리 안에 이런 정착의 감정을 불러일으킬 수 있는 사람(또는 사물)을 만났을 때 우리가 그들에게 너무나 주저 없이 복종하고, 그들을 너무나 철저히 소유하고 싶어하고, 그들에게 모든 것을 다 주려 하고, (심지어 어떤 면에서는 도덕적으로 나쁘다고 생각하더라도) 그들을 더없이 선한 존재로 여기고, 그들과 함께 있으면 너무나 강렬한 즐거움을 느끼고, 그들의 존재에 더없는 감사와 책임감을 느끼고, 그들의 부재를 도저히 견디기 어려워하는 이런 반응들의 강도가 워낙 강하다보니, 전통적으로 '사랑'과 관련된 것으로 여겨져온 이 모든 느낌들이 오로지 그들이 우리에게 이 세상에서 고향에 있는 것처럼 느끼게 해준다는 약속을 지킬 능력을 지녔느냐에 달려 있다는 현실을 깨닫지 못하기 때문이다.

사실, 사랑이 존재하기 위한 이 유일한 조건이 충족된다면, 다른 그 어떤 조건도 있지 않을 것이다. 그 지점부터 사랑은 무조건적이 될 것이다. 사랑을 하는 이는 그가 사랑하는 그녀의 힘, 외모, 지성, 지위 같은 다른 특성과는 상관없이 그 존재를 긍정하고 거기서 큰 기쁨을 얻을 것이다. 또한, 그녀에 대한 복잡한 감정과 헌신과도 상관이 없을 것이다. 그리고 그 정도는 너무나 대단해서, 그녀가 없다면 그의 인생은 이 궁극의 '의미'를 잃고 말 터이므로 그녀를 위해 죽음까지 감수하려 할 것이다. 그녀는 그의 존재에 정당성과 견실함을 제공하는 고향이기 때문이다. 그때 가서는 그녀 쪽의 어떤 해로움, 배신, 야비함, 혹은 타락도 그녀에 대한 그의 사랑을 죽일 수 없다. 단, 사랑이 죽을 수 있는 유일한 상황, 즉 그녀가 더는 그의 안에서 존재론적 정착의 희망을 불러일으키지 못하게 되는 일만 없다면.

이 희망은 모든 사랑에서 결정적인 '그녀의 무언가'이다. 그것이 있다면 그녀의, 그리고 그녀와의 관계의 다른 모든 점이 아무리 잘못되었어도 그녀를 사랑할 것이다. 그것이 없다면 아무리 모든 것이 옳아도 결코 그녀를 사랑하지 않을 것이다.

모든 사람이 사랑을 원하고 많은 사람이 사랑을 찾지만 사랑을 이루는 사람은 거의 없다. 사랑할 만한 대상들이 부족해서가 아니다. 방금 제시했듯 그 대상은 다종다양하니까. 그보다는, 그들이 우리 삶의 터전이 될 수 있도록 우리가 올바른 방식으로 그들에게 몰두하기가 어렵기 때문이다. 올바른 방식으로 몰두하지 않는다면 우리는 애초에 그들을 알아보지 못할 것이고, 설령 알아본다 해도, 그 처음의 알아봄을 우리 삶의 터전이 될 수 있는 고향으로 바꾸어놓는 우리 두 존재 사이의 대화로 발전시키지 못할 것이다. 몰두의 어려움(그리고, 그저 일부일 뿐인데 과대평가되어 있는 욕망을 포함한, 수많은 방해물들)이야말로 우리의 사랑 대부분이 잘못된 출발을 하는 이유다.

물론 우리에게 진정한 터전이 될 만하고 시간의 시험을 견뎌낼 수 있는 올바른 대상에 초점을 맞추는 것부터가 이미 쉽지 않다. 그 대상은 대개 우리와 비슷한 누군가일 것이다. 그 존재로서 우리 내면 깊은 곳에 반향을 일으키는 사람, 그를 규정하는 경험과 기원들, 자기인식과 가치들이 우리의 것과 일치하는 사람, 우리가 그의 안에서 우리 자신을 알아볼 수 있고, 실제로는 그렇지 않더라도 분명히 그러리라고 믿게 되는 어떤 사람. 그런 사람이라면, 그가 우리의 사랑에 보답을 해주지 않는다 해도 상관없다.

그러나 우리가 그 대상을 찾아내고 그 대상과 강력하게 결합했다고 느낄 때, 애착은 거의 손쓰지 못할 정도로 복잡해질 수 있다. 사랑에는 늘 수많은 감정이 관련되는데, 그 감정들은 올바른 방식으로 함양되지 않으면 풀리지 않는 긴장에 말려들기 십상이기 때문이다.

우리가 거듭 돌아보게 될 한 가지 예가 있다. 우리는 어떻게 사랑하는 대상에게 복종하는 **동시에** 그를 소유할 수 있는가? 앞으로 보게 되겠지만, 복종과 소유는 사랑의 근본 속성들로, 플라톤과 구약성경에서부터 오늘날에 이르기까지 사랑에 관한 거의 모든 이야기에 등장한다. 그러나 한쪽의 양상이 더 많이 나타난다면 나머지 한쪽은 더 적게 나타나기 마련이라고 여기기 십상이다.

사실 그 둘이 서로 배타적인 경우는, 타인을 완전히 자기 마음대로 휘두를 수 있고 자신의 세계에 전적으로 매몰된 완벽한 복종의 도구로 여기는, 조야한 의미로서 소유가 쓰일 때뿐이다. 타인이 사랑의 대상일 때 이런 종류의 소유는 불가능하다. 인간 자아는 파악이 불가능한 것인데 어찌 장악할 수 있겠는가? 그리고 이는 자기기만이기도 하다. 우리가 이런 방식으로 그를 소유하게 되면, 그는 우리를 정착하게 하는 능력에서 결정적인 자주적 독립성을 잃고 말 테니까. 그런 소유가, 질투와 좌절이라는 고문과 더불어, 모든 관계에 가져올 수 있는 파국은 논외로 하더라도 말이다.

그러나 나는 소유가 전혀 다른 무엇이 될 수 있음을 보여주고 싶다. 바로 타자와 타자의 요구에 주의를 기울임으로써 그녀의 존재와 하나가 되는 것이다. 음악을 '소유하는' 방법이 오로지 음악의 내적 구조와 법칙에 쉼 없이 귀를 기울이는 것뿐이듯, 마찬가지로 여러분은 오로지 그녀에게 자신을 내맡김으로써만 타자의 실제를 '흡수'할 수 있다. 현대의 통념과는 반대로 종교적이든 그렇지 않든, 복종과 소유, 또는 주기와 받기가 반드시 이분법적 관계일 필요는 없다. 이러한 이른바 경쟁 개념들은 '아가페 대 에로스' 같은 상투적 관용구로 표현되지만, 실은 전혀 경쟁관계가 아니다. 공존 가능한 경쟁관계 같은 것도 아니다. 그 반대로, 그저 하나의 관계의 다른 양상들일 뿐이다.

모든 시대에 재등장하는 사랑의 거대한 대상을 생각할 때, 조야한

의미에서의 소유는 그보다도 더욱 불가능해진다. 그 대상이란 시원始
原이다. 앞으로 보게 될 텐데, 사랑은 시원에 대한 우리의 독실한 믿음
과 깊이 얽혀 있다. 우리 존재의 근원으로 여기는 무언가와의 생생한
관계를 발견하는 것은 그 무엇보다도 더 강력한 터전을 찾은 느낌을
준다. 여기서 우리 생명의 창조주인 신에 대한 사랑, 민족의 시원인
고향에 대한 사랑, 그리고 혈통의 근원인 조상에 대한 사랑을 이해할
수 있다. 또한 '진정한' 과거를 그리워하는 향수를, 그리고 우리가 다
시 완전체가 될 어떤 태고 상태로 돌아가고자 하는 욕망으로서 사랑
을 그리는 숱한 신화들을 이해할 수 있다. 그리고 서로가 같은 별에서
왔다고 느끼는 연인들의 감정, 즉 지금 막 만났음에도 마치 오랫동안
서로를 알고 있었던 듯한 느낌도 이해할 수 있다.

　이런 생각들은 많고도 다양한 방식들로 표현된다. 구약성경에서 야
훼는 그의 백성 이스라엘의 시원이자 반석이다. 그리스 철학에서는
플라톤이 들려주는, 영혼이 자신의 영적 근원을 찾아 도로 날아가려
한다는 이야기와, 서로가 자신의 잃어버린 반쪽임을 발견하는 두 사
람에 관한 우화를 예로 들 수 있다. 기독교 사상가 아우구스티누스 같
은 이들은 창조주인 신에게로 돌아가고자 하는 영혼의 열망이 곧 가
장 높은 형태의 사랑, 즉 카리타스●라고 본다. 힌두교 성전에서는 성
인을 일컬어, 자신의 (그리고 모두의) 자아의 터전 혹은 본질인 아트
만으로 돌아감으로써 감각세계의 유혹으로부터 자기 영혼을 해방시
키려 노력하는 자라 한다. 비기독교도 사상가였지만 훗날 개종해 기

● caritas. 사랑, 애덕, 자선 등으로 번역되며, 주로 베푸는 사랑을 뜻한다.

독교에서 대단히 중요한 인물이 되는 서기 3세기의 플로티노스는 가장 높은 신, 유일신the One과의 하나됨을 이야기한다. 그것은 개인이 문자 그대로 '엑스터시ecstasy'(어원을 따져보면 '밖으로 나가 섬'이라는 뜻이다), 즉 황홀경 속에서 자신을 벗어나는 경험이다. 또 개인의 영혼이 신과 하나가 되고자 신에게 돌아가는 것을 노래한 루미 같은 무슬림 신비주의자들이 있었는가 하면, 열혈 무신론자인 쇼펜하우어는 개개의 조건을 초월해 모든 생명을 하나로 보는 것이 최고의 사랑이라 했다. 이 모든 사례에서(그리고 자아의 모든 위대한 변모에서도 그렇듯), 사랑은 회복이자 발견으로, 되돌아가는 것이자 앞으로 나아가는 것으로 체험된다.[5]

그런데 어째서 사람은 자신의 외부에 사랑할 누군가 또는 무언가가 없으면 세계에 정착한 느낌을, 자신의 삶에서 고향에 온 느낌을 받을 수 없는 것일까? 어쨌든 우리는 사람이 우선 자기 안에서 안정감을 느껴야만, 먼저 자신을 사랑할 수 있어야만 다른 이들을 사랑할 수 있다는 이야기를 자주 듣는다.

그 답은 개인이 태어나는 순간부터 느끼는 강렬한 취약함vulnerability이라는 감각에 놓여 있다. 우리는 자신 안에서, 우리 감정, 육체, '주체' 안에서 그 필요한 터전을 완벽하게 찾아낼 수 없는데, 이는 우리를 대단히 애태우는 (유익하기도 한) 그 관계, 반응으로 사랑을 낳는 그 관계가, 우리가 태어남으로써 내던져진 통제 불가능하고 낯선 세계와의 관계이기 때문이다. 그 취약함의 관계는 환상이라고 무시하거나 감추거나 억압하지 않는다면 우리 삶의 여정을 거치면서 풍부해지고 깊어질 것이다. 그리고 그것은 사랑이 반드시 우리 안에 존재론적 정착을 불러일으킬 수 있는 그 특별한 한 사람(이나 신이나 사물이나 국가), 또는 그 몇몇 대상을 찾아 외부로 향해야 함을 뜻한다.

이 외부와의 관계는 우리가 그 사랑의 대상을 우리와 극단적으로 구분되는 존재로 경험할 때만 우리 삶을 붙들어줄 수 있다. 결국, 존재론적 정착을 느낀다는 것은 자신 바깥의 터전과의 관계를 경험하는 것인데, 우리 존재가 정박할 만한 곳이 되려면 그 터전은 우리가 건너갈 수 없는 간극 너머에 있는 독립적 존재로 보여야 한다(이는 타자를 '그 자체를 목적으로' 혹은 '그 자체를 위해' 사랑하는 것과는 전혀 무관하다).

우리가 타자에게 기대하는 것이, 단순히 우리의 어떤 특질 때문에 우리를 귀히 여겨주거나, 어떤 지위감을 느끼게 해주거나, 혹은 우리가 외로울 때 '곁에 있어'주거나 하는 것이라면, 다시 말해 우리가 그들을 손에 넣을 수 없는 거대한 힘이라고 느끼는 게 아니라 어떤 목적을 위해 이용하고 있는 거라면, 그들은 우리 안에 파괴 불가능한 실재에 대한 감각을 불러일으키지 못할 것이다. 무언가를 사랑한다는 것은, 마땅히 그들을 우리 손에 넣을 수 없는 완전히 자주적인 존재로 경험하고, 심지어 찬양한다는 것과 동일한 뜻이다. 그것이 진정한 사랑이 나르시시즘이 될 수 없는 한 가지 이유이다. 그리고 그토록 공포를 자아내는 이유이기도 하다.

물론 자기애도 있을 수 있다. 정착한 존재가 되는 데서 느끼는 기쁨, 그리고 정착한 존재가 될 수 있다는 기쁨. 그러나 정착했다고 느끼는 것은 자신 바깥의 한 터전과의 관계를 경험하는 것이므로, 그 누구도 자기 자신만 사랑할 수는 없다. 자신을 사랑하는 것은 세계를 사랑하거나 그런 터전이 되어줄 수 있는 한 사람을 사랑하는 것과 동일하다.

따라서 자기애와 타자에 대한 사랑은 동전의 양면과 같다. 그 둘은 기본적으로 동일하다. 남을 사랑하려면 먼저 자신을 사랑할 수 있어야 한다는 것은, 자신을 사랑하려면 먼저 남을 사랑할 수 있어야 한다는 것과 마찬가지로, 하나 마나 한 소리다. 다른 이를 존재론적 정착을 느끼게 해주는 존재로 사랑한다는 것은 자신을 사랑하는 것이다. 그리고 자신을 터전을 잡은 존재로 사랑한다는 것은, 자신에게 이 터전을 느끼게 해주는, 그리고 그런 의미에서 터전인 이를 사랑하는 것이다.

사랑은 극도의 취약함에서 태어나고 그에 상응하는 극도의 강인함invulnerability을 통해 그 상태를 극복하기를 추구하므로, 가장 큰 유혹에 쉽사리 굴복한다. 바로 신 놀음을 하려 드는 것이다. 사랑이 그 대상의 가치와 무관하게 무조건적이라고 상상하는 것. '그 사람 자체를 위해' 사심 없이 헌신하기에 충분할 만큼 자립적인 척하는 것. 그 자체로 영원하다고 공언하는 것.

그런 자만심은 종교적인 믿음에서도 속세의 언어에서도 표출될 수 있고, 표출되어왔다. 우리는 이 책에서 사랑을 통해 우리가 신이 될 수 있다고 말하는 기독교인들을 보게 될 테고, 마찬가지로 인간이 사랑을 통해, 심지어 섹스를 통해 신이 될 수 있다고 믿는 낭만주의자들도 만나게 될 것이다. 여러모로, 사랑의 역사는 신 놀음을 하려는 이러한 유혹의 역사다.

이 지점에서 우리는 책머리에 제시한, 사랑이 어쩌다 신을 모델(교황 베네딕토 16세가 "하느님께서 사랑하시는 방식은 인간 사랑의 척도가 됩니다"[6]라는 첫 회칙을 통해 완벽하게 표현한 모델)로 삼음으로써 그릇된 길로 들어서게 되었는가 하는 물음으로 돌아가게 된다. 어쩌다 그랬는지를 이해하기 위해, 우리는 서양 사랑의 역사의 핵심 단계들을 그 주요한 출처인 구약성경과 그리스 철학을 통해 재구성해볼 필요가 있다. 우리에게는 전통의 무게에 눌려 굳어버린 관념들을 새롭게 바라볼 수 있는 관점을 제공해줄 사랑의 역사가 필요하다. 그 역사는 우리의 관계들에 작용하는 무조건반사적인 가정들을 재검토해야 하고, 그러려면 이런 가정들이 고정불변한 것이 아니라 오래고 강력한 문화적 전통의 산물임을 인지해야 한다. 그리고 한편으로는 그 과정에서 잊힌, 어쩌면 더욱 유용한 접근법들을 되찾고자 노력해야 할 텐데, 특히 인류가 명령받은 신에 대한 사랑의 방식을 모델로 삼는 것이 그런 접근법 중 하나라고 나는 생각한다.

나는 이 책 전반에 걸쳐, 사랑이라는 감정은 보편적이되 이 감정이 해석되는 방식은 사회와 시대에 따라 크게 달라진다고 상정한다. 다시 말해, 모든 문화와 시대에서 개인들은 자기 존재 자체의 터전으로 경험하는 타자들, 그리고 그 이유로 그들이 욕망하는 타자들(자연적 존재이든 초자연적 존재이든)에 대한 열정적 헌신 때문에, 아울러 보통 그런 헌신에 드는 일련의 수고와 시련 때문에 괴로워한다. 그렇지만 이 불가사의한 매혹에 부여되는 해석, 즉 사랑은 왜 존재하는가, 사랑은 무엇을 얻으려 하는가, 잘 산 삶에서 사랑은 어떤 역할을 하는가,

사랑은 어떻게 함양되어야 하는가, 사랑은 어떤 조건하에서 아름답거나 추하며 선하거나 악한가 하는 것들은 때와 장소에 따라 다르다.

따라서 내가 제시하는 사랑의 역사는, 이 보편적 욕망과 헌신의 힘이 우리가 '서양'이라고 부르는 특정 문화집단에서 수세기에 걸쳐 어떻게 해석되어왔는가에 관한 이야기를 들려준다. 나는 이 역사가 4개의 혁명으로 분절되며, 그 각각이 수세기에 걸쳐 진화해왔음을 제시한다. 대다수 혁명들과 마찬가지로 여기엔 분명한 시작점이나 종결점이 없다.

1차 혁명은 사랑의 가치에 관한 것이다. 신명기에서 아우구스티누스까지, 그러니까 서기 5세기 중반까지 1000년도 넘는 기간 동안 사랑은 점차 최고의 가치가 되어간다. 구약성경은 하느님을 '너희의 온 마음으로, 온 영혼으로, 그리고 온 힘으로' 사랑하라고 명령하고, 예수는 하느님과 이웃에 대한 사랑을 성경에서 가장 중요한 명령으로 승격한다. 복음사가 사도 요한은 궁극의 실제, 즉 하느님은 사랑이라고 말하고, 사도 바울과 그후 아우구스티누스는 사랑을 모든 진정한 가치의 뿌리로 본다.

4세기에서 16세기까지, 아우구스티누스에서 베르나르 드 클레르보*를 거쳐 토마스 아퀴나스, 그리고 루터에 이르는 2차 혁명에서, 인간들은 전례 없는, 말 그대로 신적인 사랑을 할 힘을 얻게 된다. 사랑이라는 개념을 신의 은총의 선물로 발전시킴으로써, 인간은 적어도 이론적으로나마 사랑을 통해 신격화될 수 있고 심지어 신과의 우정을 손에 넣

---

* 1090~1153. 프랑스의 신학자이자 수도자. 은둔적 성격의 수도회인 시토회를 크게 발전시켰다.

을 수 있게 된다. 비록 그의 동료 인간들은 여전히 하느님을 위해 사랑받아야 하는 처지였지만.

3차 혁명은 11세기에 시작해 18세기에 막을 내리는데, 그 핵심은 사랑의 대상이다. 이제 한 인간, 혹은 좀더 폭넓게 말해 자연은, 최고선을 체현하는 존재로 체험될 수 있고, 이전에는 신에게만 바쳐야 했던 종류의 사랑을 받을 자격을 얻게 된다. 그리고 이로써 신적인 것과 속세적인 것 사이의, 초자연적인 것과 자연적인 것 사이의 경계가 이전 어느 때보다도 흐릿해진다.

이것은 18세기에 루소로 시작하여 지금도 한창 진행중인 4차 혁명을 위한 토대를 마련하는데, 그 혁명의 중심은 사랑을 통해 진짜가 되는 **사랑하는** 이이다. 그는 사랑에서 자아를 잃는 것이 아니라 하나의 자아가 된다. 그는 자신을 잃는 것이 아니라 자신을 발견한다. 자연을 초월하고자 투쟁하는 것이 아니라 자신의 본성으로 인도되고 어떤 의미에서는 본성의 실현을 추구한다. 진실과 좋음은 개인적 주체의 경험 너머가 아니라 그 탐색에 놓여 있다. 사실 이 혁명이 진행되면서 사랑하는 이 자신이 사랑에서 워낙 중심을 차지하다보니, 사랑의 대상은 그림에서 거의 밀려나고 사랑하는 이의 삶이라는 극에서 그저 대체 가능한 무대장치로 전락하는 순간들이 있다. 사랑은 사랑 자신과 사랑에 빠지게 된다.

내가 제시한 사랑의 역사에서는 불가피하게 많은 것들이 생략되었다. 나는 뭔가 급진적으로 새로운 것을 말했거나, 아니면 낡은 생각들을 참신한 활력으로 살려냈다고 생각되는 위대한 혁명가들에 초점을 맞춰 선별했다. 단테, 페트라르카, 셰익스피어와 키르케고르 같은 가장 주목할 만한 이들을 비롯해 몇몇 탁월한 인물들의 부재가 눈에 뜨일 텐데, 이는 그들의 저작에 영향을 준 사상들 중 적어도 일부는 책의 다른 부분에서 설명하고 있고, 또 그들을 전부 다루기에는 주어진 지면과 내 능력이 모자라기 때문이다. 그리고 물론 나는 플라톤과 구약성경을 오늘날 서양 사회에서 작용하는 지배적 사랑 개념의 교과서적 '원전'으로 여기지만, 그 원전들에도 다시 위대한 선조들이 있다. 예를 들어 플라톤의 경우에는 힌두교와 오르페우스교가 있고, 유대 성경의 경우 그 전통들이 나타나기 훨씬 전부터 히타이트와 아람과 신아시리아에 각각의 형태로 널리 퍼져 있던 고대 근동의 사랑의 계명들이 있는데, 여기서는 다루지 않는다.

요약하자면, 이 책에는 세 가지 주된 목표가 있다. 첫째, 사랑은 어떻게 해서 신 놀음을 하게 되었으며, 인간성의 중요한 부분들을 박탈당하게 되었는가를 보여주는 것. (그리고 물론, 다른 모든 신들과 마찬가지로, 어떻게 숭배자들에게 학대받고 전용되었는가도 포함한다.) 둘째, 사랑을 약화시키는 이 자만심의 몇 가지 환상들, 그중에서도 진짜 사랑은 무조건적이라는 믿음 같은 것들을 추적하는 것. 그리고 셋째, 사랑을 그 근본적 본성에 더 충실한 모습으로 보는 방식을 제시하는 것, 그리하여 오해에서 비롯된 기대들을 사랑에 지우지 않는 것. 여기서 나는 방금 윤곽을 제시한, 사랑이란 우리 존재를 긍정해주고 우리 존재의 터전으로 체험되는 누군가 혹은 무언가를 향한 강렬한 욕망이라는 개념을 발전시킬 것이다. 이 욕망은 두 가지 형태의 친애를 추구하는데, 두 형태를 그 근본적 본성과 조화를 이루도록 실천하는 법을 배울 때, 우리는 그것이 동전의 이면임을 깨닫게 된다. 타인을 소유하는 친애와 우리 자신을 그들에게 아낌없이 내주도록 만드는 친애. 그것은 사랑을 삶에서 의미와 안정과 행복을 찾는 문제의 만능 해법으로 위장하는 일 없이, 사랑의 밑그림에 성스러움의 징후를 담아낼 것이다.

사랑이 어떻게 하면 그토록 오랫동안 그것을 가두고 있던 헛되고 비현실적인 기대로부터 풀려날 수 있느냐는 물음의 핵심은, 사랑을 다정한 보살핌이나 자애로운 연민 같은 뜨뜻미지근한 무언가로 끌어내리는 것이 아니라, 오히려 그와는 반대로 이 최고의 감정을, 그리고 잘 산 삶에서 그것의 위치를 좀더 제대로 이해하는 것이다. 특히 세속적인 시대에 내가 제시하는 전반적인 주제는, 우리는 신이 우리를 사랑하는 방식이라고 알려진 것이 아닌, 우리에게 부여된 신을 사랑하는 방식을 인간 사랑의 모델로 삼아야 한다는 것이다.

2
서양 사랑의 뿌리
구약성경

위대한 사랑의 계명 두 가지

서양 세계에 사랑의 근본 교과서가 있다면, 그것은 구약성경이다. 각각 서양식 사랑 개념의 원전으로 군림하는 플라톤과 아리스토텔레스보다 앞서, 그리고 예수[1]보다 한참 앞서, 구약성경은 간결하지만 함축적인 두 문장으로, 이후 줄곧 사랑의 길잡이 노릇을 해온 생각을 들려준다.

마음을 다 기울이고 정성을 다 바치고 힘을 다 쏟아 너의 하느님 야훼를 사랑하여라.[2]

그리고,

네 이웃을 네 몸처럼 아껴라.[3]

첫째 생각, 신을 향한 사랑은 치열한 헌신, 절대적 신뢰, 신의 힘과 존재에 대한 공포, 그리고 비록 자주 의문을 품긴 하지만, 신의 의지에 대한 열광적 몰입을 특징으로 한다. 신의 명령, 의도, 변덕, 그리고 모순들까지도. 신하의 충성, 친구들의 친애, 배우자의 정절, 어린아이의 의존, 연인들의 열정, 인질의 겁에 질린 순종, 그리고 이 모든 형태의 취약함에서 나오는 공포, 이 모두가 뒤섞인 것이 그 양상이다.

둘째 생각, 서양 윤리의 유일한 계율은 아닐지라도 핵심 계율이 되어온 이 생각은, 같은 공동체에 속한 타인들을 그들의 욕구에 초점을 맞춰 보살피고 존중하는 한층 일상적인 관계다.

이 위대한 두 계명은 표면적으로 두 종류의 사랑을 말한다.[4] 신을 향한 사랑은 모든 존재와 가치의 근원을 향한 걷잡을 수 없는 갈망으로, 끊임없는 제의와 경배를 통해 함양되고 표출되어야 하며, 이에 비하면 다른 모든 사랑은 부차적이 될 수밖에 없다. 중세 유대교 철학자인 모세 마이모니데스Moses Maimonides(1138~1204)는 그것을 다음과 같이 요약한다.

신에 걸맞은 방식으로 신을 사랑한다 함은 무슨 뜻인가? 그것은 위대하고 엄청난 사랑으로 신을 사랑하는 것이다. 그 사랑은 너무나 강력해서, 사람의 영혼(nafsho)은 한 특정한 여성에 대한 열정에서 마음[da'atum]이 한시도 자유롭지 못하고 그녀로 인해 매 순간 환희에 떠는 상사병자처럼 쉬지 않고 환희에 떨 만큼 신의 사랑과 얽혀 있어야 한다. (…) 사랑하는 이들의 마음속에서 신에 대한 사랑은 그보다도 더 강렬해야 한다. 그들은 이 사랑으로 매 순간 환희에 떨어야 한다.[5]

반면, 이웃 사랑에는 이런 환희의 상태가 결여된다. 그리고 그편이 오히려 다행이라 하겠는데, 존중, 정의, 공명정대함 같은 그 사랑의 위대한 목표들이 반드시 상사병의 감정으로부터 가장 큰 양분을 얻지는 않기 때문이다. 한편 그에 못지않게 고결한 또다른 사랑의 양상이 여기서 불려나오는데, 타인들의 이익을 세심하게 보살피고, 우리 자신을 보호하는 것만큼이나 강력하게 그들의 존재를 보호하는 것, 그리고 그들의 개별성과 그 존엄성에 몰두하는 것이다.[6]

사실 구약성경에는 이웃을 네 몸처럼 아끼라는 명령보다 앞서 등장하는, 우리가 친구들에게 베풀어야 하는 친절의 호칭기도가 있는데, 그 내용은 다음과 같다. 너희 땅의 수확을 거두어들일 때 밭에서 모조리 거두어들이지 말고 가난한 자와 몸붙여 사는 외국인이 따먹도록 남겨놓아라, 남의 물건을 훔치지 말라, 동족끼리 속여 사기하지 말라, 소경이 앞을 보지 못한다 하여 그 앞에 걸릴 것을 두지 말라, 미워하는 마음을 품지 말라, 앙심을 품어 원수를 갚지 말라. 이는 모두 자애(헤세드חסד, hesed)의 구체적 사례다. 우애와 유사한, 타인의 안녕에 대한 헌신.

이웃을 존중하고 성실하게 대하는 것은 이웃에게 호의를 베푸는 것이 아니라, 신의 법이 명령했으므로 더는 근거가 필요하지 않은 의무다. 탈무드가 공들여 묘사하듯, "친구를 희생해 높이 올라가는 자는 내세에서 아무런 몫도 없다".[7] 그와 유사하게, 자비라는 덕목은 우리의 모든 행위에서 모든 사람에게 응당 다해야 하는 의무다.[8]

그렇지만 이것은 자신의 이득과 욕망을 부정해야 한다는 뜻이 아니다. 토라(구약성경의 첫 다섯 편)는 이후 일부 유대교와 기독교 신비주의의 주장과는 달리, 사랑하는 것이 자아를 비우고 의지를 억압하고 '속세에 죽는' 것이라고 가정하지 않는다.[9] 그와는 반대로 이익과 욕망과 욕구에 관심을 두는 것, 즉 세계를 부정하기보다 즐기기를 지향하는 것은 그저 합법적이기만 한 게 아니라, 계명에 따르면 우리가 타인을 대하는 기준이다. 우리 이웃의 요구는 우리의 요구와 동등하고, 반드시 동일한 도덕적 진지함으로 대해야 한다. 이것은 초기 랍비 문헌 중 특히 미슈나*에 속한 소고인 「아보트Avot」에서 강조된다. "랍비 엘리에제르Eliezer는 이렇게 말했다. 그대는 친구의 영광을 그대 자신의 것처럼 소중히 하라."[10] 그리고 중세의 성경해석자인 나흐마니데스Nahmanides(1194~1270)의 말에 따르면, '타인의 모든 관심사를 우리 자신의 것인 양 중시함'이 필요하다.[11]

이 타인들이란 누구일까? 단순히 혈통상 같은 민족인 다른 이스라엘 사람을 말하는 걸까? 분명 그렇지 않다. 구약성경에 따르면 사랑은 이방인 또한 포용한다.[12] '이방인'이란 오늘날의 귀화 이민자나 '체류 외국인'과 같은, 공동체에 들어와서 그 규칙과 관습을 지키는 자

● 유대인의 구전 율법을 성문화한 책.

다.[13] 신명기는 이 점을 명시하고 있다. "너희도 한때는 이집트 땅에서 떠돌이 신세였으니, 너희도 또한 떠도는 사람을 사랑해야 한다." (10:19) 레위기는 이스라엘 민족에게 "동족에게 앙심을 품어 원수를 갚지 마라. 네 이웃을 네 몸처럼 아껴라"(19:18) 하고 명령한 직후 이렇게 첨언한다. "너에게 몸붙여 사는 외국인을 네 나라 사람처럼 대접하고 네 몸처럼 아껴라. 너희도 이집트 나라에 몸붙여 살지 않았느냐?"(19:34) 그리고 출애굽기는 한 발 더 나아가, 사랑은 우리의 적에게까지 확장되어야 하며, 우리의 이웃이 친구든 적이든, 토박이든 이방인이든, 형제든 낯선 자든 매한가지로 사랑해야 한다고 말한다.

> 너희는 길을 잃은 원수의 소나 나귀를 만나면 그것을 임자에게 반드시 데려다주어야 한다. 너희를 미워하는 자의 나귀가 짐에 깔려 있는 것을 보면 내버려두지 말고 그 일으켜세우는 것을 반드시 도와주어야 한다.(출애굽기 23:4~5)

잠언의 가르침도 이와 비슷하게 우리에게 너그러운 마음을 가지라고 조언한다.

> 네 원수가 주리거든 먹을 것을 주고 목말라하거든 물을 주어라.(잠언 25:21)

잠언은 또한 우리를 해하려는 이들이 고통이나 응분의 벌을 받을 때 기뻐하기를 삼가라고 경고한다.

원수가 넘어졌다고 좋아하지 말고 그가 망했다고 기뻐하지 마라.(잠언 24:17)

따라서 우리는 이웃을 사랑할 때 하느님(그의 존재 양상들 중 하나[14])이 모든 백성을 대상으로 베푸는 그러한 불편부당함과 불변성을 견지해야 한다. 하느님은 "뇌물을 받고 낯을 보아주시는 일이 없는 신이시다. 고아와 과부의 인권을 세워주시고 떠도는 사람을 사랑하여 그에게 먹을 것, 입을 것을 주시는 분이시다"(신명기 10:17~18). 우리는 이웃의 생명이 위험에 처했을 때 가만히 구경만 해서는 안 되고(레위기 19:16),[15] 다른 이들을 속이지 않아야 하며(레위기 25:17), 이사야 선지자의 말처럼 우리에게 주어진 것을 서로 나누어야 한다.

네가 먹을 것을 굶주린 이에게 나눠주는 것, 떠돌며 고생하는 사람을 집에 맞아들이고 헐벗은 사람을 입혀주며……(이사야서 58:7)

'이웃'은 나그네와 이민자를 포함해야 하지만, 꼭 공동체와 민족의 벽을 뛰어넘을 필요는 없다.[16] 또한 앞으로 보게 될 텐데, 복음 속 이웃 사랑이 꼭 모든 인류를 향해야 하는 것도 아니다. 이런 텍스트들에 엄격한 보편주의를 핵심적 특색으로 심어넣은 것은 현대 세계다. 사실, 어떤 가치가 모든 사람과 모든 시대에 의무로 받아들여질 때에만 도덕적 권위를 지닌다고 여기게 된 것은 18세기 이후의 일이다.

이후 장들에서 나는 유대교나 기독교의 성경에서 명령한 사랑이 실제로 얼마나 보편적일 수 있는가 하는 문제로 돌아갈 것이다. 그러나 우리가 여기서 주목할 부분은 레위기에 나오는 사랑 계명 아래 놓인 놀랍고 급진적인 정의正義인데, 그것이 서양 사랑의 역사에서 근본적이기 때문이다. 그것은 한 사람 한 사람에게 당연한 응보가 기계적으로 돌아가는 차가운 정의가 아니라, 타인을 욕구와 관심사를 가진 개인으로 보며 서로 존중하는 관계 안에 데려다놓는 정의다. 우리의 모든 이웃은 사랑의 법칙 앞에서 우리와 동등하게 인정받아야 한다. 따라서 정의와 사랑은 갈라놓을 수 없게 된다.

신에 대한 사랑과 이웃에 대한 사랑은 어떻게 관련되는가

신에 대한 사랑과 이웃에 대한 사랑은, 서로 놀랍도록 다른 특색들(서로 다른 내면적 가치들을 포함한)을 가졌으면서도 밀접하게 관련되어 있다. 그 관련성은 창세기에서 볼 수 있는, 인간이 신의 형상으로 만들어졌다는 생각에서 솟아난다.

하느님의 모습대로 사람을 지어내시되 남자와 여자로 지어내시고……(창세기 1:27)[17]

하느님의 형상으로 만들어졌다는 데서 신을 흉내내려고 노력해야 한다는 의무가 따라나온다. 신명기가 반복적으로 공표하듯이, 우리는 "그가 가르쳐주신 길을 걸어야"(28:9, 11:22, 19:9) 한다.[18] 그리고 하느님 자신은 이렇게 명령한다. "나 야훼 너희 하느님이 거룩하니, 너희도 거룩한 사람이 되어라."(레위기 19 : 2) 하느님을 사랑한다는 것은, 따라서 하느님이 사랑하는 이를 사랑하는 것이다. 그것은 우리 이웃을 사랑하는 것이다. 그리고 우리는 하느님이 "떠도는 사람을 사랑하여 그에게 먹을 것, 입을 것을 주시는 분"이라는 말을 들은 직후, 인간도 그와 똑같이 하도록 권유받는 것을 보게 된다. "너희도 한때는 이집트 땅에서 떠돌이 신세였으니, 너희도 또한 떠도는 사람을 사랑해야 한다."(신명기 10:18~19)

과연, 하느님을 흉내내지 않고서는 경배의 의례나 계명에의 순종이 생명과 의미로 충만할 수 없다. "하느님이 자비롭고 연민이 많으시니, 너희도 자비롭고 연민이 많아야 한다."[19] 만약 우리가 다른 이들을 나쁘게 대한다면 이는 그들만이 아니라 하느님의 심기도 불편하게 만드는 것이다. "가난한 사람을 억누름은 그를 지으신 이를 모욕함이요 없는 사람 동정함은 그를 지으신 이를 높임이라."(잠언 14:31)[20] 이웃이 우리에게 맡긴 무언가에 대해 속임수를 쓰는 것은, 동시에 하느님에게도 불충을 저지르는 것이다.[21] 탈무드는 심지어 누군가에게 못생겼다고 하는 것조차 하느님을 모욕하는 것이라고 말한다. 하느님이 그 인간의 형태를 설계하고 창조했기 때문이다.[22] 다시금, 우리는 신약성경에서도 이 주제를 보게 되는데, 천국의 왕이 죄인들을 심판하며 이렇게 말하는 부분이다. "분명히 말한다. 너희가 여기 있는 형제 중에 가장 보잘것없는 사람 하나에게 해준 것이 바로 나에게 해준 것이다." (마태복음 25:40)

따라서 이웃을 내 몸처럼 사랑한다는 것의 핵심은, 최종 분석하자면, 한층 조화롭고 효율적인 사회를 창조하거나, 행복과 만족을 최대화하기 위함이 아니다. 이는 그저, 여러분과 나와 이웃 할 것 없이 동등하게 하느님의 형상으로 만들어진 존재인 우리가 하느님을 사랑하기 때문에 하느님이 행하듯 하는 것이다. 여기서 보듯이, 사랑은 우리 존재의 근원과의 관계로서 윤리적 강제력을 가진다.

하느님을 "네 마음을 다 기울이고 정성을 다 바치고 힘을 다 쏟아" 사랑하고 "네 이웃을 네 몸처럼 아껴라"라는 이런 계율들을 통해, 구약성경은 우리가 오늘날 사랑에 관해 생각하는 방식에 측량할 수 없을 만큼 중요한 세 가지 혁신을 가져온다. 하나는 사랑의 목표를 신격화하는 것이다. 말하자면, 이제부터 사랑이 쏘는 화살은 다름아닌 하느님 자신을 향한다. 구약성경의 하느님은 가능한 한 최대치maximum possible의 신, 세상 만물의 존재 근원이자 기원이며, 그리스의 신들과는 달리 공인된 경쟁자가 없는 신이기 때문에, 혹은 그렇게 되기 때문에, 이는 그런 신에 대한 사랑이 모든 존재와 모든 가치의 근원과 시원을 향한 것임을 의미한다.

그것은, 하느님이 이러하기 때문이다. 최고의, 불가지의 '스스로 있는 자'.

하느님께서는 모세에게 "나는 곧 나다〔아마도 좀더 정확히 번역하면, '나는 나일 것이다'[23]〕" 하고 대답하시고, 이어서 말씀하셨다. "너는, 나를 너희에게 보내신 분은 '나다' 하고 말씀하시는 그분이라고 이스라엘 백성에게 일러라."(출애굽기 3:14)[24]

실상, 신의 이름 자체, YHWH*가 히브리 말로 '존재하다'라는 의미로 해석되기에 이른다.[25]

구약성경의 둘째 혁신은 하느님을 흉내내라는 계율에 있다. 그의 도를 행하며, 그가 사랑하는 자, 즉 우리 이웃을 사랑하라. 이것은 기독교가 그토록 광범위하게 발전시켜온 하느님 본받기imitatio dei의 주된 출처다.[26] 그러나 그것은 인간으로 하여금, 하느님이 인간을 사랑하는 방식이라고 그들이 믿는 것을 그들 자신의 사랑의 전범으로 삼게끔 만들어온, 크나큰 오해의 기원이기도 하다. 그 오해란, 예를 들자면 서로에 대한 사랑이 조건 없고 영원하며 구원의 원천이라고 생각하는 것이다. 하느님은 우리와 철저히 다르기 때문에 그 생각은 오해다. 그가 우리를 사랑하는 방식, 그리고 우리가 그 안에서 보는 그 어떤 무조건성도 우리의 것이 될 수 없다. 우리의 사랑에는 늘 조건이 따른다. 그 조건이란 어쩌면 우리에 대한 하느님의 사랑일 수도 있고, 어쩌면 우리 이웃을 하느님의 창조물로 보는 것일 수도 있고, 어쩌면 인간의 존엄과 인간의 필요에 관한 세속적인 개념일 수도 있다.

그리고 두 가지 사랑 계명에서 비롯된 셋째로 주목할 만한 혁신은, 사랑을 도덕적 의무, 즉 영광스러운 느낌보다 훨씬 의미심장한 어떤 것, 고귀한 정서, '신적인 광기', 번영하는 삶으로 가는 길, 혹은 '세상을 돌아가게 만드는' 힘으로 바꾸어놓았다는 점이다. 기독교 이전의 다른 사상 체계, 불교, 유교, 그리고 플라톤 철학 같은 것들 역시 사랑을, 또는 동정심, 존중 그리고 절대적 아름다움이나 좋음을 향한 욕구

---

* '야훼'를 나타내는 로마자 기호.

같은 사랑의 표현들을 핵심 가치로 삼았다. 그러나 그 사상 체계들은 사랑을 그처럼 최고의 계율로, 모든 힘이 집중되는 유일신에게 인가받은 무엇으로 여기지는 않았다. 따라서 유대교 일신주의의 계승자들, 즉 전체 기독교와 이슬람 세계와 그들의 세속적 계승자들과 달리 사랑에 최고의 의미를 부여하지 않았다.

구약성경이 복수와 '눈에는 눈'으로 가득한 반면 복음서는 사랑을 무조건적이고 보편적인 가치로 창조한다는 널리 퍼진 믿음은, 따라서 서양사를 통틀어 가장 큰 오해 중 하나로 보아도 좋으리라.[27] 구약성경은 두 사랑 계명의 출처일 뿐만 아니라 사랑의 힘에 대한 경이감에서 솟아나는 더 큰 도덕적 비전의 출처이기 때문이다. "사랑은 온갖 허물을 덮어준다"고 잠언은 이야기한다.(10:12)[28] 성경에서 가장 관능적인 시인 아가서 *Song of Songs* 는 "사랑은 죽음처럼 강한 것"[29]이라고 주장하며 이어서 이렇게 말한다.

시샘은 저승처럼 극성스러운 것, 어떤 불길이 그보다 거세리오? 바닷물로도 끌 수 없고 굽이치는 물살도 쓸어갈 수 없는 것, 있는 재산 다 준다고 사랑을 바치리오? 그러다간 웃음만 사고 말겠지.(아가서 8:6~7)

이 주제는 수세대의 랍비들에 의해 기나긴 주석이 달리고 공들여 설명되었다. "사랑을 위해 네가 할 수 있는 모든 일을 하라."[30] 의인 시므온은 "세상은 세 가지, 즉 율법, 전례, 그리고 자애에 의해 유지된다"

고 말한다.[31] 랍비 아키바는 이웃 사랑이 최고의 법칙이라고 가르치고,[32] 현자 힐렐은 그에 상응하는 '황금률'을 공식화한다. "너희가 당하기 싫은 일을 이웃에게 하지 말라, 토라의 내용은 그게 전부다. 나머지는 주석이다."[33]

전하는 말에 따르면 힐렐은, 지나가던 한 비유대인이 자신이 외발로 서 있는 동안 토라를 요약해보라고 요구해오자 즉석에서 그 인상적인 어구를 지어냈다 한다. 그러나 힐렐의 즉석 대답은 진부하다고 보기 어렵다. 그로부터 겨우 몇십 년 후에 태어난 한 유대 스승, 나사렛 예수가 공식화함으로써 대단히 유명해진 그 황금률은 이를 그대로 되풀이하고 있다.

너희는 남에게서 바라는 대로 남에게 해주어라. 이것이 율법과 예언서의 정신이다.(마태복음 7:12)[34]

복음서에서 처음 표명되는 이 사랑의 원칙에서, 예수는 그 기원이 유대 율법임을 명시적으로 인정하고 있는 듯하다. 유대 성경은 기독교를 통해 전파되어, 이후 서양 세계에서 '기독교의' 사랑으로 불리게 될 것의 기본 요소 두 가지를 제공한다. 하나는 어떤 주저도 차별도 없이 타인들에게 자신을 내주는 이타적 사랑이고, 다른 하나는 신과 그 계율에 대한 열렬한 헌신이다.

'아가페'의 발명

그러나 한 소수민족의 도덕률이 이처럼 지구적으로 파급되는 일은, 토라가 당시 지중해 세계, 우리가 여전히 서양 문명의 요람으로 생각하는 그 세계의 국제어였던 그리스어로 번역되지 않았더라면 결코 일어나지 않았을지도 모른다. 전설에 따르면 기원전 270년경에 이집트 왕인 프톨레마이오스 2세 필라델푸스가 고대 이스라엘의 12지파에서 각 여섯 사람씩, 72명으로 이루어진 유대 학자단을 초청해 이 방대한 번역작업을 맡겼다. 알렉산드리아에 건설중이던 대형 도서관에 비치하기 위한 것이었지만, 문학적인 동기 외에 정치적인 동기도 있었다. 그들 다수가 이해하는 유일한 언어인 그리스어로 유대인의 성경 전통을 전파함으로써 이집트 내 유대인들의 중요성을 인정하는 것이었다.[35]

번역은 세계적 혁명을 촉발하는 위대한 촉매 중 하나다. 때로 수십 년씩 걸리기도 하는 번역이라는 노동을 수행하는 이들은, 엄청난 꼼꼼함과 박식함으로 여러 역사적 대변혁을 위한 텍스트를 제공해왔다. 콘스탄티노플에서 고트족에게 아리우스주의•를 전파한 울필라스Ulfilas 주교(311경~383경)가 성경을 고트어로 번역하지 않았다면 게르만 민족이 기독교로 개종하는 일은 결코 없었을지도 모르고, 그랬다면 신성로마제국과 그후로 이어진 유럽 역사 전체가 아예 존재하지 않았을지도 모른다. 루터가 신약성경을 독일어로 번역하지 않았더

• 그리스도의 신성을 부인하며 삼위일체설을 주장해 기독교로부터 이단으로 배격당한 교파.

라면 종교개혁은 일어나지 않았을 테고, 사회학자인 막스 베버에 따르면, 그리하여 우리가 지금 알고 있는 자본주의의 발흥도 (따라서 현대 세계도) 없었을 것이다. 그리고 번역가의 수가 70여 명이어서 '70 인역'이라고 불리게 된 이 그리스어 번역판 토라가 없었다면 유대 사상은 결코 그리스어로 글을 쓴 신약성경의 다양한 저자들에게, 그리고 장차 기독교를 믿게 될 전체 세계에 전해지지 못했을 것이다. 사실상 예수 출생 이후 거의 한 세기가 지나도록, 기독교 성경은 70인역 구약성경과 다를 것이 없었다.[36] 역사는, 철학자 프란츠 로젠츠바이크 Franz Rosenzweig의 말을 바꿔 표현해보자면, 종종 사전에서 찾아볼 수 있다.

70인역에서 가장 중요한 점은, 사랑을 가리키는 다양한 히브리어 단어들이, 성애적인 것이든 친근한 것이든 신성한 것이든 세속적인 것이든 간에, 그때까지는 자주 쓰이지 않는 단어였던 '아가페'로 대부분 번역되었다는 사실이다. 기독교에 채택된 덕분에 아가페는 신조어 중 가장 영향력 있는 말에 속하게 되었다.[37] 널리 퍼진 통념과는 반대로, 예수 자신이 아가페라는 용어로든 다른 용어로든 사랑에 관해 말했다고 전하는 경우는 드물다는 사실을, 우리는 6장에서 보게 될 것이다. 그리고 아가페는, 예수보다는 사도 바울과, 그리스어로 글을 쓰고 구약성경을 인용한 다른 기독교 교부들에 의해 사용된다.[38] 그리하여 그 말은 점차로 '기독교적 사랑'이 확실히 동일시하게 된, 그러나 7장에서 보게 될 바처럼 적확한 것과는 거리가 먼, 무조건적이고 박애적이고 순종적이며 겸손한 이타심을 가리키는 단어가 되었다.

섹스와 열정적 우정

구약성경에서 사랑에 관한 최고의 명제는 신과 이웃을 사랑하라는 명령이지만, 이는 그 주제에 관해 더 많은 이야기를 담고 있다. 성애적 열정으로서의 사랑과 친밀한 우정이라는 의미에서의 사랑을 포함하는 것이다. 아가서의 한 아름다운 노래 속에서 젊은 여성은 이렇게 읊는다.

그리워라, 뜨거운 임의 입술, 포도주보다 달콤한 임의 사랑.
임의 향내, 그지없이 싱그럽고 임의 이름, 따라놓은 향수 같아 아가씨들이 사랑한다오.(아가서 1:2~3)

그리고 그녀의 연인은 이렇게 대답한다.

너무나 아리땁고 귀여운 그대, 내 사랑, 내 즐거움이여,
종려나무처럼 늘씬한 키에 앞가슴은 종려 송이 같구나.
나는 종려나무에 올라가 가지를 휘어잡으리라. 종려 송이 같은 앞가슴 만지게 해다오. 능금 향내 같은 입김 맡게 해다오.
잇몸과 입술을 넘어 나오는 포도주 같은 단맛을 그대 입속에서 맛보게 해다오.(아가서 7:7~10)[39]

우리가 이 시에서 만나는 에로틱한 사랑의 언어는 신을 향한 사랑에도 스며든다. 기독교 전통에서 볼 수 있는 섹스에 관한 크나큰 염려

는 구약성경에서는 단 한 군데서도 찾아볼 수 없다(예수 사후, 특히 아우구스티누스가 발전시킨 교리에 비해 볼 때, 복음서에서 예수가 그에 관해 언급한 부분은 얼마 되지 않는다). 구약성경의 정신은 섹스에 대한, 육체에 대한, 혹은 좀더 일반적으로는 자연세계에 대한 폄하라기보다는 인간의 성적 본성을 포함한 자연에 대한 사랑 어린 관리에 훨씬 더 가까운데, 기독교는 이를 주로 이교의 원전, 특히 플라톤에게서 가져왔다. 모든 피조물은 신의 소산이므로, 신의 자기전달self-communication로서 사랑받을 수 있다.[40] 신이 지구와 빛과 하늘과 동물과 인간을 창조한 각 단계의 세세한 내용을 들려주고 매번 '보시기에 좋았다'(창세기 1:4~31)고 전하는 창세기를 보면, 집착까지는 아니더라도 자연을 사랑해야 하는 것은 명확하다. 사실 신전에 들어가는 사람은 흠결 없는 육체를 가져야만 한다. 신명기는 이렇게 선포한다. "불알이 터진 사람이나 자지가 잘린 사람은 야훼의 대회에 참석하지 못한다."(신명기 23:1)[41]

우리는 구약성경에서 친구에 대한 거의 성애적인 수준의 열정도 보게 된다. 역사상 가장 칭송받는 우정의 사례 중 두 가지가 여기서 등장한다. 둘 다 동성 간의 사례다. 그것은 요나단과 다윗의 우정, 그리고 룻과 나오미의 우정인데, 비록 육체적 성관계는 말도 안 되는 일이자 실상 사형감이라 해도, 그 어조만큼은 매우 관능적인 언어로 서술된다.

블레셋(필리스티아) 사람 골리앗을 돌팔매 한 방에 죽인 잘생긴 젊은 전사 다윗은 승리 이후 사울 왕에게 환대받는다. 왕의 맏아들인 요나단은 다윗에게 첫눈에 홀딱 반한다. "요나단은 다윗이 사울에게 하는 말을 모두 듣고 나서 다윗에게 마음이 끌려 그를 자기 목숨처럼 사랑하게 되었다."(사무엘서 상 18:1)

요나단은 사랑을 표현하는 데 수줍음을 타지도 않았다. 그는 당장 자기 예복과 갑옷을 벗어 다윗에게 준다.[42] 그후 요나단은 다윗에게 영원한 신의를 맹세한다. "요나단은 다윗을 자기 목숨처럼 아껴 그와 의형제를 맺었다."(사무엘서 상 18:3)[43]

흥미롭게도 다윗은 요나단의 뜨거운 사랑에 화답하는 것처럼 보이지 않는데, 이는 어쩌면 대부분의 열정적인 관계들의 현실을 반영하는지도 모른다. 사랑이 꼭 화답받지는 못한다는 현실을. 그렇긴 했지만, 요나단이 길보아 산에서 블레셋 사람들에게 비명횡사를 당하자(사무엘서 상 31:2) 다윗은 강렬한 슬픔을 토로한다. "나의 형, 요나단, 형 생각에 나는 가슴이 미어지오. 형은 나를 즐겁게 해주더니. 형의 그 남다른 사랑, 어느 여인의 사랑도 따를 수 없었는데."(사무엘서 하 1:26)

이성의 사랑보다 더하다. 다른 이를 자신의 영혼보다 사랑한다. 그와 놀랍도록 비슷한 정서가 또한 그리스 세계로부터 기독교에(그리고 더 넓게는 서양의 사랑에) 유입되는데, 아리스토텔레스의 완벽한 필리아나 우애의 개념이 특히 그렇다. 그러나 구약성경으로 범위를 한정하자면 나오미가 룻에게 하는 사랑의 선언에서도 그런 것을 볼 수 있는데, 그것은 성경에 묘사된 그 어떤 남녀 사이의 혼약보다도 더 정절의 서약에 가까워 보인다.

"저에게 어머님을 버려두고 혼자 돌아가라고 너무 성화하시지 마십시오" 하며 룻이 말했다. "어머님 가시는 곳으로 저도 가겠으며, 어머님 머무시는 곳에 저도 머물겠습니다. 어머님의 겨레가 제 겨레요 어머님의 하느님이 제 하느님이십니다. 어머님이 눈 감으시는 곳에서 저도 눈을 감고 어머님 곁에 같이 묻히렵니다. 어떠한 일이 있어도 안 됩니다. 죽음밖에는 아무도 저를 어머님에게서 떼어내지 못합니다."(룻기 1:16~17)

두 사람은 결코 배우자 사이가 아니다. 나오미는 룻의 시어머니, 즉 룻의 죽은 남편의 어머니다. 룻은 또한 모아브라는 타민족 출신이기도 해서, 민족적, 종교적, 혈통적 기원을 초월하는, 그리고 외부인을 가족의 일원으로 환영하는 열정적 우정을 우리에게 감동적으로 보여준다.

룻은 그저 한 식구일 뿐만 아니라, 너무나 중요한 후계자의 생산자이기도 하다. 룻의 헌신, 마치 '죽음이 우리를 갈라놓을 때까지'라는 결혼 서약에서와 같은 그것은, 무엇보다도 그녀의 성스러운 임무 수행에서 드러나는데, 바로 나오미와 나오미의 죽은 아들에게 후계자를 제공하는 것이다. 그녀는 죽은 남편의 친척인 보아스와 결혼하여 나오미에게 오베드라는 이름의 아이를 안겨줌으로써 그 임무를 다한다. 그렇게 하여 룻은 나오미를 슬픔에서 건져주고, 심지어 나오미가 그 아이를 자기 자식으로 여기는 데에도 불만이 없어 보인다. 베들레헴의 여자들은 즐거워하며, 마치 나오미가 몸소 출산하기라도 했다는 양 그녀에게 축하해준다. "나오미는 그 아기를 받아 품에 안고 자기

자식으로 길렀"고 여자들은 "나오미가 아들을 보았구나" 하고 외쳤다.(룻기 4:16~17)

비록 룻과 나오미는 둘 다 원하는 바를 얻지만, 그들의 우애는 그것을 넘어서는, 타인의 행복을 위한 아낌없는 헌신이자 타인의 삶과의 강력한 동일시다. 그런 충성, 그리고 친절, 즉 헤세드를 통해 태어난 한 비유대인이, 그 증손자이자 모든 이스라엘 왕 중 가장 유명한 다윗 왕으로 막을 내리는 혈통의 시조가 된다. 시인, 호색한, 하프 연주자이자 가수, 그리고 이스라엘의 12지파를 통일하고 예루살렘에 수도를 세운 정치가이기도 했던 바로 그 인물.

현대의 수많은 독자들은 이런 헌신의 강도에 움찔할 것이다. 나오미는 여기서 '선을 넘고' 있는 것처럼 보인다. 심지어 남모르게도 아니고 군중의 박수갈채 속에서. 가족의 결속력, 부모 자식 간의 친애, 낯선 이들 사이의 자매애, 그리고 친밀한 우정 등이 모두 흐릿한 경계를 넘어 뒤섞이면서 아슬아슬하게 성애를 넘나드는 열정을 보여주는 듯하다. 물론 그들이, 혹은 요나단과 다윗이, 오늘날 우리가 생각하는 바와 같은 본격적인 동성애 관계였다는 증거는 없지만.

그러나 우리가 이런 친구들이 선을 넘고 있다고 생각한다면, 그것은 우리가 사랑을 인위적으로 분류된 방식으로 생각하고 있기 때문이다. 우리는 (특히 루터 신학의 영향하에) 에로스 사랑과 우애를 구분하는 경향이 있다. 전자는 사랑하는 대상과의 친교, 심지어 결합의 쾌락을 갈망하는 열정적 욕망이고, 후자는 '제2의 자아'로 경험하는 타인의 행복을 위한 한층 온화하고 공정하며 쌍방적인 헌신이다. 그리고 다시 이 두 '유형의' 사랑을, 자신을 버리는 사랑, 즉 이타주의적이고 다른 사람에게 아낌없이 자신을 내주는 사랑과 구분하는 경향이 있다. 우리는 에로스 사랑을 낭만적 연인들의 것으로 돌리고는, 거의 클리셰가 되다시피 한 물음, 즉 연인들도 친구가 될 수 있는가, 아니면 연인들에게는 우정에 필요한 서로의 행복에 대한 진지함과 관심이 부족한가를 묻는다. 그리고 우리는 부모의 자식 사랑, 모르는 사람에게 베푸는 자선, 혹은 신에 대한 진정한 헌신이 전형적으로 자신을 버리는 사랑이라고 생각한다.[44]

그러나 나는 이 책에서, 이들이 서로 다른 유형의 사랑이 아니라 모든 열정적인 사랑의 관심이나 참여의 세 가지 주요 양상이라고 주장한다. 그 대상은 친구, 자녀, 부모, 연인, 배우자를 모두 포함한다. 비록 이런 다양한 관계들에서 각각 다른 방식과 정도로 표현되긴 하지만, 그 양상들은 늘 살아 있다. 다윗에 대한 요나단의 사랑은 거의 틀림없이 이 셋 모두를 보여주고, 나오미에 대한 룻의 사랑은 그것을 좀더 억제된 방식으로 보여준다. 그보다 중요한 것으로, 우리는 신에 대한 이스라엘의 사랑에서 몰두의 세 가지 양태 모두를 본다. 그것은 더러는 아가서를 연상케 하는 황홀하고 관능적인 어조로 표현되고, 더러는 헌신, 호의, 그리고 우정 같은 일상적인 친교의 측면으로 표현되며, 더러는 사랑하는 대상의 의지, 즉 그의 존재의 법칙들을 말하는 의지에 몸 바쳐 복종하는 모습으로 표현된다.

이는 구약성경에서 말하는 신에 대한 사랑이, 그보다 나중의 전통인 유대교와 기독교에서 요구하는 자아의 폄하, 자아의 파괴와는 무척 거리가 멀다는 것을 뜻한다. 20세기 신학자이자 철학자인 마르틴

부버는, 모든 진정한 관계는 "한 사람의 '나'와 그의 영원한 파트너의 '나'라는 두 튼튼한 기둥에 걸쳐 놓인 다리"라고 말하면서 그것을 현대의 용어로 설명한다. 부버의 말에 따르면 유대교는 이러하다.

이기심과 자만을 내포하는 '나'를 거부하지만, 진정한 관계의 '나'를, 나와 그대 사이의 동반자관계의 '나'를, 사랑의 '나'를 환대하며 긍정한다. 사랑은 그 '나'를 무효화하지 않고, 오히려 '나'를 '너'와 더 가까이 묶어주기 때문이다.[45]

사랑하는 '나'의 이런 강고함은 놀랍지 않다. 사랑은 한 사람의 자아와 다른 사람의 자아와의 관계이고, 그 관계에는 몰두와 긍정affirmation의 모든 힘이 작용한다. 그런 방향성이 어떻게 자아를 해체하는 것과 관련될 수 있겠는가? 하느님이든 다른 사람이든, 우리가 그들 타자의 법칙에 복종하고, 그들의 고유한 존재를 지지하고 찬미하며, 우리가 아가서에서 본 언어로 그들을 욕망하는 것. 이것이 바로, 다른 존재에 몰두하는 우리 능력을 망치는 모든 장애물, 특히 교만이 만들어내는 장애물을 벗어났을 때 그 의지가 가장 잘 행사된 방식이다.

사랑과 복종

그렇지만 이제는 내가 방금 시사한 이 사랑의 역설, 즉 사랑에서는 타자, 그들의 의지, 그들의 존재의 법칙에 대한 복종이 의지를 가장 잘 행사하는 것이라는 사실에 관련해, 구약성경이 우리에게 가르쳐주는 교훈을 더 깊이 들여다볼 필요가 있다. 복종은 구약성경이 명령하는, 하느님을 사랑하는 방법의 핵심이기 때문이다. 그리고 하느님의 의지의 의미에 대한 모든 해석과 질문이 다한 후, 극한까지 가면, 이 복종은 의문조차 품지 않는 게 될 것이다. 모든 존재와 가치의 근원으로 여겨지는 하느님을 사랑하는 것은 이스라엘의 의무이고, 그 방법은 하느님의 율법에 절대적으로 복종하는 것이다. 하느님의 명령은 이롭든 그저 정당하다고만 느껴지든, 반드시 따라야 한다.

구약성경은 여기서, 사랑에 관한 서양 사상의 또다른 위대한 근원인 그리스 사상과 급격히 갈라선다. 플라톤과 아리스토텔레스 같은 그리스인들에게 사랑은 좋음이나 미덕을 소유하고 함양하려는, 또는 그런 미덕들과 하나가 되려는 자연적 욕구다. 인간 본성과 그것이 번영하는 데 필요한 조건들을 포함한 자연은 무엇이 좋고 무엇이 나쁜가에 관한 법칙과 판단들의 궁극적 기준이며, 많은 그리스인에게 광범위한 의미에서 자연은 심지어 신들조차 제약한다. 그와는 대조적으로 구약성경(그리고 나중에는 기독교)에서 법은 오로지 하느님과 그의 계시에 의해서만 결정된다. 인간은 자신의 행복을 생각지 않고, 그리고 자연이 제공하는 그 어떤 좋음과 상충하는 한이 있더라도 반드시 하느님을 사랑해야 한다. 하느님을 사랑한다 함은 하느님을 두려워하고 하느님에게 복종하는 것이다. 물론 나의 견해는, 어떤 진정한 동인에 대한 공포와 복종은 타자의 법을 자신의 법으로 삼는 것과 관련된다는, 즉 그의 존재가 우리에게 요구하는 바에 깊이 참여함과 관련된다는 것이지만. 이것은 결국, 누군가에게는 몹시 혐오스럽거나 부도덕하다고 느껴지는 일을 한다는 뜻이 될 수 있다. 사람이 온 마음과 뜻과 힘을 다해 하느님을 사랑하되, 경우에 따라 그의 의지를 무시할지 따를지를 결정한다는 것은 어불성설일 것이다.

하느님에 대한 복종이 어떻게 사랑을 포함한 다른 모든 가치를 압도하는지 그 누구보다도 잘 보여주는 인물은 바로, 하느님이 첫 언약을 맺고 이스라엘 땅을 약속해준 유대인의 시조, 아브라함이다. 어느 날, 무척 뜬금없이, 하느님은 아브라함에게 아들인 이삭을 제물로 바치라고 명령한다. 하느님은 아브라함에게 이 끔찍한 명령의 목적을 밝히지 않을뿐더러 이삭이 아브라함의 사랑하는 외아들이라는 점을 굳이 들먹인다.

이런 일들이 있은 뒤에 하느님께서 아브라함을 시험해보시려고 "아브라함아!" 하고 부르셨다. "어서 말씀하십시오" 하고 아브라함이 대답하자 하느님께서는 이렇게 분부하셨다. "사랑하는 네 외아들 이삭을 데리고 모리아 땅으로 가거라. 거기에서 내가 일러주는 산에 올라가, 그를 번제물로 나에게 바쳐라."(창세기 22:1~2)

미미한 저항 한 번 없이, 설명이나 납득할 만한 사유를 찾으려는 노력도 없이, 아브라함은 하느님이 희생 제물을 바쳐야 한다고 일러준 장소로 아들을 데려간다. 아브라함에게 고민할 시간이 없었던 것 같지는 않다. 하느님은 그로 하여금 사흘간의 여정을 거쳐 모리아 산으로 가서 이삭을 포박해 제단 위에 눕혀놓고 죽이게 했으니까. 그런데 그때, 아들 몸 위로 칼을 들어올린 순간, 아브라함은 신의 전령인 천사가 자기 손을 붙드는 것을 느낀다. 다시금, 아브라함은 갑작스러운 계획 변경에 대한 놀라움이나 심지어 안도감조차 보이지 않고 신의 명령을 따른다. 그리고 이번에도 역시 아무런 설명도 사유도 찾으려 하지 않는다.

그런데 어째서 그 사실은 아브라함을 영웅으로 만들까? 아브라함의 순종은 거부감이 들지 않는가? 그리고 그런 일에 만족스러워하는 하느님은 도대체 어떤 신일까? 하느님은 어떤 신이기에 한 남자로 하여금 친아들을, 무엇이 옳고 정당한 일인지를 판단하는 분별력을 모두 죽여 없애라는 명령을 할 수 있다는 말인가?[46] 인간들, 아브라함 같은 위대하고 고귀한 인물을 포함한 인간들로 하여금, 그들이 신의 의지라고 믿는 것을 따라 사악한 짓을 하면서, 그렇게 하면 축복을 받으리라고 생각하게 만드는 것이 종교라면, 그보다 비뚤어진 것이 또 있을까. 이것은 동료 인간들에 대한 인류애보다 신에 대한 충성을 앞세우는 부류의 신앙으로, 그것이 야기하는 고통 앞에서 아무런 후회나 연민을 보여주지 않으며, 최고의 힘에 충성하기 위해서라면 필요 이상의 행동에 대해서도 아무런 설명을 요구하지 않는다. 게다가 아브라함은, 십자군이나 종교재판 심문관이나 자살폭탄테러범과 달리, 자신의 희생양에게 흠결이나 죄가 있다는 생각조차 품지 않았다. 한편 이삭은 또 순순히 복종하여, 아버지의 행위에 의문조차 품지 않고 도살당할 장소로 여행을 한다. 그리고 하느님은 잔인하기만 한 것이 아니라 위선적으로 보이기까지 하는데, 모든 인류에게 살인하지 말라는 계명을 내린 것이 바로 자신이면서도 나중에 가서는 유대 민족의 시조이자, 사실상 세 아브라함 종교인 유대교와 기독교와 이슬람교의 시조인 그에게, 말하자면 도덕적 모범에게 바로 그 일을 하라고 요구하기 때문이다.

윤리적인 면으로 보면, 이는 타당성을 지닌다. 하느님은, 극단까지 가면, 자신이 요구하는 '살인하지 말라'와 같은 바로 그 도덕성보다 자신에게 복종하는 것이 우선임을 명확히 하고 있다. 하느님은 아브라함의 의지나 영혼, 그리고 특히 현대식으로 말하자면 '자율적인 도덕 의지'의 희생을 요구하고 있는데, 이는 아브라함이 실제로 실천하는, 그리고 하느님이 철회하지 않는 바로 그 희생이다. 이것은 토라의 가장 급진적인 혁신 중 하나를 가리킨다. 이 이후로 인간은 하느님에게 동물이나 황금 같은 물질적인 것들을 예전처럼 많이 바치지 않아도 되고, 그보다는 자신의 전체 내면세계, 즉 행위는 한낱 거친 표현들일 뿐인, 의도와 욕망과 도덕적 직관들이 뒤엉킨 미궁을 바쳐야 한다는 것이다. 토라는 거짓말하고, 도둑질하고, 간음하고, 속임수를 쓰고, 거짓 증언을 하는 등의 노골적인 행동들을 금하는 데 그치지 않는다.[47] 토라는 한 사람의 가장 비밀스러운 감정과 생각들에까지 파고든다. "형제를 미워하는 마음을 품지 마라."(레위기 19:17) "동족에게 앙심을 품어 원수를 갚지 마라."(레위기 19:18) "네 이웃의 집을 탐내지 못한다."(출애굽기 20:17) 그리고 잠언의 표현은 극적이다. "야훼께서는 사람의 영혼을 지켜보시고 사람의 마음을 속속들이 들여다보신다."(잠언 20:27)

재물보다는 의지나 영혼을 희생하라는 이 특별한 요구는, 나중에 성 아우구스티누스가 찬동하여 인용한 시편 51편에서 완벽하게 표현된다.

나의 주여, 내 입술을 열어주소서. 이 입으로 주를 찬양하리이다.

당신은 제물을 즐기지 아니하시며, 번제를 드려도 받지 아니하십니다.

하느님, 내 제물은 찢어진 마음뿐, 찢어지고 터진 마음을 당신께서 얕보지 아니하시니,[48]

사무엘 선지자는 복종하라는, 그리고 경청하라는 이 요구를 되풀이해 외친다.

야훼께서, 당신의 말씀을 따르는 것보다 번제나 친교제 바치는 것을 더 기뻐하실 것 같소? 순종하는 것이 제사 드리는 것보다 낫고, 그분 말씀을 명심하는 것이 염소의 기름기보다 낫소.(사무엘서 상 15:22)

또는 시편 40장 6절은 "오히려 내 귀를 열어주셨사오며 번제와 속죄제를 바치라 아니하셨"다고 전한다. (신약성경에서는 보는 것, 즉 예수를 보거나 기적을 보는 등 전반적으로 눈으로 보는 것이 매우 부각되는 반면 구약성경에서는 듣는 것에 관한 관용구가 지배적이라는 점이 특이한데, 아마도 후자는 그리스의 영향을 받은 듯하다.) 아브라함이 보여주는 궁극의 충성은 물론 보기 드물고 하기 어려운 것이다. 그리하여 신은 다음과 같이 탄식한다.

그러나 에브라임아, 너를 어떻게 하면 좋겠느냐. 유다야, 너를 어떻

게 하면 좋겠느냐. 너희 사랑은 아침 안개 같구나. 덧없이 사라지는 이슬 같구나.(호세아서 6:4)

그리고 탄식은 이어진다.

내가 반기는 것은 제물이 아니라 사랑이다. 제물을 바치기 전에 이 하느님의 마음을 먼저 알아다오.(호세아서 6:6)

아브라함의 복종은 영혼이 없어 보인다. 하지만 과연 그럴까?

좀더 자세히 들여다본다면 아브라함이 오로지 신의 명령에 순종한다는 의미에서만 자신의 의지를 희생했음을 알게 될 것이다. 다른 의미에서 보자면, 아브라함은 전혀 자신의 의지를 버리지 않았다. 왜냐하면 그는 이런 복종의 입장에 찬동했기 때문이다. 그것은 오늘날의 우리라면 그의 전체 양심이라고 부를 법한 것을 총동원한, 가장 심오한 방식의 찬동이었다. 양심 자체가 복종을 요구한다면, 양심은 복종을 막을 수 없다.

아브라함의 복종이 그의 양심을 따른 것이라는 말은 곧 그의 가장 심오한 가치를 따른 것이라는 말이다. 양심이란 우리를 구성하고 규정하며 다른 것으로 대체하거나 논파해버릴 수 없는 우리의 가장 심오한 가치들의 체계가 아니겠는가? 그리고 양심의 숙고란 우리가 실생활에서 직면하는 구체적인 상황 속에서 이 체계의 요구들을 이해하려는 시도가 아니면 뭐겠는가? 그러니 만약 양심의 최상위 가치가 늘신의 명령에 복종하는 것이라면, 양심 자체는, 모든 사고와 추론의 능력을 동원해, 망설임 없이 그 복종을 지지할 것이다. (이것은 좀비의 복종과는 전혀 다르다. 좀비식의 명령의 내면화는 차갑고 생명이 없으며, 좀비가 자신의 것으로 삼은 가치들에는 체계가 없으므로 좀비에게는 양심이 없다.)

구약성경은 사실상 하느님에 대한 복종을 최상위 가치로 선포하며, 그리하여 그 역설적인 공식을 더 멀리까지 가져가는 듯하다. '너는 신의 율법 앞에 네 변덕스러운 의지를 내려놓음으로써 자유를 찾을 것이다. 너는 절대자에게 복종함으로써 세상의 권세를 얻게 될 것이다. 너는 자신을 희생함으로써 자아를 찾게 될 것이다.' 체념과는 거리가 먼 이 희생은, 신의 명령을 여러분이 찬동하고 "마음을 다 기울이고 정성을 다 바치고 힘을 다 쏟아"(신명기 6:5) 헌신하는 대상으로 만든다. 양심과 추론력과 사고력을 포함한 여러분의 온 존재의 심오한 찬동에 따라 복종하는 것은 자유롭게 복종하는 것이다. 사실, 그러면 복종은 자유로 가는 길, 그리고 자아를 찾는 길이 된다.

다시 말하지만 우리는 그 딜레마를 피해서는 안 된다. 이를 피하는 것은 또한 도덕적 아집으로 가는 길일 수도 있다. 이 점에서는 무신론자들이 옳다. 만약 신심piety이 모든 것을 이긴다면, 신학자들이 우리가 성경의 텍스트를 인간적 가치의 측면에서 '재해석할' 수 있다고 아무리 주장해도, 또는 성경의 모든 부분에서는 아니지만 일부 단락에서는 찾아볼 수 있는 모든 인간 생명의 존엄성, 동등한 가치, 다양성을 존중하는 도덕성을 하느님에 대한 우리의 생각에 심어넣을 수 있다고 아무리 주장해도, 현실적으로 이 도덕성이 공교롭게 하느님의 명령에 대한 복종과 대립할 경우에는 반드시 패할 수밖에 없다. 무슨 일이 있어도 반드시 따라야 하는 절대적인 명령에 복종한다는 것은, 비인간성과 전체주의를 잉태하는 자궁이다. 심지어 이 명령들이 인간의 행복을 목표로 내세운다 해도.

신학은 문제가 되는 성경 텍스트들을 인간적 가치의 측면에서 재해석하거나 혹은 이제는 우리와 단절된 언어로 말하는 '그들 시대의 산물'들로 제외시킴으로써 이 불편한 문제를 해결하려 들 수 있다. 아니면 인간의 이해를 넘어서는 '수수께끼들'로 언명함으로써 문제를 피할 수도 있다. 종교는 늘 그런 해법들을 찾을 수 있다고 주장할 것이다. 한편 무신론자들은 십자군에서 종교재판, 그리고 9·11에 이르기까지 종교의 이름으로 행해진 모든 악을 줄줄이 읊어대며 언제라도 반박할 것이다. 그것은 끝나지 않는 논쟁이다.

그렇지만 구약성경과 신을 사랑하라는 그 장엄한 계율부터 시작해서 일신교의 신심이 우리에게 가르치는 것, 그리고 논파해버릴 수 없는 것은, 사랑의 행위가 사랑하는 대상의 궁극적으로 불가해한 율법들에 주저 없이 복종할 것을 요구한다는 사실이다. 타자와의 그 속속들이 의미 있는 관계는 복종을 전제로 하는데, 복종을 통해 그의 법은 우리 자신의 법이 된다. 거기에 수많은 논쟁과 간헐적인 외면이 수반되는데도 말이다. 만약 그렇다면 결론은 명확하다. 사랑은, 바로 그 사랑의 대상에 대한 무제한적인 존중 때문에, 아브라함이 자기 양심의 완전한 찬동하에 아들을 죽이려 했던 그 의지만큼 부도덕할 가능성이 있다. 사랑은 사랑하는 최고의 대상에게서 요구를 받는다면 타인을 향한 인도적인 도덕성과 양심을 유예할 준비가 되어 있다. 사랑은, 아브라함과 마찬가지로, 거기 바쳐진 무엇이든 죽일 준비가 되어 있을 것이다.

그렇지만 사랑이 삶을 그토록 창조적으로 만들 수 있는 것은 바로 이 유예 덕분이기도 하다. 최고의 사랑하는 대상을 가능한 한 가장 강렬한 방식으로 존중하고, 지키고, 긍정하고, 공감하고, 그에게 자신을 내어주려는 의지를 불러일으키는 것. 유일자를 향한 최고의 도덕성에 도달하기 위해 모든 이에 대한 도덕성을 유예할 준비가 되어 있다는 사랑의 이 지독한 내적 법칙을, 구약성경은 곧장 가리키고 있다. 여기서 시작되는 긴 끈이 19세기 낭만주의까지 이어지는데, 나는 이 책의 많은 부분을 할애해 그 끈을 추적할 것이다.

욥의 시련은, 자신의 의지를 굴복시킨다는 것, 희생한다는 것이 무얼 뜻하는지 더한층 충격적으로 보여주는 우화일 것이다. 왜냐하면, 아브라함과는 달리 욥의 시련은 고문에 가깝도록 길기 때문이다.[49] 그리고 "소유를 전보다 두 배나 돌려주셨다"(욥기 42:10)는 대목을 보면, 하느님이 종국에는 욥에게 평화를 주고 풍성한 자손을 주었기에 비록 이 이야기는 해피엔딩처럼 보일지도 모르지만, 이런 선물들을 받는다고 해서 욥의 상실, 무엇보다 자식을 잃은 것이 없던 일이 되지는 않는다. 이것은 고진감래의 서사가 아니다.

그 점이 바로 이 이야기의 핵심이다. 사랑하는 관계의 핵심인 복종은, 그저 보상이나 고통으로부터의 구원을 기대하는 거라면 진짜가 아니다. 욥은 하느님의 율법에 따르기를 거부한 대가로 벌을 받는 일탈자가 아니다. 그와는 정반대로, 욥은 하느님의 율법을 엄격하게 따른다. 심지어 하느님은 그 불행이 시작되기 前에, 욥이 "완전하고 진실하며 하느님을 두려워하고 악한 일은 거들떠보지도 않는 사람이었다"(욥기 1:1)라고 밝혀둔다. 그뿐 아니라 욥의 고난은 '까닭 없이'(욥기 2:3) 왔다. 소중한 것들을 몽땅 잃는 것이 그의 불행이다. 가축과 하인들, 심지어 일곱 아들과 세 딸까지. 이 잔인함의 종지부는 온몸을 뒤덮은 고통스러운 종기에 시달리는 것인데, 욥은 그 종기들을 깨진 질그릇 조각으로 살살 긁어보지만 소용이 없다.

이런 부당한 고통을 보면, 그 과정에서 자신의 계명 중 적어도 두 가지, 즉 살인과 도둑질을 금한 계명을 깨뜨린 듯한 하느님의 정의에 조금도 동조하기 어렵다. 물론 욥은 무고함을 항변하고, 시련 때문에 살아 있어도 살아 있는 것이 아니라 한탄하고, 태어난 것을 원망하며 차라리 죽음을 갈구하지만, 그런데도 그의 즉각적 반응은 수용과 신심이다. "벌거벗고 세상에 태어난 몸, 알몸으로 돌아가리라. 야훼께서 주셨던 것, 야훼께서 도로 가져가시니 다만 야훼의 이름을 찬양할지라."(욥기 1:21)

욥에게 불행이 닥쳤다는 소식을 듣고 찾아온 친구들은 그의 상실을 애통해하며 위로하려 애쓴다. 그들은 7일 밤낮으로 잿더미 위에 앉아 종기를 긁는 욥의 곁을 말없이 지킨다. 그러나 친구들의 위로는 욥을 더 비통하게 할 따름이다. 그는 자신이 그런 벌을 받을 이유가 없다고, 그리고 만약 이유가 있다면 하느님은 자신에게 그 이유를 알려주어야 한다고 외친다. 욥은 하느님의 정당함과 선함에 의문을 품으며, 무고한 이가 재난을 겪고 "땅을 악인의 손에 넘기셨"(욥기 9:24)다고 한탄한다.

친구들은 그럴 리가 없다고 욥에게 말한다. 그들은 욥의 고통에 반드시 이유가 있을 거라고, 틀림없이 이 모든 일을 당할 만한 죄를 지었을 거라고 설명한다. 의미 없는 고통은 없으니 그는 반드시 죄를 지었을 것이다. 신의 명령의 핵심은 상과 벌이다. 한 친구, 엘리바즈가 묻는다. "곰곰이 생각해보게. 죄 없이 망한 이가 어디 있으며 마음을 바로 쓰고 비명에 죽은 이가 어디 있는가?"(욥기 4:7)

그러나 욥의 고난은 하느님의 어떤 심오한 사실들에 관한, 그리하여 신을 어떻게 사랑해야 하는가, 그리고 일반적으로 사랑을 어떻게 해야 하는가에 관한 실마리를 준다. 이런 최고의 사랑의 대상은 우리에게 좋은 것, 사실상 생명 그 자체를 주지만, 나쁜 것도 준다. 최고의 사랑 어린 친절함을 주지만 가장 지독한 잔인함도 준다. 우리 삶과 존재를 떠받쳐주는 약속을 주지만, 동시에 의지할 데라곤 없는 끔찍한 '부당함'도 준다.

나는 이것이 모든 진정한 사랑의 진실이라고 본다. 우리 존재의 터전으로, 심지어 하느님이나 부모나 전원田園이나 민족과 같은 우리 존재의 원천으로 체험하는 누군가와의 진정한 관계는 양보 없는 수용을 요구하며, 어떠한 이익의 예측이나 계산도 허용하지 않는다. 사랑의 관계 내에서 협상은 어림도 없다. 하느님이 "나는 돌보고 싶은 자는 돌보아주고, 가엾이 여기고 싶은 자는 가엾이 여긴다"(출애굽기 33:19)[50]라고 말한 그대로다. 우리가 사랑하는 사람이 왜 우리를 그런 식으로 대하는지, 혹은 그가 그러는 것이 도덕적으로 정당한지 의문을 품어봐야 의미 없다. 사랑하는 대상, 그게 신이든 다른 인간이든 아니면 생명 그 자체든, 그의 방식들을 정당화하려는 **시도**조차 하지 않을 때에야, 비로소 우리는 그를 가장 진정으로 긍정하는 것이다.

욥은 하느님이 하는 일의 정당성을 찾기는커녕 설명조차 하려 들지 않는다. 그 대신, 우리가 보았듯 그는 위엄 있게 말한다. "야훼께서 주셨던 것, 야훼께서 도로 가져가시니 다만 야훼의 이름을 찬양할지라."(욥기 1:21) 그는 하느님이 존재한다면 세상이 이토록 부당할 리 없으니 하느님은 존재하지 않는다고 결론내릴 수도 있었다. 그러나 그는 하느님의 존재를 긍정한다. "나는 믿는다, 나의 변호인이 살아 있음을!"(욥기 19:25)[51] 아니면 아내가 한때 그에게 채근한 것처럼,[52] 그런 악몽 같은 삶을 살겠다고 발버둥치는 것을 그만두고 신을 저주하면서 죽음을 택할 수도 있었다. 그러나 욥이 아내에게 한 대답은, 진정한 사랑의 관계의 핵심인 수용에 관한 그의 발언들 중 가장 심오하다. "우리가 하느님에게서 좋은 것을 받았는데 나쁜 것이라고 하여 어찌 거절할 수 있단 말이오?"(욥기 2:10)

무엇보다도, 욥은 고통의 '의미'를 찾으려 애쓰지 않는다. 그 대신 고통의 존재를 인정하는given 존재 양식의 이상을 가리켜 보인다. 이 이상은 '왜 이런 고통을?' 그리고 '내 고통의 의미는 무엇일까?'라는 질문에 대한 답 없이 살아가는 것이다. 사실상 이 이상이란 그보다 더 어려운 것, 즉 처음부터 질문을 제기하지 않는 것이고, 답이 없는 질문에 매달리지 않고 살아갈 만큼 강한 것이다.

이윽고 입을 연 하느님은 인간이 무엇이 정당하고 무엇이 그렇지 않은지 판가름하기에 충분할 만큼 깊이 우주를 헤아릴 수 있다는 생각 자체를 조롱한다. 그리고 하느님은 마침내 욥의 운을 돌려주고 "욥의 여생에 전날보다 더한 복을 내려주"(욥기 42:12)는데, 이것은 욥이 이 결과를 위해 기도해서이거나,[53] 아니면 비로소 어떤 다른 행복의 조건이 충족되어서인 것 같지는 않다. 그와는 반대로, 복은, 고난과 마찬가지로, 그냥 올 때가 되었기 때문에 온다.

'왜 무고한 이들이 고난을 겪는가?'라는 물음은 하느님에 대한 복종과 두려움이라는 관점으로 보면 그릇된 물음이다. 그 관점은 곧 사랑의 관점을 뜻한다. 하느님을 사랑하는 것은 그 관점을 받아들이는 것이다. 아브라함 또한 그것을 받아들였듯이.

왜 하느님을 사랑하는가?

그런데 하느님이 그의 백성으로 하여금, 당신을 사랑하라는 명령에 반응해, 비록 성글고 무척 불완전할지언정 당신을 사랑하게 만드는 것은 하느님의 어떤 점일까?

그 답은 아마 이것이 아닐까. 좋은 쪽으로든 나쁜 쪽으로든, 그들에 미치는 하느님의 힘. 백성들이 생각하기에 하느님의 힘은 그들에게 생명을 주거나 빼앗고, 그들 존재의 흥함과 쇠함을 정하며, 그들에게 이 세계(도덕적 세계를 포함한)에서 있을 자리를 주거나 빼앗는다. 하느님을 사랑하라는 성경 속 명령은 정확히 이 존재의 궁극적 문제들에 대한 하느님의 절대적 힘과 무제한적으로 관련되어 있다.

이것이 하느님에 대한 공포가 구약성경에서 그토록 핵심을 차지하는 이유다. 모든 위대한 사랑은 공포와 관련이 있다(물론, 모든 공포가 사랑과 관련이 있지는 않다). 사랑하는 대상을 잃을 가능성은 늘 존재하고, 이는 그 일이 실제로 일어나기도 전부터 사랑을 하는 이에게 공포를 불러일으킨다. 그리고 사랑하는 대상으로부터의 폭력과 보복에 대한 우리의 취약성 역시 늘 존재한다.[54] 상대가 예측 불허일 때는 특히 그렇다.

그러나 하느님을 잃는다는 공포보다도 더욱 큰 것은 하느님을 본다는 공포다. 우리 존재에 그처럼 막대한 힘을 미치는 존재라면, 그가 결코 우리를 버리거나 파멸시키지 않으리라 아무리 믿어도 우리는 그에 대한 경외심에 압도되기 십상이다. 칸트의 '숭고sublime' 개념이 말하듯, 우리는 '절대적으로 엄청난absolutely great' 것 앞에 서면 격상되는 동시에 초라해진다.[55] 그 위엄은 우리에게 힘을 얻은 느낌과 힘을 잃은 느낌을 모두 갖게 한다. 사랑하는 대상의 소유에 대해서만이 아니라, 사랑이 닻이 되어주기를 갈망하는 우리 존재 그 자체에 대해서도 그렇다. 사랑의 관계 속에 있다는 것은, 달리 말해 늘 공포의 관계 속에 있다는 것이다. 실로, 사랑이 더 클수록 공포도 더 크다.

이중 많은 것은 우리 현대인의 입맛에 맞지 않는다. 우리는 진정한 사랑은 오로지 좋음에 의해서만 불러일으켜지고, 좋은 것만을 추구하며 좋은 것만을 양성한다는, 그리스에 근원을 둔 시각에 너무 깊이 빠져 있기 때문이다. 그리고 진정한 사랑은 조화와 안정과 이해로 달성된다고 여긴다. 이 시각에 따르면, 만약 우리가 사악한 짓을 저지르는 이를 사랑한다면, 이는 그에게서 어떤 좋은 점을 보았기 때문이다. 또는 우리가 파괴적인 사람과 사랑에 빠진다면, 이는 진짜 사랑이 아니라, 아동기에 파괴적인 부모 밑에서 자라며 형성된 관계, 또는 마조히즘적인 욕구가 '병적'으로 반복된 결과이다.

그렇지만 좀더 상세히 들여다본다면 우리는 그게 사실이 아님을 알게 될 것이다. 어째서 인질들은 종종 인질범들에게 공감을 느끼고 그들과 동일시하는(이른바 '스톡홀름 증후군') 정도를 넘어, 실제로 사랑에 빠지기까지 할까? 어째서 아이는 부모가 좋은 사람인지 나쁜 사람인지 알기에 충분치 않은 어린 시절부터, 사실상 좋고 나쁨의 개념조차 갖추지 못한 어린 시절부터 본능적으로 부모를 사랑하고 두둔할까? 그리고 성인이 된 뒤에는, 자기 부모가 자신이나 다른 사람들에게 심각한 위해를 가해왔다는 것을 알면서도 왜 계속 부모를 사랑할까? 수많은 압제하의 국민들이 살인마인 지도자를 공경하는 정도를 넘어 사랑하고, 그토록 엄청난 수의 사람들이 그의 장례식장에서 남들 다 보도록, 그리고 진심으로, 어쩌면 자유국가 사람들보다 더 진심으로 통곡하는 것은 대체 왜일까? (여기서 우리는, 스탈린의 '대공포 시대'에 살았던 수많은 사람들이 스탈린에 대해 특별한 감정을 분출한 사례를 간과할 수 없다. 수백만 명이 스탈린의 죽음 앞에서 보인 진심 어린 슬픔은 단순히 공포나 프로파간다나 노예적 충성심으로 치부할 수 없다. 왜냐하면 그것은 다양한 사랑의 특징들을 보여주기 때문이다. 사람을 바꾸어놓는 헌신, 자기희생, 복종, 귀기울임, 긍정, 근접의 열망, 감정의 무릎, 그의 닿을 수 없는 타성他性에 대한 경외심 같은.) 만약 "아니, 이 모든 것은 진짜 사랑이 아니야"라고 말하는 사람이 있다면, 그는 가장 진정한 인간의 사랑 속에 존재하는 거대한 위험을 무시하는 것이다.

이 경우에는 종래의 설명 대부분이 통하지 않는다. 우리가 그런 괴물들을 사랑하는 이유는 '공통된 인류애' 때문이 아니다. 그들이 보여주는 어떤 윤리적이거나 문화적인 유사성 때문도 아니고, 그들의 어두운 영혼 속에서 빛나는 어떤 좋음 때문도 아니고, 그들 역시 '하느님의 자녀'이기 때문도 아니다. 그것은 아주 간단히 말해, 그들의 존재론적인 힘, 우리에게 생명과 존재를 주거나 빼앗을 수 있는 그들의 힘을 우리가 믿기 때문이다. 그 힘에는 악에서 발생하거나 악을 행할 수 있는 힘도 포함된다.

사랑과 '존재론적 정착'

구약성경은 사랑의 **동기**에 관해, 사랑을 처음 느끼게 되는 동기만이 아니라 사랑을 지속시키고 성숙하게 해주는 동기에 관해 서양의 사랑 개념을 조형한 그 어떤 다른 전통들보다도 더 진정한 그림을 보여준다. 이스라엘 민족은 하느님을 그저 희미하게밖에 알지 못하지만, 그의 존재론적 힘에 대한 믿음 때문에 하느님을 사랑한다. 그들은 하느님을 창조주이자 기원으로, 생존과 번영의 결정자로, 그리고 노예생활에서 해방시키고 율법과 토지를 내려줌으로써 자신들에게 세상의 확실한 자리를 선사한 분으로 사랑한다.

하느님은 그들을 당신의 율법의 수호자로서 사랑한다. 그리고 시나이 산에서 모세에게 내린 율법을 받도록 그들을 '택한' 것 자체가 하느님의 사랑의 행위다. 비록 이스라엘측이 어떤 특정한 은사merit를 가져서가 아니라는 중요한 단서조항이 거기 달리긴 했지만.[56] 하느님의 시원적 사랑의 행위인 천지창조와 마찬가지로, 택함은 그의 근본적으로 불가해하고 독립적인 의지의 표현이다. 그리고 그런 점에서 무조건적이다. (이것이 나중에 기독교 사랑관에서 그토록 핵심적인

'은총' 개념의 기원이다.)

그리고 물론, 생명과 율법을 선사하는 바로 이 하느님이, 또한 유별나게 잔인하고, 표면적으로는 우리를 부당하게 대할 수 있다. 그는 질투할 수 있고, 앙심을 품을 수 있고, 복수심에 불탈 수 있다.[57] 당신의 백성이 가장 큰 위험에 처한 순간에 자취를 감추어, 환난 속에 그들을 내버려둘 수도 있다. 서기 1세기의 제2차 성전 파괴에서부터 15세기 스페인에서의 추방, 그리고 20세기 히틀러의 홀로코스트에 이르기까지 그는 그랬다. 하느님은 시나이 계약의 형태로 하나의 사랑을 제시하는데, 당신의 백성이 그 사랑을 받을 만하지 못하며 애초에 그럴 자격조차 없다는 의미에서는 무조건적이지만, 일단 그것이 주어진 후에는 그들의 행동에 따라 조건이 생겨날 수도 있다. (실제로 토라에서는 이스라엘이 하느님을 실망시켰을 때 *그가* 자발적으로 이스라엘에 손을 내민 분명한 사례를 찾아보기 어렵다. 이스라엘 백성은 하느님의 사랑을 되살리기 위해 모세 같은 인물의 중재를 자주 받는다.[58]) 비록 그들은 필요한 때에 하느님이 곁에 있어줄 것을 기대할 수 없지만, 그래도 마음을 다하고 영혼을 다하고 힘을 다해 하느님을 사랑해야 한다. 그들은 대체로 사랑에 보답받지 못할 각오를 해야 한다.

이것이 모든 사랑의 작용 방식이다. 하느님에 대한 이스라엘의 사랑처럼, 사랑은 타자에 대한 깊은 앎이 없어도 솟아나고 유지될 수 있다. 물론 사랑이 솟아난 뒤로는 그런 앎을 구하려 들 테지만. 사랑을 불러일으키는 것은 아름다움이나 도덕적 좋음(친절함이라는 의미로서의)이 아니라, 이 세상에서 고향에 온 듯한 기분을 느끼게 해주겠다는, 닻이 되어 삶을 붙잡아주겠다는, 사랑의 대상이 제공하는 수수께끼 같은 약속이다. 사랑은 결코 보답이나 정의로움을 기대할 수 없다. 그리고 아마도 그러지 않는 편이 가장 진정한 사랑일 것이다. 사랑은, 그 대상의 불분명하고 변하기 쉬운 본성으로 인해, 그리고 그가 우리에게 제시하는 무조건적인 듯해 보이는 선물의 굉장함 또는 그에 대한 우리의 강렬한 반응에도 불구하고 실은 반드시 조건이 따른다는 사실로 인해 불확실해지는 어떤 미래로의 움직임이다. 그것은 사랑받는 이의 내적인 합법성을, 즉 그의 존재를 이야기하는 합법성(헤라클레이토스가 존재의 법칙, 또는 전체로서의 우주의 섭리라는 뜻으로 로고스라고 부른)을 긍정하고 거기에 복종하려 한다.

여기서 하느님에 대한 이스라엘의 사랑은, 내가 1장에서 말한 이른바 '존재론적 정착'을 향한 탐색의 전형적인 본보기를 보여준다. 사랑의 대상은 사랑하는 이 안에서, 그가 진짜이고 정당하고 지속 가능한 존재로서 존재한다는 감각을, 그리고 비록 차지할 수 없다 해도 우주에 그를 위한 자리가 존재한다는 감각을 불어넣거나 허물 수 있다. 부모, 인질범, 모든 강력한 지배자들, 위대한 낭만적 사랑이나 우애처럼, 그리고 무엇보다도 구약의 하느님처럼, 극단적인 경우 이것은 삶과 죽음 그 자체를 결정하는 힘이다.

핵심적으로, 내가 이 책 전체를 통해 주장하듯, 사랑은 그런 힘에 관련된 체험을 수반한다. 그것이 종교, 특히 일신교, 더 구체적으로는 하느님이 오로지 좋기만 하고 다 용서해주고 항상 너그럽고 지켜주기 바쁜 아버지라는 가식으로 사탕발림하지 않은 일신교가 우리에게 그토록 많은 것을 가르쳐주는 이유다. 사랑은 그 대상이 우리 존재를 긍정하고 길러주고 붙들어줄 수 있다는 믿음에서 생겨난다(그리고 그가 사라지거나, 그 힘을 행사하지 못하게 되거나, 아니면 그 힘으로 우리를 파멸시킬지도 모른다는 공포를 늘 수반한다). 그리하여 우리는 이 최고의 좋음에 대한 엄청나게 비싼 대가를, 외부인에게는 비뚤어진 것처럼 보이겠지만 존재론적 정착의 약속을 체험하는 이에게는 거의 중요하지 않은 그 대가를 기꺼이 치르려 한다.

인간에게는 자기 존재에 대한 그런 긍정, 양분, 정박을 구하는 것보다 더 큰 욕구는 없고, 우리가 놓이게 된 이 세상과의 관계를 통해서만 그 욕구를 채울 수 있다. 존재론적 힘으로써 우리에게 영향을 미치는 누군가, 또는 실제로는 소명이나 예술이나 자연 같은 무언가를 발견했다고 생각될 때 우리가 그토록 압도적인 욕망에 사로잡혀 그를 향해 돌진하는 이유가 바로 이것이다. 우리 삶을 긍정하고 증진시키는 데에 그 힘을 사용할 이들하고만 사랑에 빠지는 게 아니라, 하필이면 우리를 원수로 여기는 이들, 재물로써 우리에게 존재론적 정착(튼튼하게든 그렇지 않게든)을 일깨우는 사람들, 우리에게 그릇된 자신감을 심어주는 사기꾼들, 우리를 파괴할지도 모르는 이들, 또는 우리가 그 사랑을 결코 믿지 못할 이들과도 사랑에 빠질 수 (그리고 그 사랑을 유지할 수) 있는 이유 또한 바로 그것이다. 우리가 존재론적 힘으로써 우리에게 영향을 미친다고 믿는 이런 사람들은 처음에는 부모였다가, 더 커서는 우리의 정체성, 안전, 번영, 어쩌면 심지어 우리의 존재 자체를 좌우하는 듯 보이는 모든 이들로까지 그 범위가 넓어진다.[59] 그런 사람들이 우리에게 미치는 힘에 대한 우리의 믿음은 강렬한 사랑의 핵심인 신뢰를 만들어낸다. 그 신뢰는, 우리가 결코 그 내적 작용을 이해하거나 정당화할 수 없는 법칙, 아브라함과 욥과 이스라엘 백성은 너무 잘 알았던 그 법칙에 우리를 복종하게 만든다.

3
육체적 욕구에서 낙원으로
플라톤

플라톤은 아름다운 육체에 대한 사랑을 낙원에 도달하는 긴 여정의 출발점으로 생각했다. 그는 서양의 정신이 집착하는 한 가지 핵심 생각을 낳는 데 일조했다. 그건 바로, 에로스가 육체적 욕구에서 영적인 이해로, 유한에서 무한으로, 조건적인 것에서 절대적인 것으로 향상하면서 하늘로 솟구칠 수 있다는 생각이다.

이 집착의 핵심에는 고통스러운 요구가 있다. 영적인 사랑은 반드시 그것이 시작된 육체적 만족에 대한 바로 그 욕망들을 극복하고, 궁극적으로는 삶 자체의 바로 그 조건들, 즉 시간, 공간 그리고 고통을 극복해야 한다는 것이다. 성애적 욕망을 억압하거나 제거함으로써 그것들은 극복해야 한다는 게 아니다. '플라톤적 사랑'은 결코 그러지 않는다. 다만 육체적 아름다움을 향한 욕구를 정제해 신적인 아름다움을 향하게 할 뿐이다.

그런 정제를 통해, 사랑하는 이는 날것 그대로인 에로스, 또는 질투심 강하고, 화가 나 있고, 모자라고 무력하며,[1] 민망할 정도로 엉성한, 시간과 육체와 필멸성에 의해 오염된 날것 그대로의 열정적 욕망을 벗어나 신 같은 자유를 손에 넣는다. 욕구들 중 가장 눈먼 것이었던 사랑이 가장 밝은 시야를 갖게 된다.

종국엔, 사랑하는 이는 모든 개별성을 초월하는 아름다움에 대한 사색에서 자신의 개인적 번영을 본다. 사랑은 놀라운 역설에 휘말린다. 에로스, 그 거대한 생명력이, 삶의 기본 조건들을 초월하는 것 외에 더이상 아무것도 욕망하지 않는다는 것이다.

플라톤 이전의 그리스인들은 사랑을 인간의, 심지어 우주의 위대한 힘으로 보았지만, 남아 있는 그들의 문헌 중 사랑에 그처럼 크나큰 윤리적 중요성을 부여하는 것은 전혀 찾아볼 수 없다. 예를 들어 엠페도클레스(기원전 492~432경)는 사랑과 갈등이 우주를 지배하며 우주의 네 원소, 즉 흙, 공기, 불, 물을 끊임없이 요동치게 만든다고 주장했다. 사랑이 우세할 때는 이 원소들이 밀착 혼합된 상태로 함께 있지만, 갈등이 우세하면 원소들은 다시 별개의 네 집단으로 흩어진다.[2] 이 변화의 순환은 결코 끝나지 않고, 비록 사랑이 일시적으로 우세할 수는 있어도 결국 갈등에 지배당할 것이다.

그리고 그들은 지속적인 교대를 멈추지 않으리니,

때로는 사랑으로 모든 것이 하나로 합치는가 하면,

때로는 갈등의 반목으로 다시 제각각 멀어진다.[3]

한편 사랑을 인간뿐 아니라 신들보다도 강한 악마 같은 힘으로 경외한 이들도 있었다. "사랑…… 심지어 불멸의 신들조차 그대가 시작되는 것을 막을 수 없다. 하루라도 인간으로 태어난 존재라면, 그대 손에 사로잡힌 모든 이가 미쳐버린다"고 소포클레스 작 『안티고네』의 코로스는 말한다. "그대는 제정신인 사람을 격정으로 미치게 만든다."[4] 그렇지만 플라톤 이전에 인간이나 신들이 이 힘에 무릎 꿇고 사랑에 모든 것을 바치고 사랑 때문에 전쟁을 벌였을 때, 그들이 타인의 몸을 성적으로 소유하려는 자신들의 욕구를 꼭 절대적인 아름다움과 선함을 위한 영적인 탐색의 시작으로 여긴 것은 아니었다. 호메로스가 들려주는 트로이전쟁은 유부녀(트로이의 헬레네)를 향한 한 남자(파리스)의 강력한 욕망과, 그녀를 지키기 위해 그가 나머지 모두를 기꺼이 밀어넣는 지옥에 관한 이야기가 전부다. 그러나 이 바람둥이는 헬레네에 대한 자신의 사랑을 윤리적인 면에서 생각하지는 않았다. 그렇다고 더욱 진지한 영적 여정 위에서 잠깐 머물러 즐기는 여흥거리 정도로만 여긴 것도 아니었다.

그리고 그후 플라톤은, 아마도 오르페우스교와 다른 신비주의 종교들을 포함한 더 이전의 전통들에 기대어 그로부터 급격히 갈라섰다. 플라톤은 사랑이, 바로 영적인 노력으로, 한 인간으로서 번영하는 데 핵심적이라는 생각을 발전시켰다. 그는 사랑이 용기와 명예 같은 좀더 전통적인 덕목들을 넘어 최상의 덕목으로 올라설 수 있는 발판을 마련했다. 비록 그다음 단계로 나아가는 것은 다른 사람들의 몫이었지만. 플라톤은 인간의 오랜 꿈을 실현하는 데서 사랑이 중요한 역할을 맡게 했다. 그 꿈이란 뒤죽박죽이고 통제하기 어렵고 애써 맺은 결실을 망쳐놓는 무심하고 가혹한 삶에서 풀려난 순수함과 평화의 이상적 영역이었다.

플라톤은 (늘 그랬듯) 얼핏 순진해 보이는 질문을 제기함으로써 이 급진적 행보를 달성했다.

사랑에 관한 위대한 책인 『향연』의 도입부에서 그는 이렇게 묻는다. "하고많은 시인들 중에 사랑처럼 오래고 강력한 신을 두고 찬사 한 줄 읊은 이가 없다는 것은 부끄러운 일 아닌가?"[5] 학식 있는 자들은 이따금 소금 같은 유용한 것들을 장황하게 칭송했지만, 사랑을 제대로 대우해줄 용기는 갖추지 못했다.

이 질문은 사랑의 역사에서 아주 중요한 순간이다. 왜냐하면 『향연』에는, 즉 서양철학사 최초로 사랑에 관해 길게 논의했으며 서양 사회에서 신명기와 레위기의 율법과 더불어 사랑에 관한 가장 큰 영향력을 지닌 이 문헌에는, 오늘날 우리가 쉽게 알아볼 수 있는 사랑의 강력한 이미지 네 가지가 등장하기 때문이다.

1. 사랑은 우리를 한 인간으로서 '완전체로' 만든다. 나는 내 '반쪽'이 없으면 나 자신이라고 할 수 없다. (이제는 진부해진 이 용어들은 실제로 플라톤이 도입했다.)

2. 사랑을 일깨우는 것은 아름다움이다. 아름다움이란 그저 육체적 매력에 불과한 게 아니다. 그것은 성품의 아름다움, 영혼의 아름다움, 고결한 행동의 아름다움이다. 그리고 따라서 좋음이다.[6] 우리는 아름

답다고 여기지 않는 대상을 예찬하거나 인정하거나 탐낼 수는 있어도, 사랑할 수는 없다.[7]

3. 사랑은 우리가 사람, 자연, 물체 같은 사물들과 피상적 관계를 맺는 것을 넘어, 그들의 절대적 가치에 다가갈 수 있게 해준다.

4. 사랑은 사랑하는 이에게서 최선을, 무엇보다도 미덕과 지혜를 이끌어낸다. 사랑은 비록 성적 매력에서 시작되지만, 지고의 사랑은 우리 안에서 가장 고귀한 것, 즉 진정한 미덕이 태어날 수 있게 해준다.

사랑에 관한 이런 생각들은 향연의 다양한 참석자들에 의해, 사랑에 관한 그들 각자의 짧은 연설을 통해 드러난다. 그리스에서 향연이란, 사상들이 은밀하게 섹스로 바뀌는 음습한 대학교 강의실의 모임이 아니라, 푸짐한 술(심포지엄의 어원을 따져보면 '함께 술을 마심'이라는 뜻이다)에 음식이 따라나오는 상류사회 만찬회에 더 가까웠다. 그리고 남자 일색인 손님들은 침상에 비스듬히 기대앉아 노예들의 시중을 받으며 여자 플루트 연주자들이 제공하는 여흥을 즐겼는데, 그녀들은 드물지 않게 성적 용도로도 이용되었다. 그 행사의 참석자들은 에로틱한 아름다움 속에서 지적인 영감을 얻고자 했으며, 아름다움과 아름다운 젊은이를 상상하는 것을 넘어, 실제로 그들을 애무하기를 즐겼다.

아름다운 젊은이란 물론 남성이다. 그리고 이 향연에서 논하는 사랑의 밑그림에는 동성애적 경향이 있다. 연사들 다수는 오로지 한 남자와 한 젊은이 사이의 동성애만이 배움, 정치, 그리고 섬세한 매너의 추구 같은 가장 고귀한 목표에 유익하다는 것을 당연시했다. 그런 사랑은, 비슷한 본성을 가진 두 사람 사이에 평생 가는 지적 우정의 방아쇠를 당길 수 있다고 우리에게 가르친다. 그런 사랑에서는 고결한 행동, 법, 시, 명예로운 행위를 비롯한 불멸의 후손들을 낳을 수 있는 폭넓은 창조력으로서의 '영혼의 수태'가 섹스를 대신한다.[8]

반면, 나중에 보게 되겠지만 일부 연사들은(전부는 아니다), 이성애를 전반적으로 열등한 사랑으로 여긴다. 생식이 주된 가치인, 대체로 육체적인 욕구라는 것이다. 이 연사들의 말에 따르면, 한 남자와 한 여자 사이의 사랑은 영적 성장을 위한 시발점이 아니다. 어느 정도로까지 그랬느냐면, 연장자인 남자가 연하 여자를 이런 식으로, 달리 말하면 영적인 우정과 영혼의 수태로 이어지는 성적 친애로 욕망하고자 한다면, 양쪽 다 그 여자를 남자로 여기든가, 적어도 그녀가 남자가 아니라는 사실을 무시해야만 한다.[9] 보들레르는 "지적인 여성을 사랑하는 것은 남색 같은 쾌락이다"라고 썼을 때 그런 플라톤적 주장을 하고 있었는지도 모른다.

동성애는 주로 상류 계층, 즉 향연에서 정치나 철학이나 토론 같은 여가활동을 즐길 자유와 여유가 있는 이들 사이에만 존재했다. 그리고 거기에 몰두한 이들은 또한 이성애자였으며, 비록 사랑과는 거의 무관한 결혼이었지만 집에 아내를 두고 있는 경우가 꽤 흔했다. 그런데 다른 남성과의 섹스는 보통 일방적이었다. 연장자이고 더 경험 많은 남자가 어떤 청소년에게 에로틱한 애착을 품고 때로 그의 얼굴이나 성기를 애무하는 행위는 용인되었다. 그렇지만 그 젊은 남자는 대체로 육체적으로가 아니라 오로지 필리아, 즉 존경심 어린 우정으로만 반응해야 했다.

그리스의 성적 관습에 따르면, 아랫사람은 연장자인 남성의 접근을 받아들이기 전에 조심스러운 거부의 기간을 가져야 했다. 그리고 그 뒤에 따르는 섹스를 즐기지 않아야 했다. 오히려 도저히 불가능할 듯싶은 상황에서조차 계속 성기를 축 늘어뜨릴 수 있을 정도로까지 모든 성적 감각을 잃거나, 혹은 그럴 수 없다면 억눌러야 했다.[10] 연장자는 신체의 어떤 구멍에도 삽입하지 않는 한 젊은이의 샅에 성기를 비벼도 괜찮았고, 그러는 동안 아랫사람은 매력적인 웃음을 지으며 수줍게 시선을 돌려야 했다. (남자들 사이의 완전한 성교는 그리스 문헌에서 거의 언급되지 않는다.[11])

비록 향연의 다른 참가자인 알키비아데스는 소크라테스를 너무나 열렬히 사랑한 나머지 비대칭의 관계를 넘어 적극적인 연인이 되고, 심지어 완벽한 감정적 호혜가 가능한 관계로까지 나아가지만, 이것은 일반적인 경우가 아니다. 그리스 관습에서 진실로 호혜 평등한 관계는, '제2의 자아'로 체험되는 타자의 행복을 기원하며 잘 대해주는, 필리아 관계이다. 그리고 비록 필리아가 연상인 남자와 젊은 남자 사이의 일방적 동성애 관계에서 시작되었다 해도 그 자체로는 더는 성적이지 않다. 그 관계의 주된 목적은 지적인 영감과 더불어 더 미묘한 형태의 친애를 얻는 것이다.

그러나 이런 섬세한 목표들을 촉발한 에로티시즘은, 흔히 세속과는 먼 지식인들과 (그릇되게) 연관되는 뜨뜻미지근한 종류가 분명 아니다. 소크라테스는 카르미데스라는 사랑스러운 소년으로 인해 느낀 내면적 동요를 묘사하면서 그 점을 매우 명확히 했다.

자, 그때쯤, 벗이여, 나는 당황했고, 그에게 무척 마음 편히 이야기했다고 느끼던 앞서의 자신감을 잃고 말았다네. (…) 그는 도저히 형언할 수 없는 표정으로 나를 보면서 무언가 물으려 하더군. 그의 망토 안을 들여다보았을 때 (…) 나는 열이 올랐고 정신이 나갔다네.[12]

당연한 얘기겠지만, 소크라테스는 재빨리 욕망에 고삐를 채운 뒤 계속해서 어린 카르미데스에게, 공교롭게도 절제의 본질을 가르친다.

왜 사랑은 우리를 '완전체'로 느끼게 만드는가

『향연』에서 사랑을 진지하게 다루는 주된 이유 중 첫째, 즉 사랑이 우리를 완전체로 만든다는 생각은, 플라톤이 비범한 환상을 전하기 위해 대변인으로 삼은 희극작가 아리스토파네스의 입을 빌려 소개된다.

우리가 살면서 만나는 수천 명의 사람들 가운데 한 사람, 심지어 딱히 믿음직하거나 다정한 것도 아니고, 어떻게 보아도 우리와 딱 맞지 않는데도 우리가 즉각 '알아본다'고 느끼는 사람에게 갑자기 강렬한 매력을 느끼는 이유를 설명하기 위해, 아리스토파네스는 신화 하나를 들려준다.

그가 말하기를, 오래전 인간들은 완벽하게 자족적이고 둥글었으며, 두 개의 얼굴과 두 쌍의 눈, 귀, 팔, 그리고 다리를 지니고 있었다. (원형圓形은 이른 초기의 그리스 철학자가 상상하기에, 신의 형태였다. 완벽이란, 말라깽이가 아니라 구球였다.)

이런 자족적인 형태들의 성별은 세 가지였다. 남자, 여자, 그리고 남녀추니. 그들은 팔다리와 감각이 그처럼 많았던 덕분에 뛰어난 능력을 가졌고, 스스로도 그 사실을 알았다. 결국 그들이 신들의 힘에 도전하기로 마음먹자 신들의 원로원은 딜레마에 빠졌다. 그들을 죽일 것인가 아니면 진압할 것인가. 첫번째 선택지에는, 신들을 섬길 인간이 남지 않는다는 문제가 있었다. 찬양과 제물을 즐기는 데 거리낌이 없던 그리스 신들은, 그리하여 인류를 살려두기로 결정했다. 신들의 왕인 제우스는 인간을 반으로 쪼개서 제 분수를 깨닫게 하겠다는 묘책을 냈다. (그리고 이런 벌을 받고도 그들의 교만이 누그러들지 않는다면 한번 더 쪼개서 비석의 부조처럼 얼굴을 납작하게 만들어주겠다고 경고했다.)

그 재앙 이후, 인간들은 각자 고유의 반쪽을 다시 만나 완벽함과 잃어버린 행복을 되찾을 날을 꿈꾸며 절박하게 지상을 헤맸다.[13] 아리스토파네스의 말에 따르면, 그런 열망은 그저 동료애나 성적 만족을 향한 것이 아니다. 사랑이란 "그저 완전체를 향한 욕망과 추구를 일컫는 말일 뿐이다".[14] 우리가 흔히 정의할 수 없다고 여기는 감정에 대한 간단명료한 정의. 그 목표는 같은 부류의 영혼과 하나가 되어, 그리하여 불완전한 상태의 무력함을 단번에 영원히 극복하는 것이다. "우리 인류〔남자나 여자나 마찬가지로〕가 행복으로 가는 길은 사랑의 명령들을 완수하는 데에 놓여 있다."[15] 우리 각자는 반드시 자신에게 딱 맞는 짝을 스스로 찾아내어 원래의 본성을 되찾을 수 있어야 한다.

그러니 어떤 반쪽이 마침내 제짝을 만나면, 그 한 쌍은 친애에 푹 빠져서 평생을 함께 보내기를 갈망하게 된다. 그들은 심지어 식량을 찾기 위해 잠시 떨어지는 것조차 거부한다. 그리고 그들은 성교를 즐길 수 있다. 인간의 성기를 한층 편리하게 앞쪽 중앙으로 재배치해준 제우스의 동정심 넘치는 결정 덕분이다. (이전에 생식은 성교 없이, "메뚜기가 그러듯 땅 위에 사정함으로써"[16] 이루어졌다.)

많은 다른 신화와 마찬가지로 이 신화는 인간의 심오한 현실을 들려준다.[17] 우리는 여전히 자신을 '완전한 존재'로 만들어줄 수 있는 유일무이한 사람과 우연히 마주쳤을 때 '자신을 찾아냈고' '완전해진' 기분을 느낀다고 말한다. 우리는 여전히 우리 각자에게 '딱 맞는' 사람, 완벽한 '천생연분'이 반드시 있을 거라고 믿는다. 우리는 섹스를, 그녀와 합일하고 싶은 욕망을 표출하고 찬미하는 행위로 본다. 신화가 들려주듯, 우리는 그녀를 자신의 '잃어버린' 반쪽이라고 느낀다. 본성 그 자체에 속한 무언가를 (재)획득한다는, 무언가 근본적인 것을 되찾는다는 어떤 관념을 가지고 있기 때문이다. (이 개념에는 동성애자를 위한 평등사상도 녹아들어 있는데, 그들은 그저 남성이나 여성이었던 완전체들의 반쪽일 뿐이기 때문이다. 한편 이성애자들은 둘로 나뉜 남녀추니들이다. 아리스토파네스가 어떤 뚜렷한 성적 지향성을 염두에 두고 있어서 그랬던 것은 아니다.[18])

그로부터 2000년도 더 지나, 우리는 프로이트가 연인들의 합일 체험을 놀라우리만치 단순한 용어들로 묘사하는 것을 보게 된다. 프로이트는 사랑하는 이와 하나가 되려는 욕망을, 그리고 연인들이 서로의 경계가 녹아버린다고 느끼는 '대양감oceanic feeling'을, 아기와 어머니가 하나를 이루고 있던 원초적 발달 단계로 퇴행하는 현상으로 표현한다. 아리스토파네스의 원인류처럼, 그녀는 우리 존재의 시원이며, 사랑은 우리가 아직 분리된 개인이 아니고 분리의 고통과 무력함을 아직 경험하기 전인 그 원래 조건, 잃어버린 결합을 되찾는 것을 목적으로 한다. 프로이트의 말에 따르면, 사랑은 "자아와 그 사랑의 대상 사이에 있는 모든 공간적 장벽을 무너뜨려 그 둘을 하나로 만들려고 노력한다."[19]

그러나 아리스토파네스의 신화는 '완성'을 향한 사랑의 탐색에 강력한 의문들을 제기한다. 적어도 운이 따라준다면 남자들과 여자들은 나머지 반쪽을 발견할 수 있다는 그의 이야기는 얼핏 들으면 해피엔딩 같지만, 그가 그리는 그림은 좀더 복잡하다. 진실은, 사랑이 그 양분된 인간들을 원래 상태인 완전체로 돌려놓지 못한다는 것이다. 그저 "우리의 현재 형편이 허락하는 한 가까이 갈 수 있도록"[20] 애쓰는 것이 고작이다. 오로지 신만이 완전체로 돌려놓을 수 있다. 신화에서 그 신은 불과 대장장이의 신, 시칠리아의 화산인 에트나 산 아래에 대장간을 두고 있다는 헤파이스토스(로마신화의 불카누스)인데, 그가 사랑의 신인 아프로디테(로마신화의 베누스)와 결혼했다는 사실에는 아마 심오한 의미가 있을 것이다. 신이 쪼갠 것은 신만이 다시 합칠 수 있다.

그런데 어떤 신이 우리로 하여금 사랑이 할 수 없는 것, 즉 완전체가 되는 것을 달성할 수 있게 해준다면, 우리는 그로 인해 진정 행복해질 수 있을까? 현실은, 우리로서는 알 수 없다는 것이다. 아리스토파네스가 말하듯, 신이 "내가 너희를 녹여서 둘이 아닌 하나가 되도록 용접해주겠다"고 말한다면 "그 제안을 거절할 이는 아무도 없으리라". 그러나 헤파이스토스가 구체적으로 연인들에게 "인간이여, 너희가 서로에게서 얻고자 하는 것이 무엇이냐?"라고 묻자 그들은 대답하지 못한다. 그들이 아는 것은 오로지 '밤낮으로 결코 떨어지지 않기를' 원한다는 것뿐이지만, 그 이유는 모른다. 그들은 "너희가 이런 운명에 만족하여 너희 갈망은 충족되겠느냐?"[21]라는 물음에도 대답하지 못한다.

그리하여 원시의 결합을 되찾으려는 사랑의 야망은 금세 심오한 딜레마에 봉착하는데, 아리스토파네스는 그것을 해결되지 않은 채로 내버려둔다. 한편으로, 이 야망은 너무나 추상적이라 연인들은 그저 원하는 것을 얻지 못해 좌절하는 것이 아니라 자기들이 실제로 뭘 원하는지도 헷갈린다. 다른 한편으로, 그들이 갈망하는 완전함은 어차피 끝내 만족을 주지 못할지도 모른다. 왜냐하면 그것은 식욕도, 욕망이나 움직임도 없는 완벽한 만족의 악몽일 터이기 때문이다. 완전체가 되지 못하는 것은 고문이다. 그러나 일단 우리가 욕망과 그 욕망의 짧을지언정 달콤한 만족과 고통들을 맛보면, 완전체가 되는 것 또한 고문이 아니겠는가? (이것은 유대교와 기독교에서 보이는 아담과 이브의 후손들의 딜레마이기도 하다. 에덴동산 바깥의 끝없는 희망과 위험과 기쁨과 온갖 신기한 것들에 중독되고 나면, 우리는 과연 아무것도 원하지 않는 삶으로 돌아가기를 진심으로 바라게 될까?)

그러나 그 희비극은 거기서 끝나지 않는다. 이 모든 이야기는, 우리가 하나로 융합되기를 바라는 딱 들어맞는 나머지 반쪽이 있음을 가정하고 있다. 그런데 신화를 주의깊게 읽어보면, 되찾아야 하는 잃어버린 반쪽을 갖고 있는 사람들은 제우스가 둘로 쪼갠 선조들뿐임을 깨닫게 된다. 그 이후 태어난 모든 인간은 이미 반으로 쪼개진 개인들로 태어났으므로, 그들에게 원래 딸려 있던 나머지 반쪽이란 사실 존재하지 않는다(여기서 어머니들은 잠시 배제한다. 이 이야기는 15장에서 다시 하겠다). 그러니, 우리 모두는 우리와 꼭 맞는 이가 나에게 발견되기만을 기다리고 있다는 느낌을 받지만, 실제로 그 사람은 없는 것이다. 우리에게 편안하게 문제없이 딱 들어맞는 단 한 사람, 혹은 그런 부류의 사람이란 없다. 따라서 서로 사랑하는 두 개인이 이루는 완전체는 결코 완벽하지 않을 테고, 원래의 무구했던 상태로 우리를 돌려놓지도 못할 것이다.

하지만 만약 사랑이 갈구하는 그 완전함이 불가능하거나 바람직하지 않다면, 그리고 찾아야만 하는 꼭 들어맞는 나머지 반쪽이 없다면, 그렇다면 우리는 그것을 과대평가하는 것인가? 원래의 인간들이 반으로 쪼개지고 성기가 재배치된 후 사랑의 종복이 된 섹스의 목적은 무엇인가? 섹스의 쾌락을, 그리고 생식에서 섹스가 담당하는 중요성을 별도로 치면, 아리스토파네스의 신화는 인간들이 딱히 매력적이지 않은 자기 신체 일부를 타인의 신체 일부에 삽입하기 위해 인생에서 그토록 많은 시간을 힘들게 보내야 한다는 것을, 그리고 가족을, 재산을, 평판을 심지어 국가를 섹스 때문에 기꺼이 망쳐놓으려 한다는 것을 다소 불합리하다는 어조로 그린다. 마치 우리가 길가에서 개 두 마리가 맹렬히 교미하는 것을 보거나 수코끼리가 암컷에게 몸을 부비는 보기 흉한 꼴을 보면서 비웃듯이.

그렇다면 사랑의 궁극적 목적이 무엇이냐는 질문에 대한 또다른 접근법도 있을까? 『향연』은 말한다, 아름다움과 좋음을 소유하는 것이라고. 아리스토파네스가 사랑의 동기는 나머지 반쪽을 찾으려는 욕구이며, 우리를 완전한 존재로 만드는 한 그나 그녀가 가진 특성은 아무래도 좋다고 말할 때, 소크라테스가 끼어들어 중요한 단서를 덧붙인다. 사랑은 아름다움 kalon[22]과 좋음 agathon[23]을 욕망한다고.

여기서 아름다움과 좋음이란 사랑이 추구하는 동일한 품성을 다르게 묘사하는 말에 불과해 보이므로, 우리는 그것이 윤리적으로는 좋음이고 미학적으로는 아름다움이라고 본다. 따라서 추한 이를 사랑하는 것은 불가능하고,[24] 사랑하는 이는 나머지 반쪽이 좋은 사람인지 알지 못하는 한 그를 찾지 않을 것이다.[25]

아름다움과 좋음을 소유하려는 욕망으로서의 사랑

소크라테스의 단서들은 모호하게 들릴지도 모른다. 그렇지만 거기에는 중대한 의미가 있다. 그의 생각에 따르면 우리는 나머지 반쪽이나 우리 자신, 또는 우리 둘이 함께 만드는 완전체를, 그것이 좋고 아름답다고 여기지 않는 한 진정으로 사랑할 수 없다. 이런 의미에서, 사랑은 결코 무조건적이지 않다.

그런데 우리는 다른 이들에게서 어떤 종류의 아름다움과 좋음을 찾는가? 구체적으로 어떤 것이 우리로 하여금 그들에게 끌리도록 만드는가? 어쨌든, 세상에는 셀 수 없이 많은 아름다움과 좋음의 사례가 있고, 우리는 그들 모두를 사랑하지는 않는다.

우리가 갖지 못한 것, 소크라테스는 이렇게 답한다. 나는 내가 갖지 못한 어떤 점을 아름답거나 좋다고 느끼고, 여러분은 여러분이 갖지 못한 점을 아름답거나 좋다고 느낀다.

이를 뒷받침하는 논리는 단순하다. 사랑은 욕망,[26] 우리가 아직 갖지 못한 것을 향한 욕망이다.[27]

우리의 결점은 종종 우리와 다른 누군가에 의해 가장 명확히 드러나곤 하므로, 어쩌면 우리는 결국 유사성이 아니라 차이에 이끌리는지도 모른다. 욕망의 논리에 관한 소크라테스의 주장은 그럴 가능성을 수반하지는 않지만 암시하기는 한다. 그 경우에 사랑은 우리 자신이 갖지 못했다고 느끼는 바로 그 아름다움과 좋음에 대한 우리의 민감함을 바탕으로 꽃을 피울 것이다. 그리고 성공적인 사랑의 열쇠는 우리와 사랑하는 대상과의 차이에 대한 감각을 꾸준히 새롭게 하는 것이리라. 단순히 차이를 용인하는 게 아니라 차이를 갈구하는 것이리라.

우리가 자신에게 없는 무엇에 이끌린다는 생각은, 남자가 여자에게 육체적으로든 정신적으로든 이끌리는 경향이 어느 정도는(그저 어느 정도일 뿐 전부는 아니다) 그가 자기 안에 없는 여성성을 소유하려는 욕구에서 비롯된다는 흥미로운 가능성을 제기하기도 한다. 반대로 여자가 남자에게 끌리는 것도 마찬가지다. 이 논리에 따르면 남성 동성애자들은 자기 안에서 남성다움의 부족이나 여성성의 과잉을 느낄 것이다. 그들은 주로 파트너의 여성성보다는 남성성에 이끌릴 것이다. 그와 유사하게, 여성 동성애자들은 다른 여성의 남성성이 아니라 여성성에 이끌릴 것이다.

그런 생각은 우리 시대의 소설과 심리학적 연구 양쪽 모두에서 드러난다. 『잃어버린 시간을 찾아서』에서 프루스트의 화자인 마르셀은 남성 동성애자들이 여성적 심리를 가졌다고 본다. 실연을 겪은 동성애자 샤를뤼스를 두고 마르셀은 이렇게 말한다. "그가 속한 부류는 보기보다 역설적이지는 않은데, 그들의 이상형이 남성적인 이유는 단지 그들의 기질이 여성적이기 때문이다."[28] 프루스트의 작품 속 남성 동성애자의 딱한 딜레마는, 그가 이성애자 남성들의 남성적 기질 때문에 그들을 욕망하지만, 이성애자 남성들은 당연히도 여성만을 욕망한다는 것이다. 그런데 그는 남성 동성애자들의 여성적 기질 때문에 그들에게도 거부당하므로, 그에게 외로움은 숙명이다. 소크라테스라면 그것이 꼭 숙명은 아니라고 말했으리라. 샤를뤼스에게는 결여된 아름답거나 좋은 자질을 가진 다른 남성 동성애자가 분명 있을 테고, 그는 거기 이끌리게 될 테니까. 하지만 프루스트는 이런 위로를 거부하는 듯하고, 16장에서 보게 되겠지만, 동성애자든 아니든 성적 욕정이란 결국 실망할 수밖에 없다고 생각한다.

소크라테스는 사랑이 결핍에서 기원한다고 생각하고, 아리스토파네스는 사랑이 상실에서 기원한다고 생각한다. 소크라테스는 사랑이 결핍에서 솟아난다는 생각에 더해, 이제 디오티마라는 현명한 (그리고 허구의 인물임이 거의 확실한) 여사제의 입을 빌려, 사랑이 곤궁Poverty의 아이라는 자기 생각을 전한다(사랑의 아버지는 계책Invention의 아들인 재간Contrivance이다. 교활Cunning의 아들인 부유Plenty로 번역되기도 한다[29]). 소크라테스는 한 탁월한 구절을 통해, 사랑의 주도면밀한 본성을 인정사정없이 명확하게 표현한다.

재간을 아비로, 곤궁을 어미로 둔 그[사랑]의 품성은 이러하지요.
그는 늘 가난하며, 대다수 사람들이 상상하는 바와 달리 섬세하거
나 아름다운 것하고는 거리가 한참 멀고, 강퍅하고 세파에 찌든 채
로, 맨발에다 무숙자 신세로, 잠자리도 없이 맨땅에서, 문간에서, 길
바닥에서 한뎃잠을 잔답니다. 이런 점에서 그는 제 어미와 닮았고
결핍 속에 살지요. 그렇지만 제 아비의 아들이기도 한 그는, 아름답
고 좋은 것이면 무엇이든 제 것으로 삼으려고 계획을 꾸민답니다.
그는 대담하고 진취적이며 정력적이고, 늘 교활한 사냥꾼처럼 술책
을 짜내지요. 그는 지식을 갈망하고 꾀가 넘치며 일평생 지혜를 사
랑하는, 솜씨 좋은 마법사에다 연금술사, 진정한 궤변론자이기도
하답니다.[30]

사랑이 약삭빠른 거리의 부랑아라는, 비록 사랑이 아름다움을 욕망
하지만 꼭 아름답게 행동하는 것은 아니라는 이런 이미지는 지극히
도발적이다. 물려받은 곤궁의 체험은 과연 극복될 수 있을까? 그것이
우리 삶의 지속이나 우리 기억에 불을 지피는 것을 멈출 수 있을까?
대단한 좋음을 성취하고자 하는 동기가 되어주는 수준을 넘어, 과연
좋음이 될 수 있을까? 그것은 상실에서 기원할까, 아니면 결핍에서
기원할까? 인간 사랑의 영역에서 이런 물음들은 하나로 압축된다. 사
랑의 욕구들은 끝내 충족될 수 있을까? 사랑의 모계 혈통 쪽은 아니
오라고 대답한다.
　그런데 부계 혈통은 냉정하게 거의 아무것도 물려주지 않는다. 소
크라테스에 따르면 우리 모두가 가지고 있는, 그리고 사랑을 통해, 특

히 사랑의 생식욕을 통해 해방을 모색하는 자연적 풍요plenitude는, 부유나 재간으로써 불 지펴진다.

이 번식에 대한 생각은 사랑이 아름다움을 갈구한다는 주장을 더욱 복잡미묘하게 만든다. 소크라테스가 마침내 말하듯, 사랑은 "아름다운 것 안에서의 생식"을 향한 욕구다. 그리고 "그런 생식은 육체적일 수도 있고 정신적일 수도 있다".[31] 다시 말해, 우리는 아이를 낳을 수도 있고, 아니면 예술과 철학과 덕행 같은 창조물을 낳을 수도 있다. 모두가 "육체적으로든 정신적으로든 생식욕을 가지고 있고 성숙하면 아이를 갖기를 욕망하지만, 그것은 아름다움에서만 가능하고 추함에서는 불가능하다".[32] 즉, 사랑 안에서 그리고 사랑을 통해 우리는 창조할 수 있다. 그리고 이 창조를 통해 불멸이 될 수 있다.

따라서 사랑은 결핍과 풍요 양쪽에서 솟아난다. 사랑은 궁핍한 동시에 재간이 넘친다. 사랑을 하는 이는 너무 비어 있는 동시에 너무 가득차 있다. 전자는 창조를 고무하고 후자는 창조를 가능케 한다. 나는 타자를 결여했지만, 또한 말하자면, 나 자신을 너무 많이 가지고 있다. 아직 창조적 성취들을 통해 표현되지 않은 정신의 과잉이다. 그리고 사랑의 대상은 나로 하여금 이를 풀어낼 수 있도록 도와준다. 사랑에는, 아니면 적어도 꾸준히 탐색하는 사랑에는 끊임없는 긴장이 있다. "그는 쥐고 있던 것을 늘 놓칠 테고, 〔그는〕 부유하지도 가난하지도, 현명하지도 무지하지도 않을 것이다."[33] 사랑은 늘 미해결 상태인 듯, 늘 도중인 듯, 명확하고 최종적인 목적지에 도달하지 못하는 듯 보인다.

아리스토파네스의 신화에서 보듯, 이것은 우리가 단번에 그리고 영원히 충족될 사랑을 얻는 때가 결코 오지 않을 가능성을 다시금 시사한다. 이는 우리가 어떤 이유로 성공적인 사랑의 공식을 발견하는 데 실패했거나, '그것을 위한 노력'을 충분히 기울이지 않았기 때문이 아니다. 계급 장벽, 민족적 편견, 혹은 일상적 압박, 경쟁자, 기타 등등의 외적인 장애 때문은 더욱 아니다. 그건 바로 사랑이, 사랑의 기원과 정수 그 자체가 만족 불가능한 것이기 때문이다. 아리스토파네스와 소크라테스에 따르면, 사랑에 불을 지피는 욕망, 즉 원시의 완전체를 회복하려 하고, 우리 자신 안에 결여된 좋음과 아름다움의 유형을 알아내려 하고, 풍요에서 창조해내려 하는 욕망은 안정적으로 충족시키는 게 불가하다. 혹시 그럴 수 있다면 그때는, 헤파이스토스가 완전체가 되고자 하는 연인들에게 던진 질문에서 짐작할 수 있듯, 우리는 어떤 지독한 완벽함의 상태에 갇혀버렸다고 느낄지도 모른다.

이것은 사람들 사이의 모든 사랑에 존재하는 비극적 딜레마로, 삶은 거기에 아무런 출구도 제공하지 않는다.

절대적 아름다움과 좋음을 영구히 소유하려는 욕망으로서의 사랑

그러나 우리는 이 지점에서 멈춰, 소크라테스/디오티마가 지금까지 눙쳐둔 질문을 끄집어낼 필요가 있다. 사랑이 궁극적으로 욕망하는, 우리가 결여하고 있는 아름다움과 좋음이란 과연 어떤 종류인가?

이 물음에 대한 답에서 서양의 사랑은 심각한 문제를 쌓기 시작한다. 현실의 사랑이 충족시킬 수 없는 기대를 만들어내는 것이다.

소크라테스의 말에 따르면, 사랑의 궁극적 욕망은 아름다움과 좋음, 그리고 진리의 본질 그 자체와 "항구적으로 결합해" 있다.[34] 이를 테면 아름다움의 본질 그 자체와 결합해 있다 함은 이런저런 아름다운 것들과 결합해 있는 것이 아니라, 아름다움 그 자체, 아름다움이란 무엇인가, 모든 아름다운 것들에 공통적이고 우리가 그것들을 아름답다고 여기게 해주는 요인과 결합해 있는 것이다. 이것은 절대적이고 불멸하며 변하지 않는 실체다.

소크라테스는 이런 절대적 아름다움의 상을 종교적 체험의 언어로 묘사한다.

> 이 아름다움은 무엇보다도 영원합니다. 생겨나거나 사라지지 않고, 차오르거나 이울지도 않으며 (…) 얼굴이나 손이나 그 밖의 어떤 형체를 띤, 혹은 사상이나 과학의 아름다움 같은 〔것이 아니라〕 (…) 〔우리는〕 그것을 절대적이고 홀로 존재하는, 독특하고 영원한, 모든 아름다운 것들이 공통적으로 띠고 있는 무엇으로 볼 것입니다. (…) 혼합된 것 없이 순수한, 절대적 아름다움의 정수를 볼 수 있다면, 인간의 살과 색과 금세 썩어버리는 오물로 더러워진 아름다움 대신 독야청청한 신적인 아름다움을 깨달을 수 있다면, 그 무한한 행복을 우리가 감히 상상이나 할 수 있을까요?[35]

우리는 이런 신적인 아름다움의 상에 사로잡혀, 사랑이 우리를 불완전하고 일시적인 세계에서 완벽과 영원의 땅으로 데려가주기를 기대한다. 우리는 사랑이 절대적 아름다움과 좋음의 체험으로 완결되기를, 그리고 우리가 사랑하는 대상이 우리에게서 그런 체험을 불러일으켜주기를 기대한다. 소크라테스가 전하듯, 사랑의 기능은 "사람이 신에게 그리고 신이 사람에게 보내는 전언을 해석하고 전달하는 것"이다".[36] 실로, 사랑은 우리 인류로 하여금 신적인 완벽함을 찾게, "신의 사랑을 받고, 만약 인간으로서 그리될 수만 있다면, 불멸의 존재가 되는 특전"[37]을 얻게 해준다.

그러나 그런 차원 높은 사랑을 할 수 있는 능력이 우리에게 갑자기 생기는 것은 아니다. 그런 일은 저절로 일어나지 않는다. 사랑은, 기술과 마찬가지로, 교육과 훈련이 필요하다. 우리는 반드시 사랑의 사닥다리를 오르는 데 필요한 지식과 성숙과 덕목들을 함양해야 한다. 그리고 그러려면 스승이, 길잡이가 필요하다.

사랑은 우선 자연스레 한 아름다운 육체를 향하게 된다. "이 목표를 향한 올바른 행로에 오르려는 남자는, 반드시 젊을 적에 육체적 아름다움에 대한 사색에 전념함으로써 그 여정을 시작해야 합니다"라고 디오티마는 말한다. 그리고 만약 사랑이 그를 올바로 이끈다면, 그는 이 초기 단계에서 "한 특별하고 아름다운 사람과 사랑에 빠지고, 그와의 동반자 관계에서 고귀한 정서를 낳을"[38] 거라고 덧붙인다.

사랑은 성숙해가면서, 한 아름다운 육체를 사랑하는 것에서 아름다운 육체 일반을 사랑하는 것으로 진보한다. 사랑하는 이는, 아름다움에 초점을 맞추고 있다면, "누구의 육체적 아름다움이든 다른 사람의 육체적 아름다움과 매우 비슷하다는 것을",[39] 따라서 그저 한 육체의 아름다움에 머무르는 것은 하찮고 경멸할 만한 일임을 금세 깨닫게 되기 때문이다.

그후 사랑하는 이는 육체의 아름다움보다 고귀해 보이는 영혼의 아름다움을 사랑할 수 있게 되고, "젊은이들을 더 나아지게 하는 데 도움이 될 법한 개념들"에 관심을 가진 후, 그런 개념들을 구현하는 "활동과 제도들"에 관심을 갖게 된다. 그런데 이런 활동과 제도들은 그 자체로 지식의 표현들이어서, 이제 사랑하는 이는 아름다움의 거대한 바다를 욕망하고, 그로부터 영감을 받아 "지식에 대한 충만한 사랑으로부터 많은 아름답고 장엄한 정서와 개념들을 낳게"[40] 된다.

마지막으로 우리는 이 사랑의 승격을 뒷받침하는 이론과 원동력이 아름다움에 대한, 아름다움 자체를 위한 욕망임을 깨닫는다. 우리가 보았듯이 아름다움 또는 좋음의 본질은, 우리의 평범한 일상에서 추출되고 나아가 거기서 아름다움을 끌어내는 모든 것으로부터 추출된 신의 영역처럼, 더 높은 영역을 점유한다. 이 영역에서 사물은 변질하지도, 그들의 존재와 가치를 다른 무엇에 의존하지도 않고, 영원히 그리고 무조건적으로 존재하며 가치를 지닌다. 따라서 이 영역에서 육체와 그 욕망, 시간과 그것이 초래하는 폐허는 혐오스러운 것이 될 수 있다.

사랑이 육체적인 것에서 신적인 것으로 상승하는 이 구도는 너무나 거대하고 다양한 방식으로 서양 사랑의 역사를 조형해왔기 때문에, 내가 할 수 있는 일은 그 영향 중 몇 가지를 짚어보는 것이 고작이다. 비록 그 외의 많은 것들은, 사랑에 관한 개념들이 겉보기에 아무리 달라 보여도 결정적으로 모두 플라톤의 생각(그것을 받아들이든 반대하든)에 의존한다는 사실을 감안하면 분명해지겠지만 말이다.

이런 영향들 중 첫째는, 사랑을 지고의 가치로 나아가는, 지고의 아름다움과 좋음의 축복들로, 진정한 미덕으로, 순수하고 영원한 무언가로 나아가는 행로로 만들기 위한 기반을 닦는 것이다. 소크라테스는 말했다. "이 복을 받고자 할 때 인간 본성은 사랑보다 더 좋은 조력자를 찾을 수 없습니다. 나는 사랑을 받드는 것이 모든 이의 의무라고 선포합니다."[41] 신과 이웃을 사랑하라는 구약성경의 명령과 더불어, 기독교가 사랑을 서구 세계의 가장 높은 가치로, 삶의 궁극적 가치이자 의미로 삼기 위한 발판이 마련되었다.

둘째는, 성욕이 지고의 사랑으로 가는 행로의 시발점이 될 수는 있으되, 지고의 사랑의 궁극적 도착지나 정점은 아니라고 생각하는 것이다. 사랑이 절대적 아름다움으로 승화된다고 말하는 소크라테스에게도, 나머지 반쪽을 찾는 신화를 이야기하는 아리스토파네스에게도, 섹스는 수단이지 목적이 아니다. 놀랍게도, 성 해방도 이런 시각을 몰아내기에는 역부족이다. 섹스를 중심으로 한 사랑이, 회복력이나 풍요로움 면에서 볼 때, 우리가 배우자와 공유하는 공통된 가치나 이상 같은 '더 높은' 것들을 기초로 둔 사랑에 견줄 만하다고 여기는 사람은 거의 없다. 서양 역사상 사랑의 관계에서 섹스가 주인이기보다는 종이어야 한다고 생각하지 않은 인물은 거의 없었다. 사드 후작이 출현한 지 이미 두 세기나 지났지만, 그는 여전히 특출한 예외적 인물로, 심지어 이 해방의 시대에조차 여전히 매혹의 대상으로 남아 있다.

여전히 우리 곁에 있는 플라톤적 개념 중 셋째는, 사랑과 불멸성 사이의 연결고리다. 지고의 사랑은 영원한 가치를 가진 불멸의 것들을 어렴풋이 볼 수 있게만 해주는 것이 아니라, 그것을 통해 우리 자신이

"만약 인간으로서 그리될 수만 있다면, 불멸의"[42] 존재가 되게 해준다. 『향연』의 궁극적 시각, 즉 사랑을 아름다움과 좋음의 변치 않는 정수로 보는, 그리하여 덧없음, 상실, 고통, 운, 그리고 자연적이거나 인위적인 악함과 같은 인간의 족쇄를 벗어날 수 있게 해주는 통행증으로 보는 시각은, 다른 개념들은 거의 하지 못했던 방식으로 서양의 상상력을 사로잡게 된다.

그렇지만 그것이 아무리 위엄 있어도, 사랑을 궁극적으로 시간을 초월한 아름다움의 정수를 향하는 것으로 보는 이 시각은 인간들 사이의 사랑의 가치를 심히 저하시킨다. 그것은 사랑의 가장 위대한 가치들 중 하나, 즉 시한부로서의 개인의 개별성을 분명히 직시하는 미덕을 악덕으로 둔갑시킨다. 그 시각은 인간을, 정확히 얘기하자면 한시적인 모든 것을, 단지 그 한시성 때문에 우리의 사랑을 받을 만한 가치가 없는 존재로 만들어버린다. 그것은 우리가 사랑하는 이를, 그와 같은 수준의 아름다움을 구현하는 사람이라면 누구든 상관없이 바꿔치기해도 되는 정도로까지 그들의 개별성을 평준화한다. 이로써 사랑의 대상은 우리가 그들을 사랑함으로써 더 큰 좋음, 특히 창조력, 불멸성, 그리고 절대적 아름다움에 눈뜰 수 있을 때에만 가치를 지니고, 그러지 못하는 경우 우리는 그들의 삶에, 또는 그들과 우리의 관계를 심화하는 데에 관심을 거의, 혹은 전혀 갖지 않는다. 따라서 그것은 사랑하는 이의 번영을 위해, 가장 진정한 사랑을 개인적인 것에서 비개인적인 것으로, 개별적인 것에서 일반적인 것으로, 그리고 인간적인 것에서 말 그대로 비인간적인 것으로 바꾸어놓는다. 앞으로 보게 될 텐데, 이런 경향은 플라톤 사상이 기독교에 유입되면서 강력해져 19세기의 리베스토드Liebestod, 즉 사랑으로 인한 죽음을 칭송하는 현상으로 막을 내린다.

게다가, 사랑이 반드시 아름다움에서 유발된다는 생각은 그럴싸하게 들리지도 않는다. 우선, 우리는 많은 사람이나 사물을 아름답다고 여기지만 그에 비해 우리가 실제로 사랑을 표명하는 사람이나 사물은 더 적기 때문이다. 어떤 사람은 많은 여자들, 또는 정말로 그림이나 화병이나 풍경 들을 아름답다고 느낄지도 모르지만, 진짜 사랑하는 대상은 오직 하나뿐이다. 게다가 플라톤이 염두에 둔 '진정한' 아름다움은, 그의 설명에 따르면 좋음, 즉 윤리적 좋음에서 분리할 수 없기 때문이다. 그리고 사람들이 스스로 윤리적으로 좋다고 여기지 않는 많은 것들을 사랑한다는 것도 분명한 사실이다. 자신이 나쁘다고 인정하는 살인자와 사랑에 빠지는 (사실상 그의 악함에 매력을 느끼기까지 하는) 여자, 2장에서 살펴본 인질범에게 사랑을 느끼는 인질, 무자비한 권력으로부터 너무도 쉽게 유발되는 사랑, 자기 부모가 선한지 악한지 판단할 감각이 미처 발달하기도 전에, 그리고 심지어 부모에게 학대를 받은 후에도 부모를 사랑하는 아이, 이 모두는 좋음이 사랑을 솟아나게 하는 고유한 원인이 아님을 짐작게 한다.

또한 아름다움에 대한 사랑이 좋음에 대한 사랑과 단짝인 것도 아니다. 음악 애호가인 아우슈비츠 수용소 경비병을 모순으로 여기며 '이게 어떻게 가능한가'를 고민하는 것은 플라톤의 유산이다. 그것은 얼마든지 가능하다. 아름다움에 대한 사랑이 도덕성에 대한 헌신을 수반하지는 않기 때문이다. (여기서는 예술을 창조할 때나 타인의 작품을 해석할 때, 아름다움에 대한 사랑이 실제로 도덕성에 의한 제약을 받는지, 도덕성으로부터 해방됨으로써 함양될 수 있는 경우들이 있는지는 논외로 칠 것이다.)

만약 사랑이, 내가 제시했듯 존재론적 정착의 희망, 즉 삶이 우리가 절대적 가치를 지녔다고 믿는 어떤 현실에 파괴할 수 없는 닻을 내렸다는 느낌을 주는 희망에 의해 일깨워진다면, 그 아름다움은 사랑의 원인이지 결과가 아닐 것이다. 그와 비슷하게, 그런 희망을 찾았다는 기쁨은 사랑받는 이를 전반적으로 좋아 보이게 만들 것이다. 그 좋음은 도덕적 좋음이 아니라 신이 자기가 만든 세상을 보고 느낀 것과 비슷한 좋음이다. 다른 말로 하면, 우리가 사랑하는 이들의 존재를 향한 기쁨, 감사, 나아가 경외감이다.

이런 생각을 진전시키는 것은 마지막 장을 위해 보류해야겠다. 하지만 이 지점에서 우리는, 아마도 인간의 모든 요구 중 음식, 물, 피난처, 인정, 보호 다음으로 가장 심오한 것일 존재론적 정착으로 돌아가게 된다.

『향연』의 지배적 신화들, 아리스토파네스와 디오티마가 전하는 그것들은 서양의 유산에서 발견되는 이런 요구를 가장 강력하게 그려낸 축에 속한다.

그 요구는 신화적 용어로 가장 잘 표현할 수 있다. 왜냐하면 존재성beingness을 체험하려는 우리의 욕망, 즉 우리의 개별적 존재가 단단히 정착했음을 느끼려는 욕망은 강력한 만큼이나 구체화하기 어렵기 때문이다.

아리스토파네스는 이 야망을 태고로의, 그리고 불변하는 완전체로의 '회귀'의 관점으로서 그런다. 소크라테스/디오티마는 신적인 정수를 향한 앞으로의 혹은 위로의 움직임을 말한다. 그 둘이 한 일은 그 후로 서양의 감수성을 지배하게 되는데, 그것은 불변성과 영원성을 보장하는 역할을 사랑에 맡기는 것이다.

그렇지만 사랑의 노력의 대상을 불변하고 영원한 무언가로 특징화함으로써, 생명충동 중 가장 위대한 것인 에로스가 역설적으로 죽음충동이 되는 발판이 마련된다. 그후 에로스는 말 그대로, 우리가 아는 유일한 형태의 인간 삶, 즉 시간과 일시성으로, 그리고 외로움과 상실과 불완전함의 가능성으로 이루어진 개인으로서의 삶을 극복해야만 충족시킬 수 있는 것을 욕망하기 때문이다. 다시 말해, 플라톤의 텍스트에서 사랑이 거대한 파괴력이 되는 발판이 마련된 것이다. 그 힘은 미칠 듯한 분노와 질투, 소유욕에서 나오는 게 아니며, 그 가장 고귀한 이상들에 전혀 모자람 없이 동기부여되고 합리화된다. 아울러 공공연한 폭력의 방식이 아닌, 절묘하게 승화된 야만성을 띤다.

그런 야심들은, 『향연』에서는 물론 그렇지 않지만, 사랑의 최종 결투장이 인간관계인 경우에 특히 위험하다. 아마도 18~19세기의 독일 낭만주의에서 가장 두드러지는 현상일 텐데, 이런 일이 일어나면 인간관계는 별수없이 비현실적 기대라는 무거운 짐을 지게 된다. 이런 인간관계는 연인들이 신적인 것을 접하려 들고, 신의 경지에까지 올라서려 하고, 사랑을 통해 불멸성을 얻으려 애쓰고, 끝내 구체적인 개인으로서의 존재를 소멸시키려 들게 하는 역할을 떠맡는다.

이것은 그 어떤 개인적 관계에 지우기에도 충분히 무거운 짐일 테고, 사실 그 정점에 도달하기까지는 2000년도 넘게 걸릴 것이다. 그렇지만 여기서 우리는 또다른 무언가를 눈치채게 되는데, 헤파이스토스가 이미 그것을 예고한 바 있다. 사랑의 궁극적 목적, 곧 완전성의, 불멸성의 기쁨은 구체화될 수 없다는 것이다. 사랑은 자신이 정확히 무엇을 원하는지 알지 못한다. 플라톤의 주인공들이 사랑의 목적이 완전체이자 그 자체에 담긴 아름다움이며 모든 특정한 좋은 것들이 예시하는 좋음의 정수라고 말할 때, 그들은 신비주의자가 명상을 하는 목적과 비슷한 것들을 이야기하는 셈인데, 어떤 규정이나 표현이나 목표도 그것들을 담아낼 수 없다.[43] (사실 '좋음'이라는 말은, 이런 엄격한 플라톤적 의미로 쓰이지 않더라도, '진실'이라는 말처럼 아마도 규정할 수 없으리라. 그리고 수세기에 걸친 노력으로도 철학자들은 이런 개념들 중 어느 것 하나 콕 집어 말하지 못했다.)

문제는, 그리고 내가 이 책에 담아내려 하는 목표는 이것이다. 플라톤이 그토록 거장다운 솜씨로 표현한, 사랑을 통해 우리의 개인적 존재가 발을 디딜 불멸의 터전을 찾으려는 탐색은, 어떻게 인간관계를 포함한 인간 삶을, 극복하려 애쓰기보다는 용인할 수 있는가? 다시 말해, 어떻게 사랑은 플라톤과는 반대로, 정확히 시간과 일시성과 상실과 고통과 불완전성과 체화된 개인들의 특수성에 이입하는 고귀한 수단이 되는가? 그리고 어떻게 사랑은, 그리하여 플라톤의 최고의 사랑이 넘어서고자 하는 바로 그 현상을 칭송하는가?

이 맥락에서 우리는 아리스토파네스와 디오티마의 신화들이 우리에게 들려주는 다른 무언가로 돌아가야 한다. 바로 사랑이 철저히 조건적이라는 것이다. 특별한 '나머지 반쪽'을 찾는다는 점(아리스토파네스의 시각)에서 조건적이고, 혹은 그 대상이 어떤 아름다움을 보여줘야 한다는 점(소크라테스/디오티마의 시각)에서 조건적이며, 어쩌면 특히 우리 각자에게 부족한 그 아름다움의 면면을 가져야 한다는 점에서도 조건적일 수 있다. 만약 내가 방금 말했듯, 이것들이 존재와의 근본적 관계(유대교와 기독교 전통에서 신과의 올바른 관계로 표현되는, 우리 존재의 근원으로의 방향 전환이나 회귀)를 확보하려는 인간 욕구를 그리는 수많은 방식 중 두 가지일 뿐이라면, 그렇다면 사랑은 우리에게 그 낙원의 약속을 체화하는 것처럼 보이는 누군가 혹은 무언가라는 조건을 달게 될 것이다.

그런 조건들이 있다고 해서 사랑이 변덕스럽다거나 나르시시즘적이라고 말하기는 어려운데, 왜냐하면 사랑을 이루려면 우리 사랑의 대상에 대한, 그리고 우리의 개인적 관심사를 넘어선 세계에 대한 한결같고 세심한 몰두가 필요하기 때문이다. 이 몰두는 나르시시즘의 반대이고, 변덕 앞에 무릎을 꿇을 수 있다.

어쩌면 이런 조건들이 만족되어 일단 사랑이 일깨워지면, 사랑은 그 대상을 온 마음으로 그리고 단서조항 없이 추구하고 보살핀다는 점에서 '무조건적'이 될 것이다. 그렇지만 결코 사랑은, 사랑의 기원과 목표는, 많은 클리셰들이 말하는 것처럼 무조건적이지 않다.

마지막으로, 사랑의 목적이 그토록 고고한 것이라면, 우리는 플라톤에게서 사랑의 교육법을 배울 수 있다. 그것은 다른 모든 재능과 똑같이 타고나는 것이지만, 꽃을 피우려면 지속적인 계발이 필요하다. 구체적으로 말해, 사랑의 대상에게 몰두하는 것은 너무도 어려운 일이라 오랜 노력 없이는 터득할 수 없다. 다른 이의 실제 존재와 그가 우리에게 요구하는 바를 알아보는 능력은 하룻밤 새 성숙하지 않는다. 우리는 W. H. 오든의 『불안의 시대The Age of Anxiety』속 젊은이의 상황이 우리와 같다는 것을 금세 알 수 있다. "그리하여, 사랑을 배운 지 한참 만에야 그는 깨닫는다/ 사랑은 배울 수 없다는 것을."[44]

연장자가 그보다 어린 이에게 사랑에 관해 한두 가지라도 가르쳐줄 것이 있다는 플라톤의 주장이 오랜 세월 후에 되살아났달까. 성적 긴장이 있는 애정, 그리고 거기서 자라나는 특별한 신뢰가 연상의 남자(혹은 여자)와 후배 사이의 관계에서 교수법으로서의 역할을 해야 한다는 생각 역시 그렇다. 물론 아테네에서 횡행했지만 우리 시대에는 혐오스럽게 여겨질 수밖에 없는 남색은 배제하고. 멘토링 관계는, 달리 말하자면 영적 관계다.

이와 관련된 주장이 하나 있다. 사랑의 능력은 연륜의 소산이지 젊음의 전유물이 아니라는 것이다. 사랑의 영재들이 있다. 영화 〈더티 댄싱〉의 베이비가 그중 하나일 테고, 투르게네프 작 『첫사랑』의 블라디미르도 마찬가지다. 그렇지만 사랑을 흔히 생각하듯 장님이 아니라 플라톤의 말처럼 열정 중 가장 시야가 밝은 것으로, 혼란스럽고 무모한 게 아니라 질서와 형식의 **바로** 그 본보기로, 눈먼 찬양이 아니라 통찰력 있는 복종으로, 무조건적인 게 아니라 필연적으로 조건적인 것으로, 착각이 아니라 똑바로 알고 있는 것으로 만드는 그 섬세한 수용성이, 젊었을 적 우리에게는 대체로 결여되어 있다.

그러나 우리는 젊음 탓에 사랑이, 진짜 나머지 반쪽을 결코 찾지 못할지도 모르는, 찾는다 해도 대개 이해도 통제도 불가능한 두 삶을 과연 조화시킬 수 있을지 알 수 없는 불확실한 사업이라는 사실을 아직 깨닫지 못했다. 핵심은 성공이 아니라 시도, 목적지가 아니라 여정이다. 그 여정은 사랑하는 대상의 삶에 우리를 열어젖혀주는 열정적 몰두를 배우기 위한 것이다. 그 과정에서 우리는 스스로 창조적인 결실을 얻을지도 모른다. 또는 플라톤식 사고를 현대적인 방식으로 표현하자면, '우리 자신을 낳을' 수도 있다.

소크라테스의 의도와는 반대로, 다른 존재에 대한 이 점진적 개방은 우리를 상실과 운에 좀더 취약해지게 만들 가능성이 있다. 변화와 가능성의 세계로부터 보호되기보다는 그것에 좀더 노출되는 것이다. 우리는 따라서 속세를 초월하려는 소크라테스의 야심들을 지상으로 가져온다는 것이 무슨 뜻인지 탐색해봐야 한다. 탐색 자체가 목적이 아니라, 사랑의 첫째 목표와 요구가 이 세상에 우리 삶을 정착하는 것이기 때문이다. 그 탐색을 도와줄 사람은 플라톤의 가장 탁월한 제자인 아리스토텔레스다. 그리고 우리는 이제 그를 만나야 한다.

4
완벽한 우정으로서의 사랑
아리스토텔레스

아리스토텔레스(기원전 384~322)는 사랑을 이 세계의 것으로, 자연에, 시간에, 그리고 인간 품성에 속한 것으로 되찾아온다.

그는 사랑을, 우리가 플라톤의 『향연』에서 보았듯 개인을 넘어 세월이 흘러도 변하지 않는 절대적 아름다움의 실제를 보는 방식으로 여기지 않고, 개인의 번영[1]을 위한 그들 간의 유대로 보았다. 인간은 타고난 사회적 동물이라고 믿는 그는, 인간의 애착을 기껏해야 천상을 향해 발돋움하는 사랑을 위한 디딤돌로 보는 디오티마의 시각과는 달리, 선택한 타인들과 더불어 삶을 살아가는 것이 한 사람의 완전한 번영의 일부라고 여긴다. 아리스토텔레스는 사랑하는 대상들의 가치를 평가하고 그들로부터 가치를 평가받고자 하는 우리의 욕구를 인정한다. 아니, 사실상 칭송한다.

결정적으로, 아리스토텔레스는 성적인 관계나 신에 대한 사색보다는 우정을 사랑의 최고 형태로 내세운다. 사실상 그는 우애, 그가 완벽한 필리아라고 부른 그것의 가장 좋은 형태를 그렇게 격상시킨다. 타인들 그 자체를 위해 잘되기를 빌고 잘해주는 것, 그들이 마치 나의 '제2의 자아'인 것처럼 그들과 강렬하게 동일시하는 것, 서로 간의 깊은 조화를 추구하는 것, 상대가 배우자든 형제든 자녀든 부모든 혹은 성적 파트너든, 모든 형태의 관계는 주로 그들이 그런 필리아의 특색들을 보여줄 때에만 가치가 있다.[2]

마지막 주장은 대단히 중요하다. 헌신의 한 형태인 필리아는 '우애'로 번역하는 것이 가장 정확하지만, 우리가 보통 친구로 생각하는 관계에서만이 아니라, 최선의 상태라면 어떤 종류의 관계에서든 꽃을 피운다. 그리고 예를 들어, 성적 친애 또한 원칙적으로는 우애에 대척되지 않는다. 그러나 성적 친애는 단순히 쾌락의 기대에서 자극받기 때문에, 아리스토텔레스는 그것을 좋은 유머 감각, 적절한 수입, 혹은 술을 적절히 즐기는 것에 비하면 번영하는 삶에 있어 덜 중요한 것으로 여긴다.

필리아가 이처럼 결정적으로 격상된 것은 서양 사랑의 역사에서 가장 오래 지속된 논쟁 중 하나에 불을 지폈다. 물음은 이것이다. 먼저 우리의 번영에 있어 우애가 성적인 사랑보다 더 중요하고, 더 항구적이고, 더 조화롭고, 더 이로우며, 궁극적으로 더 윤리적이라는 아리스토텔레스의 생각이 옳지 않으냐는 것. 이쪽 진영에서 우리는 키케로, 플루타르코스, 몽테뉴 같은 인물들을 만나는데, 니체도 몇 가지 점에서는 여기에 포함된다. 혹은 그와 대조적으로, 우애는 초월적인 이상(신, 영혼의 결합, 예술 같은 것들)에 대한 어떤 강력한 헌신이나 에로틱한 열정의 광기와 관능이 부족하며, 관습에 얽매이는, 미지근한 종류의 사랑 아니냐는 물음. 그렇다고 대답하는 이들은 기묘한 연합군을 이룬다. 우정이 에로틱한 사랑보다 열등하다고 보는 루소 같은 낭만주의자들, 우정이 영적인 사랑에 대한 몰두를 방해하며 궁극적으로 이기적인 감정이라고 보는 성 아우구스티누스부터 키르케고르에 이르는 다양한 유형의 기독교인들, 그리고 우정에 '미덕이라고는 없는 (…) 자아의 포기'[3]라는 낙인을 찍는 프루스트의 화자 같은 비관주의자들이 여기 속한다. 우정의 가치와 역할에 대한 이런 엇갈린 생각들은 2000년 동안 이어져왔고, 아직도 답이 나오지 않았다.

아리스토텔레스는 이 부분을 중요하게 여겼다. 그에게 가장 순수한 사랑, 즉 자신의 쾌락이나 이득을 바라서가 아니라 순수하게 다른 이가 잘되기를 빌고 잘해주려는 마음을 바탕으로 한 사랑은 본질 그 자체에 있어 윤리적이다. 그것은 오로지 두 좋은 개인, 그것도 유사한 방식으로 좋은 개인 사이에서만 가능하다. 아리스토텔레스가 '좋음'이라고 말할 때 그 뜻은 단순히 진실을 말하거나, 도둑질을 하지 않거나, 약속을 지키는 것 같은 규범들에 동의하는 수준을 훨씬 넘어선다. 그것은 그들이 삶을 사는 가장 좋은 방식, 삶의 올바른 목적, 그리고 우리의 선택들과 행동들이 부합해야 하는 성격의 탁월함에 대한 전반적 생각을 공유한다는 뜻이다.[4] 그의 주장에 따르면, 오로지 우애만이 이런 종류의 윤리적 관계의 완벽한 모범이 될 수 있다. 에로틱한 관계들은 쾌락과 이득을 향한 욕망으로써 움직이며, 설령 자신의 쾌락이나 이득과는 무관하게 타인의 좋음을 추구하는 우애를 수반하거나 나아가 우애로 발전할 수 있다 해도 그 자체로는 그런 사랑에 기반하지 않으므로, 본질적으로 윤리적 유대가 아니다.

우애가 에로틱한 사랑과는 달리 필시 윤리적 관계라는 생각은 현대인의 직관과도 들어맞는다. 예를 들어, 여러분은 살인자와 사랑에 빠질 수는 있어도 그와 친구가 되고 싶어하지는 않을 가능성이 높다. 에로틱한 사랑은 권력을 향한 야망과 마찬가지로, 거치적거리거나 복종을 거부하는 이들을 죽일 수도 있다. 도덕성에, 혹은 적어도 인습에 전혀 구애받지 않는 어떤 소유욕에서 나오는 폭력은 에로틱한 사랑의 속성으로 여겨지고, 실제로 자주 그 사랑의 진정성과 강력함의 증거가 되기도 한다. 사랑하는 사람이 그 사랑에 화답하지 않는 상대를 스토킹하거나 공격할 때, 우리는 거기에 찬동하지 않지만 그렇다고 크게 놀라지도 않는다.

한 친구가 우리에게 이렇게 행동하기 시작한다면, 우리의 다른 친구들을 질투하고, 우리를 소유하려 하고, 자신의 애정에 충분히 보답하지 않는다며 분통을 터뜨린다면, 우리는 그의 우정의 강력함이 아니라 그 빈곤함에 놀라워할 것이다.

이는 우정이 에로틱한 사랑이나 낭만적인 사랑에 비해 무기력한 결합이기 때문이 아니다. 우정은 매우 다른 종류의 사랑이다. 그것은 본질적으로 양방향적인 관계다. '혼자만의 우정'은 존재할 수 없다. 또는 존재한다 해도 우리는 그것이 딱히 고귀하거나 좋다고는 생각지 않는다. (아름다움이 나를 사랑하는 게 아니라 내가 아름다움을 사랑하는 것이라는 플라톤의 에로스와 다르다.[5]) 그리고 우정에서 호혜란 타자에 대한 소유나 그와의 '결합'을 수반하지는 않는다. 적어도 그 사랑의 대상의 독립적 작용주체agency를 제거하는 방식을 취하지는 않는다. 완벽한 필리아에서 비록 사람은 친구를 자신의 '제2의 자아'로 경험하고, 그런 의미에서 자신과 연속적이거나 심지어 동일한 존재로 경험하기는 하지만, 그의 통일성과 주체성과 개별적 삶을 존중하며 그에게서 좋음을 찾아내고 키우고 즐기는 것에 분명히 헌신한다.

우애는 왜 조건적인가

필리아가 윤리적 관계에 의존한다는, 나아가 본래 윤리적 관계 그 자체라는 아리스토텔레스의 주장은, 1장에서 언급한 이상적 사랑에 관한 첫 두 가지 신화, 즉 사랑은 무조건적이라는(타자의 품성이나 그 품성의 변화와는 관계없이 그를 사랑한다는), 그리고 '좋음'뿐만이 아니라 '나쁨'까지 포함해 사랑의 대상을 완전히 긍정한다는 신화를 그가 단호히 반대함을 의미한다.

필리아에는 타인이 가진 탁월한 품성을 인지해야 한다는 조건이 불가피하게 따른다. 품성은 살아온 삶의 여정 내내 구체적인 행위들과 욕망들로 드러나므로,[6] 우리는 단지 지금 우리가 생각하는 그녀의 기질만을 사랑하는 게 아니라, 시간이 지나면서 이런 기질들이 그녀의 실제 삶에서 드러난 양태를 사랑하는 것이기 때문이다. 그것은 영웅적 행위나 개인적 위기, 혹은 사상, 예술 창작, 그리고 정치적 리더십 같은 것들에서 드러날 수 있다. 또한 식사, 음주, 성교, 파티 주최, 농담 등을 포함한 매일의 일상생활에서도 드러나는데, 이 모든 일을 행하는 방식은 다양한 정도의 탁월함이나 천박함을 띨 수 있다.[7] 따라서 아리스토텔레스에게 이상적 사랑이란, 모든 행위, 즉 "인지된 품성의 탁월함에 따라서" "사람들이 좋은 인생에 적합하다고 여기는 모든 행위를 철저하고 거리낌없이 공유하는 것"이다.[8]

그렇지만 사랑이 그토록 조건적이라면, 이상적 사랑에 관한 다른 신화와는 달리, 사랑은 영원하기는커녕 지속적이지도 않은 것이리라. 우리는 상대방이 변하든 말든 상관없이 그를 계속 사랑하지는 않는다. 아리스토텔레스는 셰익스피어의 "사랑은 사랑이 아니리/ 변화를 맞닥뜨려 변화한다면"[9]이라는 시구에 찬동하지 않을 것이다. 사랑은 사랑받는 이가 나쁜 쪽으로 변한다면 정확히 그만큼 흔들릴 것이다. 되돌릴 수 없는 도덕적 타락 같은 변화라면. 또는 "민감성과 쾌감을 떨어뜨려 사랑의 파경이나 적어도 약화를 불러올 수 있는"[10] 노쇠로 인한 퇴화라면. 아니면 사랑하는 대상과의 헤어짐으로 인한 변화라면. 이별과 사별은 바로 이런 방식으로 우리가 충분한 시간이 지난 후 사랑을 극복할 수 있게 해준다.[11] (이것은 억지스러운 이야기가 아니다. 일부 사람들은 실연당한 후에 결국 새로운 사랑을 찾거나 배우자가 죽은 후 재혼을 한다.) 신뢰를 심각하게 뒤흔드는 것은 사랑도 깨뜨릴 수 있다. 의심, 질투, 공포, 자기보호는 모두 필리아의 적이다.[12]

이는 그저 타인이 돌이킬 수 없게 악해진 상황에서 필리아가 변하지 않기를 기대할 수 없다는 이야기에 그치는 게 아니다. 아리스토텔레스는 더 멀리까지 나아가는 듯하다. 우리는 친구를 이런 상황에 떨어뜨려야 한다는 것이다. 왜냐하면 "악한 것은 사랑해서도 안 되고 사랑할 수도 없기 때문이다".[13] 그의 생각에 따르면, 우정은 "한쪽은 그

대로인데 다른 한쪽은 훨씬 향상되어 매우 우월해졌다면"[14] 깨져야
한다.

한 친구가 지성 면에서 어린아이로 남아 있는데 다른 친구는 완
벽하게 성숙한 사람이 되면, 두 사람이 동일한 것에 대해 찬동하
지 않고 기뻐하거나 괴로워하지 않는데 어떻게 [계속] 친구일 수
있겠는가? 설령 서로를 아무리 존중한다 해도 그들의 취향은 일
치하지 않을 것이고, 그 일치가 없으면 (…) 그들은 친구가 될 수
없다.[15]

물론 우리는 대개 필리아가 살아남기를 기대할 것이다. 그것은
친구의 탁월한 품성 같은 튼튼한 무언가에 기반을 두고 있기 때문
이다("우정은 그들이 좋을 동안만 유지된다. 그리고 탁월함은 오래
간다"[16]). 이런 품성들은 누군가의 정체성에 너무나 근본적이라, 그를
이런 식으로 사랑한다는 것은 곧 그를 '그 사람 자체로'[17] 사랑하는 것
이다. 단지 그가 우리에게 유용하거나 즐거움을 주어서가 아니라 그
의 품성 때문에 그를 사랑하는 것이다. 이 일이 일어나면, 우리는 그
를, 즉 그의 미덕과 선택과 욕망과 가치 들을 자신과 너무나 긴밀히
동일시해, 그를 '또다른 자아'[18]처럼 여기게 된다.
　우리는 구약성경에 실린 다윗에 대한 요나단의, 나오미에 대한 룻
의 깊은 우정에서 그와 비슷한 감정들이 작용하는 것을, 그리고 한층
더 비슷한, 타자를 우리 자신의 영혼인 양 사랑하는 사례를 이미 보았
다. 비록 이 구약 속 이야기들은 사랑의 대상의 탁월한 품성이 우정의

터전이라고 명시하지는 않았지만.

우애의 둘째 조건은 **사랑하는 이** 쪽의 좋음이다. 미덕을 알아보고, 미덕을 욕망하고, 미덕을 지닌 타인과의 결합을 갈망하려면 우선 자신이 미덕을 갖춰야 한다. 사랑하는 이는 스스로 미덕을 갖추고 있을 때에만 타인이 가진 좋음을 사랑하도록 자극받을 수 있고, 사랑할 수 있다. 그런 사람만이 진짜 사랑이 해야 하는 일을 할 수 있다. 타인의 삶에, 특히 그의 윤리적 존재로서의 품성에 증인이 되는 것이다.

그리하여 '완벽한' 우애, 단순히 쾌락이나 이득을 얻으려고 타인을 이용하는 식이 아니라, 순수하게 그에게 가장 좋은 것만을 기원해주는 우애는 오로지 미덕을 지닌 두 사람 사이에서만 존재할 수 있다.

그런데 그 두 사람이 그냥 아무 미덕이나 가지면 되는 것이 아니라 서로 비슷한 미덕을 가져야 한다. 닮음은 서로에게 이끌리고 서로에게 들어맞는다. 우리는 비슷한 이상을 사랑하는, 비슷한 미덕들을 소유한 타인과 관계를 맺게 된다. "완벽한 우정은 유사한 훌륭함을 지닌, 좋은 남자들 사이의 우정이다."[19]

그야말로 닮음이 곧 우정이다.[20] 여기서 아리스토텔레스의 주장은 놀랍도록 극단적이다. 그가 생각하는 이상적 우정에서 친구들 사이의 닮음은, 그들의 미덕만이 아니라, 그리고 중요한 선택들, 욕망들, 동기들 및 거기서 드러나는 취향들만이 아니라, 그들이 서로에게 제공하는 모든 쾌락과 이득과 더불어 그들의 사회적 지위도 포함한다.

이것은 우정의 후보군에서 꽤 많은 관계들을 배제한다. 예를 들어 배우자 사이 또는 일반적으로는 남녀 사이. 아리스토텔레스는 여성의 미덕이 태생적으로 남성의 미덕보다 열등하다고, 최고로 탁월한 여성이라 해도 남성이 도달할 수 있는 최고의 탁월함에는 결코 상대가 되지 못한다고 생각한다. 그러므로 여성의 미덕이 아무리 탁월해도 남자와 여자 사이에 완벽한 필리아는 존재할 수 없다.[21]

또한 부모와 자녀 사이에도 존재할 수 없다.[22] 적어도 아이들이 윤리적 성숙에 도달하기 전까지는 그들 역시 동등하지 않기 때문이다. 그리고 주인들과, 불운이나 출신 때문에 굴종하는 위치에 있는 것이 아니라 천성이 노예인 자들이라고 아리스토텔레스가 믿는 이들 사이에도 그것은 분명 존재하지 않는다. 아리스토텔레스는 노예가 인간인 한은 우리가 그와 친구가 될 수 있어도, 천성이 노예인 사람과는 친구가 될 수 없다고 덧붙인다.[23]

우리의 근대 평등주의 감수성으로서는 도저히 받아들일 수 없고 근거도 없어 보이는, 여성들이 윤리적으로 열등하고, 일부 사람들은 천성적으로 노예라는 이런 믿음들을 논외로 친다면, 가장 깊고 가장 오래가는 사랑은 두 사람의 본성, 그리고 넓게 보아 특히 그들의 윤리적 본성을 바탕으로, 즉 그들이 최고의 좋음이나 가치나 목표로 생각하는 무언가에 대한 닮음을 바탕으로 번영한다는 그의 주장에는 강력한 진실의 알맹이가 하나 남아 있다.

물론 우리는 또한 반대되는 유형, 즉 우리에게 매우 새로운 미지의 무언가를 가져다주는 유형을 욕망하고, 우리 자신으로부터의, 그리고 우리 자신의 삶을 일궈야 한다는 고된 숙제로부터의 도피처로서 그들을 반기면서 그들에게서 매혹과 황홀을 느낄지도 모른다. 우리는 특히 쾌락이나 유용함을 바라고 타인에게 관심을 가질 경우, 자신이 아직 가지고 있지 않은 쾌락과 좋음을 찾기를 기대할지도 모른다. 그리고 아리스토텔레스 자신은, 반대되는 이들 사이에서는 '유용함을 위한 우정'[24]을 가장 흔히 볼 수 있다고 내비친다. 그러나 결국 우리는 근본적으로 본성이 비슷한 사람들과 함께 있을 때 가장 편안함을 느끼고 가장 깊이 결합하는 경향을 보인다.

닮음은 그와 닮은 것이 아니면 알 수 없다고까지 말한 (그리고 아리스토텔레스의 인용에 따르면 "닮은 것들은 서로를 지향한다"고 말했다고 하는)[25] 엠페도클레스에서 키케로까지, 그리고 몽테뉴에서 니체에 이르기까지 많은 철학자들이 이런 생각에 찬동해왔다. 흥미롭게도, 사랑, 혹은 적어도 낭만적 성애를 유사성보다는 차이를 향한 탐색으로 그리는 쇼펜하우어와 프루스트 같은 반대자들은, 사랑이 풍요롭고 충만한 삶에 기여한다는 데에도 보다 덜 낙관적이다.

물론, 인간의 '근본적 본성'에 대한, 그리고 그런 것이 존재하기는 하는가에 대한 생각은 시대나 문화나 사람에 따라 다르다. 엄밀히 말해서, 어쩌면 우리는 품성의 미덕들을 더는 우리 본성의 규정 요인으로 생각지 않고, 그 대신 취향, 직업, 이상, 관심사, 인종적 기원, 국적, 혹은 종교 같은 다른 범주들을 핵심으로 여기는지도 모른다. 그러나 우리가 스스로를 어떻게 규정하든, 우리는 실제로 닮음을 지향하는 경향이 있다. 결혼, 짝짓기, 그리고 헤어짐에 관한 많은 심리학적 연구 결과들이 확인해주었듯[26] 사랑은 우정으로 표출되든, 결혼이나 배우자 관계, 부모 자식 관계, 아니면 그 외의 가까운 어떤 관계로 표출되든 모두 놀랍도록 보수적이다. 인종, 경제, 교육, 그리고 사회의 평등을 위해 평생을 바치는 사람들, 그리고 진정으로 '다양성'을 찬양하는 사람들이 막상 결혼은 자기와 비슷한 부류의 사람과 하는 것은, 항상은 아니더라도 자주 있는 일이다.

어쩌면 거기에는 그럴 만한 이유가 있는지도 모른다. 나와 근본적으로 비슷한 타인에게 투영mirroring되는 것은, 우리에게 이 세계로부터 인준받고 이 세계에 닻을 내렸다는 강력한 느낌을 선사할뿐더러 우리가 사랑하는 이의 독특함을 인지하고 이해하고 즐기기 위한, 그리고 늘 즐길 수는 없다 해도 꾸준히 인내하기 위한 최선의 기반일 수도 있다. 아무리 최선의 의지가 있어도 어떤 언어를 완벽하게 구사하지 못하는 한 그 언어의 미묘함을 이해하고 음미할 수 없는 것과 마찬가지로, 우리는 우리와 태생적으로 다른 사람의 특수성을 이해하고 음미할 수 없다.

우리는 연인과 친구가 될 수 있는가?

아리스토텔레스의 철학은 이 오랜 질문에 간단한 대답 하나를 제시한다. 우애와 성애는 매우 다른 종류의 헌신이라, 성애에 대해서도, 마찬가지로 우정에 대해서도 원래 거기 속하지 않는 것들을 기대하지 않도록 유념해야만 그 관계 안에서 꽃을 피울 수 있다.

우애의 특색들을 요약해보자면 이러하다. 그것은 상호적이다. 우정은 상호 간의 선의지이고, 양쪽이 서로 그렇다고 여겨야 한다.[27] 우정은 순수한 마음으로 타인이 잘되기를 빌어주는 것을 수반한다.[28] 또한 두 친구는 서로의 독립성을 명확히 인지하고 있어야 한다. 그들은 서로를 '제2의 자아'로 생각하지만, 우리가 앞으로 볼 내용인 신플라톤주의로 시작해 기독교식 일치의 신비주의unity-mysticism를 거쳐 19세기 낭만주의에 이르는 에로틱 신비주의적erotic-mystical 전통에서 크게 칭송하는, 분리할 수 없는 결합으로의 '하나됨'을 기대하지는 않는다. 우정이 발전하려면 시간이 필요하다. 양측이 서로의 품성을 잘 알고 이해할 수 있으려면, 그리고 그들 공동의 활동에서 득을 볼 수 있으려면 두 삶과 그들의 수많은 활동들은 충분히 오랫동안 서로 얽혀 있어야만 한다. 그리고 우정은 좋은 품성들, 곧 이런 유형의 사랑의 대상이 안정적인 한 지속 가능하다. 반면 보답이 있거나, 혹은 타인의 안녕을 핵심 목표로 삼거나, 타인의 개별성을 세심하게 존중하거나, 성숙에 많은 시간을 들이거나, 혹은 특별히 지속 가능하지 않아도 열정적이면서 충일할 수 있는 성애에는 이런 조건들이 꼭 필요하지 않다. 성애적 관계들은 채워지지 않거나 지속되지 않는 아름다움, 또는 성적 쾌락에 대한 기대에 의존하므로 나약하다.

연인들의 우정에서는 이따금씩, 사랑하는 이는 자신의 사랑이 넘치는 데 반해 충분한 사랑으로 보답받지 못한다고 불평하는 한편(어쩌면 그에게는 사랑받을 만한 점이 전혀 없을지도 모르지만), 사랑받는 이는 사랑하는 이가 이전에는 온 세상을 다 주겠노라고 해놓고는 지금은 그 무엇도 이행하지 않는다고 불평하는 일이 있다. 그런 일들은, 사랑받는 이가 사랑하는 이를 유용성 때문에 사랑하고 사랑하는 이가 사랑받는 이를 쾌락을 위해 사랑하며, 서로에게 기대했던 품성들을 양쪽 다 가지고 있지 않을 때 일어난다. (…) 왜 나하면 그들은 상대방 자체가 아니라 그가 가진 품성들을 사랑했고, 이 품성들은 지속적이지 않았기 때문이다. 우정 역시 이러한 이유로 일시적이다. 그렇지만 앞서 말했듯 품성에 대한 사랑은 지속되는데, 왜냐하면 그것은 자족적이기 때문이다.[29]

아리스토텔레스는 가장 충만한 사랑에 섹스가 반드시 필요하지는 않다는 점을 명확히 한다.[30] 그러므로 만약 사랑이, 이를테면 타인의 안녕을 위한 행동 대신 그에 대한 강렬한 소유욕을 유발함으로써, 또는 윤리적 매력보다는 육체적 아름다움을, 지속성보다는 즉흥성을 지나치게 강조하면서 우애에 '끼어들면', 그럴 때 우리는 이런 대립항들 중 둘째 항이 첫째 항에게 늘 패배하리라고 추론할 수 있다. 적어도 우리가 서로에게서 그저 쾌락이나 유용함을 찾고자 해서가 아니라 서로를 그 자체로 사랑하는 '완벽한' 필리아를 목표로 삼을 거라면 말이다.

하지만 그렇다면 필리아와 에로스 양쪽 모두를 추구하는, 결혼을 비롯한 다채로운 친애의 관계들은 어디로 가는가? 아리스토텔레스의 철학이 제시하는 결론은, 비록 그가 직접 명확히 이끌어낸 것은 아니지만, 필리아와 에로스가, 그러니까 그들 양쪽을 아우르는 관계들이 늘 갈등에 시달리게 되리라는 것이다. 그것은 자주성에 대한 존중과 소유욕 사이의, 성품과 미덕을 중시하는 마음과 쾌락과 육체적 아름다움에 대한 집착 사이의, 주고받는 쾌락과 보답받지 못한 욕망으로 인한 고통 사이의, 조화와 소요 사이의, 믿음과 질투 사이의 갈등이다. 이런 종류의 모든 사랑에서 전투는 이성 간에 벌어지는 것이 아니라 한 특정한 관계가 아우르는 사랑의 다양한 형태들 사이에서 벌어진다.

자기애와 자기인식

그렇지만 필리아가 순수하게 타인의 행복을 목적으로 삼는다고 아무리 아리스토텔레스가 이야기했어도, 우리가 오로지 우리와 비슷한 품성의 미덕을 지녔다고 느껴지는 사람들만, 오로지 그들이 '제2의 자아'처럼, 그리하여 어떤 의미에서는 우리 자신처럼 느껴질 경우에만 이런 식으로 사랑한다는 점을 감안하면, '완벽한' 필리아조차도 유달리 이기적인 것이 아닌가? 비록 아리스토텔레스는 필리아가 가장 높은 형태의 사랑이라고 주장하지만, 그것은 근본적으로 다른 사람 안에 있는 자신을 사랑하는 것이 아닌가? 뭐랄까, 자의식적으로 서로에게 감탄하는 사교계처럼?

그에 대한 대답은 염치없게도 그렇다이다. 이것은 아리스토텔레스에게는 문제가 되지 않는다. 그는 타인을 사랑하는 것과 자신을 사랑하는 것이 꼭 갈등관계에 있지는 않다고 본다. 이타심과 이기심도 마찬가지다. 상대방의 필요나 욕구가 내가 그를 돕기에 충분한 이유가 되는 경우 내가 그에게 무언가를 해주는 이타주의는, 그런 일들을 함으로써 내가 얻는 이득과 완벽하게 부합한다. 심지어 내가 그 일들을 하는 이유에 개인적인 이해가 있다 해도 그것과 부합한다.

사실상 아리스토텔레스는 더 멀리까지 나아간다. 그는 지고의 사랑이 근본적으로 자신의 좋음을 위한 욕망과 관련된다고 믿는다. 삶의 당연하고 마땅한 목표는 인간으로서 우리 잠재력을 실현하는 것이므로, 우리의 첫 관심사는 타인에 대한 사랑을 포함해 우리가 하는 모든 일이 우리 자신의 번영으로 이어져야 한다는 것이다.[31] 이는 우리가 다른 이를 위해 좋은 일을 할 때 꼭 보답을 바란다는 뜻이 아니다. 그보다는, 우리가 바로 그녀를 그녀 자체로 사랑함으로써 번영한다는 의미다. '제2의 자아'인 그녀의 번영은 나 자신의 번영이기도 하다. 그리고 그녀의 삶을 돌봄으로써 나는 내 삶을 돌보고 있는 것이다.

그렇다면 다른 이를 사랑함으로써 우리에게 흘러드는 복은 무엇인가? 필리아에 관한 아리스토텔레스의 논의에서 폭넓게 추론할 수 있는 것은 크게 두 가지다.

첫번째는 자기애다. 특히 친밀한 우정은 자존감을 깊게 만들고[32] 그 사람 안의 가장 좋은 것, 요즘 말로 '진정한 자신'을 드러내는 방식으로 행동하도록 만든다. 우리가 타인을 사랑하는 것은, 그것이 나의 번영에 헌신하기 위한 에너지와 끈기를 자극하기 때문이다. 사랑하는 이와 삶을 함께할 때, 우리는 소중한 것을 더 잘 지켜내고 동기를 더 잘 유지한다.[33] "혼자서는 지속적으로 활력을 유지하기가 쉽지 않지만, 다른 이들이 있을 때, 혹은 다른 사람들을 향해서는 그러기가 보다 쉽다."[34]

이것은 두 친구가 반드시 한 지붕 아래에 살아야 한다는 뜻은 아니지만, 실제로 먹고 마시고 파티를 여는 등의 일상적인 일들로부터 생각하고 추론하고 법을 만들고 대화하고 노동하고 위험에 맞서는 것에 이르기까지 좋은 삶을 사는 데 필요하다고 여겨지는 모든 행위들에서 가장 친밀하고 꾸준한 관계를 맺는 것을 필요로 한다.[35] ("인간의 경우에 함께 산다는 것은 아마도 이를 의미할 것이며, 소의 경우처럼 한자리에서 풀을 뜯는 것을 의미하지는 않을 것이기 때문이다."[36])

따라서 그런 지속적인 관계는 삶의 더 무거운 관심사들을 회피하기 위한 만남이 아니다. 그 반대로, 서로의 삶에 가장 핵심적인 그런 활동들 자체에 시간을 들이고, 우정의 견고함과 신뢰를 위태롭게 하는 긴 헤어짐을 피하려는 노력이라고 아리스토텔레스는 주장한다.[37]

분명히, 직장과 담보대출과 가족이 딸린 현대 남성이라면 이런 종류의 우정에 할애할 시간이 많지 않을 테고, 남편이 가장 중시하는 모든 일들을 친구하고만 하려 할 때 아내가 행복해하리라고는 생각하기 어렵다. 하지만 이해력에서나 윤리 면에서나 여성이 남성보다 열등하고, 따라서 동급의 우애가 불가능하다는 아리스토텔레스의 가정을 폐기한다면, 양쪽의 삶을 가장 가치 있게 만드는 모든 목표와 가치들이 수용되는 결혼을 비롯한 장기적인 동반자 관계야말로, 이런 종류의 친애를 지속하기 위한 이상적인 무대가 되리라는 점은 명확하다.

아리스토텔레스는 어떤 방식으로 얻었든 그런 장기적 친애가 인간의 번영에 필요하다고, 그리고 이것이 바로 우리를 야수와 구별해주는, 또한 완전한 자신이 되는 데 그 어떤 동반자도 필요치 않은 신과 구별해주는 것이라고 주장한다.

우리[인간]에게 행복이란 우리를 넘어선 무언가와 관련되지만, 신성은 그 자신의 행복이다.[38]

사회에서 살 수 없는 자, 혹은 혼자서도 만족해 필요한 것이 없는 자는 짐승이거나 신일 것이다.[39]

이것은 아리스토텔레스가 말하는 사랑의 두번째 큰 축복, 자기인식으로 우리를 이끈다.[40] 자기인식은 그리스 사상가들과 신비주의자들에게 대단히 칭송받았다. 델포이 신탁은 숭배자들에게 "너 자신을 알라"고 일갈한 것으로 유명하고, 플라톤의 스승이자 아리스토텔레스의 지적 조부라 할 수 있는 소크라테스는 아테네로 가서 "성찰 없는 삶은 살 가치가 없다"고 설파했다. 그러나 아리스토텔레스는 특히 한 종류의 자기인식이 우리의 번영에 근본적이라고 생각한다. 바로, 우리가 지금처럼 행동하게 만드는 동기를 아는 것이다. 핵심은 이것이다. 우리의 동기는 제멋대로 변덕 부리지 않는다. 그것들은 무엇이 좋은가에 대한 우리의 내면적 개념을 체현하고, 우리의 '핵심 가치들'(요즘 쓰는 표현으로 하자면)을 드러낸다. 우리가 어떤 식의 삶을 살고 있는가를 이해하려면 우리의 행동들만이 아니라 그 동인動因도 알아야 한다. 자신이 올바른 동기에서 올바른 행동을 선택했는지 알 필요가 있다.[41] 예를 들어 배고픈 아이에게 돈을 주는 행위는, 그 동기가 아이에게 진정한 연민을 느끼고 그가 잘되도록 돕기 위해서가 아니라 아이의 무릎에 실수로 동전을 떨어뜨렸거나 아이가 자신의 고통으로 우리를 괴롭히는 것을 그만두게 하려는 것이었다면, 윤리적으로 무척 다른 성질을 띤다. 좋은 삶을 산다는 것은 가치 있는 것들을 자동적으로 추구하는 것과는 다르다.

그리하여 우리는 동기를 성찰함으로써만 무엇이 좋은 것인지에 대한 자신의 숨은 생각들을 발견할 수 있다. 우리는 어떤 가치가 자기를 이끄는지 이해해야만 자기 행동이 그들에게, 그리고 자신에게 진실한 것인지 확신할 수 있다.

그렇지만 우리는 자기인식을 얻기 위해 왜 다른 이를 사랑해야만 하는가? 어째서 그저 자기 내면을 들여다보거나 행동중인 자신을 관찰하는 것만으로는 안 되는가?

아리스토텔레스의 말을 따르면, 우리 스스로 그것을 알기가 너무 어렵기 때문이다. 예를 들어, 그것은 "우리가 자신 역시 똑같은 일을 저지르고 있음을 깨닫지 못한 채 다른 이들을 탓하는 데에서 그대로 드러난다".[42] 혹은 자신이 갖고 있지 않은 미덕을 가졌다고 우기는 데서도 드러난다. 그로부터 22세기도 더 지나서 니체는 그것에 대해 이렇게 말한다. "우리는 스스로에게 이방인일 수밖에 없고, 자신을 이해하지 못하며, 자신을 오해해야만 한다. 우리에게는 '각자는 자신에게서 가장 멀다'는 법칙이 영원히 적용되기 때문이다. 우리는 스스로에 관해서는 '뭔가 아는 자'가 아니다."[43]

니체는 아리스토텔레스보다 훨씬 멀리 나아간다. 우리는 자신의 행위를 결코 이해할 수 없고 하물며 그 동기를 이해하는 것은 어림도 없다고 믿는다. 그것들은 너무 복잡하고 불투명하다. 우리가 자신에 관해 정확히 안다고 생각한다면 그것은 분명 착각이다. 아리스토텔레스는 우리 자신을 육체적으로 알 수 있듯이 감정적으로도 알 수 있다고 생각한다. 그러나 우리에게는 거울의 도움이 필요하다. 이 경우에는 적이 아니라 근본적 본성이 우리와 꼭같은 누군가(비록 일부 사람들은 적, 다시 말해 우리가 누구를 적으로 택하는가와 그들로 인해 우리가 어떤 행동을 하게 되는가가 분명 우리 자신에 대한 중요한 통찰을 제공할 수 있다고 덧붙일지도 모르지만), 우리가 사랑하는 '제2의 자아'가 그 거울이다.

우리가 자신의 얼굴을 보고자 할 때 거울을 들여다보는 것과 〔마찬가지로,〕 같은 방식으로 자신을 알고자 할 때 우리는 친구를 봄으로써 그것을 알 수 있다. 왜냐하면 친구는 제2의 자아이기 때문이다. 만약 그렇다면, 자신을 아는 것이 즐거움이라면, 그리고 타인을 친구로 두지 않고서는 자신을 아는 것이 불가능하다면, 자족적인 사람에게는 자신을 알기 위해 우정이 필요할 것이다.[44]

다시 말해, 우리는 사랑의 대상이 우리에게 해주는 말보다는 그 대상에 비친 우리의 상을 관찰함으로써 자신을 배운다. 우리는 '제2의 자아'로 그를 알게 됨으로써 우리 자신을 알게 된다. 그와의 동류의식에 대한 우리의 직관이 믿음직하고 그 기반이 튼튼하다는 것을 발견함으로써 우리는 자신의 품성을, 그리고 우리가 행하는 바에 관한 선택과 그 행동의 이유를 발견한다.

아리스토텔레스의 거울로서의 우정 개념은 친애가 자기이해를 키운다는 주장을 거의 약화시키지 않는다. 분명 투영만큼 중요한 것은, 우리가 가까운 관계로 인해 수많은 예기치 못한 방식들로 안정감이나 두려움, 안도감이나 불편함을 느낄 때, 행복하거나 화가 날 때, 힘이 넘치거나 무기력해질 때, 또는 자신의 가치와 계획에 관해 자신감이 생기거나 없어질 때 우리가 거기서 무엇을 배우느냐이다. 그렇지만 아리스토텔레스는 우리에게 중요한 통찰을 하나 제공한다. 우리의 자아상이, 시간의 시험을 견뎌낸 깊은 친밀감에 기반한, 타인들과의 가깝고 지속적인 관계를 통해 형성된다는 것이다. 다시 말해, 개별성은 근본적으로 관계성이다.

그것은 우리를 다시금, 이런 사랑의 혜택이 사랑하는 이와 사랑받는 이가 충분한 미덕을 갖췄을 때에만 흘러나온다는 아리스토텔레스의 주장으로 이끈다. 탁월한 품성에 적절히 뿌리를 두고 있지 않은 사랑은 정당화될 수 없다는, 그리고 불공평하다는 생각은 거부감을 줄지도 모른다. 그렇지만 그것은 눈에 띄는 수준을 넘어 심오하기까지 하다. 그것은 우주에 어떤 근본적인 질서, 즉 '정당한' 순서가 있어서, 인간과 무생물을 막론하고 모든 것이 번영하려면 그 질서에 따라 조율되어야 한다고 믿는 고대 그리스의 개념을 다시금 메아리치게 한다. 따라서 그런 조율이라는 의미에서 보면, 정의란 단순히 약속을 지키라거나 거짓말을 하지 말라는 것처럼 우리가 삶에서 '도덕성'이라는 영역으로 따로 떼어놓은 규범들을 존중하는 문제가 아니다. 그게 아니라, 정의는 우주의 가장 심오한 법칙으로 여겨지는 것과 조화를 이루어 작용한다. 그 법칙을 위반하는 것은 무엇이든 위험을 감수해야 한다. 헤라클레이토스는 심지어 태양도 여기에 포함된다고 말한다. "태양은 그의 한계를 벗어나지 못할 것이다. 만약 벗어난다면, 정의를 섬기는 복수의 세 여신이 그를 찾아낼 것이다."[45]

모든 불공정한 것은 법에 어긋나고 모든 공정한 것은 법에 합치된다는 아리스토텔레스의 주장은 확실히 이 전통을 따르고 있다. 그리스인에게는 이 합법성을 가리키는 특별한 말이 있었다. 디카이오스dikaios. '공정한' '정당한' '의로운' 혹은 '법과 조화를 이루는'이라는 뜻이다. 타인의 법칙과 조화를 이루는 사랑, 그의 성품으로 절대적으로 정당화되는 사랑, 그를 정당히 대우하는 사랑이 바로 디카이오스다. 그런 조화 속에 있지 않은 사랑은 참되지 않고 공허하다(자신을 지배하는 법칙들에 진실하지 않은 모든 것이 참되지 않듯).

우리 각자는 따라서 무척 특별한 사람들만을 사랑할 수 있고, 그들에게서만 사랑받을 수 있다. 우리가 그런 사람들과 느끼는 연대감은 어떤 수수께끼 같은 '화학작용'의 결과가 아니라, 그들이 가진 품성의 손에 잡히고 눈에 보이는 특색들과, 무엇이 좋은가를 판단하는 그들의 관념에 기반한다. 사랑은 오로지 사랑받는 이의 고결하고 좋은 그 특질들만을 긍정하며, 그렇지 않다 해도 '모든 것을 포용하는' 것과는 거리가 멀다. 그리고 우리는 부적합한 사람들, 즉 아리스토텔레스에 따르면 덕이 없거나 비슷한 이상을 공유하지 않는, 아니면 서로를 축복하지 않거나 서로에게 잘해주지 못하는 이들과 사랑에 '빠질' 수는 있어도, 그 사랑은 순탄하지 못할 것이다. 그런 욕구는 (인간) 본성의 법칙들에 어긋나고, 따라서 그런 사람들과는 그 어떤 친애도 지속될 수 없다.

여기서 교훈은? 우리는 어쩌면 사랑하는 이를 너무 가볍게 선택하는지도 모른다는 것이다. 잘못된 선택은 우리 삶을 번영의 경로에서 이탈하게 만들 수 있다. 어떤 관계가 우리에게 좋을지 안 좋을지는 별도로 치더라도, 욕정과 화학작용은 사랑의 증거가 아니다. 끌리는 사람과 비슷해지려는 욕구, 그들의 충고를 따르고 그들의 가치와 취향을 모방하려는 강력한 욕구 때문에, 우리는 잘못된 사람들, 즉 미덕이 충분하지 못한 이들, 자신의 미덕과는 너무 다른 미덕을 가진 이들과 어울리는 데 실제적인, 그리고 종종 재앙 같은 대가를 치른다. 우리는 나쁜 사람을 만나면 더 나빠지고, 좋은 사람을 만나면 더 좋아진다. 그렇지만 오래가는 사랑의 비밀은 두 사람이 단순히 미덕을 갖는 게 아니라, 비슷한 미덕을 가져야 한다는 것이다.

우리가 간과하기 쉬운 것은, 아리스토텔레스의 생각이, 내가 1장에서 지적한, 예를 들어 사랑이란 무조건적이고 자발적이며 사심이 없고 상대방 전체를 긍정하며 그 본성 자체가 항구적이라고 말하는 현대의 교리들과 얼마나 크나큰 대조를 이루는가 하는 점이다. 사랑에 아무런 조건이 없다고 생각하는 우리에게, 아리스토텔레스는 사랑이란 양측의 성품이 좋고 비슷한가라는 조건에 반드시 구애된다고 말해준다. 우리가 이타적인 사랑과 자기애를 경쟁관계로 보는 반면, 아리스토텔레스는 타인을 그 자체로 사랑하는 것이 자기애를 실천하는 데 필수불가결함을 시사한다. 우리가 타인을 사랑할 수 있으려면 먼저 자신을 사랑해야만 한다고 말하는 반면, 아리스토텔레스는 그 정반대를 가리킨다. 우리가 타인을 들여다보는 통찰력을 가지려면 먼저 자기 내면을 들여다보는 통찰력을 갖춰야 한다고 생각하는 반면, 아리스토텔레스는 그 반대를 제시한다. 우리가 진정한 사랑은 '뭐가 어찌 되든' 항구적이라고 주장하는 반면, 아리스토텔레스는 사랑받는 이가 변하면 사랑은 변할 수 있다고, 심지어 변해야 한다고 주장한다. 우리가 사랑을 아무런 계산이 없는 자발적인 감정으로 보는 반면, 아리스토텔레스는 사랑을 지극히 합리적이고 완전히 설명 가능한 감정으로 본다. 우리가 사랑이 본질적으로 불공평하고 집착적이라고 보는 반면, 아리스토텔레스는 사랑이 필시 공평하며, 오로지 자립적인 두 개인 사이에서만 꽃을 피울 수 있다고 주장한다.

필리아의 대척점에 있는 사랑에 관한 교리들은 다양한 기독교 전통으로부터 대물림된 것이지만, 필리아 역시 가톨릭 기독교에 의해, 특히 토마스 아퀴나스의 영향하에서 채택된 것이다. 가장 다양한 전통들, 즉 구약성경에다가, 플라톤과 아리스토텔레스와 오비디우스의 '이교 신앙', 그리고 계몽의 평등주의까지 끌어들이는 기독교의 변화무쌍한 재능은, 다른 사랑의 개념들이 급격히 충돌하여 오늘날까지 지속되는 혼란의 씨를 뿌리게 될 것임을 의미하는지도 모른다. 그렇지만 이것이 어쩌다 그렇게 되었는지, 그리고 그토록 많은 혼란을 도대체 어떻게 풀어낼지를 살펴보기 전에, 우리는 그리스 사상과 새로이 형성된 기독교 분파가 그토록 밀접하게 만나는 그 '영원의' 도시, 로마를 향해야 한다.

5
성욕으로서의 사랑
루크레티우스와 오비디우스

정치학과 공학에서처럼, 사랑에서도 로마는 천재적인 실용주의자들의 고향이다. 그들 가운데에서 우리는 사랑이 순수하게 자연적 충동이며, 고통과 사악함과 죽음을 극복하게 해주리라는 기대가 사랑을 부패시킨다고 주장하는 가장 중요한 사상가 두 사람을 발견한다. 그들은 사랑을, 그리고 특히 우정을, 번영하는 삶의 핵심으로 내세운다. 하지만 그들은 욕정을 신격화하기를 거부하고, 그 대신 많은 고대인들이 그러듯이, 그것을 일종의 노예 같고 불행한 운명으로 본다. 그들은 성욕의 간계와, 생식과 쾌락을 향한 그 압도적인 충동을 가차없이 엄밀히 검토하는데, 이는 그것에 통제받지 않고 우리가 그것을 통제하려는, 그리고 이 욕망에 압도당해 공포, 광기, 착각에 빠지지 않도록 우리 자신을 해방하려는 바람에서다.[1]

루크레티우스(기원전 99경~55경)와 오비디우스(기원전 43경~기원후 17경)가 보기에, 두 사람이 서로에게 푹 빠지는 에로틱한 '사랑'이란 한낱 자기존속을 위한 욕구의 무의식적 종복에 불과하다. 이것은 너무나 근본적인 욕구여서, 어떤 관점에서는 생명력 그 자체와 동일시되기도 한다. 그것의 작용 방식modus operandi은 힘과 조작, 전쟁과 환상이다. 그것은 미덕의 조짐이기는커녕 위험의 조짐이며, 사랑의 기술은 이 충동적이고 부주의한 본능 때문에 해를 입지 않으면서 그것을 이루는 것이다. 이들 로마인의 잠자리에서 영성은 그다지 찾아볼 수 없다.

그렇지만 두 시인은 이 공통적인 근본으로부터, 특히 그들이 성적인 사랑에 부여하는 미학적인 가치로부터, 각자 무척 다른 결론을 끌어낸다.

율리우스 카이사르와 동시대를 살았던 루크레티우스는 성적인 사랑에 관해 그보다 더할 수 없을 만큼 비이상적이다. 걸작 시집 『사물의 본성에 관하여』에서 그는 한 여자에게 이끌리는 남자의 상황을 묘사한다. "그는 그 사람에게 달려가 (…) 성교를 하고 싶어한다 / 그리고 그 몸에 자기 몸에서 나온 액체를 심고 싶어한다 / 그의 아둔한 욕구가 거기서 쾌락을 얻을 수 있다고 말한다".[2]

섹스는 중독적이다. 욕망은 결코 최종적 만족이 불가능하고, 음식과 물 같은 다른 갈망들과는 달리, 더 먹일수록 더 격앙될 뿐이다.[3] 그러나 만일 철저히 거부한다면 그것은 환상으로 우리를 괴롭힐 것이다. 따라서 우리는 성욕을 일시적으로 충족시키되 그 폭정으로부터 자신을 해방해야 한다.

동시에 그리고 완벽히 일관되게, 루크레티우스는 사랑의 여신이자 로마 시민들의 어머니인 (그리스인에게는 아프로디테라고 불린) 베누스를 숭배한다. 이는 그녀가 자극하는 한없는 번식력 때문이다. "별 아래의 모든 것/ (…)은 당신으로 가득합니다. 모든 살아 있는 것은 당신을 통해 잉태되고/ 그리하여 이 세상에 나타납니다."[4]

그는 심지어 베누스에게 시작詩作에 대한 도움을 청하기까지 한다. "당신 혼자만이 자연의 작용을 통제하므로 (…)/ 그리고 당신 없이는 즐거움도 유쾌함도 없으므로/ 저는 이 시구를 쓸 때 당신의 도움을 청합니다."[5]

여기에는 양면성도 패러독스도 없다. 루크레티우스는 그것을 베누스의 막대한 번식력과 동일시하는 한, 혹은 전자가 후자에 도움이 된다고 보는 한 사랑 충동에서 희열을 느낀다. 생기vitality는 그 자체에 황홀해한다. 생기는 삶이 계속해서 더욱 자신을 원하게 만드는 기쁨이다. 다른 말로, 번식에 대한 바람이다.

그렇지만, 결정적으로, 삶이 그 자체로 좋아서가 아니다. 여기서 다시금 우리는 루크레티우스와 훗날의 오비디우스가 우리 현대인의 귀에는 잘 와닿지 않는다는 데에 반드시 유의해야 한다. 예를 들어 쇼펜하우어 또한 성적 열정을 우주의 에로틱한 에너지가 표출되는 것으로 본다. 그가 '삶에의 의지'라고 부르는, 모든 자연에 팽배한 번식의 생명력이다. 그렇지만 그것이 만족을 모른다는 점, 그리고 모든 욕망과 마찬가지로 불행을 불러오리라는 생각 때문에, 쇼펜하우어는 그런 삶의 가치를 비난할 것이다.

한편 루크레티우스는 삶의 가치를 전체로서 판단하는 데에 아무런 관심이 없어 보인다. 그리고 그것은 옳은데, 왜냐하면 우리 살아 있는 생물들 스스로는 삶에서 벗어나, 흔히 말하는 삶 그 자체든 우리 자신의 삶이든 그것에서 벗어나, 전체적으로 보아 삶이 좋은 쪽인지 아닌지를 판단할 수 없기 때문이다. 삶의 고통, 실망, 나약함, 취약함 그리고 피할 수 없는 죽음을, 그것이 자연이든 초자연이든 최상의 좋음으로 상쇄하고 합리화할 수 있을지 없을지를.

루크레티우스는 따라서 음울하지만 비관적이지는 않다. 그는 삶의 공포를 가차없이 명확히 묘사하되, 전체적으로 보아 삶이 '나쁘다'는 결론을 내리지는 않는다. 그런 결론을 내렸다면 그를 비관주의자라고 부를 만한 근거가 될 것이다. 그는 삶의 지속성에 대한 희망이 병, 노화, 불운 같은 퇴락의 힘에 압도당할 때 사람들이 절망에 굴복할 수 있음을 안다. 그는 절망에, 예를 들어 죽음에 관한 절망에 대처할 방법들을 제시하지만, 그 회복의 임무가 사랑에 주어져야 한다고는 생각지 않는다.

루크레티우스는 사랑의 절망들, 특히 파트너나 성적 행위 자체를 이상화함으로써 생겨나는 절망을 유독 경멸한다. 그의 경고에 따르면, 강렬한 열정은 크나큰 어리석음을 낳는다. 연인들은 마치 자신의 온 육체가 다른 이에게 흡수되기를 바라기라도 하듯 불가능한 결합의 열망에 사로잡힌다.[6] 그들은 질투심에 시달린다. 에너지를 소진한다. 그리고 쉬이 가학적으로 돌변한다.

그들은 자신이 원하는 육체를 짓눌러 비명을 자아낸다

그리고 그들의 치아는 종종 입술에 상처를 남긴다

입을 맞추는 것도 그다지 순수한 쾌락은 아니다.

그들은 실상 그 대상에게 상처 주려 한다,

무엇이든, 그것은 이 미친 짓의 시작을 불러온다.[7]

오비디우스는 이 모든 환상들이 약간 우스꽝스럽긴 해도 재미있다고 느끼는 반면, 루크레티우스는 이 이상화라는 작업이 전체적으로 지루하다고 느낀다.

우리는 종종 기형인, 역겨운 여자들을 만난다

매혹적으로 여겨지는, 사실상, 숭배된다고 할 만한. (…)

검은 피부의 소녀는 벌꿀 같다고, 씻지 않은 것은 자연스럽다고,

고양이 눈을 한 암캐는 여신이고, 지저분한 것은 요정이라고,

왜소한, 자라다 만 것은 아주 작은 보석이고,

너무 자란 괴물은 각별히 위엄 있는 몸이라고[8]

고대 세계, 그리스와 로마에서는 사랑의 광기를 조심하라는, 그리고 대상을 이상화하다가 실망하면 그것을 악마화하는 사랑의 경향을 조심하라는 경고가 흔했다. 그런데 루크레티우스는 이런 사랑의 병증들을, 제대로 길을 터준다면 우리에게 엄청나게 윤리적이고 영적인 좋음을 접하게 해줄 욕구의 증상으로 보기보다는, 단순히 치료 대상으로 간주한다.

그가 생각하는 치유법은 근본적으로 단 세 가지뿐인데, 뒤로 갈수록 차례로 고결함은 떨어진다. 그것은 사색, 결혼 그리고 방탕함이다.[9] 섹스의 폭정은, 그의 생각에 따르면, 사색으로 잠재우든가 결혼으로 억누르든가, 만약 전부 실패한다면 방탕함으로 무력화할 수 있다.

사색은, 루크레티우스의 묘사에 따르면, 소박하고 사교적인 쾌락들을 즐기며 더불어 우리의 욕망을 잠재우는 것을 목표로 하는 명상이다. 그것은 서양 역사상 대부분의 접근법보다 요구 사항이 적고 덜 영적인 성욕 초월법이다. 그것은 플라톤의 아름다움의 본질을 향한 탐색이나, 기독교의 신에 대한 헌신이나, 스피노자의 신에 대한 지적 사랑amor intellectualis Dei이나, 쇼펜하우어의 예술과 미학에 대한 사색에서처럼, 최상의 가치를 지녔다고 여겨지는 현실에 대한 열정적 몰두와 흔히 관련된다. 다만 뒤에서 보게 될 텐데, 쇼펜하우어의 경우는 루크레티우스의 입장에 가깝다.

명상은 우리로 하여금 욕망, 공포, 질투, 소유욕 같은 감정 낭비에 사로잡히지 않으면서 세계를, 구체적으로 말하자면 성적으로 매력적인 사람들을 보게 한다.

이 모두에서 루크레티우스는 그리스 철학자인 에피쿠로스(기원전 341~270)를 충실히 따르는데, 에피쿠로스에 대한 그의 열정은 베누스 숭배를 상기시킨다. 루크레티우스에 대한 에피쿠로스의 영향력은 실로 막대하므로, 잠깐 방향을 틀어 그의 철학을 살펴볼 필요가 있다.

첫째로, 에피쿠로스는 '쾌락주의자'가 아니었다. 그는 사치와 도취에도, 섹스, 포도주, 음식, 그리고 화려한 삶의 감각적 쾌락을 계발하는 데도 몰두하지 않았다. 비록 쾌락의 최대화를 원하긴 하지만, 우리가 특히 육체적 욕구를 엄격히 제한하는 검소한 삶을 삶으로써 그렇게 할 수 있다고 그는 주장한다.

따라서 우리가 쾌락이 목적이라고 주장할 때, 우리에 대해 무지하거나 우리와 의견이 다르거나 우리를 이해하지 못하는 사람들의 생각과는 달리, 우리가 말하는 쾌락은 낭비적인 쾌락과 관능성에 있는 것이 아니라 신체의 고통에서, 그리고 마음의 괴로움에서 풀려나는 것을 뜻한다.[10]

음식, 음료, 옷, 피난처 같은 기본 필수품들은 가능한 한 소박해야지, 그렇지 않으면 우리에게 기쁨보다는 슬픔을 더 가져다줄 것이다. 성적 만족은 오로지 절제하에서만 추구해야 한다. "성교는 한 번도 남자에게 이로웠던 적이 없고, 오히려 그에게 해나 입히지 않으면 다행이다."[11] 힘과 명성에 관해, 에피쿠로스는 그것들을 조심하라고 충고한다. 이런 유의 것들에 대한 욕망은 결코 충족될 수 없다. 그리고 충족되지 않은 욕망은 고통을 불러오고, 더 많은 욕망과 그 욕망의 충족으로 그 고통을 극복하려 들게 하며, 계속 그렇게 돌고 돈다.
에피쿠로스의 주장에 따르면, 진정한 행복은 마음의 평온함에 있다. 그리고 그 평온함은 자유와 친구들로부터 온다. 이 세상에서 사람은 가난, 죽음, 신들, 그리고 전반적으로 미래가 가져올 것들에 대한 공포로부터만이 아니라 정치, 배우자, 자식들을 포함해 부담을 주는 구속들로부터 해방을 추구해야 한다. 그리고 목가적인 쾌락을 즐기기 위해 반드시 같은 마음을 지닌 친구들을 찾아야만 한다. ("완벽한 삶의 축복을 얻기 위해 지혜가 손에 넣어야 하는 모든 것들 중에서 현재까지 가장 위대한 것은 우정이다."[12]

성찰은 그런 행복을 얻는 데 핵심적인데, 그것은 우리로 하여금 불안의 불합리함을 깨닫게 해주기 때문이다. 따라서 우리는 죽음을 두려워해서는 안 된다고 에피쿠로스는 말한다. "왜냐하면 사라지는 것은 감각이 없고, 감각이 없는 것은 우리에게 아무것도 아니기 때문이다."[13] 어차피 태어나기 전에 우리는 그와 같았으니, 우리의 소멸 이후 다시금 그렇게 된다고 해서 걱정할 게 뭐 있겠는가?

그리고 우리는 신들을 두려워할 필요도 없는데, 왜냐하면 널리 퍼진 미신과는 달리, 신들은 이 세상에 개입하지 않고 화를 내거나 난폭하게 굴지도 않기 때문이다. 그와 반대로, 신들은 그저 우리 인간이 목표로 삼아야 하는 자족성과 행복을 지니고 있다. "축복받고 불멸하는 본성은 그 자신으로서는 아무런 문제도 알지 못하고 다른 누구에게도 아무런 문제도 야기하지 않으므로 결코 분노나 호감에 의해 억지로 움직이는 일이 없다. 왜냐하면 그런 것들은 모두 약한 자들에게만 존재하기 때문이다."[14]

그러니 우리는 자신이 강력하게 누군가를 욕망한다는 것을 깨달으면 무엇을 해야 할까? 우리는 그녀와 우정을 쌓아나가는 데 초점을 맞춰야 할까, 아니면 적절한 성적 쾌락을 포함한 적절한 쾌락을 함께 누려야 할까. 어쩌면 에피쿠로스가 그랬듯, 우리는 친구들과 무리를 지어 은둔해야 할지도 모른다. 국가가 아니라 이것이 그의 이상적 사회이므로.

그러나 에피쿠로스가 가르치고 루크레티우스가 되풀이하듯이, 우리의 성적 충동을 다스리기란 유별나게 어렵다. 그리고 도취시키는 감정에 대한 우리의 욕망 일반도 그렇다. 우리 중 그것을 하지 못하는 이들에게 루크레티우스는 결혼과 자식 낳기를 권한다. 이 조합은 곧 사랑하는 이에 대한 우리의 망상을 끝장내고, 양측이 서로를 현실적으로 보게 만들 터이기 때문이다. 이것이 성공적 인간관계를 위한 유일한 기반이다. 부부생활의 일상과 더불어 가끔의 만족은 욕망을 억눌러줄 테고, 섹스는 적절한 목적에, 즉 자손을 생산하는 데 이용될 것이다.

이 충고에는, 결혼이란 너무나 따분한 것이어서 욕정의 불꽃을 꺼뜨리는 데 믿을 만한 수단이라는 오스카 와일드의 말과 같은 냉소적인 의도는 없다("사람은 늘 사랑을 하고 있어야 한다. 그것이 우리가 절대로 결혼하지 않는 이유다"[15]). 그와는 반대로, 루크레티우스는 어떻게 사회화하는 동시에 우리의 다루기 힘든 욕구들을 만족시키는가, 그리고 어떻게 그 과정에서 오래가고 행복한 관계를 형성하는가라는 영원한 문제의 해결책으로서 결혼을 칭송한다.

그렇지만 결혼하기에 적합한 사람이란 누구일까? 루크레티우스의 답은 이번에도 생물학적이다. 가장 적합한 씨, 그리고 특히 딱 적절한 점성의 씨앗을 가진 사람이라면 누구든. 정액은 너무 되직할 경우 "적절한 정도를 넘어서는 고체로 나와" 여성의 난자에 도달할 만큼 "충분히 위쪽까지 침투하지 못하거나" "여성의 씨와 섞이기에 부적합하다". 반면 정액이 너무 묽으면 "들러붙어야 할 곳에 들러붙지 못하고 / 일이 성사되기도 전에 곧장 흘러나올 것이다".[16]

여기에는 두 가지가 도움을 줄 수 있다. 그 한 가지는 올바른 식단이다. "어떤 음식들은 몸속의 씨앗을 되직하게 만들고 / 어떤 음식들은 묽고 허약하게 만든다."[17] 다른 하나는 체위다. 루크레티우스는 개의 체위를 권장한다. "암컷 네발짐승이 취하는 방식이 / 대체로 수태를 확보하는 데 최선으로 보인다. / 그 씨는 목표에 가장 잘 도달할 수 있다 / 아내들이 가슴을 허공에서 아래쪽과 뒤쪽을 향하게 한다면."[18] 그리고 그는 구체적으로 말한다. "아내들이 음란한 움직임에 동참할 필요는 없다." 사실 이러면 수태는 방해를 받는다. "그녀가 쾌락을 좇아 엉덩이를 흔들고, / 뼈 없는 앞부분을 내보여 대양들을 자극하면, / 고랑은 제자리를 벗어나버리고, / 쟁기질이 멈추면 분출된 씨는 제 집으로 가지 못한다." 몸 파는 여자는 남자들을 즐겁게 하기 위해 그렇게 한다 해도, "이런 종류의 일은 아내들에게는 전혀 필요치 않다".[19]

다른 모든 것이 실패하면, 방탕함이 남는다. 헛된 집착에 시달리는 이들은 상상력을 억제하고, 저 바깥에 다른 매력적인 상대가 있다는 것을 잊지 말고, 가능한 모든 곳에서 방출을 추구해야 한다.

> 상상력을 멀리하고, 사랑을 부추기는 모든 것은
> 겁을 주어 쫓아내고, 마음은 다른 곳으로 돌려라,
> 한 사람을 위해 그 액체를 아껴둘 것이 아니라
> 손에 닿는 모든 육체를 이용해 없애라
> 그것은 반드시 곤경을 부르고 슬픔으로 끝나리니.[20]

당연하게도 기독교인들은, 삶에서의 행복을 최대화하는 데 관심을 두고, 자연을 숭배하고, 영혼이 물질이라고 믿는 루크레티우스의 생각에 늘 혹하지는 않았다. 시인이 죽고 나서 4세기도 더 지나, 히에로니무스(347경~420경)는 루크레티우스가 집착적인 사랑에서 벗어나기는커녕, 하필이면 사랑의 미약媚藥 때문에 자살에 이르게 되었다는 이야기를 퍼뜨렸다고 한다. "시인 티투스 루크레티우스는 태어났다. 나중에 그는 사랑의 미약 때문에 미쳐버렸다. 가끔씩 정신이 돌아올 때마다 많은 책을 썼고, 그후 키케로가 그것을 편집했다. 그는 자신의 손에 44세 나이로 죽었다."[21]

비록 이 이야기는 끝내 확인되지 않았지만, 테니슨은 그것을 시로 썼고, 그 시인의 업보를 불러온 사랑의 미약을 그에게 먹인 사람이 바로 성적으로 욕구불만이었던 그의 아내 루실라였다고 덧붙였다. 그의 자제력에, 그리고 그가 작품에만 몰두하는 데에 분노하여,

그녀는 용서 못 할 만큼 화가 나고 심통이 나서,
딴 여자가 있겠거니 하고, 한 마녀를 수소문했네
그 마녀가 영험하다고 알려진 미약을,
집 나간 정열도 돌아오게 만든다는 약을 달였네.
그 약을 간간이 그의 술에 섞으니
이것이 그를 망쳤다네, 그 사악한 국물은
피의 화학작용에 뒤섞여,
그 남자의 난폭한 뇌를 간질이고
그 연약한 세포들 사이사이를 어지럽혀
그의 힘을 잃게 만들었다네.[22]

오비디우스: 전쟁과 쾌락으로서의 사랑

오비디우스는 그런 분노를 사지 않는다. 그는 적대감을 불러일으키기에는 너무 매력적이고 쾌활하다. 루크레티우스가 조심하라고 할때, 오비디우스는 '즐겨라!'라고 말한다.

서양 최초의 사랑 지침서에 속하는 그의 교훈적인 시집『아르스 아마토리아 *Ars Amatoria*』, 즉『사랑의 기술』에서, 오비디우스는 루크레티우스와 마찬가지로 인간들에게서 공통의 충동적이고, 집착적이고, 착각에 빠진 성적 욕망을 알아본다. 그렇지만 그는 그것을 칭송한다. 사랑은 스포츠다.[23] 격렬하고 즐거우며 미묘한 스포츠. 우리는 그저 승리를 위해서가 아니라 그 아름다움을 위해 그것을 추구해야 한다. 오늘날 사람들이 사랑이 '유희'여서는 안 된다고 말할 때, 오비디우스는 이렇게 대답할 것이다. "오, 사랑은 그래야 한다!" 사랑은 유희를 하지 않는다면 많은 중요한 것들을 놓치고 만다. 사랑은 분명 위험할 수 있다. "사랑은 일종의 전쟁이라, 겁쟁이들이 할 만한 일이 못 된다."[24] 그렇지만 재능, 기술, 교활함, 열정, 그리고 자제력이 주어진다면 탁월해질 수 있다.

오비디우스는 사랑의 대척점들을 유쾌하게 탐사한다. 매혹과 경멸, 다정함과 앙심, 신뢰와 질투, 이성이 반대하는 누군가에 대한 육체의 갈망.[25] 그리고 그는 로마 여성들이 다른 점에서는 남성들에게 복종했으면서도 낭만적인 계략에서는 자주 주역을 맡았던 것을 돌이켜보면서, 여성이 남성에게 발휘하는 에로틱한 힘을 루크레티우스보다 더 날것 그대로의 측면으로 본다. 옥타비오 파스●가 언급하듯이,

여성들, 더 정확히 말하자면 귀족 여성들은 공화정 시대에나 제국 시대에나 로마사에서 놀라운 위치를 점유한다. (…) 왜냐하면 그들은 전례 없는 정도로 연인을 받아들이거나 거부할 자유를 가졌기 때문이다. 그들은 자기 육체와 영혼의 안주인들이었다.[26]

성적 쾌락은 그 유희에서 핵심적이다. 여기서 남녀 사이의 완벽한 쌍방향성을 볼 수 있다. "여자들이 사랑의 행위를 골수로 느끼게 할지어다,/ 그 행위로 두 사람이 동일한 쾌락을 얻을지어다."[27]

그렇지만 오비디우스는 결혼은 억압적 제도여서 사랑만으로 즐기는 관계에서 볼 수 있는 정중함과 배려를 거의 키워주지 않는다고 고찰한다.

남편들과 아내들은 서로를 잔소리로 괴롭혀도 괜찮다.
그들은 그것이 자신의 본성이자 법칙이라고 믿을지어다.
아내들에게는 그래도 좋다. 아내의 상속분은 다툼이니까.
정부들에게는 그들이 바라는 이야기만 들려주어라.
그대들은 법 때문이 아니라 좀더 자유롭게 한 침대에 들었으니.
그대들의 보증서이자 담보물은 사랑이며, 사랑은 법의 사무실을 점유하노라.[28]

이 모든 일이 일어날 수 있으려면 우선 한 사람이 사랑에 빠져야

• 1914~1998. 멕시코를 대표하는 시인이자 작가, 평론가. 1990년에 노벨문학상을 수상했다.

한다. 여기에도 게임에 이기고 함정을 피하는 법칙들이 있다. 오비디우스는 남자들에게 주는 매우 실용적인 충고 몇 가지로 말문을 연다.

1. 노력을 기울일 것. "우선, 나의 신병, 경험 없는 병사여,/ 그대들이 진정으로 사랑할 수 있는 소녀를 찾는 데 노력을 아끼지 말아라."[29]

2. 올바른 장소에서 사냥을 하라. "극장의 구석은 그대들이 사냥하기에 매우 좋은 장소이니,/ 아마도 다른 곳보다 더 많은 기회가 있으리라./ 여기서 그대들은 사랑할 누군가, 혹은 아마도 같이 즐길 누군가를 찾을지 모른다,/ 하룻밤 취할 누군가, 품에 안고 가질 누군가를."[30]

3. 너무 숫기 없어 보이지 말라. "마음에 자신감을 갖고, 확신을 품고 그물을 펼쳐라./ 여성들은 늘 붙들린다. 그것이 게임의 제1규칙이다."[31]

4. 때를 잘 맞춰라. "그녀가 경쟁자 때문에 슬퍼할 때 한번 도전해보라,/ 마침 손닿을 곳에 있는 그대를 보면, 그녀의 복수심은 재빨리 발동하리라."[32]

5. 교만함은 접어둔 채 애원하고 인내하며, 느긋하되 말은 술술 하라. 유식해 보이려 애쓰지는 말고. "로마의 젊은이들이여, 나는 그대들이 탄원자의 기술을 배우기를 권고한다,/ 법정에 선 어떤 가난하고 비참한 자를 위해서가 아니라,/ 여성들은 인민이나 원로원만큼,/ 어쩌면 판사보다도 더, 유창한 말에 감동을 받기 때문이다."[33]

6. 외양으로 말하자면, 말끔하되 너무 신경쓴 것처럼 보이면 안 된다. "남자들은 멋진 외모에 너무 신경을 써서는 안 된다. 무심함이 적당하다." "그대들 외관을 깨끗이 하고 몸을 볕에 그을려라, (…)/ 코와 귀의 털이 눈에 띄지 않게 하라,/ 그대들 숨결을 달콤하게 하고 몸에서는 악취가 나지 않게 하라,/ 과하게 하지 말라. 남자는 요정도 창

부도 아니다."[34]

7. 그녀가 유부녀라면 남편을 가까이 두라. "또한 그녀의 남편에게 호감을 사도록 노력하라. / 그를 친구로 만들 수만 있다면 유용하다는 것을 그대는 알게 되리니."[35] "건배를 제의하라. '숙녀의 건강을 위해! 그녀와 동침하는 친구의 건강을 위해!' / 속으로는 이렇게 건배하라. '그녀의 남편이 지옥에 떨어지기를!'"[36]

8. 가능하다면 감정을 과장해 드러내라. "눈물 역시 유용하다. 눈물은 가장 완고한 성격도 움직인다. / 가능하면 그녀에게 그대 뺨의, 그대 눈의 눈물을 보여라. / 이것은 쉽지 않다. 가끔씩 눈물은 뜻대로 흐르지 않는다. / 이를 어찌해야 할까? 손을 적셔서, 눈에 묻혀라."[37]

9. 비록 여자들이 돈과 좋은 외모에 끌리긴 하지만, 남자가 교육도 좀 받았다면 여자의 사랑이 오래갈 가능성이 높음을 잊지 말라. "그대는 바다의 요정들, 혹은 호메로스의 마음을 끌 그 모든 좋은 외모를 가졌을 수도 있다. / 그래도 충분치 않음을 그대는 알게 되리니, 정신의 탁월성을 몇 더하라. (…) 문화는 확실히 유용하고, 인문교양은 축복이다. / 위대한 언어 두 가지를 잘 배워두는 데 애써라! / 율리시스는 미남이 아니었지만 그의 달변의 힘은 여자들을 매혹시켰다."[38]

오비디우스는 여성들에게는 자신의 충고를 면해주겠다고 하지만, 베누스는 자신의 개인적 충고를 여성들에게 전하라며 그를 종용한다.

우선, 내숭 떨지 말라. 안 그러면 후회만 남을 것이다. "그러니 한 여자가 남자에게 '이건 바람직하지 못한 것 같아요!'라고 말한다면 / 자신의 목마름을 채워줄 것을 내버리는 일밖에 더 되겠는가?"[39]

개인적 위생에 신경쓰고 다리를 면도하라. "내가 그대에게 겨드랑이에서 악취나는 염소를 몰아내라고 굳이 충고를 해야 할까?/ 다리에서 거칠고 텁수룩한 털을 밀어버리라고 굳이 충고를 해야 할까?"[40]

결함을 덮어 가려라. "예술은 나다 만 눈썹을 메우는 수단이 되어준다."[41]

치아가 더럽거나 고르지 않다면 입을 닫고 있어라. "농담은 흘려들어라. 웃음은 그대를 탄로나게 할 것이다."[42]

웃음과 울음을 절제하고, 노래 실력을 쌓고, 물론, 항복할 시기를 주의깊게 조율하라. "너무 빨리, 너무 쉽게 약속하는 가벼운 여자로 보이지 말라./ 그렇다고 완강하게 거부하지도 말라./ 그가 계속 희망과 두려움을 품게 하라."[43]

각 욕구를 만족시킬 남자를 각각 두어라. "뒷조사를 하여, 그에게 어울리는 여자가 되어라./ 부자라면 선물을 가져오게 하고, 법률가에게서는 법적 자문을 얻어라."[44]

그대의 가장 좋은 특징을 보여주는 체위를 택하라. "얼굴과 전체 용모가 예쁘다면 등을 대고 누워라./ 엉덩이가 귀엽다면 엎드리는 편이 낫다. (…) / 아름다운 다리를 가졌다면, 그걸 들어올려라."[45]

야한 말을 하고 신음하라. "들릴 듯 말 듯한 웅얼거림으로 구슬리고 알랑대고 지분거려라,/ 유희의 흥분 속에서는 성적인 말도 좋다."[46]

그러나 무슨 일이 있어도, 반드시 그가 그대를 만족시켰다고 생각게 하라. "그리고 만약 자연이, 아아! 그대에게 최후의 감흥을 주지 않으면/ 최선을 다해 절정에 다다른 양 외쳐라."[47]

오비디우스의 우주에서 여자들은 남자들만큼이나 섹스에 목맨다. 실상 여자들의 육욕은 "우리의 것보다 더 격렬하고 더욱 음탕할 수 있다."[48] 그것은 남자들을 파멸시키거나, 그들의 진정한 본성에서 멀어진 존재로 바꾸어놓을 수 있다.

여기서 오비디우스는 여성 욕구의 격렬함을 이야기하기 위해 고대 신화의 전통을 끌어온다. 오디세우스로 하여금 자신과 선원들을 지키기 위해 자기 몸을 배 돛대에 묶고 선원들의 귀를 밀랍으로 막게 만든 세이렌들의 유혹적인 노래들, 남자들을, 특히 자신의 충고를 듣지 않는 남자들을 짐승으로 변신시켜버린 아름다운 마법사이자 집착이 강한 키르케 여신, 그리고 아름답고 젊은 헤르마프로디토스를 너무 갈망한 나머지 깊은 연못에서 그를 덮쳐, 위아래를 분간할 수 없는 그 맑은 물속에서 말 그대로 자신의 몸과 그의 몸을 합쳐버린, 그럼으로써 개별로서의 양쪽 모두를 파괴한 요정 살마키스까지.

그리하여 이 두 육체는 밀착한 포옹으로 뒤엉킨다. 그들은 더는 둘이 아니고, 하나는 여자, 하나는 남자라고 불릴 수도 없다. 그들은 어느 쪽도 아니면서 양쪽 다인 것처럼 보였다.[49]

비록 오비디우스는 에로틱한 전쟁이 가능한 한 날것 그대로이고 재기 넘치고 즐겁기를 원하지만, 연인들은 반드시 서로에게 매력, 재치, 정중함을 보임으로써 그들의 열정을 멋지게 꾸며야 한다. 그들은 더러 위험할 수 있는 그들의 스포츠를 반드시 아름답고 상상력 넘치며 행복을 주는 무언가, 즉 예술로 만들어야 한다.

그렇지만 구애에는 한도가 있어야 한다. 가망 없는 상대와 사랑에 빠진 이들에게 오비디우스는 말한다. 벗어나라, 나아가라. 마음 쓰지 말고 집착하지 마라. 좀더 가능성 있는 짝을 찾아라. 그리고 그녀가 그대와 어울리지 않음을 아는데도 도저히 마음을 접을 수 없다면, 그녀의 단점에 집중하라. 그녀의 나쁜 행실을 떠올리고, 그녀 때문에 그대가 치른 대가를 죽 적어보고, 그녀의 진면목을 직시하라. 그저 평범하고, 불완전하고, 다른 사람으로 대신할 수 있는 여인임을.

만약 그래도 중독이 풀리지 않는다면, 그녀의 단점들을 과장하라. 사랑에 빠진 사람들이 하는 일과 반대되는 일을 하라. 상상력을 이용해 그녀의 단점들을 강조하라. 한 여자(또는 남자)를 사랑하지 않는 법을 배우고 나면, 그의 상상력은 자유의 몸이 되어 다른 이를 껴안고 찬미할 수 있을 것이다.

그러나 모든 것이 실패로 돌아가면, 도망쳐라.

반복적으로 사랑에 빠지고 거기서 벗어나는 이런 다양한 사랑의 실험의 핵심은, 우리가 시행착오를 통해 결국 '완벽한' 짝을 만나 거기서 멈추는 것이 아니다. 오비디우스는, 적어도 그의 『사랑의 기술』에서는, 오늘날에도 여전히 파트너들 사이에서 그토록 잦은 환승을 부추기는 이상적 사랑을 향한 탐색에는 관심을 두지 않는다. 그의 목표는, 그보다는 성애적 경험의 기쁨을 함양하는 것, 거칠고 완전히 발달되지 않은, 그리고 가끔은 부적절한 본성으로부터 기쁨과 아름다움과 멋을 창조하는 것이다. 그는 기술과 인내심이 있다면 성애적 욕망의 원시적이고 무자비한 번식력을 즐기는 것이 가능하고, 또 마땅히 그것을 즐겨야 하며, 전쟁과 우아함, 야만성과 재치, 창조성과 파괴력 같은 대척되는 요소들이 공존할 수 있다고 믿는다.

오비디우스의 모토는 다음과 같다. 사랑의 위험들을 인지하고 통달하고, 그런 다음 즐겨라. 그것에 더해, 사랑을 인생에서 가장 중대한 사업으로 여기는 전통을 물려받은 우리로서는 쉽게 가질 수 없는 태도인 변덕을 함께 갖춰라.

루크레티우스와 오비디우스는, 따라서 서양 전통에서 강력하지만 소수인 목소리에 속한다. 그들은 사랑을 전적으로 속세의 것으로, 물질적 측면으로 보는, 사랑에 관해 타협을 모르는 박물학자다. 그렇지만 아마도 프로이트를 제외한 다른 거의 모든 박물학자들과는 달리 그들은 사랑과 그 시련들을 구원의 서사와 관련된 것으로, 다시 말해 삶의 시련과 사악함을 극복하거나 정당화하는 최상의 좋음을 가능케 하는 것으로 보지 않는다. 어쩌면 그러려는 유혹을 거부한다고 봐야 할지도 모르겠다.

우리가 앞서 본 바와 같이, 그들은 그리스 선조들이 그랬듯, 그리고 이후의 대다수 전통들이 그랬듯이 성욕이 불러올 수 있는 광기와 야만성과 불멸성을 인지한다. 사랑하는 이가 상대를 이상화하는 것이 스스로를 기만하고 상대에게는 해를 끼칠 수 있는 일이라고, 심각하게든 냉소적이게든 유머러스하게든 경고한다. 그리고 그들은 열정의 탐욕성과 진정한 소유의 불가능성을 본다. 그러나 이런 위험에 대한 그들의 대응은, 욕망의 다듬어지지 않은 에너지와 기형적인 인간관계가 초월되거나 승화된다는 '승격의 이야기'를 들려주는 것보다는, 그것들을 통제하는 실용적인 방법들을 권고하는 것이다. 비록 루크레티우스와 오비디우스는 친구, 배우자, 베누스에 대한 서정적인 사랑관을 보여줄 때도 있지만, 우리가 서양 전통의 많은 부분에서 보듯 사랑이 인간의 번영에서 으뜸가고 시급한 역할을 하는 것이라고는 보지 않는다. 하물며 사랑이 속세의 슬픔을 이겨내고 절대성과 불멸성의 완벽한 상태를 가져다줄 임무를 띤 최상의 미덕이라는 것은, 그들에게는 터무니없는 소리다.

물론 로마는 종국에 가면 그 반대편 극단으로 향해서, 사랑과 구원을 거의 끊을 수 없을 만큼 강력한 끈으로 묶어놓는 종교의 수도가 된다. 그 끈은 서구의 감수성에 너무나 폭넓게 스며들어 있어, 쇼펜하우어, 니체, 그리고 프루스트 같은 무신론자들조차 그것을 완전히 피할 수는 없다. 사실상 그들이 하려 한 것은 그 끈에 새로운 형태를 입히는 것이라 해도 과언이 아니다. 이 종교는 물론 기독교이고, 우리는 이제 그 핵심적 전통을 돌아볼 것이다.

6
지고의 미덕으로서의 사랑
기독교

　우리가 '기독교'라고 부르는, 실로 엄청나게 다양하고 적응력 높은 집단으로 이루어진 교회들은 서양 세계에, 그리고 그곳에서 영향을 받은 사람들 곁에 오늘날까지 머무르고 있는 두 가지 혁신을 낳는다. 그것은 사랑을 삶의 지고의 가치이자 도덕적 원칙으로 바꾸어놓아, '우리가 할 수 있는 일 중에 사랑하고 사랑받는 것보다 더 좋은 것이 있는가?'라는 질문에 단호히 고개를 젓도록 만든다.

　그리고 기독교에서 사랑은, 하느님에 의해 수용적인 인간 존재에 주입되면 평범한 사람들을 통해 드러나는 신성한 힘이 된다. 이 힘, 그리고 그것을 찬양하는 관계들의 도움으로, 우리는 지상의 삶의 공포와 함정 위로 솟아올라 시련, 고통, 상실, 불안, 사악함과 죽음으로부터 구원받을 수 있다. 즉 기독교가 부추겨온, 그리고 일부 세속적 계승자들이 유별나게 열정적으로 부둥켜안았던 기묘한 신성모독은, 바로 사랑을 통해 인간이 신처럼 된다는 것이다. 비록 불완전하고 일시적일 뿐이라 해도.[1]

이런 유산들은 오늘날 사랑을 향한 우리의 태도에 대한, 말하자면 섹슈얼리티에 대한 기독교의 규탄보다 훨씬 더 강력한 영향을 미친다. '그냥 싫다고 말해요Just say no'는 일시적인 유행일 뿐이지만, '필요한 것은 오직 사랑뿐All you need is love'은 서양의 세속적인 사회들이 무의미의 심연을 들여다보지 않도록 구제해주는 표어다. 사랑이 다른 모든 덕목들의 최종 판단 기준이 되는 절대적이고 영원한 덕목이라는 기독교의 생각은 결국 모든 곳에서, 심지어 (특히?) 평소 같으면 '절대성' 혹은 '영원성'이라는 생각 자체를 경멸할 많은 무신론자들 사이에서도 작용한다. 우리가 만약 본능적 거부감이 드는 행동 방침, 예를 들어 남편이 말기 환자인 아내의 안락사를 돕는 것이나, 혹은 부모가 지적장애가 심한 딸의 임신을 막고자 자궁적출술을 시키는 행위의 동기가 사랑임을 알면, 우리는 적어도 잠깐 멈추고 그 행동의 장점을 생각하게 된다. 우리는 장례식에 참석해 고인이 위대한 정치가였다거나 발명가였다거나 화가였다거나 작가였다거나 하는 말을 들어도, 그가 한 번도 사랑을 하거나 받지 못했다는 느낌이 들면, 그의 삶에 다른 방식으로는 보완할 수 없는 그 무엇이 근본적으로 결여되어 있다고 확신하면서 불편한 마음을 어쩌지 못한다. 반대로, 그 죽은 사람이 큰 사랑을 받았지만 다른 면에서는 일평생 별로 한 일이 없다는 말을 듣는다면, 우리는 그가 못다 한 일들에 대해 슬퍼할 수는 있어도 그 사실이 그의 일생에 그림자를 드리운다고는 느끼지 않는다. 왜냐하면 사랑은 그 삶에 다른 무엇보다도 더 중요한, 결코 상실되거나 재검토될 수 없는 가치를 주기 때문이다. 우리의 그런 생각은, 점차 '기독교 사랑'으로 여겨지게 될 무엇을 처음 창시한 위대한 인물들 중 하나인 아우구스티누스의 생각을 그대로 재탕한 것이나 다름없다. 아우구스티누스는 이렇게 말한다. "사랑이 있는 곳에 (…) 그 무슨 부족함이 있겠는가? 그러나 사랑이 없는 곳에, 그 무슨 득 될 것이 있겠는가?"[2]

그렇지만 우리는 공관복음서[3]에서 매우 놀라운 내용을 맞닥뜨린다. 예수가 사랑에 관해 거의 이야기하지 않았다는 것이다. 예수는 그 어디에서도 '하느님은 사랑이다'라고 말하지 않는다. 게다가 사랑이, 심지어 우리가 앞으로 보게 될 하느님의 사랑 역시 반드시 무조건적이라고(혹은 '자발적'이라고) 명확히 밝히지도 않는다. 그것을 '기독교 사랑'의 첫째 특징으로 생각하는 사람들이 많을 텐데도 말이다. 예수는 분명 사랑을 하느님과의 위대하고 신비로운 연대라고, 즉 우리를 하느님과 결합하게 해주는 성적이고 영적인 힘이라고 이야기하지도 않는다. 그는 사랑을 매일의 삶과 시련에서 초월하거나 구원해주는, 창조적이고 모든 것을 극복하는 힘으로 묘사하지 않는다. 그리고 섹스에 관해서는 거의 입도 떼지 않는다. 앞으로 보게 되겠지만, 사실 예수는 간음의 맥락에서 섹스에 아무런 제한도 두지 않는다. 공관복음서에서 그가 말했다고 전하는 사랑에 관한 이야기만 놓고 보면, 예수는 '좋은 기독교인'이 아니다.

널리 생각되는 '기독교 사랑'의 그런 핵심적 특색들은, 처음에는 사도 바울에게서, 그리고 마지막으로는 복음사가 사도 요한에게서 볼 수 있다. 그리고 대다수 경우에 바울과 요한은 예수를 그 출처로 내세우지 않는다. 공관복음서에서 예수가 사랑에 관해 이야기하는 부분은 얼마 되지 않는데, 그마저도 예수는 제한적인 수준으로 제시한다. 사랑은 하느님이 인간에게 내린 계명들 중 가장 중요하며, 그 대상은 당시로서의 상상을 넘어서서 적들까지 포함한다는 주장에 주목해보자.

우리가 2장에서 보았듯, 이 두 주장 모두 구약성경에 깊이 뿌리내리고 있다. 예수 자신이 신명기와 레위기를 인용함으로써 그 기원을 밝히고 있는데, 어쩌면 유대 신앙을 해석하는 유대 스승으로서는 당연한 일이리라.

예수께서는 이렇게 대답하셨다. "첫째가는 계명은 이것이다. '이스라엘아, 들어라, 우리 하느님은 유일한 주님이시다. 네 마음을 다하고 목숨을 다하고 생각을 다하고 힘을 다하여 주님이신 너의 하느님을 사랑하여라.' 또 둘째가는 계명은 '네 이웃을 네 몸같이 사랑하여라' 한 것이다. 이 두 계명보다 더 큰 계명은 없다."(마가복음 12:29~31)

그리고 '산상설교'⁴에서 그는 원수에 대한 사랑을, 구약성경에 띄엄띄엄 등장하는 곤경에 빠진 원수를 도우라는 명령(출애굽기 23:4~5, 잠언 25:21)보다, 심지어 이웃을 사랑하라는 일반적인 명령보다도 훨씬 더 멀리까지 밀어붙인다. 자신을 괴롭히는 자들을 진정으로 축복하고 비저항 정신으로 그들의 적개심까지 수용하라고 그는 명한다.

그러나 이제 내 말을 듣는 사람들아, 잘 들어라. 너희는 원수를 사랑하여라. 너희를 미워하는 사람들에게 잘해주고 너희를 저주하는 사람들을 축복해주어라. 그리고 너희를 학대하는 사람들을 위하여 기도해주어라. 누가 뺨을 치거든 다른 뺨마저 돌려 대주고 누가 겉옷을 빼앗거든 속옷마저 내어주어라. 달라는 사람에게는 주고 빼앗는 사람에게는 되받으려고 하지 마라.(누가복음 6:27~30, 마태복음 5:44 참조)

원수를 사랑하라는 예수의 혁신적인 외침은 하느님과 이웃을 사랑하라는 계명과 별개의 것이 아니다. 원수들은, 말하자면, 하느님과 이웃 다음가는 사랑의 셋째 대상이 아니다. 하느님과 이웃을 사랑하라는 계명을 따르는 것이 곧 원수를 사랑하는 것이다. 이웃에는 원수도 포함된다.

결국, 예수의 말에 따르면, 법은 이 계명에 의존한다.(마태복음 22: 34~38) 다른 곳에서, 유대인 현자인 힐렐의 '황금률'을 되풀이하면서, 예수는 이렇게 말한다. "너희는 남에게서 바라는 대로 남에게 해주어라. 이것이 율법과 예언서의 정신이다."(마태복음 7:12, 누가복음 6:31 참조)[5]

그리고 그 법칙은, 예수가 여기서 명시하듯, 반드시 따라야만 한다.[6] 그는 우리가 유대교에서 맞닥뜨리는 역설을 폐기하지 않았다. 자유로워야만 진정한 것이 될 수 있는 감정의 대표 격인 사랑이, 명령을 받는다는 것이다.

내가 율법이나 예언서의 말씀을 없애러 온 줄로 생각하지 마라. 없애러 온 것이 아니라 오히려 완성하러 왔다. 분명히 말해두는데, 천지가 없어지는 일이 있더라도 율법의 일점일획도 없어지지 않고 다 이루어질 것이다.(마태복음 5:17~18)

사랑은 또한 요한복음에서도 명령된다.

나는 너희에게 새 계명을 주겠다. 서로 사랑하여라. 내가 너희를 사랑한 것처럼 너희도 서로 사랑하여라. 너희가 서로 사랑하면 세상 사람들이 그것을 보고 너희가 내 제자라는 것을 알게 될 것이다.(요한복음 13:34~35)

내가 명하는 것을 지키면 너희는 나의 벗이 된다.(요한복음 15:14)

우리가 명령받은 대로 하느님의 아들 예수 그리스도의 이름을 믿고 서로 사랑하라는 것이 하느님의 계명입니다.(요한일서 3:23)

사랑과 법이 분리 불가능하다는 사실이 이보다 더 명확할 수 있을까. 예수는 누가 뭐래도 사랑을 법보다 높이 보지 않는다. 또한 현대적 용어를 쓰자면, 사랑의 본질을 우리의 의무와 권리를 넘어서는 자유나 자유의지에 두지도 않는다. 그런데도 수세기 동안, 그리고 특히 루터와 종교개혁 이후로, 예수가 작심하고 사랑을 법의 속박으로부터 '해방시켰다'고 여겨져왔다. 사실상 이것은 그간 신약성경과 구약성경을 나누는 중요한 경계선의 하나로 규정되었다. 구약성경은 냉정하고 엄격한 법의 실현에 집착하는 반면, 신약성경은 법에서 풀려난 자발적인 선물로서의 사랑을 발명했다고 말하는 것이 클리셰로 자리잡았다. 대중적 믿음만 그런 것이 아니라, 프로테스탄트 주교이자 신학자인 안데르스 니그렌 같은 권위 있는 사랑학자 역시 그 생각을 자명한 것으로 여겼다. "유대교와 원시기독교의 사랑에 대한 시각 차이는 다음과 같이 공식화할 수 있다. 법의 틀 안에 놓인 사랑—법의 틀을 깨뜨리는 사랑."[7]

법의 틀을 깨뜨리는 사랑? 그 두루뭉술한 주장이, 우리가 방금 들은 예수의 말을 도대체 어떻게 아우를 수 있을까? 사랑에 관한 계명에서 기독교의 성경과 전통이 유대교와 일치한다는 것을 명확히 보여주는 다른 많은 말들은? 또는 그 법을 내려준 하느님에게 존재 전체를 복종하는 것을 전제로 하는 하느님에 대한 사랑은?

신약성경에서 그런 복종의 최상의 표현은 바로 예수가 십자가에서 자기 목숨을 희생한 것이다. 그는 하느님의 목적이 이루어지려면 자기가 죽어야 한다는 것을 알고, 자신의 죽음을 예측한다.(마가복음 8:31) 예수는 사도 바울의 말처럼, '죽음의 순간까지 순종적'(빌립보서 2:8)이다. 그렇지만 그의 마지막 말, 즉 "나의 하느님, 나의 하느님, 어찌하여 나를 버리셨나이까"(마가복음 15:34)는, 법칙에 복종하는 것을 단순히 영웅적 행위가 아니라 진정한 사랑의 표식으로 만드는, 사랑의 대상의 불가사의함을 정확히 보여준다. 이 말은 그 사랑을 하는 이의 아낌없는 헌신의 본질을 포착한다. 그 헌신이란 이러한 것들이다. 여러분은 자신이 사랑하는 대상이 명령을 내린다는 사실은 알지만 그 이유는 모른다. 여러분은 강력하지만 도저히 이해할 수 없고 심지어 비뚤어져 보이기까지 하는 그의 목적에, 여러분 자신을 최대 한도까지 열어놓는다. 여러분은 뜻하지 않은 운명을 기꺼이 포용한다. 여러분은 종종 고통스러운 자신의 자제와 자족과 이해 부족을, 태도와 행동으로 인정한다.

예수가 공관복음서에서 사랑에 관해 이야기하는 방식은, 따라서 기독교와 관련을 맺게 된 주장들 중 몇 가지, 즉 하느님이 사랑이라거나, 모든 진정한 미덕은 사랑에서 동기부여를 받는다거나, 혹은 심지어 결국 사랑으로 환원될 수 있다는 등의 주장들보다 그 범위가 훨씬 소박하다. 성경에서 이런 좀더 야심찬 주장들의 기원을 찾고자 한다면 우리는 다른 곳을, 그리고 특히 다음 발언들을 보아야 한다.

내가 인간의 여러 언어를 말하고 천사의 말까지 한다 하더라도 사랑이 없으면 나는 울리는 징과 요란한 꽹과리와 다를 것이 없습니다. 내가 하느님의 말씀을 받아 전할 수 있다 하더라도 온갖 신비를 환히 꿰뚫어보고 모든 지식을 가졌다 하더라도 산을 옮길 만한 완전한 믿음을 가졌다 하더라도 사랑이 없으면 나는 아무것도 아닙니다. 내가 비록 모든 재산을 남에게 나누어준다 하더라도 또 내가 남을 위하여 불속에 뛰어든다 하더라도 사랑이 없으면 모두 아무 소용이 없습니다. 사랑은 오래 참습니다. 사랑은 친절합니다. 사랑은 시기하지 않습니다. 사랑은 자랑하지 않습니다. 사랑은 교만하지 않습니다. (…) 사랑은 모든 것을 덮어주고 모든 것을 믿고 모든 것을 바라고 모든 것을 견디어냅니다. (…) 그러므로 믿음과 희망과 사랑, 이 세 가지는 언제까지나 남아 있을 것입니다. 이중에서 가장 위대한 것은 사랑입니다.(고린도전서 13:1~4, 7, 13)

사랑하는 여러분에게 당부합니다. 우리는 서로 사랑합시다. 사랑은 하느님께로부터 오는 것입니다. 사랑하는 사람은 누구나 하느님께로부터 났으며 하느님을 압니다. 사랑하지 않는 사람은 하느님을 알지 못합니다. 하느님은 사랑이시기 때문입니다. 하느님께서 당신의 외아들을 이 세상에 보내주셔서 우리는 그분을 통해서 생명을 얻게 되었습니다. 이렇게 해서 하느님의 사랑이 우리 가운데 분명히 나타났습니다. 내가 말하는 사랑은 하느님에 대한 우리의 사랑이 아니라 우리에 대한 하느님의 사랑입니다. 하느님께서는 당신의 아들을 보내셔서 우리의 죄를 용서해주시려고 제물로 삼으시기까지 하셨습니다. 사랑하는 여러분, 명심하십시오. 하느님께서 이렇게까지 우리를 사랑해주셨으니 우리도 서로 사랑해야 합니다. (…) 사랑 안에 있는 사람은 하느님 안에 있으며 하느님께서는 그 사람 안에 계십니다.(요한일서 4:7~11, 16)

오늘날까지 결혼식과 장례식의 단골인 이런 중대한 선언들의 지은이는 사도 바울과 전도사 성 요한이다. 여기서, 서양 역사상 처음으로, 사랑이 신성의 본질로 분명하게 명명된다. 최고로 높은 존재이자 다른 모든 존재들의 근원인 하느님이 곧 사랑이라면, 그렇다면 사랑은 최고로 높은 가치여야만 하고, 핵심적으로, 다른 모든 가치의 근원이어야 한다.

사도 요한의 주장 방식인 '하느님은 사랑이다'는 신비주의적이고, 사도 바울의 '이들 중 가장 으뜸은 사랑이다'는 좀더 현실적이다. 한데 합치면, 그들은 사랑을 도덕적 우주의 근본 원칙으로 정립할 것이다.

요한: 사랑은 하느님이 자신을 내보이는 방식이다. 그것은 하느님이 당신이 '어떤' 분인지를 내보이는 방식, 혹은 다르게 표현하면, 자신의 정수를 드러내는 방식이다. 이것은 어떤 의미에서, 전능이나 지혜나 영원성보다도 더 중요한 그의 지고의 원칙이다. 따라서 사랑은 하느님에 의해 만들어진 존재인 우리가 서로와 관계 맺는 방식을 결정하는 데 지고의 원칙이 되어야 한다.

바울: 사랑은 그리스도를 믿는 이들을 묶어주는 형제애의 힘이며, 이 세상에서 하나의 '그리스도의 몸'의 일원들로서 함께 살아가기 위한 실천과 태도, 그리고 기술이고(고린도전서 12), '성령의 열매들', 즉 사랑, 기쁨, 평화, 인내, 친절, 선행, 진실, 온유, 절제(갈라디아서 5:22~23) 중 으뜸이다. 기독교인들은 그런 사랑의 실천을 통해서만 그리스도 안에서 함께 거듭날 수 있다.

사랑은 모든 좋은 것의 근간이므로 단순히 지고의 미덕이 아니다. 용기, 신앙, 희망 그리고 용서 같은 다른 모든 것들이 그로부터 영감을 얻고 그것으로 충만해야만 진정 가치를 얻을 수 있는, 최고의 현실적 탁월함이기도 하다. 아우구스티누스라면 그것을 이렇게 말했으리라. "어떤 열매든 사랑(카리타스)의 뿌리에서 자라지 않는다면 쓸모가 없다."[8] 모든 선행들과 선한 의도들은 사랑에 뿌리를 둔다. 따라서 용기, 너그러움, 근면 등의 모든 미덕이 사랑의 형태들이고, 혹은 아우구스티누스가 주장하듯, 미덕은 하느님의 지고의 사랑을 제외하면 '아무것도 아니다'.[9] 한편 토마스 아퀴나스는, 카리타스 없이는 진정한 미덕이란 있을 수 없다고 말한다.[10]

이런 맥락에서, 바울은 유대 법에 이웃 사랑이 넘친다는 대담한 주장을 내놓는다. 십계명은 사랑의 여러 방식들에 관해 이야기한다.

남에게 해야 할 의무를 다하십시오. 그러나 아무리 해도 다할 수 없는 의무가 한 가지 있습니다. 그것은 사랑의 의무입니다. 남을 사랑하는 사람은 이미 율법을 완성했습니다. "간음하지 마라. 살인하지 마라. 도둑질하지 마라. 탐내지 마라"라는 계명이 있고 또 그 밖에도 다른 계명이 많이 있지만 그 모든 계명은 "네 이웃을 네 몸같이 사랑하여라"라는 이 한 마디로 요약될 수 있습니다. 이웃을 사랑하는 사람은 이웃에게 해로운 일을 하지 않습니다. 그러므로 사랑한다는 것은 율법을 완성하는 일입니다.(로마서 13:8~10)

사랑의 가치가 그토록 거창했던 적은 일찍이 없었다. 비록 바울도 요한도, 사랑의 본질이 타인의 특별한 본성을 '그 사람 자체로' 인식하고 긍정하는 것이라는 현대적 의미에서의 낭만적인 사랑이나 딱히 개인적인 사랑은 말하지 않지만, 그럼에도 우리는 여기서 낭만적인 연인을 향해서든 우리 자녀를 향해서든 하느님을 향해서든 아니면 곤경에 처한 이방인을 향해서든, 위대한 사랑이 없는 삶은 어떤 영웅적 행동이나 독창적인 업적으로도 벌충할 수 없는 결핍을 가지고 있다는 깊은 믿음의 반석을 보고 있다. "사랑이 없으면 모두 아무 소용이 없습니다."(고린도전서 13:3) "사랑하지 않는 사람은 죽음 속에 그대로 머물러 있는 것입니다."(요한일서 3:14) 여러분은 그 밖에는 무엇이든 원하는 대로 해도 된다. 하지만 사랑을 하지 않는다면, 여러분이 하는 다른 모든 일은 무게를 갖지 못한다. 여러분의 존재는 살아 있어도 죽은 것이나 다름없다.

잠깐 멈춰, 여기서 무슨 일이 일어나고 있는지 살펴보면 좋을 듯하다. 확실히 일어나고 있는 한 가지 현상은, 진정한 가치 혁명을 일으킬 정도로 대단했던 구약성경의 도덕성 강화를 바탕으로 한 새로운 도덕성의 창조다. 하느님과 이웃을 사랑하라는 고대 히브리의 계명은 사랑이 모든 미덕의 척도라는, 결국 다른 모든 미덕의 가치와 그 미덕을 드러내는 행위들의 가치를 측정하는 기준이라는 생각으로 종결되었다. 아우구스티누스의 말마따나, 우리의 "행위는 (⋯) 우리가 저마다 무엇을 아느냐가 기준이 아니라 우리가 저마다 무엇을 사랑하느냐를 기준으로 판단된다."[11] 모든 진정한 미덕은 곧 사랑의 여러 형태다.[12]

그러나 도덕성은 우리가 좋음과 나쁨에 관한 현실적인 결정을 내릴 수 있도록 도와주는 것으로 끝나는 게 아니다. '해야 할 올바른 일은 무엇인가?' '다른 사람들에게 어떻게 행동해야 할까?' '나의 가치들의 순위를 어떻게 매겨야 할까?' 혹은 '어떻게 하면 가장 번영하는 삶을 살 수 있을까?' 하는 질문에 대답하는 것도 아니다. 우리를 강제하는 도덕성은 다른 일련의 질문에 대답을 해주는 것처럼 보여야 한다. 어찌해야 확고한 자존감을 가지고 이 세상을 살아갈 수 있을까? 다른 사람들에게서 인정을 얻어내고 그것에 의지하려면 어찌해야 할까? 다른 사람들의 행동과 말, 또는 내게 찾아온 행운과 불운 같은 사건들의 의미를 어떻게 해석해야 할까? 궁극적으로, 나는 어찌해야 세상에서 내 고향을 찾아내고, 파괴되지 않을 것 같은 존재의 닻을 내릴 수 있을까? 모든 도덕성의 저 깊숙이에는 안전과 의의를 손에 넣고자 하는 갈망이 있다.

기독교가 사랑에 부과하는 도덕성에는 의도적이든 아니든 인류의 가장 오랜 꿈을 실현하기 위한 터전이 마련되어 있다. 그 꿈이란 신의 힘을 손에 넣는 것이다. 신의 수많은 특색 중 그저 하나가 아니라 하느님을 규정하는 본질, 하느님의 행위들의 진짜 바탕이자 목적으로 여겨지는 사랑은 이제 우리 인간에게 주입될 수 있다. 사랑은 우리 삶의 북극성이 되어야 하고, 만약 하느님의 축복 덕분에 사랑할 능력을 가졌다면, 우리는 그를 모방하겠다는 포부를 품을 수 있다. 사랑을 통해 우리 평범한 인간이 스스로 신이 될 수 있다는 말도 안 되는 결론이 내려지는 것은 시간문제에 불과했다.

위대한 프로테스탄트 개혁가인 마르틴 루터(1483~1546)는 이 결론을 퍽 노골적으로 끌어냈다.[13] "우리는 사랑에 의해 신이다"[14]라고 그는 말한다. 사랑은 하느님이 "당신과 하나인 신적인 인간을, 즉 이웃을 사랑할 때 (…) 자신이 하느님처럼 행동했음을 영광으로 여길 줄 아는 인간"을 만드는 방법이다.[15] 하느님이 우리 인간을 사랑하여 지상으로 내려온 것은 "진정한 '[신적] 존재의 부여', 신성의 본질을 그 피조물과 공유하는 것이다".[16] 그리하여 우리는 올바르게 사랑할 때 하느님의 대리인으로 행동하는 셈이고, 하느님이 하는 일 못지않은 일을 하고 있는 셈이다. 그런 사람은 더는 "단순한 인간이 아니라 신이다. 왜냐하면 하느님 당신이 그의 안에 있어, 그 어떤 인간이나 피조물도 하지 못하는 일들을 하시기 때문이다".[17]

루터는 그토록 가톨릭교회를 비난했지만, 여기서는 그저 저 옛날 아우구스티누스로까지 거슬러올라가는 고대의 전통을 발전시키고 있을 뿐이다. 아우구스티누스는 아타나시우스*를 되뇌면서 이렇게 말한다. "한낱 인간인 자들을 신으로 만들기 위해, 하느님이었던 분이 스스로 인간이 되었었다."[18] 성령(신이 자신을 현현하는 삼위일체의 '위격들' 중 하나로, 나머지 둘은 성부와 성자다)은, 사랑처럼 우리 안에 살면서 우리가 신의 사랑에 동참할 수 있게 해준다. 아우구스티누스가 지적했듯 사랑의 특별한 성질 중 하나는, 많은 커플에서 볼 수 있듯이 우리가 사랑하는 대상을 닮는다는 것이므로, "하느님을 사랑함으로써 우리는 신들처럼 된다".[19] 아니면 토마스 아퀴나스의 말을 빌리자면, 하느님과 유대를 맺는 것은 신적인 형태를 띠는 것이다. 그의 생생한 표현을 살리자면 '신 같은deiformis' 존재가 되는 것이다.

프란체스코회의 신비주의 신학자인 성 보나벤투라는 아우구스티누스를 바탕으로, 우리가 하느님에 이를 수 있는 여섯 개의 준비 단계를 밝힌다. 이 단계들 각각은 우리를 신적인 사랑과 완성으로 더 가까이 데려다주고, 마침내 마지막 단계인 그리스도를 통해 우리는 존재의 완성, 곧 하느님을 마주한다. 중세 신비주의의 전형적인 방식대로,

---

• 293경~373. 4세기경 알렉산드리아의 총대주교로, 성부와 성자가 본질상 동일하다는 주장으로 인정받아 정통 기독교 신앙의 아버지로 불린다.

성 보나벤투라는 전체 우주를 하느님에게 가닿는 사닥다리로 그리는데, 맨 아래 가로대에서 맨 위 가로대에 이르기까지 모든 피조물에게서 그분의 사랑과 좋음의 흔적을 볼 수 있다. 그러나 이 존재의 위계 구조, 즉 각 단계가 이전 단계보다 더 완벽하고 순수하고 계몽된 상태인, 지상에서 하느님까지 이어지는 이 사닥다리는, 단순히 전체로서의 우주의 한 특색이 아니다. 그것은 우리 내면에, 우리 자신의 개인적 영혼에도 투영된다. 우리가 하느님에게 가까이 가려면 자기애를 가지고 자신 안으로 들어가야 한다는, 그리고 자신 안에서 바로 그런 위계를 인지하고 달성해야 한다는 것이다.[20] "네 안으로 들어가라. (…) 그리고 네 영혼이 스스로를 가장 열렬히 사랑하는 것을 보아라."[21] 보나벤투라는 엄청나게 심오한 사색을 통해, 오늘날에도 여전히 논란이 분분한 그 오랜 질문에 답을 내놓는 듯하다. 우리는 남을 사랑할 수 있으려면 그전에 스스로를 사랑해야만 하는가? 혹은 그 반대로, 우리는 자신을 사랑할 수 있으려면 그전에 남을 사랑할 수 있어야만 하는가? 이 둘은 동시적인데, 왜냐하면 그들이 취하는 사랑의 경로는 하나이기 때문이다. 하느님을 사랑하려고 분투할 때 우리 영혼은 저 자신을 사랑하려고 분투하고 있다. 그리고 반대로, 자신을 사랑할 때 우리는 또한 하느님을 향해 나아가고 있다.

물론 이 지점에서 신학은 주의할 필요가 있었다. 이기심과 죄에 물든 인간들은 하느님이 될 수 없다. 늘 그렇듯, 성스러운 영역을 거닐 때 우리는 신성모독으로부터 한 걸음밖에 떨어져 있지 않다. 그러므로 인간이 신의 사랑을 표현할 수 있다는 교만은 강력한 겸손의 교리를 동반해야만 했고, 실로 그것과 떨어질 수 없었다. 기독교 사상가들은 인간이 하느님의 도움 없이는 진정한 사랑을 할 수 없다고 말하기 위해 '은총'이라는 개념을 데려왔다. 인간은 열망과 인내와 기도로 그것을 기다려야 한다.

즉, 우리가 하느님처럼 사랑할 수 있다면 이는 오로지 하느님이 당신의 사랑으로, 또는 사랑하려는 의지로 우리 마음을 가득 채웠기 때문이다. 이런 경계심은 하느님이 사랑이라는 생각의 기원인 전도사 성 요한에게서 이미 나타난다. "사랑은 하느님께로부터 오는 것입니다. 사랑하는 사람은 누구나 하느님께로부터 났으며 하느님을 압니다."(요한일서 4:7) 사도 바울 역시 "우리가 받은 성령께서 우리의 마음속에 하느님의 사랑을 부어주셨기 때문"(로마서 5:5)이라고, 실로 모든 구원은 "인간의 의지나 노력에 달려 있는 것이 아니라 오직 하느님의 자비에 달려 있는 것"(로마서 9:16)이라고 말한다.

기독교사에는 사랑에서 하느님의 힘과 인간의 무력함의 관계를 정확히 어떻게 규정할 것인가를 둘러싼 치열한 논쟁이 존재한다. 에덴으로부터의 추방 이후에도 인간은 적어도 기본적으로는 사랑할 힘을 갖고 있어서, 그것이 하느님의 개입으로 인해 고무되어 진정한 사랑으로 발전할 수 있는가? 아니면, 우리는 잠재적인 형태로조차 천부의 사랑할 힘을 갖고 있지 못한가?

토마스 아퀴나스는 이 두 입장 중 전자를 옹호한다. 우리는 신의 모습을 본떠 창조되었고, 비록 추방당했다 해도 어느 정도 그 모습을 유지하고 있으므로, 최소한의 의미에서 하느님과의 '우정'이 가능하다.[22] 그렇지만 하느님과의 완전한 우정은 물론이고, 우리가 신의 뜻에 따라 사랑을 행하는 대상인 이웃과의 우정 역시 은총 없이는 불가능하다.[23] ('완전한 우정'이라는 그의 말은 아리스토텔레스의 완벽한 필리아와 다소 비슷한 의미를 띤다.)

기독교 전통에 속한 대다수 사상가들과 마찬가지로 아퀴나스 역시 진짜 사랑이 궁극적으로 하느님에게 의존한다고 본다. 신학에서 말하는 세 가지 미덕, 즉 믿음, 희망, 사랑 중 가장 으뜸인 사랑은 하느님에 의해 우리에게 주입된다. 그렇지만 우리는 단순히 하느님의 일을 위한 그릇이 아니다. 은총과 더불어, 우리에게는 영적 완성을 위해 노력할 때 평생 발전하고 성장할 수 있는 내적 의지가 있다. 아리스토텔레스의 필리아와 마찬가지로, 이 투쟁은 끈기 있고 세심하게 미덕을 함양할 것을 요구한다. 그리고 그런 도덕적 발전을 통해 은총에 반응함으로써 인간 의지는 점점 더 성령을 닮게 되고 "무엇보다 하느님을 향해 헤치고 나아가는 일에"[24] 스스로를 적응시킨다.

반면 아우구스티누스는, 인간이 진정한 사랑을 할 수 있는 선천적인 능력을 갖고 있다고 믿지 않는다. 오로지 하느님만이 진정한 사랑을 할 수 있고, 우리는 진정한 사랑을 경험할 때 실상 하느님의 사랑을 경험하고 있다는 것이다.[25] 그러나 자신의 추종자들 일부와 달리, 아우구스티누스는 인간 욕망appetitus이 자연스럽게 우리 존재의 기원, 말하자면 하느님을 향해 매진한다고 주장한다("당신은 우리를 만드셨고 당신에게로 이끄셨으니, 우리 심장은 당신 안에서 쉬기 전까지는 잠잠해지지 않습니다"[26]). 왜냐하면 하느님과는 달리, 우리는 자기 존재에 관해 매우 근본적으로 자족적이지 못하고, 그리하여 늘 우리가 가지지 않은 좋음을 원해야만 하기 때문이다. 우리의 '충족'을 열망하는 것이 사랑이다. 우리는 플라톤의 『향연』에서 이미 그 개념을 보았다. 물론 살아 있는 한 우리는 결코 완벽한 충족을 이루지 못하겠지만.

그리하여 아우구스티누스는 플라톤의 맥을 이어, 사랑이 올바른 대상, 즉 궁극적으로 인간의 요구를 충족시킬 수 있는 유일한 사랑의 대상이고, 우리 존재의 근원이자 공급자인 하느님을 추구할지, 아니면 더 쉽고 더 명확하고 당장은 더 즐거울지라도 결국 만족을 주지 못할 속세의 영역에 정착할지보다 더 중요한 것은 없다고 말한다.[27] 모든 진정한 사랑은 하느님을 향한 것이므로, 타인을 사랑할 때 우리는 실제로 그녀 안에 있는 하느님을 사랑하는 것이다. 그리고 하느님을 위해서 그녀를 사랑하는 것이다. 그녀의 다른 어떤 점 때문에 우리가 그녀를 진정으로 사랑하는 것은 불가능하다. 사실상, 그저 세속적인 것은 모두 경멸의 대상이다.

오로지 은총만이 우리를 올바른 선택으로 이끌 수 있다. 그 선택이란 하느님을 사랑하는 것이다. "하느님의 은총은 의욕 없는 사람을 의욕 있는 사람으로 만든다."[28] "은총에 의해 우리는 하느님 당신과 우리 서로를 존경하며 하느님의 삶을 모방하도록 명령받는다."[29] 따라서 은총을 통해, 욕망은 단순히 인간적이고 세속적이고 덧없는 것을 찾아 아래로 향하는(그리하여 하느님과는 관련이 없는 사랑인 '쿠피디타스'●로 남는) 것이 아니라, 영원하고 불변하고 선하기만 한 신적인 것을 찾아 위로 향할 수 있다(따라서 하느님을 위한 사랑, 자아를

● cupiditas. 욕구, 욕정 등으로 번역된다.

버리는 것이 특징인, 이기적이지 않고 인간관계에도 이로운 사랑, 즉 '카리타스'가 된다).[30] 카리타스 자체가 신적이므로, 우리가 하느님의 은총 없이 사랑할 수 있다고 주장하는 것은, 사실상 우리로 하여금 신적인 것을 향해 발돋움하게 만드는 무언가가 우리 안에 있다고 주장하는 셈이다.[31] "그러니 하느님의 사랑을 하느님의 도움 없이 소유하는 것이 가능하다고 주장한다면, 이는 하느님 없이 하느님이 소유될 수 있다고 주장하는 것과 무엇이 다르겠는가?"[32] 그것은 가장 높은 층위의 자만심일 것이다.

'우리는 사랑에 의해 신이다'라고 생각하는 루터가 이 정반대의 겸손함을 극단까지 밀고 가는 것은 어쩌면 당연한 일이리라. 그와 그가 영향을 미친 프로테스탄트 전통은, 우리가 진정한 사랑, 즉 신적인 사랑을 할 능력을 전혀 타고나지 않았다고 주장한다. 우리는 너무 부박해서, 기껏해야 신의 사랑을 위한 그릇, "신의 복이 계속해서 다른 개인들에게 샘물처럼 흘러나가는"[33] 그릇이 될 수 있을 뿐이다.

신의 선물 덕분에 인간들이 카리타스라는 의미의 사랑을 할 수 있다고 생각하는 토마스 아퀴나스와는 대조적으로, 루터는 신의 사랑과 인간의 사랑을 절대적으로 구분된 것으로, 그리고 만약 일치가 가능하다면 그것은 오로지 예수 그리스도를 통해서라고 본다. 루터는 또한 인간 욕망과 그 강박적인 매진이 하느님을 사랑하는 데서 어떤 역할을 할 수 있다고 보는 아우구스티누스의 시각에 결단코 반대한다. 모든 욕망은, 그 방향이 하느님을 향해 있는 경우라도, 여전히 우리 자신의 좋음을 추구하는 것으로서, 만족을 향한 탐색과 뒤엉켜 있다. 그런 의미에서 위대한 성인들과 신비주의자들 다수는 여전히 자기몰두에만 갇혀 있다. 하느님을 향해 우리가 타고 올라갈 수 있는 사닥다리란 없다. 하느님이 우리와 만날 방법은 오로지 당신이 우리 인간 수준으로 손을 내려주는 것뿐이다. 그리스도 안에 있는 당신의 사랑을 통해.

루터는 인간 사랑의 결함을 워낙 강력하게 주장하다보니 결국 첫째 계명과 둘째 계명, 즉 하느님을 사랑하고 이웃을 사랑하라는 계명의 실행 가능성에 도전장을 던지게 된다. "누구든 자신의 온 마음이니 뭐니를 다하여 하느님을 사랑하거나, 이웃을 자기 몸처럼 사랑할 수는 없다."[34] 루터는 발끈하며, 이것은 "불가능한 법칙"[35]이라고 말한다. 이런 경지의 사랑은 결코 인간에게서 기원할 수 없다. "그런 사랑은 천부적인 기술이 아니고, 우리 정원에서 자라지도 않기 때문이다."[36] 만약 누군가가 사랑을 잘한다면, 이는 그가 "하느님과 이웃 사이에서, 위에서 받은 것을 아래로 나누어주는 중간자이기 때문이다."[37]

분명, 루터가 가장 하고 싶지 않았던 일은 인간 존재 그 자체를 신격화하는 것이었다. 그러나 인간 의지의 완벽한 소멸을 요구하는 그의 겸손humilitas의 신학은, 사실 인간 존재가 "하느님처럼 행동〔하는〕(…) 신적인 인간"[38]이 될 수 있다는 자만과 한편이다. 겸손과 권력에의 의지will-to-power는 동전의 양면과 같다. 진정한 경외감을 유발하는 것은 바로 내가 무엇이 될 수 있는가(모든 권력의 출처인 하느님과의 올바른 관계를 전제할 때)에 관한 내 생각의 그 장대함, 내게 주어졌다고 느끼는 소명의 고결함이다. 겸손은 신들처럼 되려는 인간의 꿈을 타당하게 만든다.

이런 꿈을 이야기하는 그토록 많은 신화들이, 인간이 교만하게 신의 권능을 손에 넣으려 하다가는 혼쭐이 나리라고 경고하는 것은 아마도 그 때문일 것이다. 그리스신화에는 신들의 왕인 제우스의 뜻을 어기고 인류를 위해 불을 빼돌린 프로메테우스가 있다. 플라톤의 『향연』에서는 감히 신들의 권능에 도전한 원래의 완전체 인간들을 볼 수 있다. 성경에는 금지된 선악과를 따먹는, 역시 원래의 인류인 아담과 이브가 나온다. 모두가 실패했다. 심지어 반인반신인 프로메테우스까지도. 그리고 실패하기만 한 것이 아니라 주제넘음에 대해 끔찍한 처벌을 받았다. 프로메테우스는 벌거벗은 채 기둥에 사슬로 매여 독수리에게 간을 쪼아먹히고, 그 간이 매일 밤 자라 낮에 다시금 쪼아먹히길 영원히 반복한다. 『향연』의 원인류는 제우스에 의해 반토막난다. 아담과 이브는 낙원에서 쫓겨나고 이후 모든 세대가 태어날 때부터 '원죄'로 더럽혀진다.

기독교는 그보다 더 약삭빨랐다. 신의 권세를 자만심 없이 나눠 가지려면, 자신을 완전히 낮추고, 그것을 얻으리라는 기대 없이, 또는 그것을 얻은 후에는 계속 가질 수 있으리라는 기대 없이 복종해야 함을 알았다. 만약 인간들에게 진정으로 사랑할 수 있는 능력이 잠재해 있다면, 그것은 우리가 성령의 내재함에 의해 그리스도 안의 하느님의 일에 열려 있기 때문이다.

사랑에 대한 이런 시각은, 격상과 굴욕이, 그리스도의 육화와 십자가형을 통해 가장 명확히 드러나는 심오한 변증법으로 서로 얽혀 있는 현실을 드러낸다. '신처럼 되기를 바람'은 십자가의 길을 걸으려 하는 자발적 의지와 분리할 수 없다. 하느님의 아들이 십자가형을 당한 것은, 니체가 나중에 규정한 바와 같은 그저 섬뜩한 역설이 아니라 심오한 진실을 들려준다. '하느님이자 구세주'[39]가 되고자 한다면, 겸손(단순히 겉으로만이 아니라)해져야 한다. 혹은 독일의 신비주의자 마이스터 에크하르트(1260경~1328경)는 좀더 완곡한 방식으로 이렇게 말했다.

> 우리는 모든 것을 알고 모든 것에서 신으로 올라설 것입니다. 하느님이 천성적으로 하느님이듯 우리는 은총에 의해 하느님이 될 것입니다. 우리는 그것을 하느님께 내맡길 것이요, 그러지 아니하면 궁핍할 것입니다.[40]

기독교의 이상적 사랑의 낙관적인 면은, 본질적으로 서양 문화에 단단히 뿌리를 내리고 있다. 하느님의 사랑과 같은 위대한 사랑은 예기치 않게 '우리를 위로 데려가', 우리에게 심지어 죽음과 시간이라는 근본적 현실조차 극복할 수 있는 세계 정복의 힘을 부여한다. 사랑은 그것을 우리에게 베푸는 신의 은총과 마찬가지로 평범한 삶의 제약에서 나오는 고유한 자유의 원천이다. 사랑은 일상세계보다 더 높은 영역에 존재한다. 기독교의 하느님이 사랑으로 세계를 만든 것에서 보듯, 사랑은 위대한 창조력이다. 사랑은 우리 삶의 고통과 상실과 불합리를 '벌충한다'. 그리스도의 사랑은 무한히 더 방대한 규모로 그렇게 한다. 사랑은 모든 진정한 미덕의 원천이자 척도다. 아우구스티누스에게 그것은 하느님을 향한 사랑의 진실이다. 사랑은, 하느님처럼 영원하다. 그것은 모든 인간 삶에 남아 있는 파괴할 수 없을 것 같은 유산 중 하나다.

이것이 사랑에 대한 우리의 생각이 그토록 성스러움에 얽매이는 이유다. 우리가 궁극의 가치와 힘의 근원으로 여기는 게 어디든, 우리는 거기서 성스러움을 경험한다. 극렬 무신론자와 유물론자까지 포함해서 우리 모두는 성스러움을 필요로 하는데, 왜냐하면 우리 모두에겐 궁극의 가치와 힘의 근원으로 여길 만한 대상이 필요하기 때문이다. 하느님은 물론, 자유, 예술, 국가, 자연, 진실, 조상, 지도자, 인종적 집단, 가족, 언어, 사랑, 악, 악마, 심지어 돈까지 포함해, 우리가 확고부동하다고 믿는(착각이든 아니든, 지속적이든 아니든) 것이라면 무엇이든.

이런 지고의 가치의 영역은 다른 모든 것의 근거가 되지만 그 자신은 근거를 필요로 하지 않는다. 그것이 권위를 유지하려면 그래야만 한다. 이는, 다른 말로 하자면 신앙의 대상이다. 그것은 입증이나 반증으로 그 가치가 결정되지 않는다. 지고의 가치로서, 그것은 다른 모든 가치들, 어쩌면 삶 그 자체에까지도 복종을 명령한다.

그리고 성스러움은 늘 신성모독의 공포를 동반한다. 부담이 그처럼 큰 상황에서 헌신의 부족은 불길한 조짐이 될 수 있다. 간단하다. 헌신은 소박한 쾌락, 의심, 게으름, 그리고 덜 부담스러운 우상들에 쉽사리 현혹된다. 신성모독은 숭배로부터 딱 한 걸음 떨어져 있다.

속세의 사랑에서 문제는, 기독교 시각의 두 가지 면, 즉 사랑의 신성화와 내가 이름 붙인바 '겸손의 교리'가 지리멸렬해졌다는 것이다. 그 둘을 한데 붙잡아줄 전능한 하느님, 사랑이 얼마나 근본적으로 우리의 통제를 넘어서는 것이며 지독히 어려운 것인가를 일깨워줄 전능한 하느님이 없으니, 그들은 그저 각자 사랑에 관한 극단적 낙관주의와 비관주의를 낳으면서 다른 길로 가버렸고, 양쪽 다 사랑에 오명을 입혔다.

낙관주의자들은 사랑이 모든 것을 정복하는, 조건 없고 변하지 않고 영원하며 창조적인 구세주라는 믿음을 결코 버리지 않는다. 한편 비관주의자들은 그런 기대들이 거듭 좌절되었다는 뻔한 현실을 목격한다. 그리고 반대되는 결론을 도출해왔다. 인간의 본성은 사랑의 희망이 실현되는 것을 허용하지 않는다는 것. 또는 비슷한 맥락에서, 환상, 나르시시즘, 오해 그리고 이기심이나 소유욕의 술책에 얽매인 인간의 사랑은 결코 그 이상을 안정적으로 달성할 수 없다는 것. 사랑은 우리가 지금 사랑하는 이들의 포로이자 과거의 포로로, 그 사실은 온전히 극복할 수 없다는 것. 이 비관주의 전체를 떠받치는 인물들로는 프로이트와 프루스트 등이 있다. 그런데 그 비관주의의 형태는 그런 사상가들이 거부하는 기독교의 인간관(혹은 그것의 한 측면)과 놀랍도록 유사하다. 그들은 교만, 육욕, 분노 같은, 오래된 종교에서 말하는 인간 타락의 범주들 대신 나르시시즘, 투사, '타자'의 도구화 같은 현대적 개념들을 제시하지만, 인간 본성이 정말로 다른 사람에게 몰두하고 아낌없이 주는 사랑을 허용하는가에 대한 그들의 의심은 노년의 아우구스티누스의 의심과 놀랍도록 유사하게 들린다.

기독교의 가르침은 낙관주의나 비관주의 그 자체보다 더 진실에 가깝다. 그것은 사랑이 우리에게 최고의 미덕이 될 수 있지만, 그러려면 먼저 우리가 사랑하는 법을 알지 못하며, 사랑의 관계를 발전시키는 데에 거의 아무런 통제력도 가지고 있지 않다는 현실에 기반한 혹독한 겸손의 교리를 받아들여야 함을 우리에게 일깨워준다. 기독교의 겸손 교리가 인간의 사랑이란 인간들에게 공평하지 않게 주어진 하느님의 수수께끼 같은 은총의 선물이라고 주장하며 창조자와 피조물 사이의 절대적 구분을 고집하는 지점에서, 세속의 겸손 교리는 사랑이란 모두가 소유한 능력이기는커녕 모든 재능 가운데 가장 희귀한 축에 든다는 사실을 인지해야 한다. 우리로 하여금 존재론적 정착에 이르고 온 힘을 다해 그들에게 몰두하고 아낌없이 줄 수 있게 해주는 그 얼마 안 되는 존재들을 알아보는 능력, 즉 내가 1장에서 제시한 사랑의 핵심 요소는, 스스로를 세계에 흠뻑 잠기게 한 뒤 개인적 구상의 행위를 통해 세계를 재창조하는 위대한 예술가나 과학자의 능력만큼이나 특별하다. 그리고, 사랑은 기성품이기는커녕, 다른 수련들과 마찬가지로 오래고 꼼꼼한 훈련, 배우고 경험하고자 하는 강한 의지를 요구한다.

비록 우리 모두는 사랑하기를, 다시 말해 존재론적 정착에 이르기를 욕망하지만 우리 모두가 그럴 재능과 의지를 충분히 가진 것은 아니다. 재능이 지극히 중요하다. 우리가 사랑하는 데 실패하는 것은 냉정한 부모, 성적 학대, 사랑하는 이의 상실 같은 극복할 수 없는 '친애에 대한 공포'를 낳은 우리 삶의 이전 상황 때문만이 아니고, 거기서 큰 영향을 받지도 않는다. 뛰어난 공학자나 음악가나 골프 선수나 재벌이나 정치나 정원사나 작가가 드문 만큼이나 사랑에 뛰어난 사람 역시 드물다. 기독교 유산의 한쪽 측면, 즉 사랑을 우리가 아무런 타고난 권리도 가지지 못했으며 몰두하고 기다리는 능력을 함양하는 것 말고는 통제력을 거의 행사할 수 없는 무언가로 보는 겸손함을 버리면서, 사랑이 인간의 고통을 보상해주는 신의 선물이라고 보는 다른 한쪽 측면을 얼싸안는 것은 재앙을 자초하는 일이다. 그 재앙은 주제 넘게 신의 권능을 가지려 덤벼드는 모든 이의 재앙, 프로메테우스의 재앙, 아리스토파네스의 원인류의 재앙, 아담과 이브의 재앙이다.

7
기독교 사랑은 왜
조건 없는 사랑이 아닌가

    기독교가 사랑을 서양 최고의 가치로 올려놓게 된 것은 그냥 그렇노라고 선포했기 때문이 아니다. 기독교는 인간 존재들에게 신의 은총이 없다면 그들의 사랑이 얼마나 부적절해질 것인가를 깨우쳐주는 동시에, 그것에 마음을 연 평범한 인간들은 최고의 좋음에 진정으로 접근할 수 있을 것처럼 보이게 만들어야 했다. 그렇지 않았다면 바울, 아우구스티누스, 보나벤투라, 토마스 아퀴나스, 루터, 그리고 그들의 추종자들이 내놓은 사랑에 대한 권고는, 세계를 지배하는 도덕성의 근간이 되기는커녕 사람들을 기죽이고 결국 인간 삶을 인도하는 힘을 잃고 말았으리라.

    이런 층위의 사랑을 접근 가능해 보이게 만들기란 쉽지 않다. 우리는 여기서 용기나 절제나 정직 같은 미덕을 말하고 있는 게 아니다.

그것들도 어려운 미덕이기는 하지만, 사랑과는 달리 기독교에서 신의 정수로 지목하는 것들도 아니고, 우리의 모든 행위와 심지어 가장 사적인 생각, 감정, 그리고 의도들에 영향을 미치는 데 필수적인 것도 아니다. 사랑이 짊어진 부담이 너무 크기 때문에, 가까이에 특별한 조력자가 있어야 한다.

그 조력자란 다름아닌 육화한 하느님, 예수 그리스도이다. 그는 하느님을 인류에게로, 그리고 인류를 하느님 앞으로 데려갈 수 있는 위대한 중간자다. 최고의 사랑은 예수 그리스도를 통해 인간에게 전해지고, 다시 그를 통해 인간은 최고의 사랑을 할 수 있게 된다. "나를 거치지 않고서는 아무도 아버지께 갈 수 없다."(요한복음 14:6) "내가 아버지 안에, 너희가 내 안에, 내가 너희 안에 있다."(요한복음 14:20)

세상 속 예수의 존재, 그의 육신 자체가 신의 사랑의 행위고, 사실상 그것은 핵심적 행위[1]이다. 과분하게 주어지는 신비로운 은총의 선물 같은 신의 사랑은, 예수의 삶 그리고 죽음을 통해 전형적으로 드러난다. "하느님은 이 세상을 극진히 사랑하셔서 외아들을 보내주시어".(요한복음 3:16, 요한일서 4:9 참조)

기독교 혁명은 새로운 하느님을 창조한 것도, 새로운 법을 창조한 것도 아니었다. 기독교가 어떤 새로운 사랑의 개념을 창조한 것도 아니다. 복음서 속 예수는 동일한 하느님을, 그리고 핵심적 의미에서 유대교와 동일한 법을 선포한다.

그 대신 기독교는 하느님과의 새로운 관계의 시작을 선언한다. 그것은 사람과 죽음과 예수의 부활, 그리고 인류에 대한 하느님의 사랑을 보여주고 우리로 하여금 하느님과 이웃을 사랑할 수 있게 해주는 예수의 독특한 위치에 초점을 둔, 한층 보편적인 믿음이다.

이 믿음은 다시 사랑에 관한 기존 개념을 실현할 극적인 가능성의 새로운 토대가 된다. 후기 교리의 관점으로 보면, 하느님이자 인간이라는 예수의 이중적 입장은 신적인 방식으로 사랑하려 하는 인간들에게 전례없이 힘을 실어준다. 앞장에서 보았던 중세 신비주의자들의 생각으로 돌아가보면, 예수는 우리가 하느님께 나아가기 위한 '사닥다리'일 뿐만 아니라, 자신의 삶과 죽음을 통해 우리가 따라야 할 사랑의 궁극적 모범을 제시한다.

다시금, 우리는 사랑의 본질에서 복종이 어떻게 핵심을 차지하는지를 본다. "여러분은 하느님의 사랑을 받는 자녀답게 하느님을 닮으십시오. 그리스도를 본받아 여러분은 사랑의 생활을 하십시오. 그리스도께서는 우리를 사랑하신 나머지 우리를 위하여 당신 자신을 바치셔서 하느님 앞에 향기로운 예물과 희생제물이 되셨습니다."(에베소서 5:1~2)

성경 시대의 유대교에서, 그런 복종은 사랑하는 대상에게 자신을 고스란히 내맡겨버리는 순종적인 자기희생이다. 우리는 오로지 그렇게 함으로써만 하느님 및 이웃과의 관계를 변화시킬 수 있다.

에로스가 예수와 충돌하다

평범한 (일부) 인간들이 신의 사랑을 주입받을 수 있고 심지어 사랑을 통해 하느님과 하나가 될 수 있다는 기독교의 약속은 두번째 거대한 발전으로 뒷받침된다. 이는 영적 에로스에 관한 이교도의 생각이 초기 기독교에 통합된 결과로, 그 바로 전에 등장한, 그리스로부터 영향을 받은 유대교에서 볼 수 있는 그 어떤 사상보다도 멀리까지 나아간 것이다. 플라톤과 그의 추종자들이 묘사한, 우리가 태어난 이 덧없고 불완전한 세상을 벗어나려는, 우리를 가둔 지상의 육신을 벗어나려는 욕망, 그리고 점점 층위를 높이는 영적 성취를 통해, 기독교에서 하느님 그 자신인 지고의 진, 선, 미와 가까워지려는 그 거대한 욕망.

특히 아우구스티누스(354~430)는 그리스도와 에로스의 정신, 예루살렘과 아테네의 정신이라는 서로 뚜렷이 다른 것들을 대단히 독창적인 방식으로 한데 묶는다. 우리는 그에게서, 한편으로는 하느님의 불가해한 은총과 성령의 내재함에 전적으로 의존하는 진정한 인간 사랑과, 다른 한편으로는 지고의 좋음을 향해 상승하려는 강렬한 욕망을 바탕으로 하는 플라톤과 그 추종자들의 에로스-신비주의의 조합을 본다. 이처럼 신성의 영감을 받아 위를 향해 매진하는 방식으로 질서 잡힌 우주관을 통해, 인간 영혼은 하느님과의 사랑의 결합에 점차 접근할 기회를 갖는 듯해 보이게 된다.

에로스는 사랑을 시화詩化한다. 그것은 이스라엘과 하느님의 사랑을 그리는 성경 시대 유대교의 이미지에, 이미 열정적이고 종종 다투기도 하지만, 한층 더 풍부하고 관능적이고 유혹적인 어조를 제공한다. 또한 그것은 인간과 하느님 사이의 사랑을, 부모 자식 관계라기보다는 신랑에 대한 신부의 사랑에 가깝게 만듦으로써 그 특색을 바꾸어놓는다. 물론 우리는 구약성경에서 하느님이 그의 백성에게 혼인을 약속한 것을 보았다. "너와 나는 약혼한 사이. (…) 한결같은 사랑

(⋯) 나 야훼의 마음을 알아다오."(호세아서 2:20~21) "신랑이 신부를 반기듯 너의 하느님께서 너를 반기신다."(이사야서 62:5) 그러나 결혼이나 결합이라는 은유는 기독교에서 더한층 발전된다. 그리고 그것은, 낭만적 사랑을 서로가 서로에게 온 세상인 두 사람의 성스러운 결합으로 보는 우리 현대인의 관념에 심오한 영향을 미친다.

그리하여 십자가의 성 요한(1542~1591)은 이렇게 선포한다. "하느님과 영혼 간의 영적 결혼에서는 두 본성이 하나의 영혼과 사랑으로 합쳐집니다. (⋯) 주와 합하는 자는 하나의 영혼입니다."[2] 하느님은 "당신의 측량할 길 없는 사랑의 전능 안에 불길보다 더한 격렬함과 아침이슬 한 방울보다 더한 부드러움으로 영혼을 흡수하십니다."[3] 그리고 아빌라의 성 테레사(1515~1582)는 완전한 결합에 다가가는 인간과 신성의 뒤섞임을 이야기한다. "천국에서 강이나 개울로 떨어져 하나의 액체로 합쳐지는 비처럼, 강물과 빗물은 분리될 수 없습니다."[4]

십자가의 성 요한과 아빌라의 성 테레사는 16세기 스페인의 위대한 사랑-신비주의 학파에 속한다. 이 신비주의란, 그 표현이 현대인의 귀에 어떻게 들릴지 모르겠으나, 결코 열락의 주지육림이 아니다. 또한 단순히 성적 욕구불만을 위한 배출구도 아니고, 비이성에 대한 숭배로 치부할 수도 없다. 플라톤적 에로스를 그렇게 치부할 수 없는 것과 마찬가지다. 그보다, 그것은 이성과 비이성을 가리지 않고 온 힘을 다하는, 자기 존재의 터전, 즉 하느님과 직접 교감하기 위한 매우 엄정한 분투다. 플라톤적 격상에 필요한 극기, 즉 조심성과 참을성을 요하는 분투다.

그 신비주의적 격상에 얼마나 많은 참을성이 필요한가, 그리고 그것이 흐트러진 도취와 얼마나 거리가 먼 것인가는, '영혼의 어두운 밤', 즉 십자가의 성 요한의 말에 따르면 하느님을 열망하는 자가 견뎌야만 하는 쓸쓸함과 공허함에서 명확히 나타난다.

실로, 이 비움의 사색은 극도로 혹독한 탓에, 영혼은 죽음의 그림자와 죽음의 비애와 지옥의 고통을 매우 민감하게 느끼는데, 그것은 하느님 없이 존재한다는, 형벌을 받고 추방되었다는, 그리고 하느님에게 무가치한 존재라는 느낌들로 이루어져 있다. 그리고 영혼은 하느님이 자신에게 격노했다고 느낀다. 이 모두가 이런 상태의 영혼이 느끼는 것들이다. 그리고 그보다 더한 것은, 영원히 그리리라고 믿는 것이다.[5]

버려졌다는 느낌과 외로움은 허영심과 화려한 치장을 비롯한 영혼의 상스러움이 비워질 때까지 영혼을 계속 때린다.

[결합을 구하고 있는 영혼은] 어두운 지하 감옥에 갇힌 채 손발이 묶여 움직이지도, 보지도 못하고, 천상으로부터든 지상으로부터든 어떤 호의도 느끼지 못하는 이처럼 무력하다. 그러다 하느님의 성령과 하나가 될 수 있을 때까지, 영혼은 계속해서 겸손해지고 부드러워지고 깨끗해져야 하며, 예민하고 섬세하고 순수해져야 한다. 어느 정도의 사랑의 결합을 내려주시느냐는 하느님에게 달려 있다. 그에 비례해 이 정화의 가혹함이 더하거나 덜할 수 있으며 그 기간

이 더 오래거나 더 짧을 수 있다.[6]

비록 종교적 신비주의는 자고로 인간과 신의 근본적 분리를 유지하는 측과, 모든 인간 주체가 사라지는 완벽한 결합을 꾀하는 측으로 나뉘지만, 현실에서 그 둘은 변증법적 관계를 맺는 경향이 있다. 마이스터 에크하르트는 인간 영혼이 하느님과 분리 불가능하게 융합한다는 듯한 주장으로 악명을 떨쳤고, 기독교 권위층에 비난당했다. "우리는 모두 완전히 하느님으로 모습을 바꾸어 그분으로 변할 수 있다. 마찬가지로, 성스러운 빵이 그리스도의 성체로 변할 때, 나 또한 그리스도로 변하고 그리스도는 나를 당신의 한 존재existence로 만드신다. (…) 여기에는 아무런 구분도 없다."[7]

그러나 에크하르트는 또한 "Minne einigt nicht", 즉 "사랑은 결합하지 않는다"고도 주장한다. "Sie einigt wohl an einem Werk, nicht an einem Wesen", 즉 "[사랑은] 본질이 아니라 행위로서 결합한다"는 이야기다.[8] 다른 곳에서 그는 이렇게 덧붙인다. "그녀[의 영혼]의 본성과 존재와 삶은 죽고 영혼은 신성으로 태어난다. (…) 그녀는 완전히 하나가 되어 그[하느님]가 하느님으로 머무르고 그녀는 영혼으로 머무른다는 점 외에는 아무런 구분이 없다."[9]

그리하여 심지어 에크하르트 같은 신비주의자에게도, 하느님과의 결합이라는 이상은 하느님 앞에서 개별적 인간 존재가 가지는 책임, 그러니까 특유성distinctiveness에 관한 주장과 나란히 존재한다. 그것은 사도 요한의 말마따나 '한 영혼 안의 두 본성'이다. 실로, 하느님과의 결합과 거기에 필요한 자아의 해체가 감상적인 소망이 아니라 진정한 이상이라면, 그것을 추구하는 자아는 거듭되는 좌절, 기다림, 배척, 그리고 사랑의 대상 앞에서 느끼는 자신의 부족함을 견뎌낼 수 있어야 한다. 달리 말하자면, 영혼의 어두운 밤을 견딜 만큼 강해야 한다. 그런 인내는, 자신을 하느님이라는 무한한 존재의 대양에 떨어진 무력한 물방울 하나라고 여기거나 그렇게 되기를 갈망하는 자의 표식이 아니라, 도덕적 동인動因의 표식이다.

사랑과 죽음

에로스와 그리스도 양측이 제시하는, 그리고 신비주의자들이 그토록 열정적인 웅변으로 들려주는 하느님에게 다가감의 약속은, 다시 우리를 서양의 사랑이 가장 집착하는 두 대상으로 이끈다. 죽음 그리고 섹스.

인간 사랑의 신격화와 마찬가지로, 이런 집착들은 교권이 내리막길을 걷는 19세기가 되어서야 절정에 다다른다. 리베스토드에의 헌신, 그러니까 사실상 성적인 열망은 '하느님의 죽음'과 더불어 정점에 이른다. 그렇지만 이런 집착들은 명확히 기독교 전통에, 구체적으로 육체와 그 성적 욕구를 포함해 속세적인 가치에 대한 그 전통의 강렬한 양면성에 뿌리를 두고 있다. 그 시각 중 하나에 따르면, 근본적으로 속세에서 멀리 있는 하느님과 하나가 되기 위해, 하느님 왕국이라는 종말론적 약속을 좇기 위해, 우리는 하느님을 향하지 않은 모든 욕망을, 그중에서도 특히 우리의 세속적인 본성의 가장 강력한 표현인 성욕을 억눌러야 한다. 만약 하느님이 사랑이라면, 이 관점에 따르면 진정한 사랑이란 속세를 넘어선 것이고, 우리가 평범한 삶에 얽매여 있는 한 그것을 찾을 수 없다. '이 세상을 넘어서'는 필시 이런 뜻이 된다. '죽음을 통해 닿을 수 있는.'

아니면, 살아 있는 죽음living death을 통해서. "여러분은 모든 세속적인 욕망을 죽이십시오"(골로새서 3:5)라고 사도 바울은 말한다. "여러분은 지상에 있는 것들에 마음을 두지 말고 천상에 있는 것들에 마음을 두십시오. 여러분이 이 세상에서는 이미 죽었기 때문입니다. 여러분의 참생명은 그리스도와 함께 하느님 안에 있어서 보이지 않습니다."(골로새서 3:2~3) 다른 말로 하자면, 속세의 것들과 그에 대한 욕망을, 우리가 염원해야 하는 하늘나라의 원수로 생각하라는 것이다. 이 세상의 친구가 되려고 하는 사람은 하느님의 원수가(야고보서 4:4)[10]되는 것이니까.

열성 추종자들에게는, 그런 '속세에서의 죽음'이 육체적 죽음으로써만 가능한 하느님과의 궁극적 결합을 기다리는 동안 지금의 삶을 가장 잘살 수 있는 방식이었다. 세속적 욕망의 자살은 영혼을 자유롭게 살게 해준다. 지금 여기에서.

속세에서 죽는다 함은, 극단으로 가면, 생매장의 상징성을 채용한다. 따라서 은자로서의 삶을 처음 시작하는 이(여자를 포함한)는 예배 후에 지독히 엄격한 형식을 따르는 격리 의식service of enclosure을 치렀다. 신참자는 교회를 나선 뒤 무덤 역할을 하는 감방으로 가는 출행에 올랐다. 그후 상여에 엎드린 그에게 마치 실제로 매장하는 것처럼 성수와 흙이 뿌려졌다. 마침내 그는 혼자 남겨지고 그가 있는 곳으로 통하는 입구는 의례에 따라 세운 벽으로 가로막혔다.[11] 그후로 그의 요구 사항들은 오로지 조력자들을 통해서만 해결되었다.

그러나 죽음, 혹은 속세에서의 죽음의 문제는, 그 해법이 육체 자체가 아니라 육체의 세속적 욕망들에 있다는 것이다. 전통적인 기독교는 하느님이 그리스도 안에서 인간 육체를 취하심으로써 그 육체가 하느님의 자기현시의 장소가 되었다고 주장했고, 그 주장을 완전히 거부하는 것은 이단시했다. 그리하여 물질을 악의 근원으로 여기는 그노시스파와 마니교도 같은 분파들이 이단으로 몰려 거듭 박해를 받았다.

사실, 뛰어난 수도원 개혁가인 베르나르 드 클레르보처럼, 육체를 구원의 핵심 요소로 보는 기독교 신비주의자들도 있었다. 육체는, 타락으로 부패했어도 여전히 인간과 신이 시원적으로 만나는 곳이다.[12] 육체는 삶에서, 그리고 죽음 이후에도 영혼의 '선량하고 충직한 길동무'[13]로서, 가장 높은 영적인 목표를 향해 가는 데 도움을 준다. 베르나르는 심지어 죽음 이후에 영혼이 육신, 즉 이제 속세의 욕망을 벗고 불멸이 된 '아름답고 평화로운' '완벽한 육신'[14]을 되찾지 않고서는 하느님을 완전히 사랑할 수 없다고까지 주장한다.

그런 테마들은 그후 13세기에 토마스 아퀴나스와 보나벤투라에 의해 다시 가다듬어진다. 우리 육신을 사랑해야 하는 이유에 관한 아퀴나스의 말을 들어보자.

이제 우리 육신의 본성은 마니교도들이 상상하듯 사악함에서 나오기는커녕 하느님에게서 옵니다. 우리는 그러므로 하느님을 섬기는 데 육신을 사용할 수 있습니다. (…) 그러므로 우리는 우리가 하느님을 사랑할 때 그러듯 자애love of charity로 우리 육신을 사랑하되, 벌이 육신에 가져오는 죄와 부패의 얼룩은 사랑하지 말아야 합니다.[15]

마치 아슬아슬한 외줄타기를 하는 듯하다. 육체를 완전히 거부하는 것은 이단일 테고, 그 세속적 욕망을 긍정하는 것은 불경함일 것이다. 하느님을 위해 육체는 소중히 여기되, 순전히 세속적 목적을 향한 욕망은 부정하든가 아니면 적어도 엄격히 억제해야 한다. 특히 섹스에 대한 욕망은.

예수와 섹스

그렇지만 이야기가 섹스로 넘어오면, 기독교, 특히 19세기 이후의 기독교가 섹스에 관해 보이는 집착에 익숙한 현대의 수많은 독자들은, 예수로 인해 다시금 놀라게 된다. 공관복음서에서 사랑에 관해 거의 말하지 않았던 그가, 섹스에 관해서는 그보다도 더 말을 아끼기 때문이다.

복음서에서 전하는 바와 달리, 예수는 결코 그렇게 섹스를 비난하지 않는다. 그는 섹스가 영적인 사랑에 이바지해야 한다고 강제하지 않는다. 그리고 섹스가 반드시 생식의 목적을 수반해야 한다고도 결코 말하지 않는다. 현대 종교에서, 특히 기독교에서 논란거리인 혼전 섹스, 동성애, 피임, 그리고 낙태 같은 주요 의제들에 관해 그는 침묵을 지킨다.

신약성경에서 섹스가 보다 큰 몫을 차지하게 된 데는 그 누구보다도 사도 바울의 공이 컸다. 비록 평판과는 달리, 사도 바울에게도 섹스는 거의 중요한 주제가 아니지만. 바울은 자기 주변에서 보이는 육욕의 무법천지를 규탄하고(고린도전서 5), 육체에 대한 고삐 풀린 욕망에 격노하고, 그것을 '성령'과 그리스도 안에서의 '거듭남'[16]과 날카롭게 대립하는, 구원받지 못한 인간 죄악의 상징으로 본다. 그리고 비유대인의 우상숭배에 대한 천벌이라며 동성애를 비난한다(로마서 1:27). 그는 복음서 속 예수의 그것과는 무척 다른 어조로 말한다.

사악한 자는 하느님의 나라를 차지하지 못하리라는 것을 모르십니까? 잘못 생각하면 안 됩니다. 음란한 자나 우상을 숭배하는 자나 간음하는 자나 여색을 탐하는 자나 남색하는 자나 도둑질하는 자나 탐욕을 부리는 자나 술주정꾼이나 비방하는 자나 약탈하는 자들은 하느님의 나라를 차지하지 못합니다. 여러분 중에도 이런 사람이 더러 있었습니다. 그러나 여러분은 주 예수 그리스도의 이름과 하느님의 성령으로 깨끗이 씻겨지고 거룩하여졌으며 하느님과 올바른 관계에 놓이게 되었습니다.(고린도전서 6:9~11)

바울은 임박한 세상의 종말과 예수 재림을 기대하기 때문에,[17] 사람들이 결혼하고 가정을 꾸리는 데 몰두하는 것에 관해 우려한다. 시간이 촉박한데도, 가정이 있는 남자는 아내를 만족시키려 하는 것은 물론이고 현실적인 일들에 힘을 쏟는 바람에, 결국 영적 거듭남이라는 중요한 과업에 전력을 다할 수 없으리라는 것이었다. "결혼하지 않은 남자는 어떻게 하면 주님을 기쁘게 해드릴 수 있을까 하고 주님의 일에 마음을 쓰지만 결혼한 남자는 어떻게 하면 자기 아내를 기쁘게 할 수 있을까 하고 세상일에 마음을 쓰게 되어 마음이 갈라집니다." (고린도전서 7:32~34)

그럼에도 불구하고, 바울은 또한 섹스와 결혼과 가족의 결속력의 가치를 인정하며 이렇게 말한다. "믿지 않는 남편은 믿는 아내로 말미암아 거룩하게 되고 또 믿지 않는 아내도 믿는 남편으로 말미암아 거룩하게 되었기 때문입니다."(고린도전서 7:14) 게다가 결혼은, 세상의 종말이 오기 전까지는, 간음의 욕망에 고삐를 채우는 방편으로도 유용하므로, 바울은 남편들과 아내들에게 욕망을 억누르기 충분할 만큼 자주 섹스를 하라고 권장한다.

이제 여러분이 적어보낸 여러 가지 질문에 대답해드리겠습니다. 남자는 여자와 관계를 맺지 않는 것이 좋습니다. 그러나 음행이 성행하고 있으니 남자는 각각 자기 아내를 가지고 여자는 각각 자기 남편을 가지도록 하십시오. 남편은 아내에게 남편으로서 할 일을 다하고 아내도 그와 같이 남편에게 아내로서 할 일을 다하십시오. 아내는 자기 몸을 자기 마음대로 할 수 없고 오직 남편에게 맡겨야 하며 남편 또한 자기 몸을 자기 마음대로 할 수 없고 오직 아내에게 맡겨야 합니다. 서로 상대방의 요구를 거절하지 마십시오. 다만 기도에 전념하기 위해서 서로 합의하여 얼마 동안 떨어져 있는 것은 무방합니다. 그러나 자제하는 힘이 없어서 사탄의 유혹에 빠질지도 모르니 그 기간이 끝나면 다시 정상적인 관계로 돌아가야 합니다. 이 말은 명령이 아니라 충고입니다. 나는 모든 사람이 다 나처럼 살기를〔결혼하지 않기를〕바랍니다. 그러나 사람마다 하느님께로부터 받은 은총의 선물이 각각 다르므로 이 사람은 이렇게 살고 저 사람은 저렇게 삽니다.(고린도전서 7:1~7)

바울은 결혼이 꼭 고귀한 것이라 믿지도 않고, 그것이 남자와 여자의 사랑을 완성하는 데 필요하다고 고집하지도 않으며, 아이 갖는 것을 칭송하지도 않는 독신남이다.[18] 비록 사랑을 최상의 가치로 보는 '그중의 제일은 사랑'이라는 그의 찬가는 기독교와 심지어 무신론자의 결혼식에도 단골이지만, 역시 그의 입에서 나온 다음 이야기는 아마 그 어떤 결혼식에서도 듣기 힘들 것이다. "다만 결혼한 사람들은 세상 고통에 시달릴 터이므로 여러분을 아끼는 마음에서 이 말을 하는 것입니다."(고린도전서 7:28)

그렇다면 섹스에 관한 예수의 진짜 의중은 무엇일까? 아마 무엇보다도, 결혼이라는 연대를 옹호하는 것이리라. 그는 간음과 이혼에 무척 강경한 태도를 취하고, 그런 주제들에 대한 당대의 유대 설법이 자신이 생각하기에는 너무 너그럽다는 듯, 산상설교에서 짐짓 거리를 둔다.

'간음하지 마라' 하신 말씀을 너희는 들었다.[19] 그러나 나는 너희에게 이렇게 말한다. 누구든지 여자를 보고 음란한 생각을 품는 사람은 벌써 마음으로 그 여자를 범했다. 오른눈이 죄를 짓게 하거든 그 눈을 빼어 던져버려라. 몸의 한 부분을 잃는 것이 온몸이 지옥에 던져지는 것보다 낫다.(마태복음 5:27~29)

구약성경에서 간음에 내리는 처벌, 즉 두 사람을 공개 투석형에 처하는 것[20]은 그만하면 충분히 엄격해 보인다. 예수가 그보다 자신이 제시하는 처벌, 즉 지옥에 떨어지는 것이 더 혹독하다고 생각하는지는 판단하기 어렵다. 또한 예수가 그 벌을 죄에 대한 용서의 메시지와 어떻게 조화시키는지도 명확하지 않은데, 심지어 간통을 저지른 여자가 용서를 받은 적도 있다.[21] 마태복음에서 예수는 재혼을 하거나, 이혼한 여자와 결혼해도 간음한 자가 된다는 점을 명확히 한다.

또한 '누구든지 아내를 버리려면 그에게 이혼장을 써주어라' 하신 말씀이 있다. 그러나 나는 이렇게 말한다. 누구든지 음행한 경우를 제외하고 아내를 버리면, 이것은 그 여자를 간음하게 하는 것이다. 또 그 버림받은 여자와 결혼하면 그것도 간음하는 것이다.(마태복음 5:31~32)

음욕을 품고 여자를 보는 남자는 이미 마음속에서 간음을 저지른 셈이라 함은 도덕성의 발달 면에서 더없이 중요한 이야기다. 기독교에서는 행위뿐 아니라 의도도 범죄 현장이 되는 것이다. 이제 인간들의 내면세계 전체가 도덕적 정밀검사의 대상이 되는 배경이 마련되었다. 마태의 말마따나 "감추인 것은 드러나게 마련이고 비밀은 알려지게 마련"(마태복음 10:26, 마가복음 4:22 참조)이다.

그러나 예수가 아무리 이혼과 간음을 규탄했어도, 예수의 최대의 원수들은 섹스와는 아무런 관련이 없다. 그 원수란 돈, 교만, 그리고 위선이다. 그것들에 대한 예수의 평가는 무척 가혹하다. 하느님에게 가까이 가려 할 때 돈은 절대적인 적이며, 섹스보다 더 확실히 우리를 하느님에게서 멀어지게 만든다. 그는 사도들에게 "재물을 많이 가진 사람이 하느님 나라에 들어가는 것은 얼마나 어려운 일인지 모른다"(마가복음 10:23)고 말한다. "아무도 두 주인을 섬길 수는 없다. (…) 너희는 하느님과 재물을 아울러 섬길 수 없다."(마태복음 6:24) "재물을 땅에 쌓아두지 마라. 땅에서는 좀먹거나 녹이 슬어 못쓰게 되며 (…) 재물을 하늘에 쌓아두어라."(마태복음 6:19~20). 혹은 사도 바울의 입을 빌리자면, "돈을 사랑하는 것이 모든 악의 뿌리"(디모데전서 6:10)다.

하느님과 하느님의 정의를 향해 똑바로 나아갈 때 물질적 추구는 반드시 뒷전으로 미뤄야 한다. "무엇을 먹을까 무엇을 마실까, 또 무엇을 입을까 하고 걱정하지 마라. 이런 것들은 모두 이방인들이 찾는 것이다. 하늘에 계신 아버지께서는 이 모든 것이 너희에게 있어야 할 것을 잘 알고 계신다. 너희는 먼저 하느님의 나라와 하느님께서 의롭게 여기시는 것[22]을 구하여라. 그러면 이 모든 것도 곁들여 받게 될 것이다."(마태복음 6:31~33)

그리고 결국 탐욕은 하느님과의 친분은 고사하고 세속적인 것들조차 얻지 못한다. "그러나 부요한 사람들아, 너희는 불행하다. 너희는 이미 받을 위로를 다 받았다. 지금 배불리 먹고 지내는 사람들아, 너희는 불행하다. 너희가 굶주릴 날이 올 것이다."(누가복음 6:24~25)

더 정확히 말하면 이렇다. "가난한 사람들아, 너희는 행복하다. 하느님 나라가 너희의 것이다. 지금 굶주린 사람들아, 너희는 행복하다. 너희가 배부르게 될 것이다."(누가복음 6:20~21) 아니면 마태의 말을 들어도 좋다. "온유한 사람은 행복하다. 그들은 땅을 차지할 것이다."(마태복음 5:5)[23]

예수보다 더 교만과 위선을 적대시한 사람은 결코 없었다. 타인 위에 군림하는 자에 대한 예수의 혐오는 더 과장하기도 어려울 정도다. 혐오라는 표현조차 지나친 것이 아니다. 예수는 뭇사람 앞에서 거들먹대기 좋아하며 자기 특권에만 눈이 먼 도덕군자들을 경멸하며 외친다. "그들은 말만 하고 실행하지는 않는다. 그들은 무거운 짐을 꾸려 남의 어깨에 메어주고 자기들은 손가락 하나 까딱하려 하지 않는다. 그들이 하는 일은 모두 남에게 보이기 위한 것이다."(마태복음 23:3~5)

그런데 예수가 배격하는 것은 단지 위선만이 아니다. 이런 오만한 사람들이 다른 사람들에게는 이래라저래라 하면서 자기들은 다르게 행동하는 점만을 배격하는 게 아니다. 예수는 그보다 더 나쁜 무언가를 탐지한다. 바로 그들의 설교 목적이 남을 이롭게 하려는 것이 전혀 아니라는 점이다. "율법학자들과 바리새파 사람들아, 너희 같은 위선자들은 화를 입을 것이다. 너희는 하늘나라의 문을 닫아놓고는 사람들을 가로막아 서서 자기도 들어가지 않으면서 들어가려는 사람마저 못 들어가게 한다."(마태복음 23:13) 그리고 예수가 외친 다음 말은, 오늘날 먼 땅에 사는 사람들을 미개인으로 여기며 자기들의 잘난 가치를 그들에게 강요하려 하는 모든 이에 대한 경고 역할을 한다는 점에서 특별하다. "너희 같은 위선자들은 화를 입을 것이다. 너희는 겨우 한 사람을 개종시키려고 바다와 육지를 두루 다니다가 개종시킨 다음에는 그 사람을 너희보다 갑절이나 더 악한 지옥의 자식으로 만들고 있다."(마태복음 23:15)

결국 도덕주의자들의 말은 허영심, 즉 도덕군자를 기분좋게 해주는 쇼일 뿐이다. 그들의 내면은 추하고 사악하다.

너희 같은 위선자들은 화를 입을 것이다. 너희는 잔과 접시의 겉만은 깨끗이 닦아놓지만 그 속에는 착취와 탐욕이 가득차 있다. (…) 너희 같은 위선자들은 화를 입을 것이다. 너희는 겉은 그럴싸해 보이지만 그 속에는 죽은 사람의 뼈와 썩은 것이 가득차 있는 회칠한 무덤 같다. 이와 같이 너희도 겉으로는 옳은 사람처럼 보이지만 속은 위선과 불법으로 가득차 있다. (…) 이 뱀 같은 자들아, 독사의 족속들아! 너희가 지옥의 형벌을 어떻게 피하랴?(마태복음 23:25~33, 누가복음 6:37~42 참조)

예수가 돈, 그리고 교만의 죄인 위선과 독선에 엄청나게 주목한다는 이야기에서, 우리는 이 책의 핵심 주제로 돌아간다. 사랑의 전제조건, 즉 우리가 존재의 터전으로, 또는 그 터전으로 이끌어주는 존재로 체험하는 한 사람에 대한 대화적dialogical 관계는, 타인의 실재에 복종하는 것, 그녀의 개인적 법칙과, 우리에 대한 그녀의 요구에 복종하는 것이다.

섹스나 에로틱한 욕망 일반이 꼭 그런 복종에 걸림돌이 되는 것은 아니다. 오히려 그것은 객체이자 주체인 타인의 생동감이 되어 우리에게 갑자기, 그리고 압도적으로 밀어닥칠 수 있다. 그렇지만 교만과 부 축적의 일부 조건은 크나큰 장애물이 될 수 있다. 자기보호, 자족과 관련된 교만은 이웃에 맞서 장벽을 치고, 자부심에 탐닉하고, 우리의 특권과 힘에만 근시안적으로 몰두하게 만들어 타자들의 현실을 제대로 보는 우리 마음의 눈을 가린다. 이는 모두 복종을 거부하는 태도들이다. 한편 재물을 추구하려면 이 야망에 사로잡힌 이들과 우리 관계의 핵심에 실익이라는 비인간적 요구가 놓일 수밖에 없다. 이 요구는 사랑의 핵심에 있는 몰두와는 달라도 너무 다르다. (그리고 '일곱 가지 대죄'의 거의 모든 변형들이 교만과 탐욕을 육욕보다 더 심각한 죄로 간주한다는 점은 눈여겨볼 만하다.[24])

그렇다면 예수의 메시지는 어쩌다 그처럼 왜곡되었을까? 기독교화된 문명은 어째서 그처럼 섹스를 염려하면서도 교만과 소유욕과 권력을 비난하는 예수의 설교에는 훨씬 덜 신경쓸까? 과거의 교회, 빅토리아 시대 영국의 '문명화 임무', 소련 공산당(뼛속들이 종교적인 러시아 민족의 무신론적 체현인)과 범세계적 혁명을 일으킨다는 그들의 이루 말할 수 없는 허영심, 미국 '앵글로-프로테스탄티즘'[25]의 그 장엄한 척하는 '명백한 사명'•, 또는 그것이 오늘날 그토록 시끄럽게 떠들도록 부추기는 기독교 근본주의, 이 모든 경우에서 강렬한 성적 내숭은 가차없는 권력과 부의 추구와 결합하고, 예수가 일생과 죽음을 바쳐 지속적으로 꾸짖었던 그 교만함, 바로 그 타인에 대한 군림과 자화자찬으로 자신을 과시한다.[26] "부자가 하느님 나라에 들어가는 것

• 미국이 북아메리카 대륙 전체를 지배하고 개발할 사명을 띠고 있다는 주장. 원주민들의 토지를 빼앗고 식민화하는 명분으로 이용되었다.

보다는 낙타가 바늘귀로 빠져나가는 것이 더 쉬울 것이다."(마가복음 10:25) "누구든지 자기를 높이는 사람은 낮아지고."(마태복음 23:12) 힘으로 세계를 문명화하려는 사람들이 기독교라는 이름으로, 그리고 하느님의 인도를 따른다면서, 예수의 그것과는 속속들이 상충하는 가치들의 위계질서를 스스로 천명하는 일이 얼마나 잦은지 보면, 그저 놀라울 따름이다.

'기독교의 사랑'은 보편적인가?

위에서 섹스와 사랑을 언급한 예수의 실제 가르침에 관한 신화를 지적했지만, 기독교의 사랑을 둘러싸고 자라난 오해들을 해명하는 일은 아직 시작도 못한 수준이다. 예수가 섹스 자체에는 적대적이었지만 돈놀이 또는 사람들이 스스로 남보다 잘났다고 믿으며 교만에 탐닉하는 것은 문제삼지 않았다는 주장이 진실과는 정반대라고 말하면, 사람들은 그 말을 덥석 받아들일지도 모른다. 그렇지만 분명 신약성경이, 그리고 그것을 따라 교부들이 보편적 사랑을 설파했다는 것은 부정할 수 없는 사실이 아닌가? 분명 하느님의 사랑은 구원을 바라는 모든 이가 불편부당하게 똑같이 받을 수 있다는 것이, 혹은 적어도 하느님을 찾는 이라면 모두 그리될 수 있다는 것이 확실하게 약속되지 않았던가? 분명 하느님은 인간이 그에게 등을 돌린다 해도 늘 인간을 사랑하고 용서하시지 않겠는가? 분명 기독교는 보편적 사랑의 종교로서, 어떤 특별한 사람들이 하느님에게 '선택받았다'는 생각을, 그리고 그런 의미에서 다른 이들보다 더 하느님에게 사랑받는다는 생각을 단호히 폐기한다는 점에서 유대교와 구분된다. 분명 기독교는 모든 이가 인간이고 하느님의 자녀이므로 전부 '이웃'으로 사랑해야 한다고 우리에게 명확히 명령한다. 이 모든 것은 반드시 사실이어야 하는데, 왜냐하면 이는 진정한 사랑, 즉 하느님의 인간 사랑과 인간의 이웃 사랑을 무조건적인 것으로 만들기 때문이다.

전부 다 틀렸다. 만약 이런 신화들이 오늘날 믿어진다면, 그리고 심지어 기독교 성직자들이 그렇게 설교한다면, 그것은 그저 현재의 가치가 아닌 다른 렌즈로 과거를 보기가 극도로 어렵다는 사실과 더불어, 전체 서양사에서 가장 포괄적인 정치적 당파인 기독교의 유별난 적응력을 입증할 뿐이다. 그것은 시대의 물결을 타고 세차게 흐르는 것 같으면서도, 동시에 교조적이고 일관적으로 보일 수 있다. 마치 기독교가 성경에서 말하는 사랑에 관해 고의로 스스로를 기만하기라도 하는 듯하다.

사실 하느님의 구원하는 사랑이, 모든 인간에게 평등한가는 고사하고, 모든 인류를 대상으로 하는가에 관해 신약성경은 기껏해야 양면적인 입장을 보여줄 따름이다. "하느님은 이 세상을 극진히 사랑하셔서 외아들을 보내주시어"[27](그것은 반드시 하느님이 모든 이를 동등하게 사랑한다는 뜻은 아니다)라는 말에 맞서, 우리는 하느님의 보편적 사랑에 대한 모든 약속을 공허하게 만드는 두 가지 개념을 발견한다. 은사와 은총이다.

이런 생각들은 핵심적인 부분에 모순이 있다. 은사는 좋은 행동으로만 구원을 얻을 수 있다는 뜻이다. 하느님은 우리의 영적인 투쟁을 셈하고 있고, 그것은 우리가 하느님에게 다가갈 수 있을지, 언제 다가

갈 수 있는지에 영향을 미칠 수 있다. 이런 점에서, 하느님의 구원하는 사랑은 그것을 얻을 자격이 있는 자에게만 온전히 내려질 것이다. 이는 사실 인간의 도덕적 주체에 큰 무게를 실음으로써 인간에게 권위를 부여하는 시각이다.

그와 대조적으로, 은총은 하느님이 당신의 수수께끼 같은 목적을 위해 우리 중 일부를 택한다는 뜻이다. 그런 의미에서, 우리는 결국 좋은 행동으로는 구원을 얻을 수 없다. 비록 기독교 전통에는 은사와 은총이 서로 얼마나 다른 것인가, 혹은 그들의 변증법을 어떻게 규정해야 하는가에 관해 크게 엇갈리는 시각들이 존재하지만, 그럼에도 한데 묶어보면, 은사와 은총 개념에는 하느님의 사랑이 모든 이에게, 심지어 하느님을 찾는 모든 이에게 불편부당하고 동등하게 부여될 수 있다는 것이 말이 안 되는 듯한 껄끄러운 느낌이 있다.

은사에 관해, 예수는 이렇게 말한다. "네가 생명의 나라로 들어가려거든 계명을 지켜라."(마태복음 19:17. 마가복음 10:17 및 누가복음 18:18 참조) 안식일 식사 자리에 가게 된 예수는 집주인에게 가난하고 천한 자들을 초대하라고 권하고는, 이 자선 행위에 대해 "의인들이 부활할 때에 하느님께서 대신 갚아주실 것이다"(누가복음 14:14)라고 약속한다. 무엇보다 그는 사도들에게, 누구든 자신을 따르는 자는 이 세상에서든 다음 세상에서든 하느님이 크게 인정해주시리라고 다짐한다.

나는 분명히 말한다. 누구든지 나를 위하여 또는 복음을 위하여 집이나 형제나 자매나 어머니나 아버지나 자녀나 토지를 버린 사람은 현세에서 박해도 받겠지만 집과 형제와 자매와 어머니와 자녀와 토지의 복도 백배나 받을 것이며 내세에서는 영원한 생명을 얻을 것이다.(마가복음 10:29~30. 마태복음 19:29 참조)

한편 이것을 윤색한 사도 바울의 말은 오해의 여지가 없을 만큼 명확하다.

하느님께서는 각 사람에게 그 행실대로 갚아주실 것입니다. (…) 악한 일을 행하는 사람이면 누구든지 궁지에 몰리고 고통을 당하게 될 것입니다. 먼저는 유대인들이 당하고 그다음에는 이방인들까지 당할 것입니다. 그러나 선한 일을 행하는 사람이면 누구나 영광과 명예와 평화를 누리게 될 것입니다. 먼저는 유대인들이 누리고 그다음에는 이방인들까지 누릴 것입니다. 하느님께서는 모든 인간을 차별 없이 대하시니 말입니다.(로마서 2:6~11)

토마스 아퀴나스는 이 시각을 갈무리한다. "사람은 (…) 그의 활동의 수많은 움직임을 통해 거기[행복]에 도달하는데, 그 움직임을 은사라고 한다."[28] 다시 말해, 하느님이 죄인들을 내버려두는 것을 보고 그러려니 하지 않는 편이 좋다는 것이다. 구원에는 우리가 하느님의 계명을 따르느냐, 좋은 일을 하느냐, 그리고 하느님을 믿느냐 하는 조건이 따라붙는다.

그렇다 해도 바울이 또한 우리에게 말해주듯이, 하느님의 사랑과 선택은 대단히 절대적이다.(로마서 9:13, 25) 인간들은 자신이 하느님의 법칙들을 따르거나 무시함으로써 하느님의 선택을 결정할 수 있다고 자처해서는 안 된다.

한편 은총을 받는 쪽을 보자면, 대천사 가브리엘이 "은총을 가득히 받은 이여. (…) 너는 하느님의 은총을 받았다"(누가복음 1:28~30)고 말하며 마리아에게 예수의 어머니로 선택되었음을 알릴 때 마리아가 얼마나 당황하고 두려워하는지를 우리는 안다. 그녀는 자기가 무얼 했기에 그런 특혜를 입을 자격을 얻었는지 알지 못하지만, 이해할 수 없고 받을 자격도 없는 무언가를 받는다는 어려움에 기죽지 않고 그 신비에 복종한다. 정확히 이것이 은총이 말하는 바로, 진짜 사랑은 불러일으킬 수 있는 것도, 대가로 얻는 것도 아니라는 의미다.

마태복음의 우화 두 편이 은총의 절대성을 설명한다. 하나는 포도밭에 날품팔이로 고용된 다양한 일꾼들에 관한 이야기다.(마태복음 20:1~16) 그들 중 몇 사람은 다른 사람들보다 더 오래 일하지만, 모두 동일한 품삯을 받는다. 게다가 늦게 일을 시작한 이들이 더 먼저 받는다.

그날 가장 먼저 고용된, 그리고 하루종일 일한 일꾼들이 주인에게 불평을 한다. "막판에 와서 한 시간밖에 일하지 않은 저 사람들을 온종일 뙤약볕 밑에서 수고한 우리들과 똑같이 대우하십니까?" 그러나 주인은 이렇게 대답한다. "내가 당신에게 잘못한 것이 무엇이오? 당신은 나와 품삯을 한 데나리온으로 정하지 않았소? 당신의 품삯이나 가지고 가시오. 나는 이 마지막 사람에게도 당신에게 준 만큼의 삯을 주기로 한 것이오. 내 것을 내 마음대로 처리하는 것이 잘못이란 말이오? 내 후한 처사가 비위에 거슬린단 말이오?"(마태복음 20:12~15)

우리는 하느님의 방식이 포도밭 주인의 방식과 같음을 배워야 한다. 그 방식은 변덕스럽지는 않지만, 헤아릴 수 없고 따라서 예측도 할 수 없다. 일꾼 이야기의 교훈도 마찬가지다. "꼴찌가 첫째가 되고 첫째가 꼴찌가 될 것이다."(마태복음 20:16)

한 임금이 베푼 혼인 잔치에 관한 우화는 그와 비슷한 주장을 한층 냉혹하게 들려준다. "임금이 손님들을 보러 들어갔더니 예복을 입지 않은 사람이 하나 있었다. 그를 보고 '예복도 입지 않고 어떻게 여기 들어왔소?' 하고 물었다. 그는 할말이 없었다. 그러자 임금이 하인들에게 '이 사람의 손발을 묶어 바깥 어두운 데 내쫓아라. 거기서 가슴을 치며 통곡할 것이다' 하고 말하였다. 부르심을 받은 사람은 많지만 뽑히는 사람은 적다."(마태복음 22:11~14)

은총은 택함을 입는 것이다. 결혼식의 손님들과 마찬가지로 여러분은 포함되든가 아니면 제외된다. 그것이 곧 사랑의 과분한undeserved 본질이다.

그렇지만 은총의 겉보기의 괴팍함, 즉 '왜 그를?' '왜 다른 사람이 아니고?' 하는 물음을 갖게 만드는 그 불평등함, 그 잔인한 불가해함은 이보다 더욱 심오하다. 우리에게 어떤 것이든 구원을 얻어다줄 수 있는 바로 그 은사들 자체가, 알고 보면 은총에 의존한다는 것이다. 다시 말해 여러분이 하느님의 의지를 따를 수 있으려면, 그 의지를 따르게 하려는 하느님의 의지가 먼저 있어야 한다.

우리는 이것이 진정한 사랑의 실체임을 이전 장에서 보았다. 즉, 은총이 없으면 우리가 카리타스라는 의미에서 하느님을 사랑하라는 그의 계명을 충족시킬 수 없다는 것이다. 기독교의 거의 모든 전통은, 삼위일체와 성육신 같은 신비로운 계시에 대한 믿음 역시 은총 없이는 생겨날 수 없다는 데에 의견을 같이한다.[29] 에베소(에페수스) 사람들에게 보내는 서신에서 사도 바울은 이렇게 말한다. "여러분이 구원을 받은 것은 하느님의 은총을 입고 그리스도를 믿어서 된 것이지 여러분 자신의 힘으로 된 것이 아닙니다. 이 구원이야말로 하느님께서 주신 선물입니다."(에베소서 2:8) 아우구스티누스는 "하느님이 우리 은사에 상을 주시는 것은 그저 당신의 선물에 스스로 상을 주시는 것이나 다름없다"[30]고 쓴다. 우리에게 하느님을 사랑하라는 명령이 내려질 때, 아우구스티누스의 말에 따르면 그 사랑 또한 성령의 한 '선물'이다.[31] 한편 아퀴나스는 분에 넘치는 미덕들, 그것만이 우리에게 구원을, 다른 말로 신과의 영원을 얻어다줄 수 있는 미덕들이, 하느님이 우리에게 주입했음이 틀림없는, 심지어 제2의 본성처럼 느껴지는, 옳게 행동하는 기질이라고 말한다. 한편 루터에 따르면, 하느님과 관계 맺게 해주는 신앙, 즉 사랑을 통해 혹은 하느님과의 결합을 통해 신이 되는 과정으로 인도하는 신앙이란 전적으로 신의 선물이지 인간이 택할 수 있는 것이 아니다.

은총이 하느님이 대가 없고 가늠할 수도 없는 방식으로 당신의 풍요를 나눠주는 선물이라면, '숙명predestination'은 더욱 그렇다. 숙명이란, 몇몇 영혼은 태어나기도 전에 구원받도록 선택된 반면 대다수는 영원히 하느님으로부터 격리된 채 사실상 지옥불에 타게 될 운명이라고 보는, 은총 개념의 극단적인 양상이다. 하느님은 어떤 이를 태어나기도 전에 택한다. 즉 사도 바울의 말처럼, 하느님은 그가 어떤 좋은 일이나 나쁜 일을 할 기회조차 얻기 전에 그를 택한 것이다. "하느님께서는 내가 나기 전에 이미 은총으로 나를 택하셔서 불러주셨고".(갈라디아서 1:15)

그런데 바울은 여기서 단지 자신에 대해 이야기하고 있는 것이 아니다.

하느님을 사랑하는 사람들 곧 하느님의 계획에 따라 부르심을 받은 사람들에게는 모든 일이 서로 작용해서 좋은 결과를 이룬다는 것을 우리는 압니다. 하느님께서는 이미 오래전에 택하신 사람들이 당신의 아들과 같은 모습을 가지도록 미리 정하셨습니다. 그래서 그리스도께서는 많은 형제 중에서 맏아들이 되셨습니다. 하느님께서는 미리 정하신 사람들을 불러주시고 부르신 사람들을 당신과 올바른 관계에 놓아주시고, 당신과 올바른 관계를 가진 사람들을 영광스럽게 해주셨습니다.(로마서 8:28~30)

사도 바울만 그렇게 생각하는 것이 아니다. 그는 사람들이 구원을 받느냐 못 받느냐가 예정되어 있다고 주장하는 가톨릭과 개신교 양쪽의 전통 전체를 떠받치고 있다. 이런 주장은 프로테스탄트 개혁가 장 칼뱅의 음울한 포고에서 정점에 달한다.

첫 인간이 창조되기 전에, 하느님은 당신의 영원의 원로원에서 전체 인류를 가지고 무엇을 할지 결정하셨다.

하느님의 비밀 원로원에서, 아담이 자기 본성의 흠결 없는 상태로부터 추락하고 그의 잘못으로 인해 그의 후손 모두가 영원히 죽음의 형벌을 받을 것이 결정되었다.

선택된 자와 버림받은 자의 구분은 같은 법칙에 달려 있다. 하느님은 일부를 택해 구원하시고 다른 이들에게는 영원한 파멸의 운명을 내리셨다.[32]

신약성경과 근 2000년의 역사를 지닌 신학은, 하느님을 사랑하고 그에게서 사랑받을 능력을 포함한 그의 호의가, 모든 사람에게 똑같이 그리고 불편부당하게 베풀어지지 않는다는 경고로 가득차 있다. 그런데도 기독교가 신의 사랑을 모두가 평등하게 얻을 수 있는 보편적 사랑의 종교로 널리 간주되는 것은 놀라운 일이다. 하느님은, 천성적으로 당신의 계명을 무시하고 당신을 온전히 믿지 못하는 이에게는 은총을 내리면서도, 당신을 기쁘게 하는 이에게는 은총을 내리지 않을 수도 있다.

그것이 신의 사랑의 가장 핵심적인 점이다. 우리는 자신의 미덕이 신의 사랑을 솟아나게 하리라고도, 악행이 그 사랑을 위태롭게 하리라고도 확신할 수 없다. 그것은 오로지 하느님의 불가해한 목적에만 따르는 대가 없는, 자연적인 선물이다. 물론 하느님의 행위들은 무작위적이지도 않고 앞뒤가 안 맞지도 않지만, 그리고 실제로 그는 때로 합리성이나 지성과 동일시되기도 하지만, 그 행위들은 하느님 자신이 내린 법을 포함해 그 어떤 법칙에도 제약을 받지 않는다. 공관복음서

셋 다 여기에 의견을 같이한다. "하느님에게 불가능한 일은 없다."[33]

신의 사랑의 본질을 말하는 그러한 경고들은 모든 진정한 사랑에 존재하는 가혹한 진실을 들려준다. 그 사랑을 얻거나 불러일으킬 수 있으리라고 믿을 만한 무엇은 없고, 그 사랑은 사랑하는 이가 맞닥뜨린 세계에 관련해 그가 가진 가장 심오한 목적을 반영하지만(이런 의미에서 그 사랑은 은총과 같다. 비록 이런 목적들은 하느님에 비하면 인간의 경우에는 분명 덜 신비롭지만, 내가 1장과 2장에서 말했듯이 그 목적들은 사랑을 하는 이의 욕구, 즉 자신이 던져진 세계에서 파괴 불가능한 단단한 터전을 잡았다고 느끼고 싶은 욕구를 깨어나게 한다), 그럼에도 사랑받는 이는 사랑하는 이의 가장 내밀한 법칙들에 순응함으로써 어느 정도까지 '은사'로 사랑을 얻을 수 있고, 우리가 누구를, 어떤 유형의 사람을 사랑할지, 혹은 누가 우리를 사랑해줄지를 확실히 예측하는 것은 불가능하며, 아무리 참을성 있게 기다리고 사랑하는 대상들을 기쁘게 하려고 노력해도 사랑의 보답을 기대할 수는 없다는 것이 그 진실이다. 은총은 가장 진정한 사랑이 얼마나 지독하게 선별적이고 불가해하고 '불공평할' 수 있는지를 정확히 보여주는 은유다.

그렇다면 기독교 전통이 인간들 사이의 관계에 관해 하고 싶은 말은 무엇일까? 여기서 그 명령은 분명하다. 나는 모든 타자를 나 자신처럼 사랑해야 한다? 분명 내 모든 이웃은 그들이 누구든 무엇을 믿든 상관없이 동등하게 내 사랑을 얻을 자격이 있다?

결국 그것은 선한 사마리아인의 도덕이다. 그는 자신의 공동체에 속하지 않고 자신과 어떤 특별한 연대도 없는 이웃을, 순수하게 그 낯선 이의 곤경에 공감하여 돕는다. 예수는 청중에게 이렇게 말함으로써 그 우화를 끝맺는다. "너도 가서 그렇게 하여라."(누가복음 10:37) 누구든 우리를 필요로 하는 사람이 바로 우리 이웃이란 이야기다. 그리고 이 우화에 앞서 우리는, 원수를 사랑하고 우리를 미워하는 자들에게 좋은 일을 하라는 예수의 그 유명한 명령을 보게 된다.

그러나 이번에도 문제는 그리 단순하지 않다. 도움이 필요한 모든 이를 돕고 원수를 사랑하라는 이 명령과 긴장관계인 기독교 전통이 있다. 마찬가지로 성경에서 볼 수 있는 그 전통은, 분명히 일부 이웃을, 그리고 여러분과 같은 믿음을 가진 특정한 이웃을 다른 이웃보다 더 동등하게 대우하라는 것이다. 사도 바울은, 사랑의 첫 동아리는 동료 기독교인들을 위해 따로 마련해두라고 권한다. "기회 있을 때마다 모든 사람에게 선을 행합시다. 믿는 식구들에게는 더욱 그렇게 해야 합니다."(갈라디아서 6:10)

기독교의 사랑이 얼마나 보편적이고 비선별적인지 보여주기 위해 자주 거론되는 사도 바울의 그 유명한 구절, "유대인이나 그리스인이나 종이나 자유인이나 남자나 여자나 아무런 차별이 없습니다. 그리스도 예수 안에서 여러분은 모두 한몸을 이루었기 때문입니다"(갈라디아서 3:28)는, 그 평등함이 예수 그리스도를 믿는 이들에게 적용되는 것이라고 규정하는 맥락으로부터 흔히 떨어져나온다. 그 구절이 들어 있는 다음의 단락은 특히 세례받은 신도들을 대상으로 한다.

여러분은 모두 믿음으로 그리스도 예수와 함께 삶으로써 하느님의 자녀가 되었습니다. 세례를 받아서 그리스도 안으로 들어간 여러분은 모두 그리스도를 옷 입듯이 입었습니다. 유대인이나 그리스인이나 종이나 자유인이나 남자나 여자나 아무런 차별이 없습니다. 그리스도 예수 안에서 여러분은 모두 한몸을 이루었기 때문입니다. 여러분이 그리스도에게 속했다면 여러분은 아브라함의 자손이며 따라서 약속에 의한 상속자들입니다.(갈라디아서 3:26~29)

토마스 아퀴나스는 같은 주장을 유달리 퉁명스럽게 제시한다.

우리의 모든 이웃이 하느님에게 똑같이 가깝지는 않은데, 그중 일부는 더 큰 좋음으로 인해 다른 이들보다 하느님에게 더 가까워지고, 따라서 자애로써[다른 말로 하자면, 진정한 사랑으로] 사랑받을 자격을 더 갖고 있다.[34]

아퀴나스는 유대인과 무슬림 같은 비기독교인들은 사랑받을 자격이 부족하다는 사실을 인정하는 듯하다. 그리고 우리가 상대의 좋음에 따라 사랑을 계량해야 한다고 말하는 듯하다.

요한에게도 사랑의 주요 적용 범위는 전 인류가 아니라 믿음 있는 자들의 공동체다. 사랑은 내부 지향적이다. 공통된 정체성의 표식이고, 공동체를 예수와 아버지 하느님에게로 묶어준다. 비록 사랑은 지고의, 심지어 내세까지 아우르는 현실이기도 하지만. 예수 자신이 "이 세상에서 사랑하시던 제자들을 (…) 사랑해주셨다"(요한복음 13:1, 강조는 지은이)는 말씀도 전한다. 또 우리가 방금 보았듯 누가복음에서는 이방인과 원수까지 사랑하라고 명령하는 반면, 예수는 형제의 범위를 "하느님의 말씀을 듣고 그대로 실행하는"(누가복음 8:21) 이들로 제한했다고 한다.[35]

그로부터 한참 후, 수도회의 전통에서는 그 동아리가 한층 더 좁아진다. 이제 사랑의 주된 대상은 모든 기독교인도 아니고 수도회의 '형제들'이 된다.

이런 면에서 보면, 히틀러의 유대인 박해와 몰살에 가톨릭교회가 소심한 반대밖에 표하지 않았던 것도 그리 이상해 보이지 않고, 심지어 위선적으로 보이지도 않는다. 비록 바티칸이 히틀러 통치 시기에 유대인을 보호하는 데 아무 일도 하지 않았다는 것은 진실이 아니고, 분명히 수많은 평사제와 평신도들이 기독교의 사랑 계명에 힘입어 유대인들을 강제 이송으로부터 구하긴 했지만,[36] 현실은 1935년의 뉘른베르크 인종법이나 1938년 11월의 국가가 지원한 집단 학살 같은 사건들에 맞서 교회가 분명한 저항을 하지 않았다는 것이다. 홀로코스트가 시작된 후로는 말할 것도 없고, 거의 10년에 걸친 그 준비 기간에도 대체로 유대인들은 대다수 교회로부터 버림받고 스스로 살 길을 찾아야 했다.

오푸스데이* 소속 신부이자 철학자인 마르틴 론하이머는 부루퉁하게 정곡을 찌른다. "가톨릭교회와 국가사회주의 사이의 반목을 충분히 감안하더라도, 교회의 '침묵', 그 어떤 교회도 나치즘에 맞서 유대

---

* Opus Dei. '하느님의 사역'이라는 뜻으로, 1928년에 창설된 가톨릭의 한 단체다.

인들을 명시적으로 언급하거나 그들을 옹호하는 성명을 내지 않았다는 그 놀라운 사실은 해명을 강력히 요구한다."[37]

그렇지만 그 해명을 찾아내기란 그리 어렵지 않을지도 모른다. 유대인들에 관한 침묵, 지역 교구에서부터 바티칸에 이르기까지 선한 사마리아인처럼 행동하지 못하고 자신의 가르침을 스스로 실천하지 못한 교회의 '놀라운' 실패는, 단순히 두려움이나 자기보호 본능, 또는 1933년 히틀러와의 '협약'을 포함해 바티칸이 따를 수밖에 없다고 느낀 미묘한 외교적 전략 때문도 아니고, 나쁜 선택지들밖에 없는 상황에서의 실리주의 탓으로 돌릴 수도 없다. 또한 론하이머 신부가 지적한 교회의 오랜 반유대주의anti-Semitism 역사, 즉 그리스도를 살해했고 도덕과 사회를 어지럽힌다는 이유로 유대인들을 경멸해온 역사조차, 성직자와 평신도를 막론하고 그토록 많은 사람들이 어째서 사회적 죽음과 인종 학살을 겪는 한 민족을 이웃으로 대하지 못했는지 설명해주지 않는다.

그 이유는 반유대주의나 실리주의보다 한층 근본적이다.[38] 기독교의 사랑이 명백히 보편적인 게 아니라는 것이다. 따라서 기본적으로 그 사랑은, 생각만큼 야만성을 잘 막아주는 튼튼한 방패가 못 된다. 기독교 사랑의 불평등함에는 신의 은총을 받은, 예정된, 그리고 믿음 있는 이들의 공동체를 우선시하는 원칙들이 가득하다. 하느님이 우리를 사랑하는 방식, 하느님이 우리로 하여금 당신을 사랑하게 하는 방식, 그리고 우리에게 요구되는 동료 인간들에 대한 사랑의 방식은 모두 불평등하다. 선한 사마리아인의 보편적 사랑과 요한과 바울이 본보기를 제시하는 편향적 사랑 간의 본질적 긴장은 끝내 해소되지 않았다. 그리고 어쩌면 영원히 해소할 수 없으리라. (그리하여 인류를 결코 저버리지 않는다는 사랑의 하느님과, 죄인들이 영원한 지옥불의 저주를 받도록 내버려두리라고 예수가 말한 하느님 사이의 긴장 역시 해소할 수 없으리라.)

게다가 신약성경 이후로 줄곧 교회는, 그리스도의 육신인 동시에 신부로서(요한계시록 19:7), 그리스도 그 자체와 동일시된다. 가톨릭 전통에서 견고한 공동체이자 위계질서로 짜인 조직인 교회는 세계에서 그리스도의 존재와 권위를 표상한다. 이는 가톨릭의 1차적 의무란 당연히 그리스도에 대한 의무임을 뜻하는 것으로, 그로 인해 교회와 그 소속원들은 도덕적 책임감이라는 면에서 자기들이 나머지 인류보다 우월하다는 결론을 내리고픈 대단히 강렬한 유혹을 받게 되는데, 그런 결론은 많은 점에서 보장되기도 한다. (그리고 동방정교회와 개신교 교회들에서도 비슷한 움직임이 일어날 수 있다.) 그리하여 기독교 공동체가 이렇게 그리스도와 동일시함의 힘은, 그에 대립하는 비기독교와 이단을 사랑하라는 어떤 명령도 약화시킬 수 있다.

현실은 기독교가 민족적 혹은 문화적 집단이라기보다는, 믿음 하나만으로 그 경계를 규정하는 다채로운 집단이라는 것이다. 일찍이 시나이 언약이 "선택된 민족이고 왕의 사제들이며 거룩한 겨레이고 하느님의 소유가 된 백성"(베드로전서 2:9)을 언급하며 이스라엘을 나머지 인류로부터 갈라놓은 것과 꼭같이, '새 언약'[39]은 믿음 있는 자들을 나머지 인류로부터 갈라놓는다. 이것이 바로, 많은 가톨릭교도와 개신교도가 나치즘, 즉 인종적, 문화적 소속을 다른 무엇보다도 중시하는 이단 교리를 경멸하면서도, 유대인을 비롯해 자기들 신앙의 울

타리 바깥에 있는 이들에 대한 의무 앞에서 고작 이중적인 태도를 취하고도 불편함을 느끼지 않을 수 있었던 이유다.

그리고 그런 이유로, 기독교인들의 이단자 화형, 강제 개종, 잔학한 십자군 같은 피에 굶주린 역사를 '인간의 나약함'[40] 탓으로 돌리는 것은 피상적인 설명일 뿐이다. 잔인함이 일곱 가지 대죄에 속하지 않는다는 사실은 별도로 치더라도(사실 많은 전통적 텍스트들은 그것을 전혀 죄로 여기지 않는다), 기독교의 성경과 전통은 다음과 같은 문제들에 아무런 명확한 해답을 제시하지 않는다. '믿음을 가지지 않는 자들도 믿음을 가진 자들만큼 하느님에게 사랑을 받을까? 그리고 그들은 기독교인들에게서도 그만큼 사랑을 받아야 할까?' 기독교는, 그처럼 사랑의 신과 선한 사마리아인을 운운하면서도, 불행히도 우리 이웃 혹은 '가장 가까운' 것이 궁극적으로 누구인지를 줄곧 그리고 오늘날까지도 끝내 명확하게 밝히지 않았다.

기독교의 사랑은 조건이 없을까?

그러나 기독교의 사랑은 확실히 보편적이지 않을뿐더러 확실히 무조건적이지도 않다. 다시 말해, 우리를 향한 하느님의 사랑에 아무런 조건이 없다는 것은 불가능하다. 또는 하느님의 방식을 흉내내자면, 이웃을 향한, 혹은 사실상 하느님 당신을 향한 우리의 사랑에 아무 조건도 없다는 것은 불가능하다.

우리가 방금 보았듯, 이웃을 향한 사랑에는 그가 동료 기독교인인가 하는 조건이 따라붙을 수 있다. 반면 하느님의 사랑에는 당신의 신비로운 목적, 예를 들어 하느님이 누구를 택해 은총을 베푸는가 하는 조건이 붙고, 일부 기독교 사상가들은 은사라는 조건이 그것을 좌우한다고 보았으며, 우리가 보았듯 그 은사 자체에는 또 은총이라는 조건이 붙는다.

게다가 예수 스스로는 주요 우화들을 통해, 인류가 아무리 죄를 짓고 하느님께 등을 돌리더라도 하느님이 반드시 인류를 계속 사랑하시리라는 생각이 모두 잘못된 것임을 보여준다. 오히려 용서의 손길과 관계 회복이 늘 있지는 않으리라는 점을 분명히 한다.

토마스 아퀴나스는 사랑의 조건성을 퉁명스레 이야기한다. "사람은 본래 다른 사람을 오로지 자신의 좋음을 위해서만 사랑한다."[41] 이 법칙은 심지어 하느님에 대한 우리의 사랑에까지 확장된다. 우리가 하느님을 사랑한다면 그것은 하느님이 "자연에서 볼 수 있는 모든 좋음을 결정하는 보편적 좋음"인 "최상의 존재"[42]이기 때문이라고, 아퀴나스는 감상을 쏙 빼고 우리에게 말해준다. 그리고 사랑에는 대상의 좋음이라는 조건이 달린다는 점에 티끌만한 의심의 여지도 남기지 않겠다는 듯 이렇게 덧붙인다. "불가능한 가정이지만, 즉 하느님이 인간에게 보눔bonum〔좋음〕이 아니라면, 인간이 그분을 사랑할 이유는 하나도 없을 것이다."[43]

이런 견해는 그 혼자만의 생각이 아니라, 사랑을 최상의 가치로 승격시켜 조건 없는 사랑의 토대를 닦은 사람으로 오해받곤 하는 사도 바울에게까지 거슬러올라간다. 그러나 바울은 이렇게 말한다.

잘못 생각하지 마십시오. 하느님은 조롱을 받으실 분이 아니십니다. 사람은 무엇을 심든지 자기가 심은 것을 그대로 거둘 것입니다. 자기 육체에 심는 사람은 육체에게서 멸망을 거두겠지만 성령에 심는 사람은 성령으로부터 영원한 생명을 거둡니다. 낙심하지 말고 꾸준히 선을 행합시다. 꾸준히 계속하노라면 거둘 때가 올 것입니다.(갈라디아서 6:7~9)

예수의 삶을 돌아보면, 여기서도 사랑은 어떻게 보아도 분명 무조건적인 것으로 제시되지 않음을 확인하게 된다. '평지설교'에서 예수가 우리에게 반대쪽 뺨을 내밀고 "원수를 사랑하고 남에게 좋은 일을 해주어라. 그리고 되받을 생각을 말고 꾸어주어라"(누가복음 6:35)라고 말하는 것은 사실이다. 그렇지만 그 말은 우리가 무언가를 베푼 대상에게서 아무런 보답도 바라지 말아야 한다는 뜻일 뿐이다. 그 바로 다음 문장에서 예수가 말하듯, 머지않아 그보다 훨씬 큰 보상을, 그것도 하느님에게서 직접 받게 될 터이기 때문이다. "너희가 받을 상이 클 것이며 너희는 지극히 높으신 분의 자녀가 될 것이다."(누가복음 6:35)

우리가 이미 보았듯이, 예수는 하느님의 구원하는 사랑을 얻으려면 은사가 반드시 필요하다고, 그리고 이런 점에서 그 사랑은 조건적이라고 고집한다. 한 행인이 하느님과의 영원한 삶을 얻으려면 어떤 선행을 해야 하느냐고 물었을 때, 예수는 이렇게 말하지 않는다. "하느님은 모든 사람을 조건 없이 사랑하시기 때문에 네가 무엇을 하든 상관없이 너를 당신에게로 이끄실 것이다." 그 대신 예수는 이렇게 말한다. "네가 생명의 나라로 들어가려거든 계명을 지켜라."(마태복음 19:17. 마가복음 10:17 및 누가복음 18:18 참조) 하느님을 위해 이

세상을 포기한 자들은 지상의 좋음과 영원한 생명 양쪽으로 보답을 받을 것이다.(마가복음 10:29~30)

'달란트 우화'(마태복음 25:14~30, 누가복음 19:12~28)에서는 사랑의 조건성이 한층 명확해진다. 여기서 예수는 천국이란, 여행을 떠나기 전에 세 명의 종에게 능력에 따라 엄격하게 구분해 돈을 맡기는 주인과 같다고 설교한다. 가장 영리한 종은 5달란트를, 다음으로 영리한 종은 2달란트를 받고, 셋째 종은 겨우 1달란트밖에 받지 못한다. 집에 돌아온 주인은 종들에게 자기가 준 돈으로 무슨 일을 했는지 아뢰라고 한다. 능력 있는 두 종은 자기들이 받은 돈을 두 배로 늘리려고 열심히 일했다. 주인은 이 둘을 칭찬하면서 이렇게 말한다. "이제 내가 큰일을 너에게 맡기겠다. 자, 와서 네 주인과 함께 기쁨을 나누어라." 그러나 모험심 없이 1달란트를 땅에 묻어두었던 셋째 종은 돈을 그대로 돌려주며 이렇게 말한다. "보십시오. 여기 그 돈이 그대로 있습니다." 그러자 주인은 대답한다. "너야말로 악하고 게으른 종이다. (…) 내 돈을 쓸 사람에게 꾸어주었다가 내가 돌아올 때에 그 돈에 이자를 붙여서 돌려주어야 할 것이 아니냐?" 그러고는 그 종에게서 돈을 빼앗아 가장 유능한 종에게 주라고 명한다. "누구든지 있는 사람은 더 받아 넉넉해지고 없는 사람은 있는 것마저 빼앗길 것이다." 이 가혹한 심판에도 분이 풀리지 않은 주인은 이윽고 "쓸모없는 종을 바깥 어두운 곳에 내쫓아라. 거기서 가슴을 치며 통곡할 것이다"(마태복음 25:29~30)라고 하며 종에게 처분을 내린다.

사랑의 진짜 본질은 바로 무조건성이라는 생각은, 사실 기독교 성경의 어디에서도 찾아볼 수 없다.

하느님의 용서는 무조건적일까?

하느님의 용서야말로 무조건적인 것이라고 말할 사람이 있을지도 모르겠다. 어두운 바깥으로 내쫓긴 이들조차 결국은 용서를 받는다고. 그리고 용서는 사랑의 표식이거나, 어쩌면 사랑과 동격이라고.

그러나 하느님의 용서는 무조건적인 것과는 거리가 꽤 멀어 보이고, 언제든 얻을 수 있는 것도 결코 아니다. 그것은 죄인의 회개에 달렸을 수 있다. "너희도 회개하지 않으면 모두 그렇게 망할 것이다."(누가복음 13:3) 또 우리에게 잘못한 이를 우리가 용서하느냐에 달렸을 수도 있는데, 예수는 다음과 같은 말로 그 점을 명확히 경고했다. "너희가 남의 잘못을 용서하면 하늘에 계신 아버지께서도 너희를 용서하실 것이다. 그러나 너희가 남의 잘못을 용서하지 않으면 아버지께서도 너희의 잘못을 용서하지 않으실 것이다."(마태복음 6:14~15. 누가복음 11:4 참조) 또는 이런 말도 있다. "남을 용서하여라. 그러면 너희도 용서를 받을 것이다. 남에게 주어라. 그러면 너희도 받을 것이다. (…) 너희가 남에게 되어주는 분량만큼 너희도 받을 것이다."(누가복음 6:37~38) 심지어 요한은 신약성경에서 유일하게 '하느님은 사랑이시다'라는 유명한 구절이 나온 바로 그 편지의 지은이면서도, 신의 용서가 당연한 것이 아님을 더없이 명확히 밝히고 있다.

그러므로 아들을 믿는 사람은 영원한 생명을 얻을 것이며 아들을 믿지 않는 사람은 생명을 얻기는커녕 오히려 하느님의 영원한 분노를 사게 될 것이다.(요한복음 3:36. 요한복음 3:16 참조)

이런 이야기들만 그렇게 주장하는 것이 아니다. 만약 혼인 잔치 우화("부르심을 받은 사람은 많지만 뽑히는 사람은 적다")나 달란트 우화("없는 사람은 있는 것마저 빼앗길 것이다"), 또는 빚진 종 우화("너희가 진심으로 형제들을 서로 용서하지 않으면 하늘에 계신 내 아버지께서도 너희에게 이와 같이 하실 것이다")로도 그 점이 충분히 분명하게 와닿지 않는다면, 예수가 심판의 날에 관해 말한, 양과 염소들이 구분될 것이라는 이야기를 떠올리면 된다. 바르게 행동한 의인들은 하느님 왕국과 영원한 생명으로 보답을 받을 것이다. 그러나 삶에서 바르게 행동하지 못한 자들은 하늘의 판관으로부터 이런 말을 들을 거라고 예수는 경고한다. "이 저주받은 자들아, 나에게서 떠나 악마와 그의 졸도들을 가두려고 준비한 영원한 불속에 들어가라." 그리고 이렇게 덧붙인다. "그들은 영원히 벌받는 곳으로 쫓겨날 것이며".(마태복음 25:31~46)

군이 설명할 필요도 없겠지만, 여기서 예수는 지옥을 말하고 있다. 이것은 우리가 수많은 회화 작품에서 봐온 최후의 심판 장면이다. 구원받은 자들은 사람의 아들Son of Man의 오른편에, 저주받은 자들은 왼편에 자리잡은 그 장면. 벌은, 예수의 말대로, 영원한 벌이다. 어떤 용서도, 회개도, 마지막 기회도, 관계 회복도 일절 없을 것이다. 다른 곳에서 예수는 이렇게 덧붙인다. "사람의 아들이 자기 천사들을 보낼 터인데 그들은 남을 죄짓게 하는 자들과 악행을 일삼는 자들을 모조리 자기 나라에서 추려내어 불구덩이에 처넣을 것이다."(마태복음 13:41~42) 용서를 받을 수 없는 죄들이 있기 때문이다. "사람들이 어떤 죄를 짓거나 모독하는 말을 하더라도 그것은 다 용서받을 수 있

지만 성령을 거슬러 모독한 죄만은 용서받지 못할 것이다."(마태복음 12:31)

이것은 더할 나위 없이 최종적이다. 사랑의 종교라는 그 직물에 지옥과 영원한 저주가 애초부터 얼마나 깊숙이 짜넣어져 있었는가를 감안하면, 수세기 동안 이단자들을 화형에 처하고, 다른 종교의 신도들을 죽이고, 전쟁을 후원하고, 죽음보다도 더한 무시무시한 벌들로 그 자신의 양떼를 위협했던 가톨릭교회가 보편적 사랑과 용서의 종교로 둔갑하여, 그런 만행들을 묵인하고 때로는 후원했던 교황들의 후계자들이 순백의 로브를 입고 온 세상을 돌아다니며 모든 이에 대한 관용과 비폭력을 설교하고 있다는 것은 대중 홍보 공세의 놀라운 성과라 할 수 있다. 세속 권력과 결탁해 이른바 적들을 파멸시키려 하던 시대의 교황들, 즉 제1차 십자군을 소집하고 그 대가로 십자군의 죄를 사해주겠다고 약속한 우르바누스 2세 같은 교황들의 마키아벨리적 술책들은, 사랑과 용서를 위한 하느님의 사절로 스스로를 재창조하는 바티칸의 탁월한 재주 덕분에 희미해졌다. 가톨릭 교리의 일부로 분명히 남아 있는 지옥과 영원한 저주라는 개념을 버리지 않으면서도 그럴 수 있었다는 사실을 꼭 덧붙여야 할 것이다. (계몽주의 이후, 특히 20세기 중반 이후 한층 관용적이고 투명해진 시대적 분위기를 따라잡기 위한 개신교의 다양한 자기재창조 역시 놀랍기로는 가톨릭 못지않다.)

그렇다면 '기독교의 사랑'이 본질적으로 무조건적이라는 것은 어쩌다 통념이 되었을까? 이것이 사랑을 규정하는 특징이라는 결론은 어쩌다 도출되었을까? 그것은 시작점에서의 오해로 어느 정도 설명할 수 있다. 만약 하느님이 실제로 어떤 조건도 없다면, 그리고 하느님이 사랑이라면, 진정한 사랑에는 그 어떤 조건도 없다는 결론이 자동으로 따라나올지도 모른다. 그러나 우리는 방금 기독교 성경이 이것이 사실인지 명쾌히 입증해내지 못하는 것을 보았다. 하느님의 구원하는 사랑은 인간의 은사라는 조건에 구애될 수 있다는 것이다. 그리고 어차피 인간은 하느님이 아니다. 따라서, 만약 신의 사랑이 명백히 무조건적이라 해도, 인간 역시 그와 같은 방식으로 사랑할 수 있다고 상상하는 것은 교만일 수도 있다. 하느님 본받기의 전체 개념, 즉 하느님이 자비롭듯 자비로우라, 하느님이 완벽하듯 완벽하라, '내가 너희를 사랑한 것처럼 너희도 서로 사랑하라'는 것은 곧 신성모독이 된다.

그렇지만 이런 일이 일어나게 된 것은 단순히 성경을 제대로 읽지 않은 탓이 아니다. 하느님의 도움 없이도 인간의 사랑이 무조건적일 수 있다는 생각은 사실 현대의 창조물이다. 우리는 토마스 아퀴나스 같은 기독교의 대사상가조차 그것을 믿지 않는 것을 보았다. 인간이 하는 모든 일에는 조건이 달려 있다. 그렇다면 우리는 어쩌다 사랑만은 다르다고 믿게 되었을까?

가능한 한 가지 대답은 이러하다. 신적인 것을 폐기하는 데 맹렬히 몰두하는 현대 세계에서, 우리 현대인들은 현실적으로 이 가장 근본적인 인간의 욕구를 포기하지 못하여, 파괴할 수 없는 신의 유물을 보존하는 데 목을 맨다. 역설적이게도, 사랑이 무조건적이라는 확신은 기독교의 교권보다는 18세기 후반부터 가팔라지는 교권의 하락세에 더 큰 힘을 입고 있다. 특히 낭만주의의 일부 형태들이 인간의 사랑을 신성화할 수 있었던 것은 오로지 세계에서 하느님의 공백이 더 커진 덕분이었다. 그 공백을 채울 무언가가 필요했다. 그리고 사랑은 재빨리 그 이상적 후보자로 나섰다.

8
이상으로서의 여성
사랑과 음유시인들

중세 기독교가 인간이 신의 은총 없이 어느 정도로 사랑할 수 있는 지에 관해, 또는 이웃을 사랑하라는 계명의 범위에 관해, 또는 결혼에서 사랑의 본질에 관해, 또는 속세의 재화에 대한 욕망의 가치에 관해 그토록 열띤 논쟁을 벌였어도, 어떤 것들은 애초에 논쟁 대상에서 제외되었다. 그중 하나는 타인에 대한 진정한 사랑은 필연적으로 하느님을 위한 사랑이며 그렇게 체험된다는 것이고, 또다른 하나는 간음의 욕망은 그 성사 여부와 상관없이 금기라는 것이다.

따라서 중세 유럽의 한구석에서 기독교인 남녀 간의 사랑이 전혀 다른 정신으로 칭송될 수 있었다는 것은 거의 상상도 못 할 일로 보인다. 예를 들면, 비록 주제는 여전히 하느님을 칭송하고 두려워하는 것일지언정 자신의 속세적인 번영에 몰두하며, 세련되고 종종 불륜관계에 대한 열정을 그리는 야외극 같은 것. 그 열정은 진정한 사랑으로 인정받고자 하느님에게 기대거나, 궁극적으로 하느님을 향하는 것으로 체험되지도 않는다. 그 열정은 정확히 가장 순수한 지점에서 결혼과 양립 불가능해 보이고, 자신에 관해 격하게 진지한 동시에 자조적이며, 유희적이고 심하면 외설적일 수도 있다. 심지어 정부情婦를 섬길 때 적절한 헌신과 인내심, 정중함과 균형감을 잊지만 않는다면, 그 열정은 구애자가 젊음을 되찾고 미덕을 완성하도록 도와준다고 한다.

12세기와 13세기 프로방스에서, 그리고 좀더 폭넓게 보면 피레네와 북부 스페인을 포함해 현대에 '옥시타니아'라고 불리는 남부 프랑스의 방대한 영역에서 바로 그런 일이 일어났다. 그 지역 음유시인들은 피나모르fin' amor, 말 그대로 '고상한 사랑'을 칭송하는 시를 잔뜩 짓고 노래로 만들었다. 이는 19세기 후반 이래로 '기사도적인 사랑courtly love'[1]의 첫 발화로 여겨져왔다. 그 음유시인들의 위대한 점은, 니체[2]를 비롯한 많은 사람들이 생각한 대로, 그들이 사랑을 열정으로 재발명했다는 것이 아니다. 그것은 분명 이전에도 존재했고 칭송받았다. 우리는 그것이, 예를 들어 구약성경에서 아우구스티누스에 이르기까지 하느님에 대한 사랑에서, 특히 신랑을 향한 신부의 사랑으로 표출되는 것을 보았고, 아가서에서도, 요나단과 다윗의 우정에서도 보았다. 사실 음유시인들은 유부녀인 정부들에게 경의를 표하는 동시에 동정마리아에 대한 열정적 사랑을 노래하기도 한다. 그리고 그 열정은 그들의 전유물도 아니다.[3] 물론, 사랑을 미덕을 배우는 학교로, 사랑하는 이의 윤리적 완성을 위한 노력의 방식으로 본 것 역시 그들이 처음이 아니었다. 그런 생각들은 플라톤과 아리스토텔레스가 이미 매우

상세하게 서술했다. 음유시인들이 급격히 혁신적이었던 점은 그런 게 아니라, 속세의 여성을 향한 사랑을 숭배하는 경향을 확립했다는 것이다. 그 사랑을 통해 그녀에게 구애하는 이는(그리고 때로 그녀 자신도) 고귀함, 신선함, 그리고 무엇보다도 다른 방식으로는 성취 불가능한 쾌락을 얻을 수 있었다.[4]

간음의 욕망

모든 위대하고 혁신적인 감성이 그렇듯, 피나모르 역시 어마어마하게 복잡하다. 일부 음유시인들, 그중 우리가 아는 한 최초의 음유시인인 기욤 9세(1071~1126)[5] 같은 이들은, 단순히 간음의 욕망만이 아니라 성관계 자체를 칭송하는 듯하다. "신이시여, 제가 그녀의 망토에 손을 집어넣을 때까지 살아 있게 하소서!"[6] 기욤이 노래하는 양식은 후세의 일부 음유시인들에게 거칠고 우아하지 못하다는 비판을 받는다. 그는 때로 여러 애인 사이에서 갈팡질팡하기도 하지만, 그의 고뇌는 거의 유희와 뒤섞여 있다. "기사들이여, 내 문제에 조언을 부탁하노라! / (…) 나는 어느 쪽에 머물러야 할지 전혀 모르겠으니, 레이디 아녜스인지 아니면 레이디 아르셴인지."[7] 사랑이 건강과 삶을 증진시킨다고 칭송할 때든, 실연을 하소연할 때든, 아니면 품위 있는 구애자를 원한다고 실컷 떠들고서는 결국 급에 맞는 남자로 낙찰을 보고 마는 숙녀를 놀릴 때든, 그의 양식은 감탄이 나올 만큼 득의양양하다.

그렇게 신념 강한 숙녀는 본 적이 없다네,
간청도 거부당하고 애원도 거부당해도,
진정한 용자에게 퇴짜를 맞아도, 천박한 자와 좋아 지내지 않는.

그녀에게 좋은 동반자를 고가에 제시한다면
그녀는 그냥 자기 손 닿는 곳에 있는 것으로 만족한다네,
경주마를 가질 수 없다면, 그녀는 셋말을 얻지.[8]

다른 음유시인들은, 특히 기욤의 이후 세대는, 윤리적 이유로 간음
행위들을 거부했다(비록 숙녀들과의 성적 친애를 바라기에는 그들의
사회적 지위가 너무 낮다는 이유도 어느 정도 있었지만).[9] 이들 중,
가스코뉴의 학자로 추정되는 마르카브뤼(활동 시기 1130~1149)라
는 이는, 사랑이 일부일처제가 아니라면 미덕을 배우는 학교가 될 수
없다고 고집하며 기사도적 사랑의 남녀 간 성적 방종을 비난한다. 이
따금씩 그의 글은 인간의 어리석음과 부도덕함을 꾸짖는 성경 말씀처
럼 들린다.[10] 그러나 동료 음유시인들과 마찬가지로 그의 목소리는 세
속성에 지배를 받고 있다. 악덕의 대가는 신의 처벌보다는 인간적인 전
락이다. 마르카브뤼는 간음이 열등한 후손을 낳게 해 고귀한 혈통을
오염시킨다고 공언한다.[11] 잘못된 사랑은 퇴폐를 낳는다. 마르카브뤼
는 그처럼 위조 화폐가 널려 있는 삶의 영역은 달리 없다고 생각한다.
퇴폐는 단순히 윤리적 '타락'이 아니라 사회적, 생물학적 오염이다.
그러나 베르나르 마르티 같은 이들은 어느 쪽으로든 간음에 관해
덜 분명한 태도를 취한다. 유부녀는 연인을 하나만 두어야 한다고 주

장하긴 하지만. "세 남자에게 사랑을 베푸는 숙녀는 자기 연인에게 신의를 다하지 않는 것이다. (…) 나는 그녀에게 남편에다 추가로 기사도를 아는, 명예를 아는 친구 하나를 허용하노라."[12]

결혼 안에서의 사랑이 불가능하다고 여겨진 것은 아니다. 그러나 결혼은 보통 음유시인들이 칭송하는 사랑, 즉 성적 결합 여부를 떠나 피나모르의 덕목을 행함으로써 사랑하는 사람을 정화하고 활력을 되찾아주는 식의 사랑을 실현하는 것과는 무관했다. 1174년 연애 문제 법원●에서 샹파뉴 백작부인에게 내린 판결은 결혼에 딸린 애정보다 혼외의 사랑이 우월함을 명확히 판별한 사례로 칭송받는다.

우리는 사랑이 혼인관계인 두 사람 사이에서 그 힘을 행사할 수 없음을 선포하고 그 사실을 공고히 한다. 연인들은 어떤 강제나 필요도 존재하지 않는 상황에서 서로에게 모든 것을 대가 없이 줄 수 있는 반면, 결혼한 사람들은 상대의 욕망에 양보해야 하고 상대가 무엇을 원하든 거부하면 안 된다는 의무를 지고 있기 때문이다.[13]

이런 시각을 옹호한 음유시인들은 순진한 소녀들의 발코니 아래에서 류트나 뜯는 매력남들이 아니었다. 그렇다고 시라노 드 베르주라크가 지어준 시구로 록산에게 구애를 한, 말주변이 부족한 군인 크리스티앙 같은 멋쟁이도 아니었다. 그들은 노련한 궁중시인들이었고, 간혹 상인이나 소작농 출신도 있었지만, 기욤 9세처럼 귀족 신분인

● Court of Love. 중세 프로방스에 존재했다고 전해지는, 여성만으로 구성된 법원.

경우가 흔했다. 그들은 오크어, 흔히 프로방스어나 옥시타니아어라고 불리는 언어로 글을 썼고, 에로틱한 즐거움, 은총, 균형감, 유희와 섬김 같은 이상들에 흠뻑 젖은 사랑의 방식을 발명했다.

미덕을 고취하는 이상으로서의 여성

간음의 욕망을 신성화하는 것과는 별도로, 피나모르의 둘째 혁신은 우리 현대인에게 직접적인 영향을 발휘한다. 이제는 미덕의 영광스러운 보고寶庫로서, 그리고 구애자의 내면에 사랑을 일깨워 고귀함과 미덕이 샘솟게 만드는 존재로서 여성이 숭배된다.[14] 원래 의도는 아니었다 해도, 실제로 음유시인들은, 아담과 이브를 모델 삼아 여성을 남자로 하여금 죄짓게 만드는 유혹자로 보는 수세기나 된 시각에, 그리하여 여성을 사악함의 통로이자 악마의 문간으로 보는 시각에 도전장을 던진다.

최고로 강력한 봉건 영주가 당대의 모든 사회적, 정치적 권위 면에서 자기보다 엄청나게 열등한 한 숙녀에게 자신을 바치는 특수한 역할의 역전이, 기욤의 시를 통해 완벽하게 묘사된다. 아키텐 공작이자 푸아티에 백작인(그리고 영국의 사자왕 리처드의 직계 조상인) 기욤은 사회 계급의 정점에 있었다. 방대한 영토의 지배자인 그는, 그러나 여기서 스스로를 사랑을 구걸하는 자로 일컫는다.

어떤 남자든 사랑에 순종하지 않는다면, 낯선 이와 그 주변 사람에게 겸손하게 굴지 않는다면, 그리고 그 영역 안에 있는 모든 이에게

공손히 굴지 않는다면, 결코 사랑 앞에서 우아할 수 없다.[15]

더 나중의 음유시인인 베르나르 드 방타도른(1147경~1170) 역시 비슷한 방식으로 노래한다.

나 그녀를 사랑하여 그녀 말고는 겁날 것이 없으며,
그 무엇도 내게는 시련이 될 수 없다네,
내 숙녀를 즐겁게 하는 일 말고는[16]

동시에, 베르나르는 여성이 배신을 하고 천박하게 굴 수도 있다며 한탄한다. 덕 있는 구애자를 그릇되게 비난하고 부유한 구애자의 발 밑에 엎드릴 수 있다고. 사실 그는 어쩌면 한 편의 시 안에서 그녀를 공경하면서 동시에 비난하고 있는지도 모른다.[17] 그의 시구에서는 논쟁과 비난과 좌절을 종종 볼 수 있다. 히브리 선지자들이 하느님과 언쟁을 벌일 수 있는 것과 마찬가지로, 그 비난이 공경과 양립 불가능하다고, 병행되지 않는다고 생각할 이유는 하나도 없다. 어떻든, 베르나르에게 그 숙녀가 일깨우는 쾌락은 다른 모든 것을 초월한다.

새 풀과 잎이 돋아나고,
꽃이 가지에서 피어나고,
나이팅게일이 높이 솟아올라
목청을 가다듬고 지저귈 때,
나 거기에 기뻐하고, 꽃에 기뻐하리,

그리고 나 자신에 기뻐하고 내 숙녀에는 더욱더 기뻐하리 (…)
그것이 다른 모든 기쁨을 능가하는 기쁨이니까.[18]

기욤과 베르나르 두 사람 모두, 한 숙녀에게 받아들여지거나 퇴짜
맞는 것의 엄청난 중요성에 관해 의심할 바 없이 분명히 밝히고 있다.

그녀가 기뻐하면 아픈 남자가 낫고,
그녀가 노하면 건강한 남자가 죽으며,
현명한 남자는 미치고,
미남은 멋진 외모를 잃고,
가장 정중한 기사도 천박해지고,
속속들이 천박한 자는 기사가 된다네.[19]

— 기욤 9세

내 숙녀 앞에서는 기도도 자비도,
내가 가진 특권도 소용없으니,
그녀가 내 사랑에 기뻐하지 않는다면,
나 더는 그녀에게 사랑한다 말하지 않으리 (…)
그녀가 내 죽음을 원하면 나 죽음으로 대답하리
그리고 떠나리 (…) 유형지로, 나도 모를 곳으로.[20]

— 베르나르 드 방타도른

이처럼 한 숙녀가 구애자의 사랑을 알아주고 받아들이기로 결정하

느냐 그러지 않기로 결정하느냐는, 비록 육체가 아니라 영적, 도덕적 측면에서기는 하지만, 그에게 삶과 죽음의 문제가 된다. 그녀가 알아주려 하지 않으면 그는 산 채로 죽음을 겪을 것이다. 그리고 만약 그녀가 알아준다면 그의 육신과 영혼은 젊음을 되찾을 것이고, 심지어 촌스러운 자도 웬일인지 세련되어질 것이다.

그러나 숙녀의 수락이 진정한 보답인지는 전혀 명확하지 않다. "두 고귀한 연인의 사랑이 서로 조화를 이루고 하나가 되어"[21]라는 베르나르 드 방타도른의 시구처럼, 더러 그렇게 보일 때도 있다. 그러나 베르나르에게 그 숙녀의 수락이란, 그저 그녀가 구애자에게 기꺼이 하사하는 어떤 '영예와 좋음'[22]에 지나지 않을 때도 있다. 그것은 충분한 보답이라고 보기에는 다소 아쉬운 반응이다.

심지어 어떤 간음의 **욕망**이 피나모르의 정서적 구조에서 근본적이라 해도, 음유시인들의, 특히 기욤으로 대표되는 첫 세대 이래 음유시인들의 진짜 목적은 성적 소유가 아니다. 그보다는 구애자의, 그리고 아마도 양측의 윤리적, 영적 풍요로움이다.[23] 보답이 있든 없든, 정중함과 섬김과 중용으로써 숙녀를 사랑하는 행위 자체가 그에게 득이 된다.

나날이 나는 향상되고 더 순수해지네,
세상 가장 고귀한 [숙녀를] 섬기고 숭배하므로.
나 그대에게 이 말 할 수 있네.
내 머리끝에서 발끝까지 몽땅 그녀의 것이라고.[24]
—아르노 다니엘(활동 시기 1180~1200)

두루 여행을 다니고 많은 여자들을 만나본 아르노지만 "그 모든 자질을 한몸에 다 가진 사람은 찾지 못했네. 하느님이 그녀 안에 그것들을 심으시고 굳게 다져놓으셨기에"[25]라고 말한다. 그런 여성을 사랑하는 것은 미덕의 수련이자 모든 좋은 행동의 근원이다.

> 내게 기쁨 주는 아름다운 그녀를 향해서라면
> 나는 고귀하고 진실하며 습관보다도 흔들림 없네. (…)
> 그리하여 나는 고귀하게 사랑하고, 사랑으로 고귀해지리. (…)
> 사랑은 모든 좋고 적절한 행동들을 하게 만들고,
> 은사에 속하는 자질들을 내려주네.
> 따라서 사랑은 용기의 학교라네,
> 그 아무리 어리석은 남자라도, 그가 사랑을 한다면,
> 사랑이 그를 용맹의 항구로 인도하리니.[26]
> ─기로 리키에(1254~1292)

　사랑은 좋은 행동들의 근원이자, 미덕을 가르치는 학교이자, 순수함으로 가는 길이자, 신적인 자질들을 보여주는 사랑의 대상을 찾는 일이다. 여기서 다시, 멀리까지 미치는 플라톤의 영향력(신플라톤주의를 통해 멀리 뻗어나간)을 알아보지 않을 수 없다. 이후의 숱한 기사도적 시 작품들에서, 숙녀는 최고의 사랑이 추구하는 완성을 한몸에 체현한다. 다시 말해, 그녀는 정도는 더 약할지언정 우리가 좋거나 아름답다고 부를 수 있는 무언가 혹은 누군가에서 찾아야 할 좋음이나 아름다움을 한몸에 체현한다. 그리고 그 좋음이나 아름다움은 그

것을 사랑하는 사람으로 하여금 덕을 쌓도록, 좋은 일과 좋은 행동을 하도록 자극한다. 플라톤의 디오티마도 그랬지만, 이런 음유시인들에게 완벽을 향해가는 움직임은 사랑의 지고의 목표이자 번영하는 삶의 핵심이다. 그들이 노래하는 사랑에서 에로티시즘은 육체적 생식과는 아무런 관련이 없고, 오로지 아름다움을 향한 탐색과 관련이 있다. 그 탐색은 도덕적 좋음을 향한 탐색이기도 하다.

이 모두가 피나모르의 궁극적 충족이 영 불가능해 보이는 이유다. 그것은 드니 드 루주몽[●]이 서구 사랑에 관한 그의 영향력 있는 연구[27]에서 주장하듯 연인들이 장애물과 고통 그 자체를 위한 고통을 찾는 데 매몰되어 있기 때문이라기보다, 영적 풍부함과 미덕의 완성을 완벽하게 달성할 수 있는 종결점이라는 것이 존재하지 않기 때문이다. 진전 그 자체가 보상이고, 아르노 다니엘 같은 음유시인들이 명확히 밝히듯, 그 자체가 무한한 행복의 근원이다. "Der Weg ist das Ziel", 가는 길이 곧 목적지다.

정절과 질투

그러나 사람은 실제로는 한 번에 한 명의 연인에게만 몰두할 수 있다. 또한 아름다움이나 미덕의 본질을 체현하는 존재로서의 숙녀를 한 명 이상은 떠올릴 수 없다. 그리하여 기사도적 사랑의 황금률은, 구애자가 자기 숙녀를 두고 바람을 피워서는 안 된다는 것이다. 심지

● 1906~1985. 스위스의 작가이자 문화이론가.

어 그 바람의 상대가 자기 아내일지라도. 결혼했든 연인을 두었든, 피나모르는 그 구조 자체가 연쇄적 일부일처제다.

이것은 이중생활을 한다는 뜻일 수도 있다. 그러나 공개된 것이므로 은밀한 생활이라 하기는 어렵다. 그리고 기욤 9세는 누구보다도 화려하게 그런 삶을 살아냈다. 그는 다른 어떤 음유시인 못지않은 열정으로 자신의 숙녀를 숭배했지만, 13세기의 한 전기 작가에 따르면, 그는 엄청난 유혹자이기도 했다.

푸아티에 백작은 이 세상에서 숙녀들을 가장 잘 현혹하는 사람이자 기사도가 대단한 남자였으며, 무공이 탁월한 기사였고, 구애는 헤펐으며, 작곡하고 노래하는 법을 잘 알았다. 그리고 그는 온 세상의 숙녀들을 속이기 위해 오랫동안 여행을 했다.[28]

기욤의 잘 알려진 이중생활은 그의 복잡한 시 양식에 필적한다. 아니, 사실상 그것을 넘어선다. 그는 이상적인, 박식한, 섬세한 피나모르의 열정을 드러내는 한편으로, 야만적이고 참을성 없고 기만적이다. 그는 여성들을 숭배하기를 열망하는 동시에 정복하기를 열망한다(이 욕구들이 모순관계라는 것은 아니다). 그는 욕망을 극한까지 즐기면서도 또한 그것을 공허하다고 여긴다. 그는 장난기가 넘치면서 냉소적인 동시에 풍자적일 수도 있다. 그러나 또한 몹시 진지하기도 하다. 그리고 웃음 뒤에는 고통이 섞여 있는 것처럼 보인다. 그가 어디서 어떤 감정을 느끼고 있는지는 정확히 알기 어렵다. 마치 그가 '진짜' 얼굴이 없거나, 달리 말해(더 정확한 표현은 아니지만) 전부 가면인 것처럼.

양식은 무척 다르지만, 아르노 다니엘 역시 그렇다. 그는 한편으로는 자신의 숙녀를 섬기며 한층 덕 있는 사람이 되고 싶어한다. 하지만 다른 한편으로는 그녀의 침실에 들어가고 싶어한다. 그는 그 욕망이 플라톤적인 것이 아님을 명확히 한다. "내 영혼이 아니라 육신이 그녀의 것이었으면!/ 그리고 그녀가 자기 침실에 나를 몰래 들여주었으면!"[29] 기욤처럼, 그렇지만 기욤보다는 덜 음탕하게, 그는 오비디우스가 추격이든 사냥이든 관능의 추구에서 느끼는 완벽한 쾌락을 설파하는『사랑의 기술』에서 말하는 환희에 찬 '배덕주의'를 체현한다. 그리고 이제, 육체적 욕망을 초월한다는 고매한 목표를 추구하는 플라톤과 기독교식 이상주의의 흔적들을 기욤보다 더 노골적으로 보여준다. 그의 시의 특질 덕분에 서양 사랑의 역사의 이런 (많은 면에서 불필요하게) 갈등하는 전통들은 결실 있는 조화를 이룰 수 있다. 사랑의 미덕이 침실에서 확인되고 보상을 받듯이.

피나모르가 반드시 단속해야 했던 한 가지 감정은 질투였다. 심지어 피나모르의 관능성이 대체로 영적으로 승화되거나 그 목적이 주로 윤리적이라 해도, 질투는 배제할 수 없다. 그리고, 다시금, 그 지위는 매우 명확하다. 남편들은 경쟁자를 질투해서는 안 되지만, 구애자들은 그래도 된다. 사실 구애자의 질투는 칭찬할 만하다. 그것은 숙녀에 대한 그의 열정적 헌신을 보여준다. 그리고 그것은 양측을 더 섬세하게 만드는 사랑을 함양한다.[30]

반면 남편의 질투에는 조잡한 동기가 있으니, 그것은 소유욕이다.

나아가, 그것은 기사도적 행위에 대한 암묵적 공격이다. 여기서 음유시인인 위크 드 마타플라나는 동료인 레몽 드 미라발에게, 피나모르를 섬기려거든 아내에게 구애하는 자들에 대한 질투를 극복하라고 종용한다.

> 품위 있는 구애자가 자주 찾아온다 해서
> 그녀를 걱정하지도 슬퍼하지도 마시게,
> 그리하면 품위 있고 질투하는 자들을 혐오하는 우리에게
> 그는 기쁨이 되어주리니.[31]

당연하게도, 음유시인의 시에서 우리가 가장 만나기 힘든 질투가 바로 숙녀를 향한 구애자들의 질투다. 미덕의 단상에 올려진 숙녀는 애인을 두고 변심하지 않으리라는 것이 암묵적인 믿음이다. 그리고 그녀가 약간 엇나간다 해도, 사랑의 신하인 그로서는 비난할 처지가 못 된다. 그녀의 삶이 들여다보기에는 너무 사적이라는 사실은 논외로 치자. 기욤 9세는 심지어 한 번도 만난 적 없고 아는 바도 전혀 없는 한 숙녀에 관한 환상을 품을 때조차, 그녀의 정절을 굳게 믿는다고 주장한다. 그녀가 무책임한 북부 프랑스인(남부인들이 늘 가장 의심하는 이웃)과 함께 있지만 않다면.

> 누군지 모를 숙녀 한 분을 나 사랑하네,
> 믿건대, 아직 한 번도 만나보지 못한 그녀를.
> 그러나 나 그녀로 인해 기쁠 일도 화날 일도 없었고,

걱정할 일도 없었다네,

나 있는 곳에 노르만 사람이나 프랑스 사람은 없었으니.[32]

음유시인들이 칭송하는 열정적 사랑은 '기쁨 jois'을 추구하고 거기에 흠뻑 빠진다. 그것은 고통과 자기불신을 달래주는 강렬한 즐거움이자, 한 숙녀를 사랑함으로써 발견해야 하는 삶의 기쁨과 회춘이다.[33] 페르 비달의 말에 따르면 그것은 "그녀의 즐거움에서 태어나고 거기서 시작된다."[34] 베르나르 드 방타도른이 우리에게 말하듯, 고귀한 자는 기쁨 속에 산다.

기쁨 속에 살지 않는 남자는,

심장과 욕망이

사랑을 향하지 않는 남자는,

천박한 삶을 사는 것이나 다름없지.

초원과 대정원과 과수원,

황야와 평원과 숲.

존재하는 모든 것은, 기쁨에게 그 자신을 내주고

종을 울리고 노래로 가득하니까.[35]

그들이 아무리 기쁨을 찬양해도, 현대인의 눈으로 볼 때 음유시인들의 숙녀 숭배는, 괴테의 기묘한 표현을 빌리자면 '영원의 여성' 앞에 무릎 꿇으려 하는, 마치 복종을 위한 자신의 시련을 영원히 끝나지 않게 하려는 듯한 남자들의 열망에서 생겨나는 피학적 판타지를 표출하는 것처럼 보이기도 한다. 따라서 이런 시련의 달콤한 고문은 먼 곳에 있는, 진짜 인간이라기보다는 어떤 비인간적 전형에 더 가까운 한 숙녀를 그림으로써 더욱 심화된다. 이렇게 보면 음유시인들이 칭송하지만 실제로 성취하는 일은 거의 없는 간음의 욕망은, 마치 그들이 가장 원하지 않는 것이 그 욕망의 충족인 양 스스로 차례차례 장애물을 지어내는 만족감을 향한 그들의 열정을 강렬하게 만드는 한 방편이 된다. 그리고 피나모르의 대상인 이상화된 숙녀는 (대다수 우상들처럼) 숭배자들이 그녀의 진정한 본성을 부정하면서, 아울러 자신의 피학적 제의 속에서 그 숭배 대상인 숙녀를 결국 그저 허수아비로 만들어 남성 지배를 유지하면서 자신의 나르시시즘을 만족시키기 위해 지어낸 존재다. 그런 측면에서 보면, 기사도적 사랑은 사랑의 본성 그 자체가 어떻게 손에 닿지 않는 이상을 갈구하고 따라서 좌절을 자초하는지 가장 잘 보여주는 본보기다.[36]

그렇지만 행여 이 피학적 나르시시즘의 이미지가, 이상화된 욕망의 대상을 수많은 장애물 때문에 우리 손이 닿지 않는 먼 곳에 떨어진 존재로 그려놓고 거기에 복종하는 데서 인류가 기쁨을 느끼는 이유를 이해하는 데, 혹은 그런 몇 가지 이유 중 하나를 이해하는 데에 유용하다면, 그것은 그 이상화된 대상이 천국에 있는 경우를 포함한 사랑의 그와 같은 **모든** 구조에 적용될 것이다. 즉 그것은, 이를테면 그 숙녀(하느님이나 절대적 아름다움이나 어떤 다른 궁극적 현실이 아닌)를 이상으로 떠받들고, **세속적인** 욕망을, 그리고 가끔은 (하느님만을 향한 욕망이 아닌) 간음적인 욕망을 신성화하고, **세속적** 재물에서 느끼는 기쁨을 칭송하는 것 같은 기사도적 사랑의 특이한 점들을 설명하지 못할 것이다. 예를 들어 만약 충족이 불가하다는 점이 사랑의 발전에서 핵심 요소라면, 이것은 사랑이 자신의 번영을 위해 장애물을 추구하거나 자신의 불행에서 기쁨을 찾는 피학적 욕구이기 때문이 아니다. 또한 사랑이 오로지 위기에 처했을 때만 진정한 사랑으로 느껴지기 때문도 아니다. 그보다는 욕구불만이 우리로 하여금 사랑의 성공에 필수적인 자질들, 즉 섬김과 정중함, 인내심과 균형감 같은 '기사도적인' 자질들을 함양하는 데 집중하도록 만들기 때문이다. 그러면 사랑은 마음의 고결함이 되어, 그 추종자들이 시련을 겪든 겪지 않든, 그리고 그들이 사랑하는 이를 얻게 되든 잃게 되든, 기쁨의 활력으로 그들을 회춘시킬 것이다.[37]

9
인간 본성이 어떻게
사랑을 할 수 있게 되는가
중세 성기盛期에서 르네상스까지

12~13세기 이후로 서양의 사랑에는 혁신적인 사상이 자리잡았다. 한 개인인 인간이, 이전에는 하느님만을 위한 것이었던 종류의 사랑을 받을 만한 가치를 지닌다는 생각이다. 그녀는 가장 큰 좋음을 체현하는 존재로 여겨지고, 따라서 신적인 존재에게나 바칠 만한 숭배를 받는 대상이 된다. 비록 우주는 여전히 하느님에게로 올라가는 사랑의 사닥다리로 여겨지지만, 그리고 모든 사랑은 결국 하느님에 대한 사랑에 복속되지만, 타인에 대한, 또는 사실상 자연 일반에 대한 헌신은 더 자유로워져 자체적인 생명을 얻을 수 있게 된다.

이 장은 이런 생각의 몇 가지 핵심 발전상들을 17세기의 여명기까지 추적해갈 것이다. 17세기는 현대 세계의 첫 세기이자, 바뤼흐 스피노자가 전체로서의 자연과 그것을 넘어선 하느님 사이의 구분을 사실상 제거하여, 자연세계를 사랑하는 것이 신을 위해서라는 생각이 더는 의미가 없어진 시기이다. 이 철학자에게 자연과 하느님은 하나이기 때문이다.

그렇지만 그것이 새로운 철학으로 선포되기 전부터, 인간 본성을 포함해 자연을 향한 사랑이 성스러움을 자처할지도 모른다는 생각은 시와 노래 속에 생생하게 담겨 있었다. 음유시인들은 12세기부터 서양 사랑의 무대를 채우기 시작한 '위대한 연인들'의 행렬에 앞장섰고, 그들 중에 아벨라르와 엘루아즈가 있다. 파리 사람인 철학 교수와 그보다 15세 내지 30세 정도 어린 제자였던 그들의 정열적인 연애와 뜨거운 정사, 사생아와 비밀 결혼은 특별한 서신 교환을 통해 기록되어 있다.[1] 엘루아즈가 아벨라르에게 보낸 초기 편지를 보자. "분명 저는 사랑하는 당신에게서, 의심할 바 없이 모든 것 중에서 가장 위대하고 가장 탁월한 좋음을 발견했어요."[2] 그리고 그녀는 약간의 회한을 담아 이렇게 쓰는데, 완전히 진심인 것처럼 들리지는 않는다. "지금까지 제 삶의 매 단계에서, 하느님이 아시겠지만, 저는 하느님보다 당신의 심기를 거스르는 것이 더 두려웠고, 하느님보다 당신을 즐겁게 하려고 더 애를 썼답니다."[3]

한편 아벨라르는 이렇게 회상한다. "우리 욕망은 사랑을 나눌 때 시도해보지 않은 단계가 없을 정도였고, 사랑이 무언가 새로운 것을 떠올려낼 수 있다면 우리는 그것을 얼싸안았소."[4] 그리고 이렇게 덧붙인다. "헤어짐은 우리의 마음을 더욱 가까이 끌어당겼고, 좌절은 우리의 열정에 더욱 불을 지폈소. 그후 우리는 더 방종해지면서 모든 수치심을 잊었고, 사랑을 나눌 기회가 .많아질수록 실로 우리의 수치심은 그만큼 줄었소."[5] 이 말의 의도는 그와 엘루아즈의 서로에 대한 완전한 헌신의 증거, 그리고 그 사랑에서 최고의 육체적 행복이 핵심을 차지한다는 증거를 보여주려 함이다(엘루아즈의 삼촌인 카농 퓔베르의 선동하에 아벨라르는 결국 거세를 당한다). 그들의 사랑은 그야말로 모든 것을, 육체와 지성과 영혼을 한꺼번에 집어삼켰다.

비슷한 맥락에서, 시인 고트프리트 폰 슈트라스부르크가 1210년경에 그려낸 트리스탄과 이졸데의 밀애는 오로지 외딴 숲에서, 다시 말해 오염되지 않은 속세의 자연에서만 찾을 수 있는 최고의 좋음[6]으로 제시된다. 여기서 성적인 욕망을 포함해, 서로를 향한 그들의 걷잡을 수 없는 욕망은 성스러운 헌신이 된다. 그들은 로저 스크루턴의 말마따나 '숨죽인, 전례용 표현'[7]을 사용해 이야기를 주고받는다. 그 전례란 종교적 전례와 비슷한 사랑의 전례인데, 그들에게 사랑은 합법성과 생명력을 처음부터 끝까지 하느님에게 의존하는 것이 아니다. 바로 이것이 새로운 요소이다. 달리 말하자면, 아우구스티누스가 말하는 '〔하느님을〕 위해서'라는 생각은 사랑과 그 성스러움에 대한 그들의 인식을 지배하지 않는다. 고트프리트가 우리에게 말해주듯이, 그들에겐 서로 말고는 아무것도 필요치 않다.

그들은 서로를 보고 그것으로 스스로 양분을 얻었다! 그들의 양분은 더 많이 보는 것이었다. 그들은 (…) 사랑과 욕망 말고는 아무것도 먹지 않았다. (…) 그들은 세상에서 가장 좋은 그들의 양분을 마음속에 담아 날랐다. (…) 순수한 헌신, 육체와 감각을 그토록 부드럽게 달래고 마음과 영혼을 지탱해주는 향유처럼 달콤해진 사랑,

이것이 그들에게 최고의 양분이었다. 그들은 진정 심장이 욕망하고, 눈이 즐거워하고, 육체 역시 좋아하는 것이 아니고는 그 무엇도 좋다고 여기지 않았다. 그들은 그것으로 충분했다.[8]

에로틱한 열정은 이제 인간의 손이 닿지 않는 어딘가 먼 곳에 있는 것이 아니라, 완전히 (심지어 당당히) 인간적인 것이 되었다. 인간은 이 삶에서 관능적인 것과 영적인 것을 융합하는 사랑이라는 복을 얻을 수 있다. 그것은 하느님에 거역하지 않으면서 '지상낙원'을 만든다.[9]

그리고 트리스탄과 이졸데가 오염된 일상으로부터 벗어나 놀랍도록 자연적인 배경인 숲으로, 그리고 숲과 그 꽃봉오리와 잎사귀와 개울과 지저귀는 새들 가운데에서, 욕망을 충족할 수 있는 더 호젓한 연인들의 작은 동굴로 찾아든다는 것은 이 인간화가 더욱 완성되어감을 뜻한다. 작은 동굴이 고딕 성당을 닮았다는 사실은 연인들의 교류가 일종의 에로틱한 전례라는 느낌을 더 강화할 따름이다. 그 건축적 특징은 사랑의 덕목들에 대한 비유인 듯하다.

내부의 그 둥근 형태는 사랑의 단순성을 상징한다. 단순성은 아무런 모서리도 없어야 하는, 즉 교활함이나 배신이 없어야 하는 사랑에 가장 잘 어울린다. 그 폭은 사랑의 힘을 상징한다. 사랑의 힘은 끝이 없으므로. 그 높이는 구름까지 솟구치는 열망이다. 지고의 미덕을 형상화하는 녹은 조상molten Crown of virtues이 떠받치고 있는 둥근 천장 꼭대기까지 상승하고 또 상승하려는 의지만 있다면, 사랑에게는 그 어떤 위대함도 과분하지 않다.[10]

동굴 한가운데, 교회였다면 제단이 있을 법한 바로 그 자리에는 침대가 있다. 침대는 수정으로 만들어졌는데, 고트프리트의 말에 따르면 수정은 사랑의 진정한 본성에 '틀림없이' 들어맞는다. "사랑은 수정으로 만들어져야 한다. 투명하디투명한!"

수정은 단단한데, 고트프리트는 여기서 사랑의 그러한 성질을 암시하는지도 모른다. 사랑과는 떼어놓을 수 없는 슬픔과 희생과 장애물들을 극복하기 위해 가져야만 하는 강철 같은 굳건함을.[11] 시의 다른 부분에서 그가 하는 말을 들어보자. "사랑의 슬픔을 겪어보지 못한 자는 사랑의 기쁨 역시 겪어보지 못한 셈이다."[12] 그러나 수정의 투명함은 또다른 주장을 담고 있다. 진짜 사랑은 시야가 명확해야 하고, 착각에 빠져 있어서는 안 된다는 것이다. (다시금 플라톤의 『향연』의 디오티마가 떠오른다.) 사랑의 욕망들은 너무 쉽게 인간을 환상과 모호함으로 이끌지만, 최고의 사랑은 그와는 정반대다. 그 사랑은 자기파괴적이지도 않고, 자신을 파괴할 자들을 상대하지도 않는다. 고트프리트의 말에 따르면, "기만이나 강제는 사랑으로 여겨질 수 없다". 그리고 그 동굴이 '청동 문'을 지닌 것은 감히 그런 방법들을 써서 들어가려 하는 자를 막아서기 위함이다. "그 문은 청동으로 만들어져 있어, 힘이나 폭력, 교활함이나 기교, 배신이나 거짓을 막론하고 거기에 흠집을 낼 만큼 강력한 도구는 결코 존재하지 않는다."[13]

이 든든한 문 뒤에서 그들의 사랑은 완성된다. "심장이 그들을 재촉하여 (…) 그들은 서로에게 이끌린다."[14] "성체의 기적 대신, 물질적인 성변화聖變化와 그것들을 받는 이에 대한 신격화 대신", 다시 말해 가톨릭 미사의 의례 대신, 드니 드 루주몽이 말하듯이 "육체는 영혼과

뒤섞여 초월적인 결합을 이룬다".[15] 다른 한 사람과 결합하려는 성적
욕구의 갈망은, 기독교 신비주의 전통에서의 하느님을 향한 사랑을
상기시키는 어조로 신성화된다.

자연을 향한, 그리고 자연을 배경으로 하는 이 사랑의 새로운 언어
는 단순히 낭만적이고 성적인 사랑만을 표현 수단으로 삼지 않는다.
그것은 아시시의 프란체스코가 바람, 태양, 공기, 동물 등 모든 자연에
대해 보이는 열정적 사랑에서도 모습을 드러낸다. 프란체스코는 새와
달을 '자매'로, 불과 바람을 '형제'로 부른다. 그리고 그들을 있게 한
하느님을 칭송한다.

찬양받으소서, 내 주님이시여, 당신의 모든 피조물과 함께,
특히 태양 형제와 함께.
그는 낮이요, 그를 통해 당신이 우리에게 빛을 주셨으니.

찬양받으소서, 내 주님이시여, 바람 형제를 통해,
그리고 공기를 통해. 궂은 날이든 맑은 날이든, 그 어떤 날씨에도
그것을 통해 당신이 당신 피조물의 생명을 유지해주시나니.

찬양받으소서, 내 주님이시여, 물 자매를 통해.
매우 이롭고 겸손하고 귀중하고 순결한 그녀를 통해.

찬양받으소서, 내 주님이시여, 자매이자 어머니인 토양을 통해.

그녀는 우리를 유지하고 다스리니,

그리고 다채로운 꽃과 약초와 갖가지 열매를 내어주시니.[16]

우리가 이 시의 작자가 누군지 몰랐더라면 이교도나 자연숭배론자, 아니면 범신론자가 쓴 시라고 짐작했을지도 모른다. 이 시의 언어는 자연에 대해 타락했다는 이유로 비난하거나, 저 너머의 세계로 가기 위해 건너야 하는 다리로 낮춰 보지 않으며, 아울러 속세와의 우정을 하느님에 대한 적대로 여기지도 않는다. 우리를 "유지하고 다스리는 (…) 자매이자 어머니인 토양", 그녀는 창조의 순서에서 인간보다 아래에 있지 않고, 자매이자 어머니로서, 적어도 인간과 동등한 존재다.

더욱 놀라운 점은, 프란체스코가 자연과의 친애를 추구한다는 것이다. 그는 일시적인 경우를 제외하고는, 집과 교회에 묵는 것까지 포함해 모든 안락을 가차없이 내다버린다. 교회조차 우리를 바깥세상으로부터 단절시키는 벽을 두고 있고 우리의 감각을 둔화시키는 안락함을 제공한다. 우리는 그저 이방인으로 남아 그것들을 스쳐지나가야만 한다.

프란체스코의 물질 거부는, 자연 사랑과 마찬가지로, 마치 자신의 자비로움에 도취되어 모든 것을 내려놓은 히피의 이미지처럼 소탈하고 몽상적으로 보인다. 그러나 프란체스코처럼 엄격하고 비인습적인 계획을 꿰뚫어보는 훈련을 받은 사람이라면 누구나 강력한, 심지어 모진 의지를 소유하고 있다. 성인들이나 인류를 이롭게 한 위인들 중 온화하거나 너그러운 사람은 별로 없을 것이다.

이 의지력은 인생을 바꾸어놓은 병으로부터 프란체스코가 회복된

후, 타고난 안락한 환경을 처음 포기했을 때 노골적으로 표면화되는 듯하다. 그는 혼자서 청빈의 맹세를 하는 대신, 아버지의 탐욕과 과시욕과 자만심을 아시시의 대광장에서 질타함으로써 부유한 지역 상인인 아버지에게 공개 모욕을 주었다. 젊은이의 북받치는 분노의 고함을 듣고 모여든 군중 앞에서, 프란체스코는 옷을 몽땅 벗어 아버지에게 내던지며 이렇게 말했다. "이제 나는 당신에게 빚진 게 없소!"[17]

그러나 프란체스코의 빈곤의 정신에는 비관이나 염세가 전혀 없다. 그는 세계에서 도망치려고 소유를 거부하는 것이 아니라, 우리를 한눈팔게 만드는 소유의 요구로 더럽혀지지 않은 세계에 가까이 가기 위해서 그렇게 한 것이다. 그는 돈을 '세속적'이라고 일컫는 것이 부적절하다는 사실을 보여준 인물인데, 돈은 세계를 드러내기보다는 세계와의 친애를 방해하기 때문이라는 것이다. 그는 부를 추구하는 자는 일상에 너무 얽매인 것이 아니라 오히려 충분히 얽매이지 않은 것이라는 관점을 제시한다. 그는 부가 우리를 현실의 고난과 떨어뜨려놓는 데 일조하지만, 또한 우리를 현실의 풍요로움과도 떨어뜨려놓는다는 것을 알았다.

우리는 스스로에게 감추고 있는 것을 사랑할 수 없다. 이것이 바로 예수가 은닉의 주요 도구들인 돈과 교만을 주로 규탄하되 섹스에 대해서는 그러지 않는 이유다. 금욕주의라고 해서 꼭 세계를 거부해야 하는 게 아닌 것은, 그리고 세계를, 특히 우리가 '성스럽다'고 부르는 세계의 '진짜 존재'를 강렬하게 경험할 수 있도록 우리를 열어놓을 수 있는 것은 바로 이 때문이다. (사실상 최고의 쾌락주의는 금욕주의다. 정신과 육체를 가장 섬세하게 통제하는 사람들이야말로 쾌락과 기쁨에 가장 민감하다.) 열린 마음을 지닌 프란체스코는 비길 데 없는 강력하고 단순한 방법으로 이 세속의 기쁨과 신성함을 깨우쳐주고, 자연에 대한 이 감각은 그 자연을 창조하고 가치를 부여한 하느님의 존재로 인해 성스러워진다.

그러나 프란체스코의 엄격한 단순성은 그의 추종자 대다수의 입맛에는 맞지 않았는데, 하물며 막대한 부와 권력욕와 위계질서를 갖춘 중세 교회의 입장에서는 말할 것도 없었다. 그가 창립한 프란체스코회의 수장 자리를 물려받은 직계 후계자는 대단한 호사와 사치 속에 살았다. 프란체스코가 죽은 지 불과 20년 후에, 프란체스코회 수도사로 중요 인물이었던 루엔의 대주교 리고Eudes Rigaud는 자기가 거대한 장원에다 궁전을 세 곳이나 가졌다고 으스댔다.[18] 게다가 프란체스코가 죽고 곧 시작된 종교재판을 시행한 것이 바로 프란체스코회 수도사들이었는데, 더욱 사악한 반전은, 검소함을 지나치게 신봉한다는 이유로 수도회의 동료 몇 명을 이단으로 몰아 화형에 처했다는 것이다. 1323년 교황 요한 22세는, 예수와 그의 사도들이 아무것도, 심지어 그들이 입은 옷조차 소유하지 않았다고 선포한 이 소수파의 교리를, 프란체스코가 아버지에게 옷을 내던질 때 몸소 주창한 그 교리를 이단이라고 규탄했다.

그런데 교회는 그들의 부유함을 비판한 많은 이를 처형하면서도 프란체스코의 필요성만은 알 정도로 교활했다. 교회의 야만성과 탐욕과 부패는 그로부터 3세기 후 종교개혁을 이끈 봉기가 당장 일어나도 이상하지 않을 법한 일촉즉발의 상황을 만들었고, 지도층에서는 일반인들에게 호소력을 발휘하는 프란체스코의 사랑에 관한 철학, 성스러운 삶, 그리고 모든 자연에 대한 여유로운 공감의 매력을 놓치지 않았다. 심지어 프란체스코 생전에도 그의 새로운 수도회는 몇 가지 제약하에 공식적으로 인정받았고, 그는 사망 후 서둘러 시성되었다.

자연적인 것이나 육체적인 것에 대한 사랑, 즉 아벨라르와 엘루아즈의 사랑, 트리스탄과 이졸데의 사랑, 그리고 프란체스코가 표명한 것과 같은 사랑을 원칙적으로 주류 기독교 전통과 대척되는 것으로 보는 것은 분명 오류일 것이다. 비록 19세기와 20세기에 니체 같은 사상가들이 '기독교'(와 심지어 그 상상의 구조물인 '유대-기독교')가 자연과 육체를 획일적으로 경멸한다고, 그리고 "인간에 대한 증오, 또한 동물에 대한 더 큰 증오를"[19] 인간에게 주입한다고 보았지만, 이는 오류다. 7장에서 언급했듯, 사실 육체와 자연을 그처럼 뭉뚱그려 경멸하는 태도는, 처음에는 천지창조에서, 나중에는 하느님이 그리스도라는 인간의 몸으로 육화한 것에서 볼 수 있는, 이 세상을 하느님이 자신을 현시하는 장소로 보는 기독교 교리의 핵심에서 벗어난 것이다. 그것이야말로 물질을 악의 근원으로 여기는 그노시스파와 마니교도 같은 분파들이 그토록 야만적인 박해를 받은 이유가 아니었던가.

그보다, 음유시인들로부터 프란체스코에 이르는 이 다양한 인물들이 가져온 전통과의 단절은 그들의 체험의 본질과 관련이 있다. 하느님에 대한 사랑은 아우구스티누스의 말마따나 여전히 모든 다른 사랑이 궁극적으로 참조하는 목적이라는 점에서[20] 비록 공식적인 밑그림은 여전히 동일하지만, 이 모든 다른 사랑은 이제 하느님을 지속적으로 곁눈질하거나 혹은 자신의 불완전성에 계속 마음을 쓰지 않고도 이루어질 수 있었다. 인간의 사랑은 우리 중 누구도 하느님으로부터 독립적인 가치를 지닐 수 없다는, 또는 우리가 '타락한' 존재들이라는 인식으로부터 어느 정도 풀려날 수 있었다. 우리는 다른 이들과 쾌락을 누릴 때, (다시금 아우구스티누스의 표현을 빌리자면) 그 쾌락이 그들이 하느님과 관련된 존재라는 데서 오는 거라고 생각하지 않게 되었다.

그러니 엘루아즈가 아벨라르를 가리켜 "모든 것 중에서도 가장 위대하고 가장 탁월한 좋음"이라고 말한다 해도 그녀는 결코 하느님을 깎아내리는 것이 아니고, 하느님은 의심할 바 없이 여전히 사랑의 위계질서의 정점에 남아 있다. 그런다고 해서 그녀가 아벨라르를 하느님의 대용품으로 여기는 것도 아니다. 그래도 하느님이라는 밑그림은 아벨라르에 대한 그녀의 살아 있는 체험 안으로 생생하게 침범하지 않는다. 그를 향한 그녀의 사랑은 그의 너머로 그녀를 이끌지 않고, 그와 함께 머무를 수 있다.

열정적 사랑을 박물학적 관점으로 보는 글들이 쓰인 중세 성기로부터 200년이 흘러, 15세기 피렌체에서 시작되고 16세기 가스코뉴에서 지속되어 17세기 네덜란드에서 정점에 이르는 위대한 인물들의 행렬은 그 혁명을 급진적으로 더 멀리까지 밀어붙인다. 그리하여 인간적인 것, 육체적인 것, 그리고 자연적인 것은 점점 더 신이 계시하는 장소로서 경험된다. 그 장소란, 이 세계 너머의 정토로 건너가는 다리도 아니고, 죄와 망상에 사로잡히지도 않은, 우리가 사랑하고 연구하고 즐기며 충만한 삶을 살도록 명받은 곳이다.

플라톤적 사랑과 이탈리아 르네상스

플라톤적 통찰이 이제 다시 한번 이야기의 중심 무대에 올라선다. 15세기 피렌체에서 사랑 개념의 핵심은, 하느님의 아름다움과 좋음이 별들에서부터 식물들과 인체에 이르는 모든 자연에 주입되어, 그런 의미에서 그것들을 사랑할 만한 대상으로 만든다는 것이었다. 자연은 단순히 우리를 하느님으로부터 멀어지게 만드는 유혹들의 둥우리가 아니라 하느님이 우리를 심어놓은 풍요로움의 정원이다. 그 신비로운 아름다움을 사랑하고 연구하는 것은 곧 하느님 당신을 사랑하고 연구하는 것이다. 이것이 이탈리아 르네상스가 아름다움의 숭배를 철학적으로 정당화하는 방식이다.

따라서 이탈리아 르네상스의 이른바 '인본주의'를 근본적으로 물질적이고 이단이고 반기독교적이라고 보는 관념은 전혀 적절치 못하다. 르네상스가 신체와 해부학 같은 자연적인 것들에 매료되었다는 사실은, 그것들이 신성과 맺고 있는 관계와 떨어뜨려놓을 수 없다. 실제로 이들은 신적인 것에 관여함으로써 거기서 자신들의 영성을 끌어낸다.

자연의 이 심오한 종교성은, 성경에 아로새겨져 있는 나머지 자연에 대한 인간의 권리를 유지시키고 어쩌면 심지어 강화한다. 신과 유사한 지성과 의지라는 힘을 부여받아 그 자체로 육체적, 영적 아름다움의 본보기인 인간은, 이제 그 자체로서 신성의 소우주이자 이미지인 자신의 내면세계만을 숭배하는 것이 아니라 그들이 놓인 전체 세계도 숭배한다. 사랑은 다른 인간 육체의 형태를 향한, 아니면 우주의 조화와 질서를 향한 그들의 열망을 말하는 언어다. 그리고 하느님의 존재가 물리적physical 세계에 영광을 부여하듯, 육체적인physical 것 역시 하느님의 영광을 드높이기 위해 이용된다.[21]

아테네에 있었던 플라톤 아카데미를 본떠 피렌체에 플라톤 아카데미를 세운, 15세기 후반의 독실한 철학자 마르실리오 피치노는 인류가 '하느님의 대리자'로서 세속적 힘을 가지고 있다는 말로 이런 새로운 낙관적 시각을 표현했다. 그게 다가 아니라, 인간 영혼은 "지성을 수단 삼아 (…) [그리고] 의지를 수단 삼아 (…) 어떤 의미에서는 무엇이든, 심지어 신이 될 수도 있다"[22]고도 말했다.

사실상 이것은 인간의 의무다. 인간에게, 자기가 가진 힘과 자유를 이용해 스스로 자신을 창조하는 것보다 더 고귀한 임무는 없다. 피치노와 동시대인으로서 그보다 젊었던, 박식가이자 신비주의자이자 유대교 신비주의 연구자이자 때로는 바람둥이이기도 했던 귀족, 조반니 피코 델라 미란돌라는 「인간의 존엄성에 대한 연설」에서 하느님이 아담에게 말하는 모양새를 빌려, 전체 인류에게 그런 상승을 위해 노력하라고 격려한다.

그 어떤 한계로도 제약되지 않는 너희는, 내가 너희에게 준 자신의 자유의지와 조화를 이루도록, 스스로 너희 본성을 결정해야 한다. (…) 우리는 너희를 천상의 존재로도 지상의 존재로도, 필멸의 존재로도 불멸의 존재로도 만들지 않았으니, 그리하여 너희는 더욱 자유롭고 더욱 영예롭게 스스로의 대장장이이자 제조공이 되어 무엇이든 원하는 형태로 자신을 만들어야 한다. 너희는 더 비천한 존재 형태들, 야만적인 짐승들로 타락할 수도 있고, 너희 영혼의 심판

에서 벗어나 더 높은 존재로, 신적인 존재로 거듭날 수도 있다.[23]

이 힘들의 핵심에는 상상력과 지식이 있다. 그 두 가지를 통해 인간은 우주를 지배하는 그 영원한 진리들을 깨달을 수 있고, 그럼으로써 스스로 창조자가 된다. 그것들을 통해 인간은 천사가 되기 위해, 그리고 결국 신적인 본질과 하나가 되기 위해 분투해야 한다. 그리고, 진정 플라톤식으로, 그런 빛으로 가는 고귀한 경로, 그런 앎과 이해와 그런 신비로운 성취는, 결국…… 사랑이다. 인간은 자신의 안과 밖, 인간 육체나 저 위의 별들의 작용을 막론하고, 우리 눈길 닿는 곳이면 어디서나 보이는 하느님의 창조의 장엄함을 **사랑해야** 한다. 그리고 사랑을 통해 그것과 결합해야 한다.

서양 사랑의 전개에서, 이것은 어지러울 정도의 변화다. 자연은 신의 현현이고, 인간은 자유롭고 스스로 변화하는 창조자가 되며, 인류는 사랑을 통해 세계를 이해하고 그로써 신성과의 신비로운 결합을 이루어, 하느님을 찬미하는 방식으로 지상의 아름다움을 사랑한다는 것이다.

피치노는 인간의 사랑amore umano이, 철학을 연구하고 정의를 구현하고 종교에 헌신하는 등의 영적이자 지적인 활동들로부터 나올 수 있는 아름다움을 대상으로 하는 신적인 사랑amore divino과 근본적으로 대립하지 않음을 명확히 한다.[24] 그렇지만 르네상스에서도 대개 그랬듯, 그의 철학에서도 자연에 스며드는 신성은 여전히 그 해묵은 저주받은 영역 바로 앞에서 못박힌 듯 멈춰선다. 바로 섹스다. (적어도 그후 3세기 동안은 한 발짝도 떼어놓지 못할 것이다.)

두 사람 사이의 진정 가치 있는 관계는, 피치노의 말에 따르면, 오로지 영적이고 지적인 수준에서만 맺어질 수 있다. 그리고 섹스에는, 예쁜 자녀를 만드는 수단이라는 점만 제외하고는 그야말로 어떤 영적인 의미도 들러붙을 수 없다. 아름다움은 육체를 숭배하는 이유가 될 수 있지만 성적 쾌락의 기능은 그 이유가 되지 못한다. 사실상 피치노는 관능적 쾌락만을 위해 접촉하려는 욕망을 '짐승의 사랑amore bestiale'이라 비난하면서, 관능적 쾌락에 대한 모든 갈망을 일종의 '질병'이자 '광기'로 간주한다.[25] 그는 남녀가 아리스토텔레스의 필리아를 닮은 종류의, 섹스를 배제한 우정을 통해서만 서로 관계 맺기를 원한다. 그것은 비슷한 성품을 지닌 개인들이 서로를 알아보는 것을 바탕으로 쌍방적인 사랑을 키워가는 관계다. 단, 피치노에게서 엿보이는 플라톤의 영향을 감안하면, 이처럼 서로를 알아보는 것이 엄밀하게 말하면 그들 성품의 탁월함 덕이 아니라 서로의 영혼과 마음과 육체의 아름다움에 대한 지적 쾌락을 통한 것이라는 점을 짐작할 수 있다. 그는 이런 종류의 관계를 '플라톤적 사랑amore platonico'라고 부르는데, 현대의 우리가 이야기하는 '플라토닉 러브platonic love'[26]가 바로 그것이다.

'플라톤적 사랑'에서 하느님과 자연은 서로 대척관계가 아니라 해도, 영혼은 계속해서 물질에 원한을 품고 있다. 그리고 하다못해 피치노의 걸출한 제자인 미켈란젤로에게서도 그 원한의 그림자를 엿볼 수 있다. 미켈란젤로는 특히 말년에 인체의 아름다움을 찬양하면서, 그것을 그가 열망하는 영혼 영역의 발산물이자 화신으로서 사랑한다.

하느님이 자신을 "인간적 형태의 숭고함보다 더 분명하게 보여주는 [것은 없다]/ 그것은 하느님의 이미지이므로, 그것만을 나 사랑하노라"[27]라고 그는 말한다. '선택된 영혼들 가운데에서 살아 승천하려는' 그의 거창한 욕망은, 자주 언급된 미켈란젤로의 비애뿐 아니라 그 눈부신 낙관주의로도 도저히 감추지 못하는, 이탈리아 르네상스를 채색하는 강력한 비애 역시 표출한다. 그리고 어쩌면 그것과 떼어놓을 수 없다. (그런 반항적 의지가 움직여 세상의 아름다움과 조화로움을 볼 수 있으려면 세상의 끔찍함에 대한 얼마나 많은 통찰이 필요하고, 따라서 얼마나 많은 비애가 필요하겠는가?)

이것은 가혹한 역설이다. 인간 육체는 어쩌면 이전에 한 번도 넘어서지 못했던 지점까지 격상되지만, 육체적 섹스는 그에 맞먹는 강도로 폄하된다. 인체에서 하느님을 그토록 명확하게 목격함으로써, 몸은 집중적 연구와 매혹과 헌신의 대상이 된다. 그러나 바로 그 때문에, 자연 속의 신성을 목적으로 하지 않는다고 여겨지는 욕망은 가장 큰 의심의 대상으로 남는다. 특히 육욕은 가장 큰 적으로, 육체를 영적으로 파악하지 못하게 만드는 바로 그 장애물로 남아 있다.

몽테뉴의 반항하는 인본주의

우리가 사랑의 대상을 어떻게 체험하느냐에 관한 혁명의 다음 단계는, 내가 말한 이른바 '밑그림'에서 독립적인 다른 인간 존재를 사랑하는 방향으로 더욱 멀리까지 나아간다. 여기서 밑그림이란 이 세상의 사랑할 만한 자질들의 원천으로서의 하느님의 사랑, 궁극적으로 참조해야 할 모든 사랑의 목표로서의 하느님의 사랑이다. 그 밑그림은 여전히 거기 있지만, 피치노와는 대조적으로 그것은 사랑하는 이가 타자에게서 누리는 즐거움에서는 빠져 있고, 사랑의 초점은 온전히 그 대상의 자연적이고 개인적인 품성들에만 맞춰져 있다. 또한 그 사랑하는 이는 자신이 누군가를 사랑하는 이유를 설명하기 위해 그것을 거론할 필요조차 느끼지 않는다. "그를 사랑하는 이유를 말하라고 나를 닦달하면, 나는 이런 대답 말고는 달리 표현할 방법이 없다고 느낀다. '왜냐하면 그가 그였으니까. 왜냐하면 그게 나였으니까.'"

프랑스 르네상스의 가장 인본주의적인 사상가이자 서구 역사상 가장 매력적인 인물로 손꼽히는 미셸 드 몽테뉴[28]는 그렇게 말한다. 그는 연상의 남자, 에티엔 드 라보에티와의 우정에 관해 이야기하고 있다. 이들의 관계는 요나단과 다윗의, 또는 룻과 나오미의 관계에 맞먹는, 문학사상 가장 위대한 우애 중 하나로 일컬어진다. 만나는 순간부터 그들은 "서로에게 푹 빠졌고 서로를 더없이 잘 이해했으며, 이후로는 그 무엇보다도 서로에게 더 가까운 존재가 되어 하나로 묶여 있음을 깨달았다."[29]

이 연대는 타자 안의 하느님을 사랑하는 것을, 또는 하느님을 위해 타자를 사랑하는 것을 명시적인 토대로 삼는 연대와는 극도의 대비를 이룬다. 그것은 전적으로 두 친구와 그들의 상호작용에 존재하는 구체적인 무언가에 뿌리를 두고 있다. 심지어 자비심이나 너그러움 같은, 인간 본성의 어떤 일반적인 사랑할 만한 자질조차 그 터전이 될 수는 없다. 독특함으로 말하자면 그것은 "자신 말고는 따를 만한 이상이 없고, 자신 말고는 비교할 대상이 없다". 비록 두 사람의 유사성, 즉 그들의 '동일성과 친연성'[30]에 의해 커지기는 하지만, 몽테뉴는 자신의 우정을 고찰하면서, 실제로 에티엔이 자기 안에서 그런 열정적 반응을 불러일으키는 요소가 무엇인지 짚어내지 못한다.

거기엔 어떤 한 가지, 또는 두 가지, 세 가지, 네 가지, 수천 가지의 특정한 고려는 없고, 그보다 그들 모두가 하나로 뒤섞인 설명할 수 없는 어떤 본질이 있을 뿐이다. 그것은 내 의지와 그의 의지를 동일한 허기와 경쟁심으로 사로잡아, 우리로 하여금 서로에게 뛰어들도록 하여 자신을 잃게 만든다. '자신을 잃는다'는 내 말은 진실 그 자체다. 우리는 그 무엇에서도 네 것과 내 것을 나누지 않았다. 그와 나는 모든 것을 공유했다.[31]

그런 영혼의 우정은 반드시 다른 한 사람과만 나눌 수 있다.

만약 내가 두 친구를 똑같이 사랑할 수 있다면, 그리고 내가 그들을 사랑하는 만큼 그들이 그들 서로와 나를 사랑할 수 있다면, 그는 하나의 복수複數가 된다. (…) 그것은 가장 단단히 하나로 묶인, 최고의 '하나'다.[32]

몽테뉴는 또한 이 광적인 배타주의의 결과 앞에 움츠러들지도 않는다. 무엇보다도, 그것은 우리의 다른 모든 사랑을 압도한다. 국가에 대한, 배우자에 대한, 심지어 자녀에 대한 사랑조차. 두 친구 다 자신과 자기가 소중히 여기는 모든 것을 온통 상대에게 줘버려 "다른 사람들과 공유할 것은 아무것도 남지 않는다". 만약 친구가 우리의 신전에 불을 지르거나 딸을 죽이라고 명령한다면 우리는 그 말에 따를 것이다.[33] 물론 몽테뉴는 그 친구가 사실 더없이 양심적으로 우리를 이로운 방향으로 이끌기 때문에 그렇게까지 심한 짓을 시키지는 않을 것임을 우리가 알고 있다는 단서를 달긴 하지만. 마찬가지로 만약 그 친구가 내게, 그 누구에게도 말하지 않겠다고 맹세한 비밀을 털어놓으라고 종용한다면, 나는 그가 시키는 대로 해도 잘못을 저지른 게 아니다. 그는 나의 제2의 자아, 실상 나 자신이기 때문이다. "그 독특한, 최고의 우정은 다른 모든 연대를 헐겁게 만든다. 내가 아무에게도 털어놓지 않겠다고 맹세한 그 비밀을, 다른 누가 아닌 그에게 밝히는 것은 맹세를 깨는 게 아니다. 그는 바로 나니까."[34]

두 영혼과 의지가 하나가 된다는 이 생각의 숭고한 귀결은, 내가 나 자신의 삶을 위해 한 행위들에 대해 스스로에게 고마워할 필요가 없는 것과 마찬가지로, 그를 위해 내가 '해준 일과 좋은 결과'에 대해 그가 괘념하거나 심지어 고마워할 필요조차 없다는 것이다. 영혼의 벗은 단순히 우정의 대가와 이득을 계산하지 않으려 하는 수준을 넘어, 그것을 의식하지조차 않는다. '좋은 결과'나 '의무'나 '감사' 같은 것들은 모두 사람 사이의 차이와 분리를 전제하는 개념들이기 때문에 그 자체로 분열을 초래한다. 따라서 영혼들의 진정한 결합에는 혐오스러운 존재다.

게다가, 한데 얽혀 하나의 영혼이 된 벗들은 그들 삶의 모든 것을 분명히 공유해야만 한다. 행운과 불운, 마음속 생각 같은 것들만이 아니라 '의지, 재물, 아내, 자녀, 영예'[35]까지도. 따라서 그런 벗이 당신에게 돈을 준다면, 그는 그저 당신의 돈을 돌려주고 있을 따름이다!

몽테뉴는 단순히 이상적 우정론을 제시하고 있는 것이 아니다. 전체적으로 그는 에티엔을 향한 자신의 '우애'를 바탕으로 이야기하고 있다. 그 우애에 비하면 그의 삶의 나머지 전부는 "그저 연기와 재, 어두운 밤과 음울함"일 뿐이다. 재능과 쾌락과 성취로 그토록 축복받은 삶인데도 말이다. 그리하여 에티엔의 때 이른 죽음 이후 몽테뉴는 자신이 사람으로서 "반쪽짜리 이상으로는" 느껴지지 않았다고 한다.[36] 그들의 사랑은 성욕이 아무런 역할을 하지 않는 듯한 사랑이다. (실제로 섹스는 몽테뉴가 관심을 둔 우정의 요소가 아니었다. 그리고 그는 동성애를 "그리스인들의 그 차선책"이라며 "혐오스러운" 것으로 일축한 적이 있긴 하지만[37] 대체로 동성애에 관해 개의치 않았다.) 우정을 '낭만적' 관계에 비해 헌신과 열정이 덜한 연대로 보는 것이 얼마나 잘못된 생각인지를 그의 사랑은 보여준다. 그의 사랑은 "너무나 완벽하고 너무나 철저해서 글 속에서도 그런 것은 거의 찾아볼 수 없고, 오늘날 남자들 사이에서도 그 흔적을 전혀 발견할 수 없기 때문이다. 그것이 이루어지려면 어찌나 많은 우연적인 상황들이 필요한지, 운이 좋다고 해도 3세기에 한 번 있을까 말까 하다".[38]

몽테뉴의 우애는 아리스토텔레스의 완벽한 필리아와 놀라우리만치 닮았고, 몽테뉴 자신도 그 점을 인정하고 있다. 두 사상가 모두 우정을 닮음에서 자라나는, 상대 자체를 즐기는 것 외에는 그 어떤 '쾌락이나 이득'에도 무심한, 두 삶이 함께 살아감으로써 이루는 진정한 결합을 요구하는, 그 격렬함에도 불구하고 절제, 자연스러움, 인내심과 현실주의를 특색으로 하는 진지한 헌신이라고 생각하기 때문이다. 부모와 자녀 사이에 존재하는 것과 같은 불평등함은 그런 관계를 위태롭게 만들 수 있다. 몽테뉴와 아리스토텔레스는 오로지 그러한 헌신만이 사랑의 가장 큰 기쁨을 낳을 수 있다는 데에 동의한다.

무엇보다도, 그것은 자연적인 것을 칭송한다. 몽테뉴는 매우 신심 강한 기독교인이자 독실한 가톨릭 신자로, 하느님이 우리를 심은 이 세계에서 살며 사랑하고 싶어했는데, 그것은 우리 인류가 번영할 수 있는 자연적 조건들을 발견하고 충족시킴을 뜻한다. 그는 자신이 가장 좋아하는 좌우명 중 하나인 로마 극작가 테렌티우스의 말을 서재 벽에 적어놓았다. "나는 인간이고, 인간적인 모든 것은 내게 친숙하다."[39] 그리고 말년에 그는 이렇게 썼다. "자연의 조류에 어긋나는 모든 것은 해로울 수 있지만, 자연과 조화를 이루는 모든 것은 즐거울 수밖에 없다."[40]

우리는 여기서 음유시인들로부터 시작된, 그리고 고트프리트의 트리스탄과 이졸데의 사랑에서 시작된 혁명, 자연과 인간이 저 위쪽의 눈치를 볼 필요 없이 사랑의 대상으로 인정받을 수 있는 혁명의 정점에 있다. 삶을 자연적으로 살 수 있다는 것은, 몽테뉴에게는 대단한 도덕적 아름다움의 성취다.[41] 피치노와 달리 그는 인간 존재들이 보여주는, 자신의 본성을 초월하려는 그 어떤 야심도 경멸한다. 그런 야심이 그를 격상해주는 것이 아니라 짐승으로 만든다고 보기 때문이다. "그들은 자신을 넘어서고 싶어하고, 자신의 인간성을 벗어나고 싶어한다. 그것은 **바로** 광기다. 그들은 자신을 천사의 모습으로 바꾸는 게 아니라 짐승의 모습으로 바꾼다. 그들은 높이 날아오르는 게 아니라 땅으로 곤두박질친다."42

사람을 자신의 자연적 조건을 극복할 수 있는 존재로, 사실상 그런 임무를 띤 존재로 예찬하는 모든 사람들과는 대조적으로, 몽테뉴는 "이 비참하고 딱한 피조물은, 스스로의 주인조차 되지 못하면서도 (…) 감히 이 우주의 주인이자 황제를 자처하려 한다"43고 생각한다. 그는 그런 자만심이 피코 델라 미란돌라의 경우처럼 신비주의적인 야심에서 온 것이든, 아니면 그와 반대되는 허영심에서 나온 것이든 상관하지 않는다. 그리스 사상가 프로타고라스의 말에 따르면, "인간은 모든 것의 척도다". 세속적 허영심과 종교적 허영심은 똑같이 불합리하다.

그보다 우리의 본연인 인간이 되려 하는 게, 우리 자신의 본성의 한계를 이해하고 긍정하는 게 훨씬 고귀하지 않은가. "영혼의 위대함은 위로 앞으로 애써 나아가려 하는 것이 아니라 자신의 (자연적) 위치를 찾아내고 선을 긋는 법을 아는 데에 있다", 즉 "이 삶을 어떻게 자연스럽게 살 것인가를 아는 데에 있다."44 그런즉, 아이가 처음으로 배워야 하는 것은 "자신을 아는 것, 잘 죽고 잘 사는 법을 아는 것"45이다. 결국 아무리 높은 곳에 앉아 있는 사람이라도, 그는 어디까지나 인간일 수밖에 없다. "세계에서 가장 높은 왕좌에 앉아 있어도, 우리는 여전히 엉덩이를 깔고 앉아 있을 뿐이다."46

자신을 아는 것은 자신을 즐기는 것이기도 하다. 후자 없이 전자가 완전히 가능할 수는 없다. 몽테뉴는 "우리가 올바른 방식으로 자신을 즐기는 법을 아는 것은 전적으로, 말 그대로 하느님 같은 위업"47이라고 말한다. 그는 짐짓 헤라클레이토스를 연상케 하는 맥락으로, 번영하는 삶이란 자연의 이치logos와 조화를 이루는 삶이라고, 즉 변하지 않고 벗어날 수 없는 우주 법칙들과 조화를 이루는 삶이라고 말하는 듯하다.

그보다 달성하기 어려운 것은 없다. 다른 분투에서와 마찬가지로 사랑에서도 자신을 비현실적으로 격상시키거나 아니면 쓸데없이 비하하는 식으로, 중독성 있는 극단으로 도피하는 편이 훨씬 더 쉽다. 몽테뉴는 양극단을 모두 경멸한다. 자신을 높이 들어올리는 것은 '광기'이지만 그 반대 역시 저열하고 꼴사납다. "우리 고통의 원인 중 가장 상스러운 것은 우리 존재를 경멸하는 것이다."[48]

하늘로 치솟는 야심들에 대한 몽테뉴의 비난은, 사랑에 유달리 강력하게 적용된다. 사랑에는 걸린 게 너무 많은 반면 그에 대한 우리의 통제력은 너무 약하다보니, 우리는 사랑하는 대상에게서 그가 가지지 않은 품성들을 찾으려 하기 십상이다. 그녀의 실제 품성은 받아들이기 어렵기 때문이다. 그녀를 있는 그대로 이해하고 즐기는 대신, 우리는 그녀를 우리의 모든 불안과 불완전함을 밀어내고 그 자리에 마치 마법처럼 안전함과 완벽함을 앉혀놓을 수 있는 구원자로 격상시키는 오류를 저지른다. 우리는 통제력을 가질 수 없는 삶을 살아가는 개인으로서의 그녀와 지금 여기서 관계를 맺는 취약함이 아니라, 그녀가 완벽히 우리 소유가 될 수 있는 이상적인 결합이 존재한다고 스스로를 속인다. 그리고 우리의 사랑을 격상시키면서, 우리가 사랑하는 이와 우리의 사랑, 이 두 가지 모두를 비인간화brutalize한다. "생각은 천국보다도 높은 곳에 있는데 도덕은 지하 밑바닥에 처박혀 있다." 몽테뉴의 명쾌한 표현처럼, 이들은 함께하는 경우가 매우 흔하다.[49]

실제 우리 앞에 놓인 것을 긍정하는 것이야말로 **진정** 신적인 위업이다. "그대는 스스로 인간임을 인정하는 한에서는 신이다!"[50] 몽테뉴는 아테네인들이 폼페이우스의 아테네 방문을 환영하기 위해 새긴 '비문'을 인용하여 그렇게 말했다. 그러나 사랑에게, 그리고 교만하게도 신성을 사랑의 모델로 삼고자 하는 모든 이들에게 들려주기 위해서라면 이렇게 말해도 좋았으리라. 그대는 스스로 인간임을 인정해야만 신이 될 수 있다!

10
전체에 대한
환희에 찬 이해로서의 사랑
스피노자

몽테뉴는 평화로울 때와 전시에, 위기가 닥쳤을 때와 승리했을 때, 따분할 때, 건강할 때와 아플 때, 자신을 비롯한 인간이 실제로 무엇을 하는가에 대한 쉼 없는 연구를 통해 인간을 도로 자연으로 해석해 냈다. 그는 사랑을 우리 자신의 본성을 뛰어넘어 신성으로 가는 도약대로 삼는 것을 교만한 짓이자 경멸해 마땅한 짓으로 여겼다. 그리고 그는 줄곧 인간 본성과 하느님 사이의 절대적 구분선을 지켰다. 창조주로서의 하느님은 초월적 존재로 자연을 넘어서 있고, 자연에 매이지 않는다고 보았다.

인간을 그처럼 자연의 불가분한 일부로 상정하여, 자연을 초월한다는 개념 그 자체, 그리고 그로써 하늘로 치솟는 사랑이라는 개념 그 자체가 헛소리가 되게 하는 데는 바뤼흐 스피노자라는 천재가 필요했다. 그런 생각은 그저 허망한 것이거나 자기파괴적인 것이거나 우리가 마땅히 있어야 할 자연에서의 자리를 부정하는 것이 아닐 터이다. 그것은 실제로 헛소리일 것이다.

스피노자는 자연과 하느님 사이의 구분선을 부정하는 데 있어서 그 어떤 위대한 선배 사상가보다도 더 멀리까지 나아감으로써 그 일을 해낸다. 스피노자에게 전체로서의 자연과 하느님은 하나이고 동일하다. 그 둘은 그저 사물의 전체성을 묘사하는 다른 표현방식일 뿐이다. 따라서 하느님을 사랑한다는 것은 곧 전체로서의 자연을 사랑하는 것이다.

그런 이단적인 생각들 때문에 스피노자는 태어나 자라고 교육받은 암스테르담의 포르투갈계 유대인 공동체에서 배척당했다. 그가 하느님과 전체로서의 자연의 근본적 구분을 받아들이기를 거부한 것은 사랑에 관한 극적인 함의들을 담고 있는데, 그 모두는 유대교와 기독교를 막론한 당대의 정통 종교 교리와 양립할 수 없었다. 스피노자의 철학에서 사랑은 자연에서 초자연으로, 속세에서 하느님에게로, 육체에서 영혼으로, 물질적인 것에서 순수하게 영적인 것으로, 지상의 속박된 삶에서 천국의 자유로운 삶으로, 그리고 악의 세상에서 순수한 좋음의 영역으로 '격상될' 수 없기 때문이다. 스피노자는 이 모든 유서 깊은 이분법과, 이를 이용하는 사랑의 전체 밑그림을 걷어낸다. 이 밑그림이란 위 각 쌍들의 둘째 항을 위해 첫째 항을 극복할 임무를 사랑에 부여해온 그림이다. 스피노자 역시 사랑이 우리에게 구원을 제공한다고 생각하지만, 이 구원이란 우리가 자연이나 물질, 또는 오늘날에도 여전히 논쟁의 대상인 악에 등을 돌리는 것이 아니다. 그와는 반대로, 사랑은 악의 실제까지 포함한 그들의 실제를 전체로서의 자연의 일부로 긍정한다.

스피노자 덕분에 가능해진 사랑에 관한 우리 사고의 혁신은, 따라서 우리가 이제 보게 될 우주에 대한 그의 더 큰 밑그림에 의존한다. 그리고 그것을 보아야만 이해할 수 있다.

그것은 범상치 않은 그림이다. 하느님은 자연의 외부에 사는 완벽한 존재이고, 자연은 기껏해야 하느님의 존재로 채워지는 대상일 뿐이라는 생각은 이제 없다. 하느님은 더이상 사랑하고 보호하고 언약하고 심판하고 용서하고 구원하는 아버지가 아니다. 더이상 피조물과 근본적으로 분리된 조물주가 아니다. 더이상 인과관계로 이루어진 세계에 불가해하게 개입하거나 신비롭게 자취를 감추는 간섭쟁이가 아니다. 이제 하느님은 곧 자연이다. 이해 가능한 전체로서 상정된, 자연.

게다가 스피노자에 따르면, 우리가 하느님이나 자연이라고 부를 수 있는 이 전체는 육체적인 면과 정신적인 면 양측으로 볼 수 있다. 우리는 그것을 물질들material bodies의 계界와 그들의 인과관계로, 또는 순수한 사고의 계로 볼 수 있다. 정신과 육체는 서로 종류가 다른 별개 존재(데카르트는 그리 보았다)가 아니라, 모든 것을 아우르는, 경계가 없는, 스스로를 창조하는 하나의 현실을 이해하는 두 가지 방식이다.

그와 유사하게, 우리 개인 수준에서, 정신과 육체는 별개의 실체가 아니라 우리 존재를 이해하는 두 가지 방식이다. 모든 육체적 사건은 정신적 사건이고, 모든 정신적 사건은 육체적 사건이다. 육체, 물질계,

자연계의 가치를 그토록 의심하게 만들고, 그것들을 거부하고 초월하거나 적어도 완벽하게 만드는 것이 곧 구원이라고 보았던 신성불가침한 이전의 구분선은 모두 사라졌다.

그리고 이런 구분선들을 폐기하는 과정에서 또다른 구분이 폐기되었다. 그 구분이란, 인간의 '자유의지'가 나머지 자연의 사건들을 결정하는 인과관계의 사슬로부터 독립적이라는 생각이다. 원인으로부터 자유로우며 실제 우리가 택한 방식 말고 다른 방식을 택할 수도 있었던 의지 같은 것은 우리에게 없다. 그런 의지를 가지고 있다고 착각하는 것은, 결정이 우리에게 달려 있다는 느낌이 (심지어 우리가 갈팡질팡할 때조차) 워낙 강렬해서, 그 뒤에는 틀림없이 어떤 자유의지라는 능력이 있으리라고 확신하게 되기 때문이다. 그리고 그 환상이 생겨나는 것은 우리가 하는 일들의 진짜 원인이 우리의 무지에 덮여 가려졌기 때문이기도 하다. 실제는 이러하다.

이런저런 일을 하려는 마음의 의지는 다시 다른 원인에 의해 결정된 원인에 의해 결정되고, 거기에는 또다른 원인이 있으며, 그렇게 끝도 없이 이어진다.[1]

이 원인들의 사슬을 알려면 자연의 전체 질서에 대한 완벽한 지식이 필요하다. 자연의 질서란 하느님을 가리키는 또다른 말이므로, 어떤 사건을 이해한다는 것은 그것이 어떻게 하느님 본성의 불가피한 결과로서 나오게 되었는지를 추론하는 것이다. "모든 것은 특정한 방식으로 존재하고 작용하려는 신의 본성의 필요에 따라 결정된다."[2]

우리가 이 순간을, 그리고 우리가 지금 행하거나 생각하고 있는 무언가를 택한다면, 지금 일어나고 있는 것 말고는 다른 어떤 일도 일어날 수 없다. 현재까지 이어져온 역사는, 현재 존재하고 일어나는 것이 아닌 다른 무엇이 존재하거나 일어날 여지를 남기지 않는다.

하느님에게도, 역시, 모든 것은 결정되어 있다. 하느님은 유대교와 기독교의 밑그림들에서 보는 바와는 달리, 이 세계를 창조하고, 자연법칙들을 정하고, 도덕적 법칙들을 나눠주기로 자유롭게 결정한 것이 아니다. 그도 달리 어찌할 수 없었다. "사물은 하느님에 의해 만들어진 그대로가 아니고서는, 그 어떤 다른 방식이나 질서로도 만들어질 수 없었다."[3] 또한, 그리하여 '선하기만 한 하느님이 어떻게 악의 존재를 허용할 수 있는가?' 하는 그 오랜 질문, 즉 아무 죄 없는 이들에게 끔찍이도 잔인한 짓을 하는 인간들의 도덕적 사악함에 대한 의문은, 스피노자의 생각에 따르면 아무런 의미가 없다. 그와 관련된 불가사의, 즉 하느님은 왜 지진, 가뭄, 쓰나미 같은 자연재해가 득시글한 세계를 만들기로 하셨는가 하는 의문 역시 마찬가지다. 다시 말해, 스피노자에게는 아무런 '고통의 문제'도 없다. '받을 까닭이 없는' 고통을 정당화할 필요는 전혀 없다.

하느님에게 미리 결정되지 않은 자유의지라는 의미에서의 선택할 힘이 없다면, 사실상 하느님이 전체로서의 자연의 그저 또다른 이름일 뿐이라면, 그렇다면 그런 질문들은 불합리하다. 그런 질문들에 대답하기 위한 그 모든 대단히 복잡한 시도들 역시 마찬가지다. 자연재해를 우리의 일탈에 대한 벌로 설명한다든가, 도덕적 악함을 자유의지라는 선물에 치러야 하는 대가로 여긴다든가, 아니면 이 세상을 '가능한 모든 세상들 중 최고'로 여긴다든가(볼테르는 『캉디드 혹은 낙관주의』에서 이 생각을 조롱한다) 하는 따위가 그 예다.

스피노자의 계에서, 하느님은 사악함이 일어나도록 '허락'만 하는 것이 아니라, 일어나는 모든 일에 현존하는 존재로서, 실제로 우리가 선하다고 보는 일들만이 아니라 악하다고 보는 일들도 야기한다. 사악함은 하느님의 근본 성질의 한 표현이다.

그러므로 하느님에게 상황을 바꿔달라고 기도해봤자 소용없다. 청원 기도는 아무런 효과가 없을 것이다. 기적은 불가능한데, 왜냐하면 필연과의 결별이 절대로 불가능하기 때문이다. 그리고 사람들이 그게 가능하다고 믿는다면, 그것은 오로지 그들이 사물의 실제 원인에 얼마나 무지한지를 알려줄 따름이다.

현실이 그렇다보니, 하느님이 사악함 때문에 '우려하거나' 선함 때문에 '기뻐하거나' 할 가능성은 티끌만큼도 없다. 또한 나쁜 짓을 한다고 벌을 줄 일도, 착하다고 상을 줄 일도 없다. 하느님이 마치 인간의 확대판이라는 양 그에게 그런 감정들을 부여하는 것은 근본적인 오류이자, 설교자들과 사제들이 여러 세대에 걸쳐 자신을 과대포장하고, 어리숙한 사람들을 고분고분하게 만들려고 이용해온 수법이기도 하다.

그렇다면 스피노자의 계에는 과연 자유가 존재할 여지가 있을까? 모든 것이 예정된 우주에서 과연 그 무엇이 자유로울 수 있을까?

그 답을 들으면 놀랄 것이다. 스피노자에게 자유는 그 모든 윤리적 목표 중에서도 가장 위대한 목표다.

여기서도 그의 생각은 평범하지 않다. 자유란 더는 멀찍이 떨어진 채 외적인 영향력 없이 선택할 수 있는 힘이 아니다. 오히려 그 대척점, 사물의 현재 모습의 필연성을 긍정하는 힘이다. 자유로워진다는 것은 우리를 지금의 개인으로 만든, 그리고 우리가 살고 있는 세계를 지금 모습으로 만든 원인들을 이해하고 받아들인다는 뜻이다. 자유는 우리 삶을, 그리고 그 운명성을 가능한 한 가장 적극적인 이해를 통해 긍정하는 것이다.

이 이해의 핵심 대상은 우리 감정이다. 성찰은 해방을 선사한다. 우리 감정과 그 감정들을 만들어온 경험들을 이해하고 수용함으로써 우리 믿음은 진화할 수 있다. 또는 폐기될 수도 있다. 모든 사건들은 서로 연관되어 있으므로, 자신을 이해하려는 이러한 시도의 이상적인 종착점은 순수한 사고라는 노력을 통해 전체로서의 자연을 이해하는 것이다. 그것은 삼라만상의 원인인 하느님을 이해한다는 뜻이다.[4] 우리는 구체적인 것들을 더 많이 이해할수록 하느님을 더 많이 이해하게 된다.[5]

그것은 우리를 도로 사랑으로 이끈다. 전체로서의 자연을 이해하는 것은 사랑의 최고 형태이기 때문이다. amor intellectualis Dei, 하느님에 대한 지적인 사랑.

우리 현대인의 귀에 '지적인'이라는 말은, 스피노자가 여기서 뜻하고자 하는 바를 제대로 전달하기에는 너무 건조하게 들린다. 스피노자는 지성과 이성이 하느님의 본질이자 하느님에게 도달하기 위한, 즉 구원을 찾기 위한 수단으로 여겨지는 토마스 아퀴나스의 중세 세계에 여전히 한 발을 담그고 있다. 그 전통은, 신성이란 모름지기 열정적인 에로스를 영원한 선함과 아름다움을 향해 위로 그리고 앞으로 나아가게 할 때만 어렴풋이 엿볼 수 있다고 생각한 플라톤과, 지성nous, 즉 순수한 생각을 인간이 가진 신적 요소로 보고, 인간이 그것을 통해 하느님을 모방한다고 생각한 아리스토텔레스에게까지 되짚어올라간다. 따라서 스피노자에게 사랑의 핵심에 놓여 있는 것은 이해다. 그리고 사랑 그 자체는 전체로서의 자연에 대한 즐거운 이해, 나아가 긍정 말고는 그 어떤 더 고귀한 목적도 가질 수 없다.

이 모든 이야기는 사랑에 관한 매혹적인 함의를 품고 있는데, 그중 스피노자가 풀어 설명한 것은 얼마 되지 않는다. 어쩌면 그 함의들 중 가장 놀라운 것은 또한 가장 단순한 것인지도 모른다. 바로, 누군가를 진정으로 사랑한다는 것은 그녀를 완전히 자연적 존재로 사랑하는 것이라는 점이다. 그것은 어떤 식으로든 육체적 자질과 구분되는 영적 자질들 때문이 전혀 아니고, 자연질서를 넘어서 있는 신성의 존재 때문은 더욱 아니다. 또한 그것은 그녀를 사랑하고 그녀에게 사랑받는 것을 가로막는 장애물을 만드는 사악한 세계를 부정하는 것도 아니다. 또는 사랑이 그런 장애물들이 없는 어떤 초자연적 영역에서 더 완벽하게 충족될 수 있다고 상상하는 것도 아니다. 그런 영역은 존재하지 않기 때문이다.

다음은 좀더 논쟁의 여지가 있는 것인데, 우리가 사랑하는 대상들에게서 선하다고 느끼는 부분들만이 아니라 사악하다고 느끼는 부분 역시 긍정하려고 노력해야 한다는 점이다. 다시 말하면 단순히 그들의 악함에도 불구하고 그들을 긍정하는 것이 아니라, 그 악함까지 포함해서 긍정하는 것이다.

그런 긍정은 열정만으로는 불가능한데, 열정은 나쁨으로 느끼는 그 무엇도 결코 사랑하지 않을 터이기 때문이다. '나쁨'이란 우리 힘을 앗아가는 것으로 느껴지는 모든 것을 뜻한다. 스피노자의 말에 따르면, 이것이 진정 우리가 사악함이라고 여기는 것이기 때문이다. 그렇지만 우리가 전체로서의 자연의 필요성을 긍정하려고 노력한다는 것이 무엇인지 더 폭넓게 이해할 수 있다면, 그리고 사랑하는 이들이 이 자연의 불가분한 일부임을 이해할 수 있다면, 우리는 그들에게서 보이는 좋음만이 아니라 사악함도 긍정할 수 있을 것이다. 공인된 기독교 전체에 맞서, 그리고 그것이 젖줄을 대고 있는 플라톤과 아리스토텔레스 전통에 맞서, 스피노자의 철학은 지적인 사랑이 좋음으로 인식되는 대상에만 매달리지 않고 나쁘고 비뚤어지고 파괴적으로 보이는 대상에도 매달림을 시사한다.

그리고 스피노자의 철학은 사랑에 관해 더욱 급진적인 결론을 제시한다. 정신과 육체 사이의 그 해묵은 벽이 무너진다면, 개인들 사이의 육체적 사랑은 더이상 그저 '영적인' 사랑으로 가는 길 위의 한 정거장에 불과하지는 않을 것이다. 그 대신 여러분이 그녀와 맺는 육체적 관계는 여러분과 그녀의 관계를 조망할 수 있는 한 양상이 된다. 육체적 친애는 그 사람 전체와의 친애다.

그리고 그 반대도 마찬가지다. 다른 사람과의 영적 관계나 정신적 관계는 또한 육체적 관계이기도 하다. 다시금, 그것은 섹스와 성적인 사랑을 통한 소통으로 축소될 수 없다. 우리가 스스로 육체에 관해 제약을 받지 않는다고 생각하는 이 시대에조차 흔히 과소평가하는 한

가지 사실은, 동료, 친구, 부모, 이방인 등 타인들과 우리가 맺는 관계에서, 아무런 분명한 성적 의제가 없을 때조차, 아니 바로 그럴 때일수록 육체적인 것이 더욱 강력한 힘을 발휘한다는 점이다. 우리는 그들의 육체에 대한 혐오감이나 감탄, 역겨움이나 욕망, 또는 우리의 육체에 대한 수치나 자만, 어색함이나 우월감 같은 극단적인 감정에 사로잡혔을 때에만 육체적인 것을 인식하는 경향을 띤다. 그런 순간이 오면 이런 감정들은 우리를 압도해, 우리가 그들의 다른 모든 점을 보고 가치를 부여하는 방식에 영향을 미칠 위험이 있다.

그러나 이런 극단적인 사례들은 한층 일반적인 법칙을 설명해주는데, 스피노자는 그것을 실제로 입 밖에 내지 않으면서도 그것에 관해 생각해보도록 우리를 자극한다. 낭만적이거나 그렇지 않은 것, 육체적인 것과 정신적인 것 같은 '차원들'로 우리의 관계를 분류하는 것은 인위적인 구분이다. 또한 육체적인 것이 인간관계에서 오로지 성적이거나 강력한 감정을 불러일으킬 때에만 우리를 파고든다는 생각은 틀렸다. 육체적인 것은 우리와 타자의 관계에 늘 존재한다. 사실상, 그것은 한 사람의 존재 전체를 조망할 수 있는 한 측면이다. 그리고 그들의 육체와 우리의 관계는 성적인 것을 한참 넘어서는 소통과 언어와 관련이 있다.

의외일지 모르겠지만, 스피노자는 성적 욕망에 적대적이다. 그가 우려하는 것은, 충족되든 안 되든 그 욕망이 우리 삶의 균형을 위태롭게 할 수 있다는 것이다. 성욕은 물욕이나 명예욕과 마찬가지로 우리의 관심을 사로잡아 더 큰 행복을 놓치게 만들 수 있다. 그것은 강렬하지만 일시적인 기쁨을 제공하고, 우울의 찌꺼기, 심지어 광기의 앙금을 남기기 쉽다. 그 집착은 우리의 관심사를 협소한 한 가지 목적에 한정시키고 우리가 진정 행복을 찾아야 할 지점인 우리의 관심사와 사랑과 이해가 다양해지지 못하게 막는다.

따라서 섹스에 대한 스피노자의 문제 제기는 쾌락에 대한 적대감은커녕 육체에 대한 적대감에서 비롯된 것도 아니다. 그와는 반대로, 원만하고 균형 잡힌 삶에서 쾌락은 다다익선이다. "그것은 늘 좋다", 그리고 "우울〔혹은 고통〕은 늘 나쁘다".[6] 스피노자는 (자신의 힘에 대한 합리적 인식에 바탕을 두는 한) 명랑함과 자존감을 옹호하고, 죄의식이나 자기부정 혹은 회한 같은 금욕적인 감정들에 대해서는, 쾌락이 어떻게든 우리에게 해를 입힐 거라는 미신의 산물이라며 경멸한다. 더 나아가 사물에서 쾌락을 찾는 능력을 지혜의 표식으로 삼기까지 한다. 그러나 우리는 섹스 같은 몇 가지 만족에 지나치게 몰두하느라 우리 삶을 광기에 빠뜨리거나, 많고도 다양한 기쁨들에서 찾을 수 있는 풍요로운 즐거움을 잃어서는 안 된다.

그 지점에서 스피노자는 그가 제시하는 사랑의 치유법, 특히 집착적이 된 사랑에 대한 치유법으로 우리를 이끈다. 스피노자의 말에 따르면 일상적인 사랑은 "한 외적인 원인에 관한 생각을 수반하는 쾌락"이다. 다시 말해, 여러분은 쾌락을 (특히 여러분에게 힘을 주는 존재로서 그녀를 체험할 때 생겨나는 쾌락을) 그저 그녀의 존재와 연관시킨다. 그런 경우에 여러분은 그녀를 소유하고 그녀에게 가까워지려는 소망을 품을 것이다. 그렇지만 그녀가 여러분을 버리거나 여러분에게 고통을 유발한다면 (즉, 여러분이 그녀를 힘을 앗아가는 존재로서 경

험한다면) 사랑은 재빨리 증오로 변할 것이고, 그것은 "외적인 원인에
관한 생각에 따르는 고통"[7]일 뿐이다. 그 경우에 여러분의 소망은 그
녀를 부숴버리는 것이 되리라. 이야기는 항상 그처럼 단순하다.

일상적인 사랑은 본질적으로 약하다. 우리는 실연과 경쟁자, 그리
고 그로 인한 고통의 존재 가능성을 결코 배제할 수 없기 때문이다.
그녀가 우리를 버릴지도 모르고, 그녀를 사랑하는 다른 사람이 나타
날지도 모른다. 그리하여 사랑은 흔히 눈에 보이지 않는 증오, 질투,
그리고 파괴욕의 망령에 늘 위협받는다. 이는, 이런 위험들에 확연히
예민한 사람이 그 모두를 회피해버리기에 충분한 이유다.

여러분이 사랑의 복잡한 불안정성과 양면성으로부터, 그리고 그것
들이 만들어낸 무력함이라는 불쾌한 감정으로부터 해방되는 유일한
방법은, 사랑하는 이의 행동들이 자유로운 것이 아니라, 여러분이 아
는 것보다 훨씬 오래전으로 거슬러올라가는 원인들의 소산임을 이해
하는 것이다. 여러분은 그녀가 여러분의 쾌락과 고통을 유발하는 유
일한 존재라는 믿음을 버려야만 한다. 그녀는 그렇지 않다. 그녀를 이
런 식으로 자유로운 존재라고 생각하면 우리 관계는 너무나 많은 고
통과 환상을 떠안게 된다. 흔히 겪는 일이지만, 그녀가 우리에게 상처
를 준 것이 그녀 자신이 무얼 하고 있는지 몰라서였거나 어쩔 수 없어
서였던 게 아니라 '자유로운 선택'이었다고 생각될 때, 우리는 그녀를
더 원망할 것이다.

그러므로 우리는 그녀의 삶을 지배하는 필연을 보고 긍정하는 법
을 배워야 한다. 다른 모든 것에서와 마찬가지로, 사랑에서도 필연을
부정하는 것이 아니라 얼싸안는 것이 자유이기 때문이다.

그러나 그런 치유의 핵심 대상은 우리가 사랑하는 사람이 아니라 우리 자신이다. 우리 자신의 역사, 즉 지금의 우리가 되도록 이끈 사건들을 이해해야만 우리는 스피노자가 말하는 이른바 '수동적인' 사랑으로부터 해방될 수 있다. 그것은 누군가에 대한 우리의 반응이 우리 과거 경험에 깊이 배어든 생각과 감정의 혼란스러운 관계들에 의해 좌우되는, 가장 나쁜 종류의 사랑이다.

우리는 그녀를 쾌락과 고통의 근원이라고 단정짓지만, 이런 혼란한 관계들에서 그녀는 그저 방아쇠 역할을 할 뿐이다. 예를 들어, 그녀는 우리가 한때 마음속으로 사랑했던 누군가와 연관되었을 수 있다. 그녀는 그 사람과 닮았을 수도 있고(이 경우에 우리는 그녀를 사랑할 것이다), 무척 다를 수도 있으며(이 경우에 우리는 그녀를 미워할 것이다), 아니면 양쪽 다일 수도 있다(이 경우에 우리는 그녀를 사랑하는 동시에 미워할 것이다). 앞서 보았듯 서로를 찾는 두 반쪽 인간에 관한 아리스토파네스의 신화 이후로, 사랑은 강하게 보수적인 기미를 띠고 있다. 사랑은 그저 우리와 비슷한 누군가를 소유하기를 바라는 경향만이 아니라, 늘 사랑했던 자질들을 사랑하고 늘 미워했던 자질들을 미워하려는 경향도 가지고 있다.

스피노자가 들려주는 바에 따르면, 이 모든 사랑과 미움의 반복적 본성의 정점에는 자신을 잃게 만드는 무리 추종 경향도 있다. 그러므로 우리가 누군가에 대한 사랑이 시작되는 것을 느끼고 나 혼자만 그런 것이 아님을 안다면 우리의 감정들은 즉각 힘을 얻을 것이다. 그렇지만 다른 사람들이 그를 미워한다는 것을 눈치채면 우리는 힘을 잃기 시작할지도 모른다. 게다가 우리는 그저 다른 사람들이 누군가를 사랑하거나 미워한다는 생각이 들어서, 그때까지는 관심도 없었던 누군가를 사랑하거나 미워하게 될지도 모른다.

> 누가 무언가를 사랑하리라는 상상, 바로 그것 때문에 우리 또한 그것을 사랑할 것이다. (…) 역시 누가 무언가를 외면하리라는 상상, 바로 그것 때문에 우리는 또한 그것을 외면할 것이다.[8]

스피노자가 기민하게 짚어냈듯이, 이 모방 경향은 단순히 유행을 따르려는 순종적인 욕망에서만 비롯되는 것이 아니라 우리에게 그들의 호불호를 따르라고 명령하는 타인들의 폭압에서도 비롯된다. "자신이 사랑하는 것을 다른 모든 사람이 사랑하게 만들고 자신이 미워하는 것을 다른 모든 사람이 미워하게 만들려고 애쓰는 것은 누구나 마찬가지다."[9]

그 무리 본능, 즉 자신이 남들과 다르다고 생각될 때 느끼는 공포와 남들이 자신과 같은 기분을 느껴야 한다는 요구가 주식시장을 움직이고, 골드러시로 이어지고, 팝스타의 우상화에서부터 인종청소에 이르기까지 모든 대중적 히스테리의 도화선이 된다. 우리에게 한 번도 쾌락이나 고통을 준 적 없는 사람들이 갑자기 그런 사람들로 보일 수 있다는 사실은, 어떤 시기에 특정 대상이 매력적이거나 사랑스럽거나 동정할 만한가를 놓고 놀라울 정도의 의견 일치가 이루어지는 현상의 이유를 설명한다. 그리고 그것은 한층 불길하게도, 이전에 이웃으로 생각했던 전체 집단을 하룻밤 새 몰살하고 싶어하게 만들 수 있는 끔찍한 인종혐오의 바탕이기도 하다. 남들의 호불호에 순응하거나 자신의 호불호를 따르라고 남에게 강요하고 싶은 욕구에 저항하는 것보다 더 어려운 일은 없다. 스피노자가 인용한 오비디우스의 말에 따르면 이렇다. "다른 이들이 외면하는 것을 사랑하는 자는 철인이다."[10]

그렇다면 해야 할 일은, 수동적인 사랑, 그리고 미움, 원한, 원망, 질투를 비롯한 고통스러운 감정들에 대한 사랑의 민감성을 '적극적인' 사랑으로 변화시키는 것, 사랑하는 사람들이 각자의 삶을 이끌어가는 필연을 체험하고 그리하여 자신들의 뒤엉킨 감정들을 책임감 있게 받아들이는 사랑으로 변화시키는 것이다.

마음은 모든 것을 필연으로 이해할 때 감정을 더 잘 통제할 수 있거나, 감정에 관련해 더 적극적이 된다.[11]

외적인 자극에 그저 혼란스럽게 뒤엉킨 생각들로 반응하는 대신, 우리는 우리 감정에 대한 지식을, 그 힘을 가지고 있어야 한다.

우리는 어떤 감정을 더 잘 알수록 그것을 더 잘 통제할 수 있고 그것에 관해 더 적극적인 마음을 갖게 된다.[12]

자신에 관한, 그리고 서로에 관한 그런 이해를 품을 수 있는 두 연인은 진짜 자유를 손에 넣게 될 것이다.

여러분이 이 이해를 멀리까지 끌고 갈 수 있다면, 그것은 우리의 좁은 관심사를 넘어 지금의 우리를 만든 그 모든 원인들로, 그리고 그것을 넘어 더 먼 원인들이 심겨 있는 전체 자연질서로까지 확장될 것이다. 그런데 우리가 앞서 보았듯, 그것은 곧 하느님을 사랑하는 것이다. 그리하여 스피노자는 이렇게 말한다. "자신과 자기감정을 명확히 그리고 진정으로 이해하는 자는 하느님을 사랑하고, 하느님을 더 많이 사랑할수록 그는 자신과 자기감정을 더 잘 이해한다."[13] 따라서 진짜 사랑은 그 사랑하는 대상을, 이제 전체로서의 자연으로 이해되는 하느님과의 관계 속에서 파악하고자 한다. 그리하여 사랑은, 우리가 사랑하는 이를 신격화하지 않고 그 반대로 한다. 방대하고 비개인적인 자연질서 속에서, 비록 티끌 같지만 독특한 그녀의 입지를 긍정하는 것이다.

인류를 자연의 무한한 질서에 심긴 존재로 보는, 그리고 하느님을 단순히 그 질서의 이름으로 보는 스피노자의 개념은 너무나 충격적으로 받아들여져서, 스피노자는 암스테르담의 유대 공동체에서 축출되는 정도를 넘어, 기독교와 도시 집권층에 의해 악의 하수인이자 올바른 질서의 파괴자로 지목되어 두루 따돌림을 당했다. 죽음 이후 약 100년간 꽤나 무명의 신세로 전락해 있었고, 심지어 그의 동조자들 다수에게도 가깝게 지내기에는 위험한 인물로 여겨지긴 했지만, 그는 현대 세계를 조형하게 될 두 가지 위대한 움직임에 중요한 영감을 주었다. 그 두 움직임은 서로 적대적인 감성으로 보이곤 하지만 꼭 그런 것은 아니다. 한편으로 스피노자는 평등, 민주주의, 관용, 양심의 자유, 그리고 보편 인권 같은 계몽의 중요 개념들의 촉매 역할을 했으며 레싱 같은 인물들의 영웅이기도 했다. 다른 한편, 18세기 후기의 독일 시인 노발리스처럼 자연을 삼라만상에서 모습을 드러내는, 편재하는 형이상학적 현실이 배어든 신비주의적 전체로 여기는 진영에서는, 스피노자의 사상에서 자신들의 생각을 발견하고는 그를 대변자로 내세웠다. 이는 다양한 낭만주의자들로 이루어진 거대 진영인데, 그들의 감성에서 사랑은 핵심이고, 시급하고, 구세주 같은 존재가 된다.[14] 그리고 우리는 이제 이 진영의 첫 위대한 선봉장, 장 자크 루소를 돌아볼 것이다.

11
계몽된 낭만주의로서의 사랑
루소

스위스 철학자인 장 자크 루소는 마지막 저서인 『고독한 산책자의 몽상』의 결말부에서 자신이 젊은이였을 때 '마마'라고 부르던 한 나이 든 여성(유부녀), 바랑 부인과의 사랑의 추억을 떠올린다.

내가 불순물도 없이 장애물도 없이 온전히 나 자신이었다고, 그리고 진정한 나로서 살았노라고 말할 수 있는 내 삶의 이 독특하고 짧은 시간을 기쁨과 다정함 속에 돌이켜본다. (…) 이 짧지만 귀중한 시간이 없었다면 어쩌면 나 자신을 명확히 알지 못했을지도 모른다. (…) 내 행동 안에서 무엇이 나 자신의 것인지 이해하는 데 어려움을 겪었을 것이다.[1]

이 말들은 우리가 '낭만주의'라고 부르는, 하지만 너무나 복잡다단해서 과연 그것이 단일한 실체일까 의심스러울 정도인 그 규정하기 어렵고 황홀하면서도 만연한 감수성을 예고한다.

그렇지만 그것은 실제로 존재한다. 낭만주의를 규정하는, 그리고 사랑의 영역에서 그것의 모든 표상들 뒤에 놓여 있는 두 가지 모티프가 있다. 우리는 그 둘 중 첫째를 방금 보았다. 사랑을 통해 개인적 '진정성'이라고 불리게 되는 무엇을 발견하는 것, 사랑하는 이에게 자신을 바치고 사랑받음으로써 자기 자신이 되는 방법을 모색하는 것. 이것은 자신의 헌신으로 스스로를 정립하는 자아다. 그것들은 여러분의 내적 본성과 그 진정성에 관해 이야기한다. 그 본성은 여러분 고유의 것일 수도, 혹은 여러분의 목소리를 빌려 말하는 삶의 거대한 조류일 수도, 아니면 자연에 존재하는 신의 섭리일 수도 있다. 그리고 여러분의 내적 본성, 혹은 더 큰 자연질서에 대한 여러분의 자발적인 지지를 말할 때, 그것은 여러분의 자유를 표현한다.

또하나의 새로운 모티프는 열정 그 자체의 고귀함이다. 그리고 일부 낭만주의자들에게는 성욕의 고귀함이다. 열정은 이성보다 훨씬 우월한 좋음과 진실의 위대한 원천 중 하나, 또는 어쩌면 유일한 원천이다. 그리고 두 인간 사이의 사랑보다 더 큰 열정은 없다. 이제 그들이 보여주는 사랑에서, 우리는 성스러움을 목격하게 될지도 모른다.

두 모티프 다 기쁜, 심지어 황홀한 비애감이 깃든 어조를 들려주는데, 우리가 방금 들은 루소의 말이 그 어조의 완벽한 본보기다.

또한 두 모티프 다 종교적 권위 및 전통적인 사회적 위계질서의 쇠퇴와 관련이 있다. 그것들은 하느님이 정점에 있는 신적인 위계질서든 절대군주가 정점에 있는 사회적 위계질서든, 인간의 자리가 어떤 대물림된 위계질서에 고정되어 있지 않다는, 18세기 말엽에 압도적이었던 확신이 커져가는 데에 의존하기 때문이다. 그 대신 우리에겐 스스로 결정할 권리, 심지어 의무가 있다. 그것은 우리 자신을 스스로 창조한다는, 아니면 적어도 우리 자신에 찬동한다는 뜻이다. 가장 위대한 좋음은 천국에서 정해지는 것이 아니라 한 개인인 우리 내면 깊숙이에서, 또는 우리 각자와 우리 공동체 사이의 유기적 관계에서 정해진다.

따라서 새로이 몰두할 거리가 태어나는데, 그 대상은 개인적 정체성이다. 내 정체성은 나 자신의 가치, 그리고 내 헌신과 욕망을 구성한다. 일부 사상가들에게 있어, 이것은 성욕과 그 표현력을 포함한다. 그리고 정체성은 순전히 하느님의 선물이 아니라 내가 주체적으로 승인하는 법칙들의 지배를 받는다. 또한 목수, 귀족, 가수 등 사회적 지위에 따라 결정되지도 않는다. 나 자신을 넘어 세계와 진정한 관계를 맺는다 함은 그 자아와 진정한 관계를 맺는다는 뜻이기도 하다.

겉보기에 다양해 보이는 이런 주제들은 모두 서로 관련이 있다. 우리 자신의 본성과 조화로운 삶을 살기, 우리 내면의 목소리 발견하기, 물려받은 역할이 아닌 개인적 정체성을 가진 존재로 스스로를 생각하기, 자주성을 갖기, 열정을 고귀하다고, 심지어 성스럽다고 여기기. 이것들은 교권의 하락과 관련지어 이해할 수밖에 없는 개념들과 한 부류다.

내가 생각하기에, 그토록 많은 낭만주의의 표지인 황홀한 비애감의 어조는 이 상실과 획득이라는 이중적 감각에서 나오는 듯하다. 한편

애도와 공포는 신적인 세계질서와 그것이 드리워주었던, 혹은 많은 이들이 그렇게 생각했던 묵직한 닻을 돌이킬 수 없이 잃어버린 데 대한 자연적 반응이다. 다른 한편, 인간의 자율성과 방대한 창조 가능성에 기반한, 인간에 의한 새로운 질서 수립은 새로운 여명의 황홀감을 자극한다. 그리고 파괴와 창조 두 가지 모두 인간 자유를, 사실상 격상을 이야기한다.

그리하여 초기 유대교에서 사랑이 우리가 하느님에게 다해야 할 최고의 의무로 여겨졌듯, 이제 사랑이 우리가 스스로에게 다해야 할 최고의 의무가 되는 데 필요한 밑바탕이 놓인다. 사랑한다는 것은 자신의 법칙을, 혹은 일부 낭만주의자들에게는 인간을 통해 말하는 자연법칙을 발견하고 거기에 따르는 것이다. 그것은 한 내면의 목소리를 표현하는 것이기도 하다.

비록 낭만주의자들이 말하는 사랑은 주로 낭만적인 사랑, 즉 두 사람 사이의, 서로의 영적인 결합을 향한 성적 사랑이기 쉽지만, 그 감성은 거의 모든 종류의 사랑에, 즉 친구 사랑, 자연 사랑, 예술 사랑, 가족 사랑, 나라 사랑을 비롯해 우리가 열정으로 헌신하는 모든 대상에 대한 사랑에 스며들 수 있다. 중요한 것은 그런 헌신의 불가사의를 통해 내가 내 본연의 모습으로 살아 있게 된다는 것이다. 그리고 그 보답으로서 받는 사랑을 통해, 한 남자는 "자신이 될 새로운 이유들을 얻는다"[2]

그렇지만 누군가는 이렇게 물을지도 모른다. 이것은 사랑을 유달리 이기적인 것으로 보는 시각이 아닌가? 나아가, 다른 이에게 몰두하고 복종하는 사랑의 본질에 대한 배반이 아닌가?

일부 낭만주의자들이 자신의 행복감과의 사랑에 빠져 있는 듯 보이는 것은 사실이다. 그리고 그들에게 사랑하는 대상이란 그저 자신의 진정한 목소리를 듣기 위해 이용하는 감정적 반향실인 것 같기도 하다. 아래 루소의 말이 그런 예가 될 수 있다.

그 몇 년간, 내게 즐거움을 주려는 욕구와 다정함으로 가득찬 한 여성에게 사랑을 받으면서, 나는 내가 하고 싶은 일을 했고, 내가 되고 싶은 사람이 되었다. 그리고 시간을 유용하게 쓴 덕에, 그녀의 가르침과 그녀의 본보기 덕에, 나는 더욱 단순하고 새로운 내 영혼에 그것이 늘 숨겨두고 있던 더 잘 어울리는 형태를 부여할 수 있었다.[3]

그렇지만 루소의 사랑하고 사랑받는 행운을 통한 자아 발견에는 더욱 진지한, 심지어 도덕적이기까지 한 목적이 있었다. 그리고 그것은 '불순물 없고 장애물 없는' 인간 본성에 속하는 감정과 동기의 내적 순수함을 함양하는 것이었다. 이 순수함은, 그의 마지막 회고록의 배경인 시골처럼 천진난만하고 단순했다. 그것을 함양하면서 여러분은 자기 내면의 목소리를 발견하고 거기에 귀를 기울이게 되므로, 사랑하는 대상의 목소리(혹은 사실상 전체로서의 자연)에 더 민감하게 귀기울일 수 있다.

루소는 인간이 자연적으로 선하다고 생각했다. 정확히 말해, 조직화된 사회가 부추기는 경쟁, 증오, 그리고 인위적 요구들의 노예가 되기 전까지는. 원래 '자연 상태'에서 그들은 이러했다.

사악하기보다는 길들지 않았을 따름이고, 남을 해치기보다는 자기
들이 입을 수 있는 해로부터 스스로를 방어하는 데 더 관심이 있었
다. (…) 그들에게는 아무런 상거래가 없었으므로, 허영도, 보답도,
존경도, 경멸도 알지 못했다. (…) 그들은 설령 폭력을 당할 경우에
도 그것이 쉽게 치유할 수 있는 피해라고 생각했지 벌해야 하는 모
욕이라 여기지 않았고, 심지어 복수는 꿈도 꾸지 않았다. 그러므로
돌을 맞은 개가 덤벼들어 물듯이 반사적이거나 즉각적인 경우를
제외하고는 그들의 다툼은 유혈 사태로 끝나는 일이 거의 없었다.[4]

인간들 사이의 이런 갈등들은 아무런 씁쓸한 뒷맛도 남기지 않고
금세 해소된다. 타고난 동정심pitié의 정서 때문에 인간은 남의 고통을
보면 괴로움을 느끼고, 합당한 이유가 있을 때를 제외하고는 그런 고
통이 일어나지 않도록 예방한다. 루소는 그런 동정심이 "채 생각도 하
기 전에 발동하며, 너무나 자연적이라서 심지어 짐승들조차 그런 기
질을 분명히 보여준다"[5]고 말한다.

그와 같은 분노와 공격성의 부재는 사람들이 감정적 또는 경제적
으로 타인에게 예속되지 않은 자유의 몸일 때, 주인과 노예의 의존관
계에서 풀려났을 때, 그리고 무엇보다도 타인의 인정에 대한 갈망으
로부터 풀려났을 때에만 가능하다. 그런 갈망은 우리로 하여금 동료
들을 지배하고 그들에게 굴욕을 주고 싶어하게 만들기 십상이다.

누구나 알아야 할 것은, 노예의 연대는 오로지 사람들의 상호의존에서, 그리고 그들을 결속시키는 상호간 필요에서 생겨나므로, 애초에 어떤 사람을 다른 사람 없이 살 수 없는 위치에 놓지 않고서는 그를 노예로 만들기가 불가능하다는 사실이다. 자연적 상태에서는 존재하지 않았던 그 상황은 각 인간을 멍에에 매이지 않은 자유로운 몸으로 놔두고 약육강식의 법칙을 무의미하게 만든다.[6]

루소는 그가 자신에 대한 사랑amour de soi이라고 부르는, '자기애'로 번역되곤 하는 자연적인 자기존중을 정의한다. 자신에 대한 사랑은 또한 모든 살아 있는 생물이 타고나는 욕구로, 현재의 살아 있는 자신을 유지하려는 것이다. 그것은 "우리 열정의 원천, 다른 모든 이들의 기원이자 법칙"[7]인 자기보존 욕구다. 이 욕구가 아무리 개인들을 서로 갈등하게 만들어도, 거기에는 악의나 다른 이들을 부정하고 폄하하려는 의도가 없다. 루소는 이것을 "늘 좋은 것"[8]으로 여긴다.

그와 대조적으로, 사회에서 우리 모두는 외부의 인정 없이는 자신의 가치를 느끼지 못한다고 볼 수 있을 정도로, 다른 이들에게서 인정받는 것만을 목표로 살기 십상이다. 그리하여 우리 자신의 자연적 자아로부터 소외된다. 지위가 전부이고, 그것을 추구하기 위해 우리는 동료들보다 우월해지고자 노력해야 한다. 그 결과 인간관계는 일시적이고 불확실하고 의심스러워진다. 계산, 기만과 은폐가 그들의 화폐다. 자연적 기질인 동정심은 억눌린다.

지위는 우리를 취하게 만든다. 다른 사람들이 대체로 가지지 못하기에 가치 있게 여겨지는 권력, 지위, 영예, 사치를 비롯한 모든 것,

오늘날 종종 '위치재positional goods'라고 불리는 그것을 향한 허기는 결코 채울 수 없다. (페라리를 가진 사람이 안 가진 사람보다 더 많다면 내가 페라리를 몰면서 느끼는 만족감은 훨씬 떨어질 것이다.) 극심한 생존 경쟁에서 혼자만 낙오되었다고 느끼면 우리는 아무것도 못 할 만큼 힘이 빠지고, 심지어 사소한 특권의 득실조차 터무니없이 중요하게 여긴다. 그 논리적인 종착점은 완전한 지배를 향한 욕망이다. 언제까지나 모든 이에게 무제한적 존경을 받아야 한다는 불가능한 목표. 루소는 사회적 인간이 "우주의 유일한 주인이 될 때까지 모든 것을 망쳐버리는tout égorger 종말을 맞을 것"[9]이라고 선포한다. (그런 경우라면, 지위에 의존하는 복잡한 관계망을 가진 진보한 문명이 인종학살을 벌인다는 사실이 더는 모순적이지 않을 것이다.)

남들의 감탄을 사겠다는, 그리고 남들보다 우월해지려는 이런 욕망을 루소는 'amour propre'라고 명명하는데, 이 말은 영어로 흔히 'pride', 즉 '자부심'으로 번역된다. 루소는 그것이 통제를 벗어났을 때 조장하는 사회적 병폐들을, '야만적' 조건들에서 번영하는 자기애와 대조한다.

자부심과 자기애[amour de soi], 본성과 영향이 매우 다른 그 두 열정을 결코 혼동해서는 안 된다. 자기애는 모든 동물로 하여금 자기보존에 힘쓰게 만드는 자연적 정서로, 인간에게서는 이성으로 방향이 정립되고 동정심으로 조율되어, 인류애와 미덕을 낳는다. 자부심은 그저 상대적인 정서일 뿐인데, 사회에서 태어난 이 인위적 정서는 각 개인으로 하여금 자신을 다른 누구보다도 더 높이고 싶

어지게 하고, 인류가 서로에게 가하는 모든 위해의 원동력이 되며, 명예의 진정한 근원이다.[10]

루소가 여기서 결단코 입 밖에 내지 않는 두 가지가 있다. 그는 우리에게 원시 상태로 '돌아가' 모든 사회를 버리라고 조언하지 않는다. 또한 자부심이 꼭 나쁜 것이라거나, 그것이 자신에 대한 사랑과 결실 있는 공존관계를 이룰 수 없다고 말하지도 않는다. 그 대신 루소는 우리가 타고난 선함과 부패하지 않은 의지를 되찾고 그것을 기반 삼아 사회를 수립하기를 바란다. 더불어 다른 사람들의 좋은 평가에 지나치게 기대지 않으면서 우리 자신을 존중하기를 바란다. 남의 인정을 욕망하는 것은 적절한 정도라면 나쁘지 않아서, 실은 우리의 야망과 재능을 싹틔워주고 인류의 수많은 위대한 업적들의 밑거름 역할을 한다는 것이다.

인류의 최고와 최악, 미덕과 죄악, 과학과 오류, 정복자들과 철학자들이 존재할 수 있었던 것은, 우리로 하여금 거의 늘 우리 자신의 외부에 머물게 만드는, 이름을 떨치려는 이 열정, 남들보다 눈에 띄려는 이 유난스러움 때문이다.[11]

이 모든 것에 대한 사랑은, 비록 루소는 그 모두를 일일이 호명하지 않지만, 매혹적이고 극적인 함의를 담고 있다. 사랑은 강렬한 의존과 관련되기 때문이다. 한 쌍의 부부로부터 대가족에 이르기까지, 사랑관계는 자부심의 소우주로, 사람들이 서로를 인정해주는 존재로 서로에게 중요하다못해 대체 불가능한 원천이 되는 닫힌 사회다.

만약 그렇다면, 우리는 다른 어떤 곳보다도 바로 그곳에서 자부심이 은밀하면서도 더 야만적으로 드러나는 공포를 보게 될 가능성이 있다. 사랑은 증오, 공포, 잔인함, 원한, 예속, 그리고 질투로 인해, 공개적으로든 은밀하게든 끊임없이 위협받을 것이다. 인정, 그리고 플라톤 이후로 사랑의 핵심 목적으로 여겨져온 소유는 늘 편향적이고 철회될 수 있기 때문에 그 위협은 항구적이다.

그리고 갈등관계이다. 만약 우리가 누군가를 아주 확실히 소유한다면 그들은 우리를 자유로운 존재로, 따라서 진정한 존재로 인정한 것이라 해야 할까? 만약 그들이 우리를 인정할지 여부에 우리가 미칠 수 있는 영향력이 얼마 되지 않는다면, 우리의 취약함은 견디기 어려운 것이 되지 않을까? 우리는 사랑받는 이에게서 인정받으려는 광기 때문에 그들을 파괴하는 방향으로 나아가게 될 위험이 있다. (루소가 자부심을 논할 때 제시하듯, 그것은 지위를 향한 모든 욕망의 핵심을 차지하는 섬뜩한 자기모순이다. 그 욕망을 충족하는 데 필요한 바로 그 사람들의 자유와, 심지어 삶까지도 파괴하려 드는.)

결혼 같은 헌신적인 연대가 그토록 쉽사리 자유를 파괴할 수 있는 것은 바로 이 때문이다. 일부일처제나 타협을 요구하기 때문이 아니라, 결혼을 통해 소유하고 인정받으려는 우리의 욕구에 그 사람이 동의할 거라는 아주 위험한 기대를 규정할 수 있기 때문이다.

이런 요구들에는 헤아리기 어려운 목표들이 있다. 누군가를 소유한다는 것은 무엇인가? 우리는 그들이 우리의 것임을 어떻게 아는가? 그들은 진정 우리를 인정하는가? 만약 그렇다면 그들이 인정하는 것은 무엇이고, 그들에게 우리는 누구인가? 여기에는 명확한 대답이 거의 없고, 불가해한 영혼, 즉 타인에게서 일어나는 일을 알 방법은 그보다도 더 적다.

루소의 자부심 이론이 제시하는바, 사랑에서의 자유는 오로지 우리가 이런 욕구들을 절제할 수 있을 때에만 가능하다. 그렇지 않으면 사랑은 자부심의 가장 나쁜 죄악들을 키우면서, 우리를 무력하고 불만에 찬, 자신으로부터 소외된 존재로 만들 테고, 그리하여 우리는 자신이 사랑하는 바로 그에게 상처를 입히려고 열을 올릴 것이다. 한마디로, 그것은 진정한 사랑이 아니다.

이제 루소는 평범하지 않은 한 가지 생각을 슬며시 내비친다. 우리가 스스로 야기한 상처에 대해서는 아무런 동정심을 느끼지 않는다는 것이다. 사람들은 자신이 야기하지 않은 고통 앞에서는 울 수 있어도, 자신이 야기한 상처 앞에서는 목석같이 굴 것이다.

극장에서 불운한 사람의 시련을 보며 감동받아 울면서도 만일 자신이 〔연극 속〕 폭군의 위치에 있었다면 적을 더 심하게 고문했을 사람이 수두룩하다.[12]

『인간 불평등 기원론』의 이후 개정판에서 루소는 이들에 대해 이렇게 덧붙인다.

자신이 야기하지 않은 모든 아픔에는 그토록 민감했던 피에 목마른 술라와 같다. 또는 안드로마케와 프리아모스 때문에 슬퍼하는 모습이 남의 눈에 띌세라 어떤 비극 공연도 감히 관람하지 못했지만, 자신의 명령으로 매일 살해당한 수많은 시민들의 비명에는 무감했던 고대 그리스의 알렉산드로스와 같다.[13]

여기서 루소의 주요 관심사는 극장과, 극장이 키우는 가짜 감정에 대한 경멸을 표하는 것인지도 모른다.[14] 그렇지만 그의 말들은, 비록 그런 의도는 전혀 없었을지 몰라도, 그간 충분히 확인된 현실을 가리킨다. 가장 잔인한 인간들, 즉 수백만 명을 죽음으로 내몬 독재자들조차 상처입은 아이나 동물을 보면 눈물을 흘리는 경향이 있다는 (유독 더 그럴지도 모른다는) 것이다. 사실상 루소는 우리에게, 동정심은 워낙 자연적인 기질이라 가장 심한 도덕적 부패조차 그것을 완전히 파괴하지는 못한다는 점을 상기시킨다.[15] (우리는 그 생각을 더 확장해볼 수 있을지도 모른다. 타락이 동정심을 파괴하기만 하는 것이 아니라 왜곡된 형태로 강화할 수도 있다는 것이다. 타락한 자라면 좋아할 법하게도, 동정심은 동정받는 사람에게 절대적인 열등함이라는 낙인을 찍기 때문이다. 물론 친절함이라는 가면을 쓴 채로.)

만약 우리가 정말로 자신이 야기한 고통에 동정심을 가장 덜 느낀다면, 그렇다면 사랑 관계는 특히 취약할 것이다. 이 논리에 따르면, 연인들은 심한 상호의존으로 인해 서로에게 그토록 쉽게 입히는 고통에 대해 아무런 동정심도 느끼지 못한다. 또는 최소한 자기들 관계 바깥의 다른 이들에게 야기한 고통에 대해 보이는 동정심보다는 적을 것이다.

루소가 생각하기에 사랑의 양상 중 그 열정과 잔인함의 대부분은 날것의 성욕에서, 즉 그가 "육체적인 것"이라고 부르는, "한 성을 다른 성과 결합시키려 하는 전반적 욕망"에서 나오지 않는다. 그보다는 '도덕'에서 나온다.

도덕은 [육체적인] 욕망을 결정하고 그것이 오로지 한 대상에만 집착하게 하거나, 아니면 적어도 그럴 에너지를 더 많이 제공한다. (…) 야만인에게 이런 감정은 틀림없이 아무런 가치가 없을 터인데, 왜냐하면 그런 감정을 낳는 어떤 은사와 아름다움에 관한 개념들, 그리고 비교는 그들에게는 불가능하기 때문이다. (…) 어떤 여자도 그에게는 소용이 없다.[16]

'도덕적인 것'이란 도덕성, 즉 무엇을 해야 하고 무엇을 하면 안 되는지 말해주는 이런 일반적 목적이나 법칙 및 원칙들과는 명확히 다르다. 그보다는 우리가 가장 욕망할 가치가 있다고 여기는 아름다움과 좋음의 자질들과 관련이 있다. 성교와 친애를 향한 본능적인 욕망을 아름다움과 좋음을 향해 날아오르려는 야망으로 해석함으로써, '도덕적인 것'은 성욕을 강화하고, 우리가 생각하기에 그런 자질들을 보여주는 사람, 그리하여 사랑에 풍부한 의미를 제공하는 그 특정한 한 사람에게 성욕의 초점을 맞춘다.

그러나 무엇이 매력적이고 무엇이 그렇지 않은가에 관한 그런 구체적인 판단이 일단 형태를 갖추면, 도덕적인 것은 성욕 그 자체의 만족을 훨씬 더 어렵게 만든다. 루소의 말에 따르면, 단순히 육체적 욕구를 해소하기 위해서라면, "어떤 여자든 좋다". 그렇지만 도덕적인 사람이라면 몇몇 여자들만 받아들일 수 있다. 혹은 단 한 명일 수도, 어쩌면 아무도 안 될 수도 있다.

우리가 사랑하는 이들에게서 찾으려 하는, 그리고 찾았다고 주장하는 자질들이 몹시 개인적인 것으로 느껴지더라도 실은 그저 인습적인 것에 불과할 때가 많다는 루소의 관찰은 옳다. 우리는 대체로 이런 호불호를 우리가 사는 사회로부터 물려받는다. (17세기 프랑스의 도덕주의자인 라로슈푸코는 "사랑에 관해 들어본 적이 없는 사람이라면 결코 사랑에 빠지지 않을 것이다"[17]라고 말함으로써 그 주장을 더욱 전반적으로 확장시킨다.) 우리의 '요구'의 대다수는 결코 자연적인 것이 아니라 습관과 풍습이 우리에게 심어놓은 것이다.

자연 그 자체가 요구하는 육체적 필요만 제외하고, 우리의 다른 모든 요구들은 이전에는 요구가 아니라 그저 습관이나 욕망에 불과했다. 그리고 우리는 알지 못하는 것을 욕망하지 않는다.[18]

하지만 항상 미묘한 사상가인 루소는 육체적인 것을 도덕적인 것보다 선호하지 않는다. 여기서도 그는 사람들이 다른 이들에게서 아무것도 구하려 하지 않고 외로운 야만인들처럼 떠돌며 그때그때 성욕을 해소하는 어떤 원시 자연 상태로의 회귀를 옹호하고 있지 않다. 그는 성적 열망에 대한 모든 폄하를 경멸하지만, 그렇다고 우리가 단순한 성적 자유에서 충족을 찾을 거라고는 결코 생각지 않는다.

그보다 그는 오랜 플라톤적 전통에 발맞추어, 성적 에너지를 영적 만족으로, 열정을 배제하기보다는 열정에 고삐를 채우는 윤리적 완성을 향한 욕구로 향하게 하라고 우리를 채근한다. 그러나 반전은, 플라톤 전통과는 달리 그가 영적 완성이 육체적 만족을 강화해주리라고 믿는다는 점이다. 성욕과 쾌락은 건강하다. 그는 실제로 그것들을 억압하는 것은 하느님이 주신 본성을 어기는 죄나 다름없다고 말하고 있다. 문제는 섹스가 안이한 '해방'이나 난잡함과는 무관한, 새로운 무고함과 새로운 강렬함을 찾아야 한다는 것이다. 충족된 사랑에 관한 현대인의 밑그림을 구성해온 그는 그것이 성교와 오르가슴을 통해 달성된다는 데에 특별한 기쁨과 가치를 두는데, 이는 우리가 진실과 아름다움과 좋음을 체현하는 존재로 여기는 그 사람과 함께 달성한 것이기 때문이다.

다시 말해, 우리가 사랑하는 대상과 영혼의 결합을 추구하는 것은 그저 그녀를 향한 육체적 욕망을 사랑으로 바꿔놓는 것이 아니다. 그것은 또한 그 육체적 욕망을 강화하는 것이기도 하다. 사실상, 그렇게 함으로써 사랑은 우리 일부일처제를 가장 잘 뒷받침할 수 있다. 부정에 대한 이 세상의 어떤 금제보다도 더 탁월하게.[19]

'낭만주의'는 흔히 충동과 직관을, 즉 감정을 즉흥적으로 발산하고, 충동적으로 사랑에 빠지고, 삶의 중요한 갈림길들을 몸으로 부딪치면서 헤쳐나가는 사람들을 찬미한다고 여겨진다.

그렇지만 루소에 따르면, 충동이야말로 우리가 사랑의 더 높은 가능성들을 발견하려 할 때 피해야 할 바로 그 장애물이다. 그의 생전에 대중적으로 큰 성공을 거둔 소설 『줄리, 신 엘루아즈Julie, ou La Nouvelle Héloïse』에서, 여주인공 줄리는 한때 가정교사였던 생프루의 적극적인 접근을 받고 점점 그에게 이끌리지만 거부한다. 줄리의 아버지가 생프루의 사회적 지위가 낮다는 이유로 둘의 결합을 반대하기 때문이다. 아버지가 자신을 올마의 남작과 결혼시키기로 했음을 안 줄리가 생프루에게 몸을 허락하기는 하지만, 두 사람의 강렬한 성적 관계는 오래가지 않는다. 그녀는 가장 진정한 인간관계를 길러주고 개인들의 자연적 좋음이 번영할 조건을 제공하는 계약과 관습, 즉 무엇보다도 결혼에 깊은 의무감을 느끼고 올마와 결혼하는데, 그것은 이성과 질서와의 결혼이다. (그리고 줄리가 그 결혼을 하는 데는 죄의식도 영향을 미쳤다. 줄리는 생프루에 대한 그녀의 어긋난 사랑에 충격을 받아 어머니가 돌아가신 거라고 확신하기 때문이다.) 한편 그녀는 자신의 영혼이 생프루에 매여 있음을 부정하지 못하고, 임종의 자리에서 항상 그를 사랑했다고 고백한다.

소설은 두 개인 간의 열정적인 성애가 완벽하거나 만족스러울 수 없다고 말하는 듯하다. 줄리와 생프루 사이의 관능적 열정에도 미덕과 고귀함이 없지는 않지만, 줄리가 자녀와 남편과 더 높은 도덕과 영적 질서를 위해 고통을 감내하며 그 열정을 포기한 행위에는 더 큰 미덕이 있다. 이것은 하느님이 만드신 자연의 질서이고, 그녀는 자신이 거기에 충성을 다할 수 있게 해달라고 기도한다.

당신께서 세우신 자연의 질서에 속하는, 그리고 당신이 제게 주신 이성의 법칙들에 속하는 일이라면 무엇이든 하겠습니다. (…) 제 모든 행동이 당신에게 속한 제 변함없는 의지를 따르게 하시고, 제

평생의 선택에서 더이상 단 한 순간도 오류가 지배하지 않도록 하소서.[20]

낭만주의가 계몽의 언어로 말할 줄도 안다는 사실이 여기서 명확히 드러난다. 감상은 이성의 법칙에 순응하고, 근본적으로 격렬한 성애인 사랑은 즉흥적으로 달아오르는 것이 아니라, 개인들이 자연의 심오한 질서에 한 치도 어긋남 없이 따를 것을 요구하는 영적 완성을 향한 탐색을 통해 충족된다. 루소가 『에밀』에서 말하듯이, 좋음과 정의는 "이성으로 계몽된 영혼의 진정한 애정", 즉 "원시적 애정의 질서 잡힌 발전"이다.[21]

그러나 루소는 그의 글 전반에서 우리가 진정 자연에 진실하려면, 그리고 그렇게 하는 데 필요한 순수한 의지를 함양하려면 즉흥성만으로는 부족하다고 주장한다. 교육이 필수적이다. 우리는 다른 모든 것에서와 마찬가지로 사랑에서도 우리의 힘을 찾아내고 개발해야 한다. 오늘날 우리가 쓰는 말로 하자면, '삶의 현실'과 불안전한 섹스의 위험, 또는 성인 성범죄자들에 관한 형식적인 성교육으로는 한참 부족하다.

루소의 말에 따르면 성교육에는 훨씬 더 야심찬, 사랑의 육체적 양상과 도덕적 양상을 모두 다루는 화두가 필요하다. 청소년은 사랑할 가치가 있는 자질과 사람들을 찾아내는 방법을, 욕망과 의무 사이의 갈등을 최소화하는 방법을, 항구적 관계와 안정적 가정생활을 이루는 방법을, 그리고 새로움과 항구성 같은 갈등하는 욕구들과 아울러 질투와 앙심 같은 파괴적인 불안을 조절하는 방법을 배워야 한다.[22]

또한 육체적 욕망의 훈련 역시 무시해서는 안 된다. 예를 들어 수음은 어떻게 해서든 피해야 한다. 그것은 고립된 삶을 조장하고 육체와 정신의 생기를 빨아먹는다. 루소는 에밀의 교육자에게, 그 젊은이가 이 '위험한 강장제'에 탐닉할 틈을 조금도 주지 말 것을 명한다.

그러니 그 젊은이를 세심하게 지켜봐야 한다. 그는 다른 모든 것으로부터는 자신을 보호할 수 있지만, 그 자신으로부터 그를 보호하는 것은 그대의 임무다. 밤낮을 막론하고 그를 혼자 두지 말라. 최소한 같은 방에서 자라. (…) 만약 그대의 학생이 본능에 눈떠 자신의 감각을 속임으로써 가짜 만족을 얻을 기회를 찾는다면 매우 위험할 수 있다. 일단 이 위험한 강장제를 알고 나면 그는 패배자가 된다. 그로 인해 그의 육체와 정신은 늘 무기력할 것이다. 그는 한 남자를 옭아맬 수 있는 것 중 가장 치명적인 이 습관의 서글픈 후환들 때문에 죽는 날까지 고통을 겪을 것이다.[23]

루소가 『고백록』에서 "수치와 소심함이 그토록 편안해하는 이 악덕"[24]에 자신이 중독된 적 있다고 고백한 것을 생각하면, 이 말은 '나는 옆으로 걸어도 너는 똑바로 걸어라'의 본보기 같다. 그는 수음 때문에 기력이 약해진다고 불평하면서도, 그것이 실제 삶에서 만날 법한 상대보다 더 완벽한 상대를 상상하는 한 방편으로서는 가치 있을 수 있다고 말한다.[25] 우리가 이런 목적으로 수음을 연습한다면 사랑의 대상에게 지나친 기대를 품는 것을 피할 수 있다는 것이다.[26] (물론 혼자만의 기쁨에 비해 모든 대상을 이류로 보이게 만드는 결과로 끝날 수도 있지만.)

흥미롭게도 루소는 사랑을 교육하는 것이, 앞서 보았듯 그가 자연적인 정서로 여기는 동정심의 역량을 키우는 것과 관련 있다고 주장한다. 청소년은 성에 눈뜨면서 자신의 감각을 외부로 확장하고, 자기보호에 대한 집착에서 벗어나 타인의 정서와 삶과의 동일시로 나아간다. 좋은 교육을 받으면, 그는 불운이 누구든 덮칠 수 있다는, 즉 우리가 약자들로 이루어진 공동체라는 현실에 극히 민감해진다. 그렇지만 그는 자부심의 압박하에서 동정을 베푸는 사람이 동정을 받는 사람보다 우월한 힘을 가졌다고 느낄 때, 그것이 친애를 파괴할 수 있다는 사실 또한 깨닫게 된다. 그가 자신의 동정심을 이용해 그녀를 조종하거나 굴욕을 주려 할 때. 자신의 중요성과 장점을 (두 사람 모두에게) 확실히 하기 위해 그녀를 불행한 상태로 놔두고 싶어할 때. 그녀의 고통이 그에게 안전하다는 느낌을 줄 때, 그리고 고통으로 약해지지 않은 그녀와 관계를 맺을 수 없을 때. 그리고 반대로, 그녀가 고통받는 이로서 그를 약화시키고 통제하기 위해 그의 동정심을 이용할 때.

다시금, 교육의 핵심은 가장 고귀한 가치와 기질들에조차 내재한 위험에 우리를 민감하게 만드는 것, 우리의 민감성을 가다듬는 것이다. 어떻게 하면 동정심이 그것을 베푸는 사람의 자부심에 적절하게 득이 되면서 타인의 고통을 해소해줄 수 있는가를 우리는 배워야 한다. 그러면 그것은 공정하면서 너그러워질 수 있다. 그리고 우리는 모든 사랑에 핵심적인, 서로를 보듬고 존경하는 상호신뢰를 구축할 수 있게 된다.[27]

동정심의 눈은 타인을 볼 때 상상 속에서 자신과 동일시한다. 그렇지만 사랑의 눈은 타인을 볼 때 상상 속에서 이상화한다. 그리고 그런 의미에서 사랑은 그 대상을 창조하고, 나아가 발명한다.

그리고 진정한 사랑은 과연 무엇인가, 키메라,* 거짓말, 그리고 환영이 아니라면? 우리는 스스로를 위해 이미지를 만들고, 그 이미지가 씌워지는 대상보다도 그 이미지 자체를 훨씬 더 사랑한다.[28]

사랑에서는 모든 것이 그저 환영일 뿐이다. 나는 그 점을 인정한다. 그렇지만 진정 아름다운 것을 향한 감정은 실재하는데, 사랑이 우리를 움직이게 하는 것도, 우리로 하여금 사랑에 빠지게 만드는 것도 바로 그 감정이다. 이 아름다움은 우리가 사랑하는 대상에 있는 게 아니다. 그것은 우리의 착오가 만들어낸 것이다. 자, 그것은 무엇인가?[29]

즉, 우리는 상상 속에서 이상적인 여성(혹은 남성)을 만들어내고, 그 이상을 체현하는 듯한 '바로 그 사람처럼 느껴지는' 누군가를 찾아내면, 그녀의 진정한 요구와 욕망에, 마치 그것이 바로 내 것인 양 헌신한다. 한편, 사랑은 자기가 상상해낸 자질들을 타인에게 덧씌운다. 그러면 그녀는 사랑하는 이의 기대에 점령당한 식민지가 된다. 다른 한편, 사랑은 그녀의 요구들을 있는 그대로 보고 그녀를 존엄성을 지

---

* 사자 머리에 염소 몸통에 뱀 꼬리를 한 그리스신화 속 괴물로, 실재하지 않는 무언가에 대한 상징으로 흔히 쓰인다.

닌 한 자유로운 개인으로 대하게 하는 동정심을 불어넣기도 한다.

다시금, 상상력은 오랜 시간에 걸쳐 교육되고 가다듬어져야 한다. 그것은 단순히 변덕이나 허황된 망상이 아니다. 함양된 상상력의 도움으로, 사랑받는 이에 대한 우리의 개념은 단순한 사회적 인습의 산물이 아니라 진정 우리의 것이 된다. 그것은 우리가 자신에게 부여하는, 그리고 우리가 따를 수 있는 법칙이 된다. 그것은 우리가 개인으로서 누구인가를 말해준다.

사랑은 생식기의 흥분에서 시작될 수도 있다. 하지만 우리는 사랑의 교육을 통해 매력을 지속할 수 있는 그 자질들을 향한 상상력을 열어놓고, 그 과정에서 환상에 눈이 가려지지 않은 채 사랑의 대상 자체의 완벽함을 보는 법을 배워야 한다. 또한 사랑의 대상을 보살피되 그 보살핌을 권력을 둘러싼 파멸적인 투쟁에서 무기로 삼지 않으며, 육체적 만족을 넘어 영적 친애를 향해 투쟁함으로써 사랑을 낳는 그 성적 욕망들을 더욱 강렬하게 즐기는 법을 배워야 한다.

사랑에서의 좋음과 변질 사이의 투쟁에 관해, 그리고 특히 자만심과 허영이 얼마나 손쉽게 사랑을 점령할 수 있는지에 관해 루소보다 더 민감하게 의식한 사람은 없었다. 그는 사랑이 우리의 가장 내적인 충동을 탐험하기를, 그리고 인간을 묶어주는 더 폭넓은 자연질서에 이바지하기를 원하고, 거기에서 결혼의 연대가 핵심적이라고 본다. 그는 우리가 독립성이라는 토양에서 번영하는 개인적 양심의 명령에 귀기울이기를 바라는 한편으로, 건강한 사회적 삶을 창조하는 데 그것을 활용하기를 또한 바란다. 그는 우리 현대인이 진지함과 열정에 집착하게 되는 데, 그리고 감정이란 응당 진실하고 강렬하게 표현되어야 하며, 그렇게 표현하는 것이 도덕적 업적이라고 생각하게 되는 데에도 핵심 역할을 했다. 그렇지만 오늘날 열정과 진정성이 너무나 떠받들어지는 나머지 종종 거짓으로 꾸며지는 것을 본다면, 혹은 진정한 자신이 되기 위해 모두 '내려놓는다'는 등의 그저 즉흥적인 감정 표현으로 치부되는 것을 본다면 그는 기겁할 것이다. 루소가 생각하기에 문명화된 인간에게 자연적인 것보다 더 어려운 것은 없다. 우리에게, 우리 자신을 제대로 알고 표현하는 것보다 더 어려운 일은 없다.

후기 18세기 낭만주의, 그리고 특히 루소는 내가 1장에서 언급한, 서구의 사랑에서 일어난 세번째 위대한 혁명의 정점에 있다. 11세기에 시작된 이 혁명 덕분에 한 사람의 개인, 또는 사실상 일반적 자연은, 최고의 좋음을 체현하는 존재로서 이전에는 하느님에게만 속했던 종류의 사랑을 받을 가치를 지닌 대상이 된다.

돌이켜보면 최초의 혁명은 사랑의 가치에 관한 것이었다. 신명기에서 아우구스티누스에 이르는 동안, 사랑은 최상의 미덕이 되었다. 그리고 이는 15세기 중반까지 지속된다.

4세기에서 16세기까지 걸친 2차 혁명, 즉 아우구스티누스에서 베르나르 드 클레르보를 거쳐 토마스 아퀴나스에 이르기까지, 그리고 그를 넘어 루터에 이르는 동안 인간들은 하느님의 은총을 통해 전례 없는, 말 그대로 신적인 사랑을 할 힘을 얻었다. 그렇지만 동료 인간들은, 물론 여전히 하느님을 위한 사랑을 받아야 했다.

3차 혁명, 즉 이제는 한 인간이 그 내면의 좋음에 따라 사랑받을 수 있는 사랑의 대상에 관한 혁명이 완성됨으로써, 낭만주의의 적자嫡子인,

그리고 루소를 그 지도 정신으로 삼는 4차 혁명의 터전이 마련된다.

아직도 우리 곁에 머무르고 있는 이 혁명은, 사랑을 통해 참됨으로 나아가는 자에게 관심을 쏟는다. 그는 사랑을 통해 자아를 잃는 것이 아니라 한 사람의 자아가 된다. 그는 자신을 잃는 것이 아니라 자신을 찾는다. 심지어 자연을 초월하려고 투쟁할 때조차 그는 자신의 본성을 따르기를, 그리고 어떤 의미에서는 그것을 실현하기를 추구한다. 진실과 좋음은 감정을 넘어선 어딘가가 아니라 감정의 탐험 그 자체에 놓여 있다.

사랑하는 이가 실로 그런 정도까지 사랑의 초점을 차지하다보니, 앞으로 보게 되겠지만, 사랑받는 대상은 그림에서 밀려날 위험에 처한다. 극단까지 가면 사랑은 자신과 사랑에 빠지고, 그리하여 궁극의 좋음이 되어, 예전에는 하느님이 앉아 있던 지위를 차지하게 된다.

12
종교로서의 사랑
슐레겔과 노발리스

19세기 초 서양의 영혼은 이전 그 어느 때보다도 더 빨리, 더 넓게 번져가는 세계관의 격변에 시달렸다. 1500년에서 1800년까지 겨우 300년 사이에 사람들은 지구가 우주의 중심이 아니라 태양 주위를 돌고 있다고, 인간은 고정된 사회적 역할들과 단일한 교회의 종교적 강제에 매인 존재가 아니라 자기결정권을 가진 존재라고, 정치란 곧 절대군주정이 아니라 자유와 평등을 비롯한 개인적 권리를 추구하는 것이라고 생각하기 시작했다. 거기에 더해 생명은 창조된 게 아니라 진화한 것이라는, 그리고 우리는 무심한 우주 속 외톨이라는 생각의 토대가 놓인다.

이 모든 혼란은, 바로 그런 발전들로 인해 위태로워지는 듯해 보이는 무언가의 근원이자 보증인으로서의 사랑이 그 어느 때보다도 중요한 역할을 하도록 만든다. 그 무언가란 우주 속에서 인간의 의미, 안전하다는 느낌, 그리고 인간이 필요로 하는 신성성이다. 사랑은 무너뜨릴 수 없는 가치와 의미를 제공하고, 영원을 향한 희망을 잃지 않게 해주며, 상실과 고통으로부터, 그리고 궁극적으로는 죽음으로부터 구원받고 싶은 채울 수 없는 갈망을 충족시켜야 한다. 이는 물론 그간 하느님 혼자만이 궁극적으로 보장해왔던 것들이고, 이 모든 소용돌이 속에서 사랑은 그것을 제공하기 위해 점점 더 자주 소환되었다.

이 현상은 낭만주의적 사랑을 대놓고 종교로 발전시키는 루소의 후계자들에게서 가장 명확히 볼 수 있다. 여기서 종교란 기독교의 하느님을 포하할 수도 있고 아닐 수도 있다. 그 후계자 대부분은 독일인이다. 이 사실은 우연으로 보기 힘든데, 현대 세계에서 세속으로부터 성스러움을 재발견하는 데에 관심을 두는 것으로 따지자면 독일인을 따라올 만한 민족은 전혀 없기 때문이다. 독일인만큼 일상적인 사물과 사건에서 절대적인 존재를 보고 듣고 형성할 수 있는 눈과 귀와 마음을, 그와 더불어 세속적 영성을 함양하려는 의지(와 능력)를 가진 민족은 없었다. 하느님의 죽음 때문에 그보다 더 괴로움으로 몸부림치거나, 하느님의 직접적 도움 없이 세계를 다시 신성한 곳으로 만들려고 그보다 더 열심히 노력한 민족 역시 없었다. 이 영성의 분위기는 무아지경으로 몰두하는 동시에 음울하게 거리를 두고 있어, 열정적인 동시에 비애에 차 있다.

절대적인 것을 향한 커다란 열망이 흔히 그렇듯, 이 영성은 어떤 잃어버린 완전함을 향한 향수로 가득하다. 그럼에도 그것의 가장 심오한 열망은 욕망, 특히 성욕의 해방과 도취, 그리고 신성화를 통해 인간의 거듭남을 모색하는 것이다. 그것은 과거를 숭배한다. 미래를 사랑하기 위해서.

프리드리히 슐레겔은 사랑, 즉 타인에 대한, 자연에 대한, 모든 존재의 터전에 대한 사랑을 통합과 구원을 가능케 하는 위대한 힘으로 본다. 비록 슐레겔은 엠페도클레스와는 달리 사랑을 자신의 전체 세계관을 조직하는 최상위 개념으로 놓지 않지만, 그럼에도 오로지 사랑만이 이성과 감성을, 남자와 여자를, 인간과 자연을, 관능과 영성을, 육체와 영혼을, 전통과 진보를, 그리고 앞으로 보게 될 바와 같이 삶과 죽음을 엄격히 갈라놓는 전통적 구분선을 초월할 수 있다고 본다. 사랑은 이런 영역 구분을 폐기하거나 어떤 모호한 전체론적 낙원을 위해 투쟁하지는 않지만, 서로에게 영감을 주고 서로를 풍요롭게 만들 수 있게 해준다.

이 일이 실제로 일어나는 곳은 남녀 간의 성애적 관계다. 슐레겔은 다른 독일 낭만주의자들과 마찬가지로, 최소한 마이스터 에크하르트까지 거슬러올라가는 기독교 신비주의의 빛나는 전통을 바탕으로 하고 있으면서도 섹스에 전례없이 중요한 역할을 부여한다. 그에게 섹스는 단순히 가족을 만들고 결혼을 긍정하는 수단이 아니라, 그 자체로도 신성하고 순수한 것이 될 수 있다. 슐레겔은 이렇게 말한다. "연인들의 고독한 포옹을 통해 관능적 쾌락은 다시 한번 그 근본으로 돌아간다. 자연의 가장 성스러운 기적이라는 근본으로."[1]

관능적인 것과 영적인 것은 오로지 서로를 통해서만 최고 정점에 도달할 수 있다. 슐레겔의 소설『루친데』(계몽철학자 모제스 멘델스존의 딸인 유부녀 도로테아와 자신의 관계를 거의 그대로 그려낸 작품)에서 사랑하는 이는 연인에게 다음과 같이 말한다.

가장 절제되지 않은 고삐 풀린 욕망과 고요한 암시가 내 안에 동시에 존재합니다. (…) 가장 열정적인 관능에서 가장 영적인 영성까지 인간 경험의 모든 단계에서 당신은 내 곁에 있습니다.[2]

역설적이게도, 성적인 사랑은 그 결속력을 통해 우리로 하여금 남자와 여자로의 분화를 극복하고, 인류가 남자와 여자로 나뉘기 이전의 자웅동체 상태를 되찾게 해준다. 이전에는 섹스가 에덴동산에서의 추방과 관련되었다면, 혹은 아리스토파네스의 신화에서 원인류에 대한 제우스의 복수로 존재하게 되었다면, 이제 섹스는 낙원으로 돌아가게 해주는, 그리고 남자와 여자 사이의 분리를 없애주는 매체다.

두 연인이 좀더 서로 같아지고 그럼으로써 성의 한계를 극복하는 것은 그들의 개별성의 발전 가능성을 확대하는 거라고 슐레겔은 시사한다. 좀더 충만한 인간이 되는 것이다.

오로지 온화한 남성성, 오로지 독립적인 여성성만이 적절하고 참되고 아름답다. 그렇다면 사람은 그저 타고난 자연적 성질일 뿐인 성의 특성들을 그 이상으로 강조해서는 안 되고, 그보다는 강력한 평형추를 통해 그 차이를 완화하기를 추구해, 개별성이 무한의 잠재력을 발휘할 수 있는 공간을 찾아내고 인간 존재의 모든 영역을 자

유롭게 노닐 수 있게 해야 한다.[3]

　이 모호한 서술은 성적 역할바꿈 놀이를 하라는 지령이다. 연인들 사이의 장벽이 무너지려면 한 남자가 여자의 특성을 흉내내는 실험을, 그리고 그 반대의 실험도 해봐야 한다.

　우리 역할을 맞바꾸어 아이처럼 명랑하게, 누가 다른 쪽을 좀더 그럴싸하게 흉내낼 수 있는지, 당신이 남자의 보호본능과 강건함을 더 잘 흉내내는지, 아니면 내가 여자들의 매력적인 헌신을 더 잘 흉내내는지 겨뤄보자. 그렇지만 당신은 이 달콤한 게임이 자체의 매력 말고 또다른 매력도 가졌음을 아는지. (…) 나는 여기서 남녀의 충만하고 완벽한 인간성 발달에 관한, 놀랍도록 심오한 우화를 본다.[4]

　슐레겔의 말에 따르면, 우리가 처음으로 사랑을 시작할 때부터 실험이 필요하다. 우리는 다양한 종류의 관계들을 시험해보기 전에는 우리에게 가장 잘 맞는 파트너를 찾아내기 어렵다. 특히 남자들은 남성적 정체성이 자부심으로 너무 강력하게 굳어져 있어 여성적 특성들을 아울러 가지기가 어렵기에 더 그렇다. 사람들은 대부분 그런 성숙이 일어나기 전에 결혼을 한다. 그 결과 "거의 모든 결혼은 단순히 내연관계나 정사, 혹은 그보다 임시적 실험에 불과한, 참된 결혼과는 거리가 먼 아류작이다."[5]
　우리가 마침내 '바로 그 사람'을 찾아냈을 때, 그와의 혹은 그녀와의 관계는, 우리가 이 실험으로부터 얻은 성숙함과 더불어 과거의 사랑들을 현재의 사랑으로 통합함으로써 더욱 풍요로워질 것이다. 슐레겔은 현명하게도 이런 옛사랑들을 "우리의 과거로", 그리고 이제는 무의미하거나 그저 무엇을 원하고 무엇을 피해야 하는가를 우리에게 가르쳐주는 학습 경험들로 밀어두기는커녕, 그들이 우리 존재의 일부가 된다고 시사한다. 그들은 우리 각자를 개인으로, 그리하여 "완전하고 조화로운"[6] 연인으로 만든다.

사실, 다른 파트너들에게 개방적인 편이 결혼에는 더 이로울지도 모른다. 결혼의 본질이 "몇 명의 사람들을 한 사람으로 통합하는 것으로 이루어진" 것임을 감안하면, "4인의 결혼marriage á quatre에 어떤 근본적인 이견이 있을 수 있을지 상상이 잘 되지 않는다". 어떤 결혼이든 "새롭고 어쩌면 더욱 성공적인 실험으로 득을 볼 수 있을지도 모른다".[7] 잘 사랑한다는 것은 단일한 관계에 가능한 한 많은 다른 사랑들을 통합시키는 것이라고 슐레겔은 시사한다. 무언가를 가장 강렬하게 체험하는 방법은, 그것을 가능한 한 많은 방식으로, 다각도로 체험하는 것이듯이.

이 모든 실험은 좀 음흉하게 들릴지도 모르지만, 그 핵심은 사랑이 하느님과 마찬가지로 하나라는, 그리하여 참사랑은 우리 주변 세계와 최대치로 결합하는 것을 목표로 삼는다는 생각이다. 사랑은 우리를 세계로부터 지키는 방어막을 치는 것이 아니라, 우리를 세계로 열어놓는 것이다. 사랑은 우리로 하여금 세계와 우리의 과거를 잊게 만드는 것이 아니라, 우리가 그들을 우리 안에 통합시키는 방식이다. 『루친데』의 연인들 중 하나는 그것을 이렇게 말한다. "결혼의 성스러움은 나를 자연 상태에 들어갈 수 있게 해주었습니다."[8] 사람은 배타적인 사랑으로 누군가를 사랑하기 전에, 반드시 먼저 자신을 넘어선 세계를 사랑할 수 있어야 한다.

여러분이 사랑하는 사람 안에서 세계를 보지 못한다면 여러분의 사랑은 과연 참된 것일까? 그 사람 안에서 세계를 볼 수 있고 그 사람 안에 세계를 지을 수 있으려면, 여러분은 이미 세계를 소유하거나, 사랑하고 있거나, 아니면 적어도 그럴 수 있는 자질, 감각, 능력을 지녀야 한다. (…) 우리는 한 개인을 더 완벽하게 사랑하거나 형상화할 수 있을수록, 세계에서 더 많은 조화를 발견할 수 있다.[9]

슐레겔은 위대한 사랑 관계에 관해 심오한 생각을 말한다. "우리는 〔그것〕 이전에 사랑한 모든 것을, 이제 더한층 따뜻하게 사랑한다. 이제서야 비로소, 세계에 대한 우리의 느낌이 진정으로 깨어나기 시작한다."[10]

실러가 "현대의 무정형성과 부자연스러움der Gipfel moderner Unform und Unnatur의 정점"[11]이라며 맹비난한 슐레겔의 산문에 드러나는 혼란스러운 감상벽은, 여기서 우리에게 중요하지 않다. 중요한 것은, 분리를 극복하고 우리를 무한으로 이끄는 성애의 힘이 그럼으로써 삶의 가장 위대한 구원자가 된다는 낭만주의적 생각을, 그의 글이 완벽하게 보여주고 있다는 점이다. 사랑을 통해 "인간 본성은 그 원상태, 신성으로 돌아가고"[12] 우리로 하여금 영원하고 절대적인 연대를 향해 나아가게 한다.

우리는, 사랑처럼, 불멸이다. (⋯) 나는 더는 내 사랑이나 네 사랑이라고 말할 수 없다. 둘 다 똑같이 완벽하게 하나가 되어, 이쪽과 저쪽에 동일한 만큼의 사랑이 있다. 이것이 결혼, 세월이 흘러도 변하지 않는 우리 영혼의 연대이자 결합이다. 그저 우리가 이 세상이라고 부르는 곳, 또는 죽음 너머의 세계에서만이 아니라, 우리의 전 영생과 존재에 걸쳐 유일하고 참된, 갈라놓을 수 없는, 이름 없고 끝도 없는 세계에서의.[13]

잠시 멈추어 복습을 해봐도 좋을 듯하다. 여기에는 우리가 지금껏 생각해본, 이제는 공식 기독교 권위의 하락세 덕분에 해방되어, 새로운 방식들로 다시 연결되려 하는 서양 사랑의 핵심 요소들이 많이 들어 있다.

사랑을 절대적이고 영원한 현실을 향한 욕망으로 보는 생각은 플라톤의 영향을 받은 듯하고, 성별과 불완전성이 극복되는 순수하고 완전했던 원시 상태를 향한 욕망은 아리스토파네스 신화의 현대판으로 들린다.

사랑을 신성으로 향하는, 인간들이 신이 되고 추락 이전의 낙원으로 회귀하는 경로로 보는 생각은 기독교에서 온 듯하다. 신과의 열광적인 결합을 통해 우리의 제한적이고 일시적인 존재가 사라진다는 데에서는 기독교 신비주의 관념의 흔적을 볼 수 있다.

하느님이 자연에 자신의 존재를, 곧 사랑을 주입한다는 생각은 르네상스 신플라톤주의의 영향으로 보인다.

사랑을 신으로 여겨지는 전체 자연과의 결합을 위한 투쟁으로 보는 생각은 스피노자에게서 온 듯하다. 사랑한다 함은 우리 개인적 삶이 전체로서의 존재에 적극적으로 참여한다는 뜻이다.

사랑을 진정한 나 자신으로서의 개인이 되기 위한 수단으로 보는 생각, 즉 다른 이 안에서 나 자신을 잃음으로써 자신을 찾는 것으로 보는 생각은 루소에게서 영향을 받은 듯하다. 그리고 특히 성욕을 사랑 뒤에 있는 추동 의지로 보는 생각, 즉 두 사람 사이의 영적 결합을 이룸으로써 완성을 추구하는 의지로 보는 생각 역시 그러하다.

슐레겔은 사랑의 가치를 엄청나게 높이 평가한다는 점에서 이 모든 전통을 따른다. 하지만 그가 그토록 추동 의지를 부여하는 신비주의적 낭만주의는 다른 사람들의 손에서 최종적인, 그리고 주류 유대교와 기독교에서는 이단으로 여기는 결론을 끌어내게 된다. 인간의 사랑이 곧 하느님이라는 것이다. 그것은 단순히 하느님에게, 혹은 한 최고의 좋음에게, 혹은 모든 사물의 근원에게, 혹은 존재에게 가는 한 방편이 아니다. 이제 사랑은 바로 이 모든 것들이다. 예전에 하느님이 사랑이었다면 이제는 사랑이 하느님이다.[14] 그것은 그 자체로 최고의 좋음이고 모든 사물의 창조적 원천이며, 절대적 존재이자 불멸자이자 참된, 이름 없는 무엇이다.

슐레겔 자신이 말하듯, 우리는 여기서 '사랑의 종교'[15]에 승선한다. 비록 많은 낭만주의 (그리고 계몽) 사상가들과 마찬가지로 기독교를 버리지는 않지만, 슐레겔은 전통적인 하느님의 지고함을 믿는다고 주장하는 동시에, 인간을 그들 자신의 신성, 즉 기독교 하느님에게 그렇듯이 사랑을 주요 특색의 하나로 가진 한 신성으로 향하는 여행길로 떠나보낼 수 있다. 이 여행은 순례이고, 이 여행을 떠나는 연인들은 새로운 종교의 사제들이며 고해와 초야를 포함한 제의들을 맡고 있다. 그리하여 사랑이 그 대상만이 아니라 사랑 자신과 사랑에 빠지게 되는 유독 현대적인 현상을 위한 터전이 마련된다. 사랑의 대상만이 아니라, 그 이상으로 자신을 성찰하고 숭배하고 양육하는.

　이 장려하고도 의문스러운 발전은 삼라만상을 모두 사랑할 만한 존재로 만드는 결말로 끝날 것이다. 이 사랑의 민주주의에서는 귀족이 하녀와 맺어질 수도 있고, 상인의 딸이 왕자를 만나는 꿈을 꿀 수도 있다. 동물도 인간과 똑같이 사랑받을 수 있고, 모든 존재의 고통과 감정이 연민의 대상으로 여겨질 수 있다. 세속 권력의 사회적 계층만이 아니라, 꼭대기에 하느님이 있는, 우주의 더 큰 '존재의 질서'를 반영하는 그 엄격한 사랑의 위계질서들이 사라져버렸다. 그리고 사라져버린 것이 또 있으니, 그것은 오래전부터 존재해온, 객관적으로 사랑받을 가치가 있는 좋음이나 아름다움의 성질들, 즉 플라톤, 아리스토텔레스, 아우구스티누스, 토마스 아퀴나스와 기독교 전통의 다수에서 보이는, 보는 사람에 따라 다르거나 사랑의 행위에 의해 만들어지는 것이 아니라 보는 사람과 그들의 사랑과는 전적으로 독립적인 성질들을 강조하는 경향이다. 그 대신, 매력을 설명하기 위해 '화학적 결합'이나 '선택적 친화력'처럼 다른 이미지들, 그리고 오늘날에도 여전히 유행하는 좀더 일반적인 '화학'의 어휘가 이용된다. 그리고 어떤 객관적인 은사를 가져야 한다는 조건에서 갈수록 자유로워진 사랑은, 한 자아와 다른 자아들 사이의, 혹은 세계의 사물들 사이의 분리의 극복이다. 그리고 태고의 결합은 지고의 현실이자

사랑의 성스러운 이상이다.[16]

　그렇지만 이 모든 이야기에는 어두운 면이 하나 있다. 사랑이 그 자체로 하나의 목적이 되어 스스로에게 심취하면 금세 비인간화의 씨앗을 배양한다는 것이다. 그러면 사랑이 사랑의 대상에게 가는 방편이 되는 것이 아니라 사랑의 대상이 사랑에게 가는 방편이 된다. 사랑은 자기 바깥에 있는 한 좋음에 봉사하려는 강력한 요구에 더는 얽매이지 않고, 그리하여 상황이 기묘하게 흘러가, 사랑의 대상인 실제 사람을 유념하거나 심지어 그에게 관심을 쏟는 것조차 그만둘 수 있다. 이 가장 개인적인 감정은 가장 비개인적 감정이 되는데, 왜냐하면 사랑하는 대상이 누구인지가 더는 중요하지 않게 되기 때문이다. 서로를 향한 그들의 열정, 그리고 그 열정을 좇을 때 그들이 발휘하는 용기와 강인함은 차치하고, 그들 고유의 본성이나 특성은 그들의 사랑 이야기에서 거의 아무런 역할을 하지 않는다.

　사실상 연인들은 자신이 갈망하는 대상이 아닌 사람보다도, 오히려 그들 서로와 더 비개인적인 방식으로 관계를 맺게 될지도 모른다. 다른 사람들의 개별성은 실제로 중요할 수 있다. 그것을 이해하고 감안해야 하는 이유가 오로지 그것이 러브스토리에 거치적거릴지 모른다는 우려 때문이라 하더라도. 하지만 연인들의 개별성은 제한적인 상황에서는 중요하지 않다. 나아가 그것은 결합을 향한 그들의 욕망을 방해한다. 그 결과로 그들은 자아와 자신들이 속한 세계, 시간과 공간과 상실과 고통으로 이루어진 이 세계를 경멸하고, 그리하여 이 세상을 넘어선, 감옥처럼 그들을 가두고 있는 개인성을 벗어난 어떤 영역을 갈망하게 된다.

　개인성을 넘어선 어떤 영역을 향한 이 투쟁은 물론 유구한 혈통을 가지고 있고, 우리는 이 책에서 그것을 여러 번 접했다. 19세기 낭만주의가 그것을 발명했다고는 말하기 어렵다.

　플라톤에게 그것은 빛의 영역이다. 그것은 개인들의 일상적인 세계를 비추는 하나의 태양으로 그려질 수 있다.

　기독교에서 그것은 모든 빛과 생명의 기원으로 여겨지는 하느님의 영역이다. 하느님은, 거의 그 정의상, 이른바 '부정신학'의 가르침대로 인간들이 알 수 없고 따라서 말할 수 없는 존재다. 이미 성경부터 시작해서, 하느님의 행동과 판단에 관해 실제로 많은 이야기가 있긴 하지만.

　그렇지만 17세기에 본격화된, 그리고 기사도적 사랑에서 이미 준비를 갖추고 있던 하느님의 서서한 후퇴와 더불어, 개인들을 넘어선, 그리고 그들의 존재를 넘어선 이 영역의 본질은 결국 갈수록 더 불투명해진다.

　칸트 이후로, 그것은 도덕성을 전제조건으로 하는 자유의 영역이라는 것을 비롯해 이런저런 이야기가 분분했지만, 끝내 알 수 없는 무엇이 되었다. 칸트의 모든 추종자들에게, 그것은 빛이 어둠에 밀려나며 점차 사라지는 영역이다.

　단테가 죽은 베아트리체를 애도하고 그녀를 신성의 육화로 칭송할 때, 그의 노래들은 빛으로 흘러넘치는, 천국에 있는 한 눈부신 영혼을 대상으로 했다. 한편 독일 낭만주의 시인인 노발리스[17] 역시 자신이 사랑했고 사별한 15세 소녀 소피 폰 쿤을 신성의 육화로 보고 애도하며 칭송하는데, 단테와는 대조적으로 그의 찬가는 밤에 바쳐진다.

이제 빛은 내게 얼마나 변변찮고 유치해 보이는지! 낮이 가버린 것
이 그 얼마나 위안이 되고 축복 같은지! (…)밤이 우리 안에 열어
준 무한한 눈에는, 이 빛나는 별들보다 훨씬 천국 같아 보이누나.
그 눈은 그 셀 수 없는 별들 중 가장 희미한 별보다도 더 멀리까지
보며, 빛 없이도 사랑하는 이의 심장 속 가장 깊은 곳까지 스며들
어, 저 높은 곳에 있는 영역을 이루 말할 수 없는 즐거움으로 가득
채운다.[18]

노발리스는 소피의 무덤을 찾아갔을 때 떠오른 신비로운 환영에
영감을 받아 「밤의 찬가」를 썼는데, 그 시에서 최고의 친애는 오로지
불명확하고 섬뜩한 어둠 속에서만 가능하다. 사랑은 밤의 아이다. "내
심장은 밤에, 그리고 그녀의 딸인 창조적인 사랑에 늘 충성을 바칠 것
이다."[19]
　노발리스의 영혼에서 좌절과 희망, 고통과 열락은 하나가 되어 떼
어놓을 수 없다. 여기에 놀라운 점은 아무것도 없다. 꼭 낭만주의를
들먹이지 않더라도, 우리는 이처럼 겉보기에 반대되는 것들이 서로
분리 불가능하며 그들의 갈등이 끝나지 않는다는 것을 안다. 놀라운
것은, 노발리스가 그 갈등을 얼마나 극단까지 가져가는가, 그리고 밤
속에서 그들이 누리는 번영을 그가 어떻게 묘사하는가이다. 밤에서
새로운 빛이 나오고, 영원한 밤에서 새로운 생명이 나온다.
　영원한 밤이란, 물론, 죽음이다. 그리고 가장 진정한 사랑은 죽음에

서 발견된다.

사랑은 죽음에서 가장 달콤하며, 사랑하는 자에게 죽음은 초야, 달콤한 수수께끼들로 가득한 비밀이다.[20]

그대의 삶은 죽음의 황홀경을 뛰어넘는 어떤 지복을, 어떤 관능적 기쁨을 제공하는가? 우리를 황홀케 하는 모든 것이 밤의 색을 입고 있지 않은가? 그녀는 어머니와 같이 그대를 품어주며, 그대가 빛날 수 있는 것은 모두 그녀의 은공이다. 그녀가 그대를 붙들고 매어주지 않아 그대가 따뜻해지지 못하고 불타오르지 못하며 세상을 낳지 못한다면, 그대는 그대 안에서 산산이 터져나와 끝없는 공간 속으로 바스라져갈 것이다.[21]

죽음은 모든 생명이 향해 움직이는 목표다. 그것은 없어서는 안 될 지평선, 그것이 있기에 우리가 이 삶의 현실을 더욱 강렬하게, 다시 말해 가장 영적으로 겪을 수 있는 지평선이다. 이 생각은 20세기의 하이데거에 앞선다. 죽음은 삶을 부패시키는 것이 아니라, 에밀리 디킨슨의 의미심장한 구절처럼, 삶의 '경첩'이다. "삶은 우리가 아직 도달하지 않은 죽음이에요. 죽음은 삶의 경첩이죠."[22]

이는 결코 삶에 아무런 가치도 없다는 뜻이 아니다. 전통적 기독교에서 거의 한 번도 그런 뜻이 아니었듯이. 그렇다고 노발리스가 사랑이 삶의 영역 안에서 가능하다는 사실을 부정하는 것도 아니다. 그 반대로, 세계는 장엄한 장소로, 살아갈 가치가 있는 곳이다(노발리스는 과학에 깊은 흥미를 느끼고 자연을 열정적으로 연구했다). 낮의 빛에는 아름다움과 경이로움이 있고, 그 모두는 자연에서 하느님의 존재를 표현한다. 삶의 관능적 기쁨들과 특히 결혼의 성스러움은 찬양받아야 한다. 공동체, 심지어 정치학도 사랑의 영역이 되어야 한다. 그는 언젠가 "모든 인류가 한 쌍의 연인처럼 하나로 녹아드는" "영원한 평화의 시대"가 오리라고 예견한다.[23]

그렇다고 다른 사람을 향한 열정적 사랑이 세계를 향한 사랑과 꼭 갈등관계에 있는 것도 아니다. 사실상, 이 사람을 사랑함으로써 나는 또한 세계를 사랑한다. 나는 세계 속에서 그녀를 볼 뿐만 아니라 그녀 안에서 세상을 보기도 한다.

우리는 우리가 사랑하는 이를 사방에서 보고, 사방에서 그의 닮은 꼴을 본다. 사랑이 클수록 그와 닮은 세계는 넓어지고 다양해진다. 내가 사랑하는 대상은 우주의 축소판이고, 우주는 내가 사랑하는 대상의 확대판이다.[24]

그렇긴 하지만 낮의 빛이 계획, 목표, 감정, 생각 등 모든 것에 드리우는 날카로운 선명함은, 인간 체험의 진정한 깊이와 종착점을 발견할 수 있는 유일한 영역인 밤과 비교하면 빈곤해진다. 밤은 그리스도의 구원을 위한 죽음, 인간과 하느님을 화해시키는 그 죽음이 일어난 시간이다. 밤은 위대한 어머니, 동정 마리아의 영역이다. 그리고 밤은 노발리스가 소피의 무덤을 찾아가 자신이 그녀와 하나가 될 수 있다고 상상하는 때다.

세계의 여왕, 성스러운 세계의 높으신 전령, 신성한 사랑의 유모를 칭송하노라! 그녀는 그대, 다정한 내 사랑, 사랑스러운 밤의 태양을 내게 보내누나. 나 이제 깨어나노라. 나는 그대의 것이자 내 것이므로. 그대는 내게 밤을 생명으로 선포하고 나를 인간으로 만들었다. 내가 더욱 강렬하게 그대와 영적으로 하나가 되고 초야가 영원히 끝나지 않도록 영혼의 불로 내 몸을 태우라.[25]

그리고 노발리스는 낮의 빛이 완전히 사라지기를, 그리하여 사랑이 그것이 마땅히 속해야 할 영원에 대한 청구권을 주장하기를 조바심내며 기다린다.

아침은 돌아와야만 하는가? 속세의 것들의 힘은 결코 끝을 모르는가? 불경한 활동은 천국처럼 내리는 밤을 집어삼킨다. 사랑의 비밀스러운 희생은 결코 영원히 타오르지 않는 것일까? 비록 시간은 빛에 넘어갔어도, 밤의 지배는 시간과 공간에 구애되지 않는다.[26]

이미 프리드리히 슐레겔이 근본적으로 비슷한 한 가지 생각을 표현한 바 있다.

아 영원한 갈망이여! 마침내 낮의 무용한 갈망과 헛된 눈부심이 사

라져버리고, 위대한 사랑의 밤 그 자체가 영원한 평화로 느껴지누나.[27]

우리는 여기서 리베스토드의 세계, 리하르트 바그너가 〈트리스탄과 이졸데〉에서 음악에 적용한 세계의 전조를 본다. 그것은 근본적으로 독일적이다. 아니, 그보다는 후기 독일 낭만주의적이다. 죽음에서 완성을 보는 그 형이상학적 투쟁, 오로지 그 속에서만 깊이를 알 수 있는 어둠을 향한 열망, 그 충족을 방해하는 장애물의 존재를 선포하며 느끼는 희열, 거창한 비애감, 탁월한 섬세함, 열에 달뜬 과장, 그리고 다정한 친애. 그럼에도, 그것은 주로 독일 신화나 민속 전통에서 자라나는 세계가 아니다. 19세기라는 배경에서 되살아난 기사도적 사랑인 것도 아니다. 그보다는 그리스의 사랑 사상, 특히 플라톤적 성애의 최종 발전 형태라 하겠다. 그것은 플라톤적 성애의 역설을 칭송하는데, 그 역설은 절대적인 것, 즉 영원하고 완벽한 것으로 생각되는 어떤 좋음을 향해 분투하는 연인들이 결국 그들 자신의 파멸을 자초하는 결말을 맞게 된다는 것이다. 실로 사랑의 욕망 그 자체가 신 취급을 받게 될 때, 생명력의 가장 위대한 표현인 사랑은 죽음충동이 된다.

〈트리스탄과 이졸데〉에서 바그너의 음악은 사랑에 대한 의지를 미친 듯한 환희 속에 칭송함으로써 삶을 긍정한다. 사랑의 역설을 감안하면, 이런 극단적 방식으로 사랑을, 그리고 삶을 반기는 것은 그 결과를 반길 용기를 갖는 것과 같다. 그 결과란 죽음이다. 개인들은 자기보호를 위한 강박적인 노력이 아니라 자신을 희생하려는 열의를 통해 자신의 생명력을 표현한다.

이런 의미에서 삶의 의지는, 극한까지 가면 죽음의 의지다. 그토록 특별한 에너지로 삶을 충전해줄 수 있는 의지. 정치학을 매개로 번역될 경우, 이 생각은 나치 이데올로기의 신호들이 눈에 띄게 드러나 분명 혐오스러울 것이다. 여러 가지 이유 가운데 하나는, 정치학이 천박하고 현실적인 관심사들이 뒤죽박죽 잡탕이 되어버릴 수 있는 집합적인 분야라는 점이다. 그렇지만 개인적이고 영적인 원칙에서, 그리고 예술의 관점에서 보면, 그것은 비할 데 없는 활력과 의의를 지닌 하나의 이상이다.

　리베스토드가 플라톤이 씨를 뿌린 역설의 정점이라는 바로 그 사실 때문에, 지금 우리는 18세기나 19세기, 또는 그보다 훨씬 이전, 아벨라르와 엘루아즈나 십자가의 성 요한과 아빌라의 성 테레사의 세계에 있는 셈이다. 단, 핵심적인 차이가 하나 있다. 사랑은 이제 하느님을 필요로 하지 않게 되었다는 것이다. 사랑은 하느님의 은총 없이도 고무될 수 있고, 하느님이 사랑의 종국적 목표도 아니다.

　하느님을 꾸준히 곁눈질하지 않고 인간 사랑에 이처럼 초점을 맞추는 경향은 기욤 9세가 기사도적 사랑의 토대를 놓을 혁신적 시구를 쓴 1100년경에 이미 시작되었다. 그 경향은 13세기에 쓰인 고트프리트 폰 슈트라스부르크의 시 「트리스탄」에서도 명백히 드러난다. 20세기까지도 많은 이들에게 불경하고 부도덕하다고 비난받은 바로 그 시. 그렇지만 바그너가 〈트리스탄과 이졸데〉를 쓴 19세기 무렵에는 인간 욕망 그 자체가 신격화되었다. 그리고 그만큼 중요한 것은, 그것이 추구하는 완성의 상대가 또다른 필멸자인 인간이고, 이제 하느님은 그 그림과는 무관한 존재가 된다는 것이다.

이런 후기 낭만주의의 연인들은 자신들의 사랑할 능력에 관해 더없이 자신감 넘치고 서로에게 더없이 헌신하는지라, 만약 하느님이 실제로 존재한다면 결혼은 삼각관계가 될 것이다. 그들은 둘만의 세상에 푹 빠져 자족하고 있다. 그들은 여전히 하느님에 대한 숭배를 고백하더라도 하느님을 의식하지 않는다. 그들은 자신들의 결합을 너무나 굳게 믿기 때문에, 그로 인해 자신들이 내던져지는 그 알 수 없는 빈 공간을 두려워하기보다는 반긴다. 이것은 서양 사랑에서 새로운 용기의 순간, 그리고 교만의 순간이다.

우리는 여전히 그 순간을 살고 있고, 그것은 서양 세계와, 그 너머의 거의 모든 '열정적인 관계'에 빛과 그림자를 던지고 있다. 심지어 삶을 초월한다는 것을 터무니없는 생각으로 일축하는 사람들조차 '사랑은 모두를 구원한다'거나 '사랑은 우리가 죽은 후에도 남는 것이다'라고 말한다. 혹은 결혼관계를 깨거나 가족 등 우리가 소중히 여기는 모든 것을 버리는 행위를 정당화하기 위해 사랑을 호출한다. 이는 우리가 여전히 슐레겔과 노발리스의, 그리고 훨씬 극단적 방식으로는 바그너식 낭만주의의 자녀라는 뜻이다. 플라톤에까지 거슬러올라가는 사랑관의 기나긴 역사를 요약하려 할 때, 이 낭만주의는 유독 규정하기 어렵고 어떤 한 모티프로 환원시키기가 불가능하다. 그것은, 그때까지는 신성모독이었지만 그들의 논리상 다음 단계가 되는 결론을 예고한다. 사랑을 통해, 그리고 사랑 안에서 사람이 마침내 하느님이 된다는 것이다.

내가 1장에서 짚었듯이, 19세기와 20세기에는 인간의 신격화를 위한 많은 시도가 있었다. 자유, 이성, 공산주의, 제국주의, 정치, 예술,

기술, 그리고 다른 형태의 창조물들이 제각각 다른 시기에 인간의 격상을 위한 방편들로 등장했다. 그렇지만 그 무엇도 사랑만큼 정확히 그리고 대중적으로 기독교 하느님의 특색을 흉내내지는 못한다. 그리고 다소간 그 이유 때문에, 그 무엇도 사랑처럼 오래 남지 못했다.

13
생식욕으로서의 사랑
쇼펜하우어

  인간들 사이의 성애를 우상화하고, 예전에는 하느님에게서만 찾을
수 있던 구원과 영원을 인간들의 결합에서 본 후기 독일 낭만주의는
자신의 기독교적 기원에 강력한 도전장을 던졌지만, 동시에 여전히
거기에 단단히 매여 있었다. '하느님을 위해'라는 구호는 잊혀지거나
외곽으로 밀려났다. 이웃 사랑은 아무리 권장된다 해도 두 사람 사이
의 열정과는 무관하다. 고통받는 인류에 대한 공감 역시 마찬가지였
다. 선한 사마리아인은 트리스탄과 이졸데의 궁정에서 어릿광대가 되
었다.
  이 과정에서, 낭만주의는 또한 기독교의 화두들 중 가장 회복력 강
한 것에 새로운 배아를 제공하기도 했다. 삶의 고통들로부터 구원받
으려면 사랑의 여정에 나설 필요가 있다는 것이다. 사랑의 시련과 그

상실은 가장 높은 영적 업적들을 달성하는 데 핵심적이다.

무신론은 이 화두로부터 벗어날 수 있다는 약속을 전혀 제시하지 않을뿐더러 심지어 그 화두를 모색하기까지 한다. 그리고 무신론의 제왕들은 대체로 자신이 기독교의 예복을 두껍게 뒤집어쓰고 있으면서도 그 사실을 깨닫지 못하는 듯하다. 프루스트처럼 사랑을 자기 이득을 위한 만족을 추구하는 자연적이고 종종 야만적이기도 한 욕구로 보는 많은 사람들이, 결국은 여러 면에서 기독교적 형태로 보이는 구원의 서사를 제시한다.

사실상, 괴팍한 무신론자 아르투어 쇼펜하우어야말로 본질적으로 기독교적 사랑관을 그 어떤 사상가보다도 인상적으로 표현한 인물이었다. 쇼펜하우어는 사랑을 다양하게 생각할 줄 아는데, 그에게 사랑이란 무한을 향한 열망이자, 우리 이웃과 이웃의 필요를 위한 이타적인 헌신이자, 마땅히 동물들까지 포함해 살아 있는 모든 것을 위한 연민이자, 생식과 자기만족을 목표로 하는 무자비한 욕구였다.

의도한 건 아니었을지 몰라도, 쇼펜하우어의 중요한 한 행보는 사실상 우리가 아우구스티누스에게서 접한, 그리고 그토록 많은 기독교 신학에 자리잡고 있는 쿠피디타스와 카리타스 사이의 근본적 구분을 되살리고 거기에 새로운 의미를 부여하는 것이다. 쇼펜하우어는 물려받은 개신교 유산에 따라 이 구분을 에로스와 아가페의 어떤 대립이라는 측면으로 규정한다. 그가 보기에 성애, 즉 성적 결합을 욕망하고 이상화하고 집착하고 추구하며 개인들이 시간 속에서 살고 있는 이 세계에서 만족을 찾는 데에 초점을 맞추는 '이기적인' 사랑은, 구원은 고사하고 결코 궁극적 만족을 가져다줄 수 없다. 그런 모든 투쟁을 거부하는 '이타적인' 사랑, 사실상 의지의 굴복으로 이어지는 아가페만이 오로지 순수하고, 그것만이 오로지 구원할 수 있다. 이 사랑은 연민이고 베풂이다. 선한 사마리아인이 보여주는 이웃 사랑이다.

무신론자로서 쇼펜하우어는 천국과 지상, 하느님과 인간에 관련해 그런 구분을 보여주지 않는다. 그에게 아가페는 신에게서 온 것도 아니요, 신에게 영감을 받은 것도 아니다. 예를 들어 하느님의 은총이나 다른 어떤 더 높은 힘에 의해 움직이지도 않는다. 대신 그것은 순수하게 인간적인, 동정이나 연민의 능력이 된다. 앞으로 보게 되겠지만, 그것은 자기 자신과 다른 모든 사람 사이에 아무런 근본적 구분이 없다는 자명한 이치에 의거한다. 내 근본적 존재는 또한 타인들 안에서 표출되며, 타인들의 근심과 고통은 내 것이기도 하다. 개별성은 종국에 가면 환상이다.

쇼펜하우어는 따라서 아가페 사랑의 이타심과 자기희생이 낭만적 사랑의 이기심과는 정반대라고 본다. 그렇지만 그가 제시한 바대로라면, 아가페는 우리가 방금 그려본 낭만주의 그림에서 성애가 종국적으로 달성하는 바로 그것을 달성한다. 그것은 자아와 다른 이들 사이의 (환상에 불과한) 구분을 극복하고, 그들과 결합하도록 우리를 이끈다. 따라서 그것은 개별성이 불러올 수밖에 없는 항구적인 고통으로부터 우리를 구원해준다. 앞으로 보게 되겠지만, 개인의 삶에 본질적인 욕망은 충족 여하에 관계없이 늘 고통으로 이어질 것이기 때문에 항구적이다.

쇼펜하우어가 말한 아가페의 인간화는 더없이 명확한 기독교 테마를 무신론적 언어로 말했을 뿐, 사랑에 관해 뭔가 특별히 새로운 것을 말했다고는 결코 생각할 수 없다. 한편 그와는 대조적으로, 낭만적 사랑에 관한, 그리고 전반적으로 기독교가 속세의 사랑으로 보는 무엇에 관한 그의 설명은 깜짝 놀랄 만한 독창성을 보여준다. 실로 열정적 사랑에 대한 이상주의적 주장들을 밀어내버리는 그의 방식은 루크레티우스 이래, 다시 말해 기독교의 탄생 이래 따를 자가 없다.

루크레티우스와 마찬가지로, 하지만 훨씬 더 급진적이고 엄격한 방식으로, 쇼펜하우어는 섹스를 타인에 대한 모든 열정적 욕망, 그리고 그것을 넘어 모든 욕망에 이끌리는 행위의 추동력으로 본다. 그는 마치 프로이트를 예고하듯 섹스가 "모든 행위와 행실의 보이지 않는 핵심으로, 아무리 베일로 가려져 있어도 아랑곳없이 모든 곳을 엿본다"[1]고 주장한다. 그것은 전쟁과 평화 뒤에 있는, 그리고 해학과 음담패설 뒤에 있는 힘이다.[2] 그것은 열정적 사랑의 이상화를 낳고, 물론 그 환상과 광기도 낳는다. 쇼펜하우어라면 오늘날 거의 모든 광고에 섹스가 이용되는 상황을 보게 된다 해도, 조금도 놀라지 않을 것이다.

그는 성적 욕망이 우리의 욕망 중 가장 강한 것일뿐더러 "인간의 본성 그 자체를 구성하기까지 한다"[3]고 주장한다. 그 이유는 이러하다.

성적 충동은 살려는 의지〔혹은 삶에의 의지〕의 씨앗이고, 따라서 모든 의지의 집대성이다. (…) 사실상 사람이란 성적 충동의 물화라고 말할 수도 있을 것이다. 그의 기원은 교합 행위이고, 그의 가장 큰 욕망 역시 교합 행위이므로.[4]

한마디로, 생식기는 그 의지의 초점이다. 다른 어떤 충동도 그들과 경쟁해서 이겨낼 수 있노라고 장담할 수 없다. 또한 다른 어떤 쾌감도 성적 좌절을 보상할 수 없다. 그것은 독재자가 되어 우리로 하여금 마치 동물들처럼 "모든 위험과 갈등을 감수하게"[5] 만든다. 그것을 위해서라면, 남녀는 자기들이 귀하게 여기는 모든 것을 충동적으로 버릴 것이다. 영예, 재물, 가족, 친구들, 그리고 일생의 업적을. 성적인 사랑이란 다음과 같다.

거의 모든 인간 노력의 궁극적 목적으로서, 가장 중요한 일들에 불리한 영향을 미치고, 가장 진지한 직업들을 매 순간 방해한다. (…) 사랑의 쪽지와 반지들은 심지어 행정 서류철과 철학 원고들에까지 끼어들어간다. 그것은 날마다 가장 지독하고 골치 아픈 싸움과 논쟁을 일으켜 가장 소중한 관계들을 망가뜨리고 가장 단단한 끈들을 끊어놓는다. 그것은 때로는 생명이나 건강을, 때로는 부, 지위를, 그리고 행복을 희생하게 만든다. 실로 그것은, 이전에는 명예를 알고 강직했던 이들의 양심을 모조리 빼앗고 이제껏 충실하고 충직했던 이들을 배신자로 만든다.[6]

주지사, 스포츠 세계 챔피언, 대기업 회장, 그림처럼 완벽한 가족, 그리고 겉보기에 엄격한 양심을 지닌 그 모든 사람들의 인생이 말 그대로 하룻밤 새 망가지는 것을 보면, 이 행동은 어쩌면 개인들에게는 재앙과 같을지도 모른다. 그렇지만 인류 전체로 보면 그것은 완벽하게 합리적이다. 인류에게, 성매매 여성이나 유부남과의 하룻밤은 수

입, 경력, 명예와 양심에 앞선다. 후손이 없다면 아무런 미래도 없다. 사회질서도, 영적 사랑도, 예술도, 교회도, 산업도.

물론 누군가를 갈망할 때 우리는 육체적 쾌락 그 자체를 좇고 있다고 믿을지도 모른다. 혹은 '불법적인' 것의 짜릿함을, 강렬한 열정의 고귀함을, 채울 수 없는 좋음에 대한 굶주림을, 혹은 엄청난 부와 특권을 가진 이에게는 삶이 길목마다 제공하는 환락의 연회를. 아니면 우리는 우리가 천생연분을, 바깥 세계로부터의 따뜻한 피난처를, 혹은 절실하게 필요한 친애의 근원을 찾고 있다고 생각할지도 모른다. 우리는 우리 사랑을 하늘로 치솟는 영적인 원정으로 볼지도 모르고, 아니면 재물욕이나 권세욕을 그 동기로 볼지도 모른다. 강력한 욕망은 어떻게든 자신을 합리화하고야 만다.

쇼펜하우어는 결코 그런 확신들을 무시하지 않는다. 그것들은 현실이며 인간사에서 막강한 힘을 발휘한다. 그것들이 시와 드라마, 비극과 희극을 지배하는 것도 바로 그 때문이다. 모든 이가 사랑을 이야기하지만 사랑이란 실제로 존재하지 않는다는 우스갯소리를 하는 라로슈푸코 같은 사람들은 다들 "엄청나게 착각하고 있는"[7] 것이다. 그렇지만 성욕과, 그것이 자극하는 그 장대한 열정과 이상들의 진짜 목적은 그와는 무척 다르다. 그것은 번식하고 아이를 키우기 위한 것이다.

이것이 "현세대의 정사情事의 총체"[8]의 유일한 목적이기 때문에, 한 여자와 섹스를 하고 난 남자가 그 여자에게 질려서 다른 파트너를 찾아 두리번거리는 것은 완전히 자연스러운 일이다. 그리고 이와 반대되는 여성의 반응, 즉 섹스로 인해 바로 이 연인, 그녀가 자신과 그들의 자식의 부양자로 옭아매고 싶어하는 그 연인에 대한 애착이 커지는 반응 역시 자연스러운 것이다. 오르가슴 때문에 그는 도망치고 싶어지고 반대로 그녀는 머무르고 싶어진다.

남자의 사랑은 만족을 얻은 그 순간부터 눈에 띄게 줄어든다. 그는 이미 손에 넣은 그 여성보다는 거의 모든 다른 여성들에게 더 끌린다. 그는 다양성을 갈망한다. 한편, 그 여성의 사랑은 바로 그 순간부터 더 커진다. (⋯) 따라서 그 남자는 늘 다른 여자들을 찾아 두리번거리고 있다. 그와 반대로 그 여자는 그 남자에게 악착같이 매달린다. 왜냐하면 자연이 본능적으로 그리고 생각도 하기 전에, 미래 후손의 부양자이자 후원자인 그를 붙잡으라고 그녀를 채근하기 때문이다.[9]

그와 유사하게 남녀 서로를 가장 강력하게 이끄는 자질들은 종의 번식자로서의 적합함과 관련이 있다. 한편 흥미롭다든가 기지가 넘친다든가 운동을 잘한다든가 이해심이 있다든가 '감정이입'을 잘한다든가 하는, 다른 만족을 제공하는 능력들과는 관련이 없다. 여러분이 만나는 수많은 사람들 중 한 사람, 그가 아니라면 여러분이 불행해질지도 모르는 바로 그 누군가와 걷잡을 수 없이 사랑에 빠질 때, '왜 그녀일까?' 혹은 '왜 그일까?'라는 질문의 대답은, 전적으로 그나 그녀가 여러분 후손의 부모가 되기에 적합한가에 관한 것이다. (여기서 쇼펜하우어가 사용하는 언어는 현대 진화심리학의 그것과 놀라우리만치 비슷하다.) 그리하여 그는, 바로 그 맞는 사람을 발견하는 드문 행운이 찾아오지 않는 한, 짝을 찾는 탐색이 계속된다고 시사한다.

그러니 인터넷 만남 사이트에 이상적 파트너에 대한 설명을 올릴 때 여러분은, 쇼펜하우어식으로 말하자면, 두 목소리로 말하고 있는 것이다. 한 목소리는, 무의식적인 번식 본능이 추구하는, "사랑에 빠질 만한 조건들이 솟아나는 유일한 원천이자 완전히 즉자적인, 본능적 매력"[10]을 촉발시키는 자질들을 이야기한다. 그리고 다른 한 목소리는, 문화적 세련됨이나 윤리적 자질이나 부유함처럼 여러분의 특정한 문화에서 사람들이 감탄할 만한 의식적인 가치들, 실상은 여러분이 결국 만나게 되는 후보들과 즉각적 화학작용을 일으키느냐 마느냐를 결정하지 않는 가치들에 대해 이야기한다. 비록 여러분은 그것들이 결정적이라고 착각할 수도 있지만. '나는 받은 만큼 돌려줄 줄 아는 사람들한테만 끌려. 나를 웃게 만드는, 배려심 있고 민감한 사람에게만. 자신감과 현실감각도 있어야 하고. 나는 같은 가치관, 유머감각, 직업에서의 성공, 그리고 무엇보다도 열정이 있는 사람을 찾고 있어. 모든 관계는 사람으로 하여금 진정한 자신이 되도록 도와주니까, 자신이 믿는 것을 끝까지 관철하고 진정한 자신에게 충실해야 해!'

인터넷에 공개로 올려진 이와 같은 희망사항 목록은, 그것이 말하는 부분들만이 아니라 말하지 않는 부분들에서도 엄청나게 많은 것을 들려준다. 번식 본능이 추구하는 자질 중 많은 것들, 아마도 그 거의 대부분이 여기서는 전혀 목소리를 내지 않는다. 어느 정도는 그것들이 무의식에 속하기 때문이고, 어느 정도는 그 기대에 부푼 지원자들이 자신의 프로필을 읽는 사람에게 좋게 보이기를 바라기 때문일 것이다. (열정과 진정한 자신에의 충실함이 우선시된다는 점에서, 우리는 낭만주의의 핵심 개념들 중 두 가지를 발견할 수 있다.)

그러나 실제 데이트에 이르면 상황은 무척 달라진다. 쇼펜하우어의 말에 따르면 남자는 적절한 나이(기본적으로 번식에 가장 좋은 나이), 건강(급성 질병은 용인할 수 있지만 만성 질병은 혐오 대상이다), 적절한 키, 풍만한 살집, 아름다운 얼굴을 찾는다. '정신적' 특성 면에서는 성품보다 지능에 더 끌린다.

어째서 지능인가? 쇼펜하우어는 대부분의 통념과는 반대로 지능이 여성적 특성이라고 말한다. 의식에 해당하는 부분은 여성적이다. 감정, 성격, 의지는 남성에게 더욱 발달되어 있다. 우리는 무엇보다도 후손들이 가능한 한 많은 (병존할 수 있는) 자질들을 양쪽 부모로부터 얻을 수 있도록, 우리가 가지지 않은 자질에 끌린다. 따라서, 소크라테스가 사납지만 확실히 총명한 크산티페를 택했듯, 남자들은 유달리 성질 나쁜 여자에게 가는 일이 흔하다. 그리고 지능과 아름다움의 대다수 형태를 보유한 여자들은, 대체로 이런 것들을 남자가 갖춰야 하는 필수 조건으로 여기지 않을 것이다.

사실 여자는 지능에 거부감을 느낄지도 모른다. 그리고 천재성에는 확실히 혐오감을 느낄 것이다. "우리는 교양 있고 영리하며 호감 가는 남자보다 추하고 멍청하고 세련되지 못한 친구가 여성을 더 잘 다루는 것을 종종 본다."[11] 지적 자질들은 여자 쪽에서 물려주면 되기 때문에 남자들에게 그런 것들이 없어도 된다는 사실은 차치하고, 결혼의 핵심은 이러하다.

지적 즐거움이 아니라 자녀의 생산이다. 그것은 머리가 아니라 마음의 결합이다. 여자가 한 남자의 머리와 사랑에 빠졌다고 주장하

는 것은 헛되고 우스꽝스러운 거짓말이다.[12]

그 대신 여자들은 성품에 이끌릴 것이다. "특히 의지의 확고함, 단호함, 그리고 용기에, 또한 어쩌면 정직함과 따뜻한 마음에".[13] 그들은 젊음 그리고 경험을 갖춘 남자를 원할 것이다. 단, 30세 이하도 45세 이상도 아니어야 한다.

그러나 역시 쇼펜하우어의 주장에 따르면, 여자가 한 남자의 지능을 일종의 강함과 용기로 체험한다면 거기에 진정으로 이끌릴 가능성이 있다. 그리고 특히 남자가 지능을 두려움 없이, 더군다나 여자에게 맞서서 사용하는 것을 본다면 더더욱 그렇다(남자가 여자를 잃을까봐 두려워하는 상황이라면 그것은 대담함을 보여준다).

그와 유사하게, 나는 쇼펜하우어와는 대조적으로, 여자가 한 남자에게서 아름다움을 찾는 것도, 아름다움 자체를 위해서가 아니라 그것이 번식 적합성의 증거로 느껴져서라면 그럴 수 있으리라 본다. 아니면 그 핵심을 역으로 뒤집어보면, 그녀는 자신이 좋은 번식 능력과 관계 있다고 여기는 그런 육체적 특성들을 아름다움으로 느낄지도 모른다.

남녀가 서로에게 끌리게 만드는 자질들에 대한 쇼펜하우어의 기다란 목록을 더 살펴볼 필요는 없다. 중요한 것은, 애욕의 진짜 목적을 둘러싼 논쟁에서 그 목적이, 플라톤 전통에서, 그리고 그 전통의 기독교식 표현에서 많은 부분 핵심을 차지하는 진, 선, 미를 체현하는 이와의 친애라는 주장, 또는 우리를 조화로운 완성으로 이끌어주는 이와의 친애라는 주장으로부터, 생물학적이고 심리학적으로 최적의 기질을 가진 짝을 찾는 탐색이라는 주장으로 옮겨갈 수 있는 길을 쇼펜하우어가 어떻게 트느냐이다.

우리는 비율의 부족함을 골격에서 가장 강력하게 느낀다. 예를 들어, 자라다 만 듯한 땅딸막하고 다리가 짧은 체형 (…) 그리고 사고로 인한 외상의 결과가 아닌 절뚝거림. 한편, 깜짝 놀랄 만큼 좋은 몸매는 모든 결점을 보완할 수 있다. 그것은 우리를 매혹한다. 여기서 또한 우리는 모든 사람이 작은 발을 그토록 좋게 보는 이유를 볼 수 있다. 이는 인간종의 근본적 특성과 관련이 있는데, 그 어떤 동물도 인간처럼 그렇게 작은 발목뼈와 발허리뼈를 가지고 있지는 않기 때문이다.[14]

그리하여 쇼펜하우어는 성애의 목적에 관한 논쟁을 변화시키면서, 아울러 욕정과 사랑 사이의 명확한 구분선을 제시한다. 둘 다 성욕에 이끌리는데, 욕정이 매력적인 누군가와 짝짓기를 하려는 욕망인 반면, 사랑은 직관적으로 번식에 적합한 짝이라고 느껴지는 어떤 한 사람에 대한 강렬한 몰두다. 낭만적 사랑의 목적을 완전히 생물학적인 것, 즉 아이를 낳고 키우기 위한 것으로 보면서도, 사랑하는 대상을 위해 모든 것을 희생하려는 의욕을 포함해 사랑에 빠지는 경험을 깎아내리지 않는다는 점에서 쇼펜하우어의 천재성을 엿볼 수 있다.

사랑이 꾸며내는 환상은 광적이고 파괴적으로 보일지도 모르지만, 그것은 또한 번식이라는 목표에 이바지하기도 한다. 내가 스스로에게 사랑의 의미를 들려주면, 예를 들어 사랑이 내 참된 자아를 찾아주며 하느님이 축복하사 최고의 윤리적 가치를 지닌 영적 연대라고 들려주면, 그 이야기는 나를 자극해 올바른 짝을 찾고자 막대한 노력을 하게 만든다. 내가 그녀를 찾아내고 운명이나 하느님이 나를 그녀에게로 이끌었다고 믿을 때, 그리고 우리 사랑을 다른 그 무엇보다도 더 중시할 때, 이것은 그녀만을 지키려는 내 결심을 굳게 다져주고, 가정을 꾸리고 부양하려는 강력한 헌신을 낳고, 관계의 모든 갈등과 대가를 정당한 것으로 만든다.

이런 번식 목적들 때문에, 우리는 깜빡 속아서 사랑에 가장 공상적인 의미를 부여한다.

그렇지만 우리를 속이는 것은 누구, 혹은 무엇인가?

쇼펜하우어는 의지라고 대답한다. 나, 그리고 인간, 동물, 식물을 막론하고 모든 개별적 생물들은 단지 그 한 현현일 뿐인, 생물종이 가진 대체로 무의식적인 "삶에의 의지Wille zum Leben"[15]라고. 이 의지는 무엇보다도 성적 충동과 그 만족에 초점을 맞추는데, "개별화된 의지"로 잉태된 우리 각자가 "성기의 입구를 통해"[16] 이 세상에 나온다는 사실이 그것을 상징한다. 누군가를 좋아할 때, 혹은 그녀에게 사랑의 시를 써 바치거나 그녀가 '바로 그 사람'이라고 단언할 때, 우리는 그저 시행착오를 통해 우리를 올바른 짝으로 향하게 만드는 무의식적 본능의 꼭두각시일 뿐이다. 이 본능의 결과로, 우리는 실제로 순전히 비개인적이고 비정신적인 욕구가 모든 욕구 중 가장 개인적이고 영적인 것이라고 상상한다.

"형태를 유지하려 하는 그 종의 의식"[17]은 너무나 뚜렷하여, 쇼펜하우어가 당혹스럽게 이야기하듯, 실제로는 아이들이 자신의 부모를 선택한다. 그는 친구보다 가족이 오히려 더 선택에 의해 이루어진 관계라고 말할지도 모른다.

왜냐하면 이런 〔열정적 사랑의〕 노력과 행위들을 통해 완전한 개별성을 지닌 채 존재로 찍혀 나오는 것은 미래 세대이기 때문이다. 사실 그들은 사랑이라는 이름의 성적 충동을 만족시키기 위한 장기적인, 확고한, 그리고 변덕스러운 선택에 이미 작용하고 있다. 두 연인의 커져가는 애착은 그 자체로, 실상 그 새로운 개인, 그들이 생산할 수 있고 생산하고 싶어하는 한 개인의 살려는 의지〔혹은 삶에의 의지〕다.[18]

사랑에 빠졌을 때 우리가 하고 있다고 **의식적으로** 생각하는 무엇은, 결국 무의미하다. 사실상, 종을 퍼뜨리는 데에는 어쩌면 우리의 진짜 동기가 무의식 상태로 있는 편이 더 이로울지도 모른다.

사상사에서 이것은 대사건이다. 왜냐하면 이때가 바로, 무의식을 우리 본능과 욕구의 지배자로 보는 생각이 실제로 날개를 펴는 순간이기 때문이다. 그렇지만 쇼펜하우어에게 무의식은 단순히 우리 생각과 느낌의 근원이 아니라, 육체를 포함해 한 **사람** 전체를 결정하는 요인이다. "유기체 자체가 그 의지, 체현된 의지다."[19] 반면 지능은 "비밀스럽고" 앞서가는 결정들로부터 철저히 배제된 채[20] "그 의지를 섬기는 단순한 도구"[21]다.

그렇지만 만약 무의식적 의지가 세계에서 찾아내라고 '명령한' 것을 지능이 끝내 찾지 못한다면? 그러면, 쇼펜하우어는 다음과 같이 말한다. 그리고 모든 사랑하는 이는 그 말이 진실임을 알 것이다. 무의식은 "동화들로써" 환상 속에서 자신의 소망들을 충족시키고, 이런 동화들을 치장해서 "그럴싸한 외양을 띠게 만든다"[22]는 것을. 그러면 지능은, 남을 즐겁게 하고 싶어 안달하는 광대처럼, 의지가 사실로 믿고 싶어하는 모든 시나리오를, 기쁘든 슬프든 자신 있든 의기양양하든 지어내도록 강요받는다.

그 과정에서 "지능은 단순히 그 통제할 수 없이 나부대는 의지를 잠시 진정시키고 달래고 잠재우기 위해, 진정한 것들을 진정하지도 있을 법하지도 않은 것으로, 그리고 흔히 가능성도 거의 없는 것으로 여기도록 (…) 강요당해 진실을 목표로 삼는 자신의 본성에 스스로 폭력을 가하게"[23] 되지만, 의지는 그런 것쯤 전혀 개의치 않는다. 무의식은 삶의 많은 부분에서 그렇듯 사랑에서도 그런 양심의 거리낌을 전혀 느끼지 않는다. 그것은 오로지 자신이 이미 찾고 있는 것을 확정해줄 증거만을 받아들이고 그 외의 다른 것은 부정하거나 무시할 것이다.

사랑과 증오는 우리의 판단력을 완전히 흐려놓는다. 우리는 원수들에게서는 단점밖에 보지 못하고 가장 좋아하는 이들에게서는 장점밖에 보지 못한다. (…) 우리의 이득은, 어떤 종류든, 우리의 판단에 그와 비슷한 비밀스러운 힘을 행사한다. 우리 이득에 부합하는 것은 우리에게 즉각 공평하고 정당하고 합리적으로 보이고, 거기에 배치되는 것은 더없이 부당하고 말도 안 되는 것처럼 보인다. (…)

어떤 가설을 떠올리고 믿어버리면 우리는 그 가설을 긍정하는 모든 증거를 아주 잘 보고, 거기에 모순되는 것은 아무것도 보지 못한다.[24]

그리고, 다시금 프로이트를 예고하면서, 쇼펜하우어는 무의식적 의지가 우리가 스스로를 보는 방식에 어긋나는, 또는 다른 이들에게 보이고 싶은 방식에 어긋나는 감정과 생각들을 검열할 수 있다고 말한다.

> 우리는 어떤 욕망을 오래전부터 가지고 있었으면서도 스스로 그것을 인정하지 않고 심지어 그것이 무의식에 머물게 할 수 있는데, 왜냐하면 그 욕망은 우리가 자신을 좋게 평가하는 데에 불가피하게 해를 끼칠 터이므로, 지능은 그에 관해 전혀 몰라야 하기 때문이다. 그렇지만 우리는 그 소망이 충족되었을 때 느끼는 기쁨을 통해 이것이 우리의 욕망임을 깨닫게 되는데, 거기에는 수치심이 따른다.[25]

삶에의 의지는 끝내 잠재울 수 없는 맹목적인 투쟁이므로, 성적 욕망은 결코 완전히 충족될 수 없다. 따라서 거기서 솟아나는 사랑도 마찬가지다. 모든 인간 욕망과 마찬가지로 사랑 역시 좌절할 수밖에 없는데, 그것은 충족되면 새로이 솟아나기 때문이다. "모든 만족된 욕망은 새로운 욕망을 낳는다."[26] 우리의 본성은 결코 쾌락에 만족하지 못하고 재빨리 새로운 욕망을 찾아나선다.

욕망한다는 것, 즉 산다는 것은 고통받는 것이다. 우리는 욕구가 충족되면 (비록 그저 일시적일 뿐이지만) 따분함으로 괴로워하고, 충족되지 않으면 좌절감으로 괴로워할 것이다. 재주가 있고 운이 따른다면 우리는 따분함과 좌절 사이의 항로를 헤쳐나갈 수 있다. 그렇지만 여전히 우리가 찾는 그런 쾌락이 단순히 한 **결핍**의 충족으로부터 솟아난다는 현실에 만족해야만 한다. 쾌락과 행복은 적극적인 것들이 아니기 때문이다. 그것은 고통을 제거했다는 안도감이다.

그리하여 삶에의 의지는, 우리가 그것에 복종하는 한 끝없는, 그리고 궁극적으로 의미 없는 고통을 낳을 쳇바퀴다. 이런 이유로, 쇼펜하우어의 유명한 말마따나 우리는 애초에 태어나지 않았더라면 더 좋았을 것이다. 그래도 차선책이 있으니, 바로 죽음이다.

> 죽음은 더는 내가 나이지 않을 크나큰 기회다. (…) 죽는다는 것은 우리 참존재의 가장 깊숙이 있는 씨앗에 속하지 않는, 개별성의 단편성으로부터 해방되는 순간이다.[27]

삶에의 의지는, 다시, 쇼펜하우어에게는 궁극의 현실인 무엇을 드러낸다. 모든 것의 배후에 있는 일반적인 의지, 하느님에 대한 해묵은 관념처럼 하나이고 영원한, 그리하여 공간과 시간 속에 존재하지 않지만 그렇다고 인과관계의 법칙에 따라 변화할 만큼 취약하지도 않은 우주적 투쟁. 그렇지만 하느님과는 달리 이 비개인적 의지는 개인인 우리에 관해서는 아무런 전반적인 목적도 관심도 없다. 우리는 자체로서 중요한 존재가 아니고, 어떻게 보면 아예 개별적 존재 자체가 없다. 우리는 모두 그 의지의 현현일 뿐이고, 그렇지 않다는 믿음은 그저 희망사항일 뿐이다.

이것이 우리가 죽음을 두려워할 필요가 없는 이유다. 잃을 것이 없기 때문이다. 개별성에 대한 망상만 빼고는. 우리가 죽었을 때 일어나는 일은, 일반적 의지의 특정한 현현인 우리 각자가 사라지는 것뿐이다. 그렇지만 우리가 무엇보다도 성적 욕망에서 체험하는 의지 그 자체는 죽지 않는다. 우리 존재의 진정한 근원은 파괴할 수 없고 사라지지도 않는다.

삼라만상이 그 기저에 놓인 한 의지의 현현이라고 말하면서, 쇼펜하우어는 그런 의미에서 동물들과 모든 자연과 우리의 필연적 하나됨을 주장하고 있다. 그는 우리가 다른 동물들로부터 철저히 분리된 우월한 존재가 되도록 방조한 그 강력한 전통들, 즉 인간을 다른 모든 피조물보다 위에 놓는 성경 전통, 인간의 전매특허인 이성이나 사색 때문에 우리가 짐승보다 우월하다고 보는 그리스의 유산, 자연을 인간 마음이 이해하고 통제해야 하는 기계로 보는, 17세기 이래 현대까지 이어져온 이미지 같은 것들로부터 물러선다.

그 지점에서 우리는 다시 섹스로 돌아간다. 개인들을 삼라만상의 배후에 있는 보편적 의지와 연결짓는 것이 바로 섹스이기 때문이다. 섹스는 우리 각자를 통해 말하는, 인류가 내는 삶에의 의지의 목소리다. 그리고 그 삶에의 의지는, 다시금 모든 것의 가장 내적인 본질인 우주적 의지를 구현한다.

그럼에도 그토록 많은 낭만주의자들과 비교해 쇼펜하우어가 다른 점은, 그에게는 섹스가 개인으로 하여금 다른 사람을 향한 욕망을 넘어 "한 사람 자신의 내적 존재의 정체성과 모든 사물의 정체성에 대한 의식"[28]으로 나아가게 하는 신비주의적 여행의 첫걸음이 될 수 없다는 것이다. 그는 성애를 통해 인간 본성이 원래의 신성으로 회귀할 수 있다는 프리드리히 슐레겔의 생각에 결단코 동의할 수 없었다. 그와 반대로 섹스는 모든 욕망과 마찬가지로, 우리가 개별성의 감옥을 꿰뚫고 그 안에서 모든 생명의 하나됨을 목격하는, 이런 구원하는 의식을 손에 넣는 것을 방해한다. 성욕은 사람을 개별성의 망상 속에, 그리하여 영원한 고통에 가두므로, 구원은 그 충동을 거부함으로써 그들과 동일시하기를 거부하고, 그들을 잠재우고 극복함으로써 얻을 수 있다.

그 결과, 쇼펜하우어는 우리 존재가 가치를 갖는 것은 오로지 우리가 성욕을 샘솟게 하는 삶에의 의지를 거부할 때뿐이라는, 오로지 우리가 자아의 투쟁, 생식기의 회유, 만족감을 향한 허기, 그리고 심지어 후손에 대한 갈망을 거부할 때뿐이라는 결론을 내린다. 기독교, 브라만교와 불교는 모두 삶의 포기라는 공통점을 가진다고 쇼펜하우어는 생각한다. 이는 하느님이 세계를 보고는 무척 좋아했다고 말하는 구약성경의 유대교와는 철저히 구분된다. "구약성경의 정신은 신약성경과 정반대다. 전자는 낙관적이지만 후자는 비관적이다."[29]

그렇지만 만약 섹스와 낭만적 사랑이 고통으로 이어질 수밖에 없고 끝끝내 구원을 가져올 수 없다면, 우리를 욕망의 삶으로부터 구원해줄 수 있는 사랑의 한 형태가 있다. 사실상 그것은 결국 삶에의 의지가 무릎을 꿇은 지복의 상태로 이어진다. 이것이 우리가 이 장의 앞부분에서 만난 아가페이다. 아가페(혹은 카리타스)는 그런 구원의 힘을 가지고 있는데, 이는 '기원과 본성[30]이 개별성의 기만, 즉 나는 너와 다르다고 하는 기만을 꿰뚫어보고, 그리하여 다른 모든 이들, 사실상 모든 움직이는 것들 속에서 우리 자신과 우리의 의지를 알아보기 때문이다.

그런 통찰력은 우리와 타자들 사이의 장벽을 녹이고 우리가 그들의 고통을 거의 우리 것인 양 절절히 느끼도록 만들 수 있다.[31] 그들의 행복은 곧 우리의 행복이 된다. 그들을 침해하는 것은 불가능한데, 그것은 결국 우리 자신을 침해하는 셈이기 때문이다. 그리하여 우리는 그들의 고통을 완화하기 위한 방향으로 움직이게 된다. 그렇지만 시야가 밝은 아가페는 거기서 나오는 기쁨이 그저 한 가지 고통을 제거한 결과일 뿐, 결코 적극적인 행복을 창조하지는 못한다는 사실을 꿰뚫어본다.

아가페의 통찰력은, 다른 말로 하면, 연민일 뿐이다. 사실상 쇼펜하우어는 아가페가 곧 그 자체로 연민이라고 단언한다.[32] 사랑의 작용들은 우리의 진정한 자아가 우리 개인 안에만 존재하지 않고 살아 있는 모든 것 안에 있음을 아는 데서 나오는 "불가피하고 확실한 증상"[33]이다. 그런 지식은 이성이나 논쟁의 결과로 얻는 것이 아니라, 직관적이다. 우리는 그것을 얻겠다고, 또는 그것이 표현하는 사랑을 차지하겠다고, 또는 그것이 궁극적으로 다다르는 의지의 복종을 달성하겠다고 '결심할' 수 없다. 이런 축복들은 우리에게 선물처럼 예상치 못하게 다가오는 듯하다.

의지의 자기억제는 지식으로부터 오지만 그러한 모든 지식과 통찰력은 자유로이 선택할 수 있는 것이 아니어서, 〔그 결과〕 그 의지의 부정, 그 자유로 들어가는 문은 의도나 계획에 의해 억지로 다다르게 되는 것이 아니라, 사람의 앎과 의지와의 가장 내적인 관계에서 비롯된다. 따라서 그것은 마치 외부에서 날아들어오듯 갑작스레 온다. 그래서 교회는 이를 은총의 효과라고 부른다.[34]

이 모든 이야기에서 쇼펜하우어는 아가페에 대한 기독교의 설명을, 최소한 아우구스티누스 이후로 발전된 양상에 가깝게 따른다. 우리는 이웃이 누구든 상관없이 이웃과 동일시해야 한다. 이타심과 복종은 연민의 근본이다. 세속적 쾌락들은 고통을 가져오고, 그런 쾌락들을 얻기 위한 투쟁은 망상에서 힘을 얻는다. 인간의 사랑할 능력을 활성화하려면, 혹은 애초에 그것을 가능하게 만들려면 은총이 반드시 필요하다. 진실의 가치는 사람을 이 구원으로 이끄는 능력에 놓여 있다. 영적 성취는 올바른 인식과 올바른 의지 사이의 올바른 관계에 달렸다.

그리하여 섹스를 열정적 사랑의 최고 이상이자 우리의 가장 강력한 욕구 뒤에 놓인 힘으로 보는 이 무신론의 철학자는, 우리가 구원을 얻으려면 육체를 폄하하며 의지란 자기모순이라고 여기는 그런 금욕주의자들, 성자들, 신비주의자들의 상태에 도달해야 한다고 본다. 그가 상정하는 이상은 '텅 빈 무無', 불교에서 열반이라고 부르는 계몽의 상태다. 그러면 우리는 이렇게 될 것이다.

모든 이성보다 더 높은 평화, 대양 같은 영혼의 잔잔함, 깊은 고요, 흔들 수 없는 신뢰와 청명함을 볼 것이다. (…) 그 옆에서 우리 자신의 [상태의] 비참하고 절박한 본성은 가장 밝은 빛으로 드러난다. (…) 아직 의지로 가득한 모든 이에게, 의지의 철저한 폐기 후에 남는 것은 분명 아무것도 없다. 그렇지만 또한 반대로, 의지가 방향을 바꾸어 자신을 부정한 이들에게, 태양과 은하계로 풍요로운 우리의 바로 이 현실세계는, 아무것도 아니다.[35]

14
삶의 긍정으로서의 사랑
니체

서구 사랑의 역사에는, 그 최초의 근원인 구약성경과 그리스 철학 이후로 줄곧 그것을 관통하는 깊은 딜레마가 놓여 있다. 세속적인 것을 긍정하는 것이 최고의 사랑에 걸맞은 고귀함인가 아니면 부정하는 것이 그러한가? 사랑은 이 세계의 욕망과 투쟁에 있어서 완벽을 추구해야 하는가 아니면 이 세계를 초월해야 하는가? 고통과 상실이 불가피한 이 세계를. 시간에 구애되지 않는 것은 무엇 하나 존재할 수 없는 이 세계를. 쇼펜하우어가 지적했듯 야심은 끝내 헛되고 평화는 결코 자리잡을 수 없는 이 세계를. 우리가 태어났고 우리가 아는 유일한 세계인 이 세계를.

예를 들어보자. 실제로 세상에 대한 사랑은 하느님이 이스라엘에게 온 마음과 영혼과 또한 힘을 다해 당신을 사랑하라고 한 명령과 상충하지 않는가? 아니 그것은 반대로, 이스라엘에게 기만적인 세계를 사랑할 힘을 주는가? 고향을 약속해주지도 않으며 평화는 끝내 오지 않을지도 모를 세계를.

플라톤은 사랑을 덧없고 상실로 가득한 삶을 벗어나 영원하고 완벽한 이상향으로 가고자 하는 열망으로 보았는가? 혹은 그에게 있어 사랑이란 또한 세상의 무궁무진한 아름다움과 좋음에 초점을 맞춤으로써 이 일상적인 세계를 소유하는 방식인가?

기독교에서 사랑이란 생명을 직접 창조하고 보기에 좋았더라고 한 하느님의 작품이라는 점에서 완벽하게 좋기만 한 이 삶과 우리 이웃을 긍정하는 것인가? 아니면 천국이라 이름붙여진 세계를 위해, 그리고 궁극적으로는 죽음을 열망하면서 이 세계를 부정하는 것인가?

낭만적 사랑은, 특히 슐레겔과 노발리스가 말하는 그런 종류의 사랑은 사랑에 관한, 그리고 모든 욕망에 관한 절망의 한 형태인가? 말하자면 이 유한하고 시간에 얽매인 개인들의 세계에서 완전히 충족되거나 '완성될' 수 없는 것? 아니면 사랑의 하늘로 치솟는 야심, 무한에 녹아들어 하나가 된다는 이상은 그보다는 낙관주의의 가치에 대한, 그리고 결국에 가면 욕망 그 자체의 가치에 대한 믿음의 표현인가?

우리가 놓치기 쉬운 것은, 이 모든 전통들이 세계를 긍정한다는 사실이다. 비록 세계의 끔찍함은 인정하되 사랑과 좋음이라는 축복 역시 존재하고 있다고 하는 정도에 그치더라도. 여기에는, 한 번도 이 세계를 완전히 포기하기를 소망하지 않았고, 이를테면 물질세계를 죄악시하며 경멸한 2세기의 그노시스교도 같은 이단자들을 박해해가며 승리를 거둬온 주류 기독교 역시 상당 부분 포함된다. 예를 들어 아우구스티누스는 하느님이 창조한 모든 것에 기준과 형태와 질서가 있다고, 그런 점에서 세계란 좋은 것이라 본다.[1]

종교의 영향을 받았든 받지 않았든, 영원, 완벽함, 그리고 상실과 고통의 종말처럼 본질적으로 세계가 줄 수 없는 것을 사랑에서 찾으려 한다면 우리는 세계를 증오하게 될 것이다. 심지어 박물학자나 무신론자라 해도, 사랑에 관해 그런 기대를 품고 있는 한은 평범한 삶의 가치에 관해 양가감정을 품게 될 것이다. 따라서 자연의 아름다움과 좋음을 긍정하며 사랑 역시 그런 것이기를 희망하는 스피노자로서는 평범한 삶을 아무런 거리낌 없이 긍정하는 게 불가능하다. 스피노자는 언젠가는 죽거나 변할 개인들을 넘어선, 그리고 따라서 우리 눈에 보이는 세계를 넘어선 무엇을 목표로 삼는 것이 최고의 사랑이라는 플라톤식 사랑관에 여전히 너무 얽매여 있기 때문이다.

사랑이 세계를 옳은 것으로 믿어야 하는가 믿지 말아야 하는가에 관한 이 강박적인 양가감정을 벗어나는 유일한 방법은, 시간에 얽매인 인간 삶의 한계를 초월한 더 완벽한 상태가 존재한다는, 그리고 사랑이 우리를 거기에 데려다주는 경로라는 생각을 포기하는 것이다.

니체 철학의 심장부에는, 이 고통스러운 양가감정의 세계 앞에서 우리의 태도를 명확히 한다는 임무가 자리한다. 니체의 일생일대의 숙제는 죄악, 상실, 변화, 그리고 고통을 벗은 정화된 상태에서 구원이나 도덕적 완벽을 추구하려는 충동을 이해하고 극복하는 것이었다. 그 대신, 그는 정반대의 충동이 인간을 지배한다면 어떨지 알아내려 한다. 존재하는 모든 것을 긍정하려는 충동, 즉 우리 개인적 삶의 모든 것뿐 아니라, 우리 각자가 바로 지금의 우리가 되기까지 이어진 모든 사건들의 연쇄까지도 긍정하려는 충동.

그러기 위해 그는 우리에게 우리 삶이, 삶의 기쁨뿐 아니라 불행도, 그리고 그전의 모든 사건들도 무한히 반복된다고 상상해보도록 권유한다. 그리고 삶에 대한 우리의 사랑이 심지어 이 무한한 반복까지 긍정할 수 있겠느냐고 묻는다. 그는 우리가 스스로를 자연의 불가분한 일부로 고쳐 생각하고, 우리가 가진 실제 존재에 관한 모든 아쉬움과, 그것을 더 낫게 하거나 다르게 하려는 생각을 모두 버리기를 원한다. 이것이 아모르 파티amor fati(운명에 대한 사랑)의 태도다.

영겁이 흐르도록 아무것도 달라지기를 원치 않고 앞으로도 뒤로도 가려 하지 않는 것. 단순히 욕구를 견디는 것이 아니고, 감추려는 것은 더욱 아니고 (⋯) 오히려 그것을 사랑하는 것.[2]

니체가 사랑의 역사에서 차지하는 중요성에는 기묘한 구석이 있다. 그는 사랑에 관해 전혀 새로운 이야기를 하지 않으면서도 우리의 사랑 개념에 혁신이 일어날 수 있는 토대를 제공한다. 그 방법은, 2000년도 더 넘는 세월 동안 서양의 가치 구조를 건설했고, 그리하여 사랑을 보는 서양의 태도를 실질적으로 지배해온 플라톤-기독교 사상의 전체 시스템을 공격하는 것이다. 그 시스템은 사랑이 변화 없는 영원성, 악 없는 선, 육체 없는 영혼을 이상으로 삼고 추구하도록 만들어왔다. 그것은 고양되고 열정적인 감정을 통해, 그리고 결국에는 죽음을 통해 삶의 끔찍함에서 벗어나고자 하는 19세기 낭만주의에서 절정을 이룬다. 항상 엄청난 격렬함으로 자신을 표현하는 낭만주의는 두 종류의 도피처를 만들어내는데, 바로 평화와 광란이다. "휴식, 고요함, 잠잠한 바다, 구원 (…) 예술과 지식을 통해, 또는 중독, 경련, 마비, 그리고 광기"를 통해.[3]

니체는 낭만주의를 격정적으로 만드는 것이 삶의 풍요로움이 아니라 '삶의 빈곤함'[4]이라고 생각하기에 이른다. 낭만주의의 쾌활함은 미심쩍고 진정하지 않다. 평온함을 향한 낭만주의의 열망은 자포자기의 낌새를 내비친다. 낭만주의의 광란은 활력이라기보다는 탈진에서 나온다. 낭만주의는 반기독교를 자처하는 경우가 많지만, 니체는 낭만주의의 정신에서 그저 새 옷으로 갈아입은 기독교를 볼 따름이다. 속세를 초월한다는 이상을 대중적으로 가장 널리 퍼뜨린 것이 바로 기독교가 아니던가.

기독교, 혹은 니체가 조롱조로 정의한 바에 따르면 "'인민'을 위한 플라톤주의"[5]는 삶을 부정하는 것을 도덕적 의무로 바꾸어놓는다는 점에서 탁월할 정도로 약삭빠르다. 기독교는 세속적인 것, 육체적인 것, 그리고 타고난 권력과 힘을 행사하는 것을 악한 것으로 저주함으로써 이 의무를 강요한다. 니체의 주장에 따르면, 기독교는 우리에게 이 모두를 죄로 여기고 그 대신 그런 것들의 정반대에 있는 이타심이나 겸손함 같은 것들을 가치 있게 여기라고 가르친다. 약자를 구원하고 강자를 규탄하는 하느님, 벗어날 수 없는 우리 자신의 정체성에 관해 죄의식을 느끼도록 하는 '원죄' 같은 개념들, 그리고 인간으로 태어난 이상 자동으로 딸려오는 욕망들을 거부할 선택권이 우리에게 있다고 말하는 자유의지 같은 '선물들'이 여기에서 나온다.

그 결과, 우리는 자신과 맞서게 된다. 우리는 현실, 우리 자신의 본성과 우리가 놓인 변화와 역경의 세계를 증오하고 현실이 아닌 것을 사랑하도록 부추김을 받는다. 그것은 영원한, 변하지 않는, 상실과 고통과 시간이 없는 상태다. 이것은 쇼펜하우어가 '무'로 특정한, 기독교가 '하느님'이라고 부르며 사랑이 그 오랜 역사 동안 최고의 대상으로 찬미해온 상태다.

비현실적인 것, 존재하지 않는 것을 향한 그런 광기 어린 욕망, 그것을 니체는 "무에의 의지", 인간의 절박한 "마지막 의지"라고 부른다.[6] 그는 그것을 2000년에 걸친 기독교의 시대만이 아니라 기독교가 떠나면서 남긴 속세의 뒤에도 존재하는 근본적 의지로 진단한다.

> 우리는 인간에 대한, 그리고 동물에 대해서는 더 심한, 그리고 물질에 대해서는 그보다 더욱더 심한 이 증오가 (…) 드러내는 **무엇**을 더는 모른 척할 수 없다. (…) 모든 외양, 변화, 생성으로부터 벗어나려는 열망 (…) 이 모두가 뜻하는 것(우리 대담하게 이를 인정하자)은 무에의 의지, 삶에 대한 혐오, 삶의 가장 근본적인 전제에 맞선 반항이다. (…)[7]

그런데 인간은 왜 무에의 의지를 품는 걸까? 자연스럽고 탄탄한 현실을 거부하고 그 대신 비현실을 갈망하고 자신을 증오하며 괴로움에 몸부림치는 내면세계를 창조하려는 동기는 무엇일까? 이 질문은 비록 겉보기에는 사랑과 무관해 보일지 몰라도, 기실 사랑과 더없이 깊은 관련이 있다. 니체에 따르면 무에의 의지는 '유대-기독교' 문명과 그 세속 후계자들의, 인간 삶에서 의미(사랑은 그때나 지금이나 그 의미의 핵심이다)를 찾으려 하는 그 모든 노력을 뒷받침하는 의지이기 때문이다.

그러니 우리가 무를 의지함으로써 의미를 찾고자 하는 것은 무엇 때문일까? 답은 이렇다. 고통에 대한 공포. 의지가 삶 자체, 달리 말해 고통을 포함할 수밖에 없는 전체 세계를 등지려 할 정도로까지 이 공포는 걷잡을 수 없이 커질 수 있고, 역사적으로 실제 그런 일들이 있어왔다.[8] 물론 이 세계 말고 다른 세계는 존재하지 않는데도.

특히 이 공포는 나약함과 상실감이라는 우리 고통의 두 가지 원인에 들러붙는다고 니체는 말한다. 이로 인해 우리는 무력감을 느끼게 하는 힘을 가진 이들에게, 그리고 모든 삶을 위협하는 상실에 앙심을 품는다. 부모, 자녀, 친구, 재산과 업적, 생명 그 자체의 상실에.

그리하여 우리 문화는 고통의 현실, 고통의 광경, 그리고 고통의 원인을 제거하는 방향으로 조정되기에 이른다. 지배적인 가치와 미덕들(당연히 사랑도 여기 포함된다)은 이 목표에 집착한다. 종교는 모든 고통이 사라지고 우리가 속세에서 겪은 모든 고난이 보답을 받는 세계의 도래를 약속한다. 과학과 윤리학, 정치학과 사회는 위험을 최소화하고, 장해 없는 행복 상태를 이루기 위해 조정된다. 안락, 편안함, 예측 가능성이 좌우명이 된다.

개중 특히 고통에 대한, 상실에 대한, 그리고 더 강하고 더 운좋은 모든 사람들에 대한 원한에서 자라나는 한 가지 가치가 있다. 그 가치란 동정심, 고통을 향한 동정심이다.

어쩌면 여러분은 그게 뭐가 잘못되었느냐고 궁금해할지도 모른다. 그런 연민은 루소와 쇼펜하우어가 주장했듯, 가치들 중 가장 고귀한 것이자 사랑을 규정하는 가치 아닌가? 우리는 동정심 덕분에 우리가 관심을 가지는 이들의 삶을 긍정하고 보호하게 되지 않는가? 그것은 인간들이 그토록 팽배한 이기심과 무심함 속에서도 타인의 고통에 반응하게 만드는, 칭송할 만한 이유 아닌가? 그리고 더 실용적인 측면으로 보면, 동정심은 우리로 하여금 더불어 살아갈 수 있게(친구를 사귀고, 결혼을 하고, 가정을 꾸리고, 공동체를 이루게) 해주어 인간 번영의 밑거름 역할을 하는 기본적 기질 아닌가?

니체의 주장에 따르면 결코 그렇지 않다. 동정심은 표리부동이다. 동정심은 비록 '친절해' 보이기는 하지만 그 고통의 광경, 즉 하나의 현상으로서 그 존재 자체가 내게는 견디기 힘들기 때문에 타인의 고통을 멈춰야만 한다는 오지랖, 나아가 야만적인 강요일 뿐이다. 겸손해 보이는 것은 겉보기일 뿐, 실은 그 동정의 대상에게 무엇이 최선인지 알고 있다고 교만하게 자처하며, "나나 당신을 괴롭히는 전체 내적 과정과 그 복잡함에 관해 아무것도 모른다"는 사실을 인정하려 하지 않는다.[9] 이타적으로 보이는 것은 겉보기일 뿐, 자신의 고통과 책임감을 피하려는 욕망에서 발동되는 경우가 너무 많다. '베풂'의 탈을 쓰고 있어도, 동정심이 실제로 원하는 것은 통제다.

누군가가 고통받는 모습을 보면, 우리는 그 기회를 이용해 그 사람을 손에 넣고 싶어한다. 그 사람을 동정하고 후원하는 사람들은 (…) 그 대상으로 인해 자신들 안에서 깨어난 새로운 소유욕을 '사

랑'이라고 일컫는데, 그때 느끼는 쾌감은 새로운 정복지를 앞에 두고 깨어나는 쾌감에 비할 만하다.[10]

동정심의 이런 감춰진 목적들은 심히 비뚤어져 있다. 따라서 그 동정심을 사랑하는 관계의 심장부에 놓는 것 역시 마찬가지다. 왜냐하면 우리는 고통을 통해서만 성장하고 성숙하며, "오로지 이 원칙 하나가 이제껏 인간의 모든 향상을 일구어냈고"[11] "이루어지고 성장하는 모든 것, 즉 미래를 약속하는 모든 것은 고통과 관련되기 때문이다".[12] 반면 대부분의 동정심이 이루고자 하는 동요 없는 행복의 상태는 "인간을 우스꽝스럽고 경멸스러운", 소심한 겁쟁이로 만든다.

그리고 고통을 폐기하려는 (또는 그게 안 되면 고통을 감추려는) '정신 나간' 목표는 동정의 대상만이 아니라 동정의 주체까지도 약하게 만든다. 불행히도 자기 삶을 완성한다는 과업을 회피하고자 할 때, 다른 이들의 고통에 몰두해 자신을 잊는 것보다 더 매혹적인 방법은 없다. 니체는 자신도 그 강력한 유혹을 받았다고 고백한다.

그런 모든 동정심은 (⋯) 은밀하게 유혹적인데, 우리 '자신의 길'은 너무 고되고 막중하고 타인의 사랑과 감사로부터는 너무나 멀리 있어, 우리는 그 길을, 그리고 우리 자신의 양심 그 자체를 피해 다른 이들의 양심으로, 그리고 '동정심이라는 종교'의 사랑 가득한 신전으로 뒤도 돌아보지 않고 도망친다.[13]

이것은 또한 '이웃 사랑'이 그처럼 흔히 강조되어온 목적이기도 하다. "그대는 자신을 회피할 셈으로 이웃에게로 도망쳐놓고는 그 행위를 미화하고 싶어할 것이다."[14] 이것이 동정심과 성경의 계명이 범죄와 천생연분의 짝을 이루는 이유라고 니체는 생각한다.

믿어도 될 만한 동정심은, 오로지 강하고 주체적으로 타고난 사람의 동정심뿐이다. 자신에게서 도망치거나 이웃을 나약하게 만들 목적으로 동정심을 이용하지 않을 사람의 동정심. 그의 동정심은 고통을 회피하는 데 급급한 삶을 포함해, 무엇이든 이웃을 나약하게 만드는 것을 향한다.[15]

이는 가혹하고, 심지어 강박적으로 들린다. 그렇지만 니체에게 동정심은 '고립된 의문부호'•가 아니다. 그것은 무 자체에 대한 의지의 상징이다. "내가 인류에 드리운 거대한 위험, 그것의 가장 숭고한 매혹과 유혹을 본 것은 정확히 이 지점이었다. 그렇지만 어디로 유혹한단 말인가? 무로?"[16] 그러니 동정심의 진정한 목적이 무어냐고 묻는 것은, 가능한 한 가장 냉담한 방식으로, 유대교와 기독교에서 물려받은 전체 도덕 체계의 가치를 묻는 것이다.[17]

고통, 상실, 그리고 나약함에 대한 공포가 지배적이고, 동정심의 도덕이 판을 치는 그런 도덕적 우주에서 발원하는 사랑은 원한과 증오에서 발원하는 사랑이다.

이것이 유대교와 기독교에서 진화한 사랑 전통에 관한 니체의 가장 거창한 주장이다. 그 사랑이 증오에서 자라난다는 것. 니체는 사랑

• 『도덕의 계보학』 머리말 중 6번에 나오는 "가치에 관한 문제는 처음에는 단지 개별적인 문제, 그 자체로 하나의 의문부호인 듯 보인다"를 참조하라.

과 증오가 동반자 관계라는 그 흔한 말을 되풀이하고 있는 것이 아니다. 예를 들어 사랑은 희망이 좌절되면, 아니 심지어 좌절될 것 같기만 해도 쉽사리 증오로 변한다든가 하는. 그보다, 니체는 자연에 대한, 강함에 대한, 삶 그 자체에 대한 증오가 '사랑의 종교'를 움직인다고 제시하고 있다. 다음과 같다.

지상에 그와 같은 것이 한 번도 존재한 적 없는, 이상을 창조하고 가치를 역전시킬 수 있는, 가장 심오하고 숭고한 종류의 증오로부터, 무언가 똑같이 비교할 수 없는, 한 새로운 사랑, 가장 심오하고 숭고한 종류의 사랑이 자라났다.[18]

사실상, 니체는 이렇게 묻는다. "그것이 어찌 다른 몸통에서 자라날 수 있었겠는가?"[19] 그렇지 않다면 열정 중 가장 긍정적인 사랑이, 세계에 복수하려는 갈망으로 움직이지 않고서야, 어찌하여 세계와 인간이 번영하게 해주는 바로 그 조건들을 거부하게 되었단 말인가? 사랑의 이상은 복수욕의 대척점이기는커녕, 그 복수욕의 '월계관'이다.

더욱더 멀리까지 가장 순수한 광명과 햇빛으로 퍼져가며, 저 빛나고 높은 나라에서 그 증오의 목표들을 좇는 (…) 나사렛 예수, 사랑의 복음이 인간으로 화한, 가난하고 병들고 죄지은 자들에게 축복과 승리를 가져다주는 이 '구세주', 이는 그야말로 이 유혹의 가장 섬뜩하고 거부할 수 없는 형태가 아니었던가?[20]

기독교의 사랑을 일러 "가장 심오하고 숭고한 종류의 사랑"이라 한 니체의 말에는 물론 역설적 의도가 담겨 있다. 하지만 그것만이 전부는 아니다. 추함에서 위대함의 씨앗을 보고 병에서 건강함을 본다는 것이 니체라는 철학자의 섬세한 점이다. 우리가 퇴행을 통해 고귀해진다는 그의 말은 새김직하다.[21] 고통의 세계에 겁먹고, 자신의 무력함을 원망하고, 마음의 갈피를 잡지 못하고, 자신의 불가피한 존재를 혐오하는 인간은, 자신의 번영을 위한 바로 그 조건들, 즉 고통과 시련을 증오하면서도 한편으로는 번영을 갈망하고 있다. 또한 인간은 자신이 주인이 될 수 있는 환상의 세계를 상상을 통해 만들어내려고 발버둥치기도 한다. 기독교는 그 온갖 죄의식과 양심의 가책의 자학 속에서도, "모든 이상적이고 상상력 넘치는 현상들의 자궁" 노릇을 하면서 "낯설고 새로운 아름다움과 긍정의 풍요로움"에 빛을 비추어왔다.[22] 실은 그 밑바탕에 놓인 원한이야말로 애초에 인간을 진정으로 흥미롭게 만든 요인이었다.[23]

　그러나 자연을 지워버릴 수는 없다. 자연은 괴물의 탈을 뒤집어쓰고서라도 늘 다시 모습을 드러낼 것이다. 기독교가 철천지원수로 여기는 에로스가 기독교 세계에서 바로 그랬듯이. "기독교는 에로스에게 독약을 주어 마시게 했다. 에로스는 그로 인해 죽은 것이 아니라 오히려 타락하여 죄악이 되었다."[24]

　그렇다면 니체는 어떤 종류의 사랑이 고귀하다고 생각하는가? 어떤 종류의 사랑이 우리를 약하게 만드는 것이 아니라 강하게 만들고, 증오가 아니라 너그러움에서 솟아나고, 세계를 거부하는 것이 아니라 긍정하는가?

니체의 대답은 이러하다. 자기애. 그 뜻은 니체가 혐오하는 자기만족이나 방종한 자기주장이 아니라, 자아를 향한, 특히 스스로 존경할 만한 고귀함을 소유한 자아에 대한 진지한 존경이다. 니체는 우리가 다른 이들을, 그리고 진정 세계 일반을 사랑하는 데 이것이 전제조건이라고 주장한다. 그것이 없으면 인간들은 '무에의 의지'로 표출되는 파괴적인 원한, 바로 그것으로 타락한다. 그리하여 니체는 이렇게 주장한다. "한 가지는 필수다. 인간은 자신에 대한 만족감을 획득해야 한다. (…) 자신에게 만족하지 못하는 이는 누구든 끊임없이 복수할 준비가 되어 있다."[25]

우리가 남을 사랑하려면 먼저 자신을 사랑할 수 있어야 한다는 이야기는 그다지 혁신적이지 않다. 혁신적인 것은, 쉽지 않은 자기애를 바탕으로 하지 않는 타인에 대한 사랑은 모두 증오를 바탕으로 한다는 니체의 주장이다. 우리가 앞서 보았듯, '자아가 없는' 기독교의 사랑은 복수욕, 오로지 거기서만 솟아나고, 따라서 전혀 사랑이 아니라는 것이다.

그리고 역시 혁신적인 것은, 자신이나 진정 누군가 혹은 무언가를 사랑하는 것은 또한 **전반적으로** 운명을 사랑하는 것과 동일하다는 생각이다. 우리 "각자는 숙명의 한 조각이고, 각자는 전체에 속하고, 각자는 전체 안에 있다"는 니체의 말은 바로 그런 입장을 보여주는 듯하다. 여러분이 사랑하는 대상이 전체의 한 부분이라면, 전체로부터 그 대상만을 따로 떼어내어 사랑할 수는 없다. 그 대상은 존재 일반의 분리할 수 없는 일부이기 때문에, 그를 사랑하는 것은 곧 모든 존재를 사랑하는 것이다. "그의 본질의 숙명은, 이미 존재했고 앞으로 존재할 모든 것의 숙명으로부터 분리할 수 없다."[26]

물론 우리가 흔히 열정적 사랑, 특히 성적인 사랑을 경험하는 방식은 그와는 정반대로 보인다. 그 사랑하는 이는 한 사람에게만 독점적으로 초점을 맞춰 "나머지 세계는 그에게 무의미하고 흐릿하고 무가치해지고, 그는 모든 희생을 무릅쓰고, 모든 질서를 어기고, 모든 다른 관심사를 유예시킬 준비가 되어 있다."[27] 그렇지만 여기에는 아무런 모순도 없다. 사랑하는 이들은 서로에게만 엄청난 관심을 쏟기 바빠서 자기들 너머의 바깥 세계와 단절될 수 있다. 그렇지만 바로 이 관심이, 또한 그들 각자가 속한 전체를 가능한 한 가장 속속들이 긍정하는 방식이기도 하다.

그렇다면 사랑이 세계로부터 고립되어야 완성될 수 있다는 것은, 어쩌면 사랑에 관한 크나큰 망상의 하나가 아닐까. 어쩌면 그와는 반대로, 사랑은 숨을 곳이 아무데도 없는지 모른다. 굳건한 사랑은 운, 기회, 그리고 숙명으로부터 도망치려 하기보다는 그것들을 긍정할 것이다.

그렇다면 누군가를 사랑한다는 것은 단순히 그들을 '바꾸고 싶은' 욕망을 극복하는 것을 넘어, 그들이 분리 불가능하게 속해 있는 세계를 바꾸고 싶은 욕망까지도 극복하는 것이라는 뜻이 된다. 즉 사랑이 '세계를 잊는다면' 자신을 잊는 것이다.

그렇지만 두 사람 간의 사랑 중에서 니체가 가장 관심을 기울이는 것은 성적인 열정이나 낭만적인 열정이 아니다. 니체는 그것을 넘어서는 훨씬 희귀한 사랑이 있다고 말한다. "이 두 사람의 서로를 향한 집착적인 갈망이 새로운 욕망과 소유욕에 길을 비켜주는, 그들이 공유한, 그들 너머에 있는 어떤 이상을 향한 더 고귀한 갈증. 그런데 누가 그러한 사랑을 아는가? 누가 그것을 경험했는가? 그것의 올바른 이름은 우정이다."[28]

여기서 니체는, 우리가 아리스토텔레스와 몽테뉴에게서 보았던 고전적 필리아 개념과 몹시 비슷한 무언가를 찬양하는 듯하다. 그리고 역시 아리스토텔레스와 몽테뉴와 마찬가지로, 니체는 사랑을 잘하려면 숙달과 연습이 필요하다고 믿는다. 사랑은 우리 안에서 완전한 형태를 갖춘 채 나오는 '즉자적인' 감정이 아니다. 모든 사랑은, 심지어 우리 자신에 대한 사랑조차 학습의 결과물이다.

우리는 사랑하는 법을 반드시 배워야 한다. 우리가 음악을 들을 때 일어나는 일이 바로 그것이다. 처음에 우리는 어떤 음형音形과 어떤 멜로디를 듣고, 그것을 탐지하고 구분하고, 그 범위를 한정해 분리된 존재로 고립시키는 법을 배워야 한다. 그후 낯섦을 무릅쓰고 그것을 참아내려면, 그 외양과 표현에 인내심이 생기려면, 그리고 그 기묘함에 정이 들려면 어느 정도 노력과 의지가 필요하다. 결국 우리가 거기에 익숙해지고, 그것을 고대하고, 그것이 없어지면 아쉬울 것처럼 느껴지는 순간이 온다. 그러면 이제 그것은, 우리가 겸손과 희열로써 그것을 사랑하게 되어 세계로부터 그보다 더 좋은 것은 아무것도 욕망하지 않고 오로지 그것만을 욕망할 때까지 계속해서 가차없이 우리를 휘두르고 홀린다.

그러나 그런 일이 일어나는 것은 음악을 접할 때만이 아니다. 우리는 지금껏 우리가 사랑하는 모든 것들을 사랑하는 법을 그런 식으로 배워왔다. 결국 우리는 우리의 의지, 인내심, 공정함, 그리고 온화함에 대해 늘 기묘한 보상을 받는다. 그것이 서서히 베일을 벗고 형언할 수 없는 새로운 아름다움을 드러내는 것이다. 그 아름다움은 우리의 환대에 대한 보답이다. 심지어 자신들을 사랑하는 이들조차 이런 방식으로 그 사랑을 배우게 되었을 것이다. 다른 방식이란 존재하지 않기 때문이다. 사랑은, 역시, 배워야만 할 수 있다.[29]

니체는 사랑하는 법을 배우려면 단순한 '수용' 이상의 것이 필요하다고 말하는 듯하다. 세계의 많은 양상들, 다시 말해 우리의 사랑들은 터놓고 말하자면 추하기 때문에, 그것들을 사랑하는 법을 배우는 것은 곧 그것들을, 특히 그것들의 숙명을 아름다움으로 보는 법을 배우는 것이다. 그 아름다움은 '의지를 일깨우기' 때문이다.[30]

이 지점에서 우리는 다시, 니체가 기독교와 가장 근본적으로 대척된다고 보았던 세계관인 아모르 파티, 즉 운명에 대한 사랑으로 돌아온다. 니체는 자신에 관해, 그리고 긍정하는 이가 되려는 자신의 포부에 관해 이렇게 말한다.

나는 세상에서 필요를 아름다움으로 보는 법을 더욱더 많이 배우고 싶다. 그러면 나는 세상을 아름답게 만드는 그런 사람들 중 하나가 될 것이다. 아모르 파티, 앞으로는 그것을 내 사랑으로 삼겠노라! 나는 추한 것들과 전쟁을 벌이고 싶지 않다. 욕은 하고 싶지 않다. 심지어 욕하는 이들조차 욕하고 싶지 않다. 부정하려면 그저 고개를 돌리는 것으로 족하다. 그리고 두루두루 모든 점에서, 나는 언젠가 오로지 긍정만 하는 사람이 되기를 소망한다.[31]

이것은 아름다움이 사랑을 자극한다는 플라톤의 통찰과 닮았다. 그러나 니체는 사랑이 아름다운 것 그 자체에 선택적으로 초점을 맞춘다는 플라톤의 주장을 거부한다. 그리고 그 대신 사랑은 또한 반드시 사물을 아름답게 **만들어야만** 한다고 시사한다. 사랑은, 다른 말로, 자신이 관심을 가진 어떤 대상을, 그것이 전체로서 자신에게 아름답게 느껴지는 방식으로 창조하거나 해석하는 예술가와 같다. 그가 자신의 작품을 강력하게 긍정할 수 있는 이유는 바로 그것을, 그 사소한 마무리 하나까지도 필연으로 볼 수 있기 때문이다. 자기 삶의 운명적인 산물로.

현대의 사랑은 니체의 철학을 통해 새로운 한 가지 도전에 직면한다. 사랑이 만약 영원, 평화, 안전을 욕망하지 않는다면 어떨까? 그리고 진정 그 정반대를 긍정한다면? 사랑은 운명과 상실과 미덥지 못한 운을 회피하려는 우리 열망의 궁극적 보고寶庫를 자처하면서 스스로 만들어낸 미궁에서 벗어나는 길을 과연 어떻게 찾을 수 있을까? 우리를 고통으로부터 구원해야 한다는 부담에서 풀려난다면 사랑은 어떤 가능성을 가지게 될까?

이런 질문들은 모두 갈수록 시급한, 그리고 가능한 것이 되어왔는데, 이는 니체의 선언 덕분에 유명해진 한 특별한 사건 때문이다. '신의 죽음.'[32] 니체에게 있어 신의 죽음이란, 단순히 일신교에서 숭배하는 전능한 아버지 같은 인물을, 의인의 모든 고통과 죄가 사해지는 천국을, 또는 이 신학을 뒷받침하는 죄의식과 보상의 전체 시스템을 계속 믿는 것이 불가능함을 뜻하지만은 않는다. 그렇다고 좀더 폭넓게, 미신과 교권의 음습한 힘들로부터 벗어난 자유만을, 또는 개인적 권리들의 확대와 정치적 자유라는 반가운 선물만을 말하는 것도 아니다.

그에 더해, 신의 죽음은 궁극적 의미에서 그보다도 더욱 심오한 믿음들의 종말을 뜻한다. 도달하기 위해 노력할 가치가 있다는 것, 시간이 흘러도 변치 않는 평화의 상태가 존재한다는 것, 항구적이고 지속적인 것은 덧없이 흘러가는 것보다 더 가치가 있다는 것, 더 위대하고 파괴할 수 없는 좋음, 즉 행복, 예술, 지식, 자유, 혹은 사실상 사랑 그 자체 같은 좋음에 이바지하기 위해서라면 우리의 고통은 겪을 만하다는 것이 바로 그런 믿음들이다.

니체는 이런 궁극적 의미에서 신의 죽음이 어떻게 사랑의 본질을 바꿀 것인지 묻는 지점까지는 가지 않았다. 그렇지만 무조건적이고 영원한 것으로 여겨지는 가치나 존재 상태가 있다는 생각에 대한 니체의 그 모든 공격은 이런 의문을 제기한다. 사랑은 이런 믿음들을 섬길 의무로부터 풀려난다면 얼마나 풍요로워질까? 사랑은 니체가 서구 문명에서 본, 즉 고통과 상실로부터 도망칠 피난처에 집착하고 편안함을 신주단지처럼 떠받드는 그 병을 극복한다면 어떻게 될까? 이것이 니체가, 자신이 그 탄생에 그토록 큰 몫을 한 현대 세계에 제기하는 도전이다. 그리고 그 도전은 아직 진지한 답을 듣지 못했다.

15
상실의 역사로서의 사랑
프로이트

    니체는 심리학을 '과학의 여왕'이자 '본질적 문제들로 가는 길'[1]로 칭송했다. 그 말은, 우리 현대인들이 누구인가, 그리고 우리 각자가 운명적으로 도달한 인간 유형에게 최고의 삶이 무엇인지 밝혀내고자 한다면 우리의 가장 심오하고 종종 무의식적인 욕구, 본능, 그리고 욕망을 발견하는 것이 그 열쇠라는 뜻이었다. 그리고 무엇보다도, 그들의 복잡한 권력욕에 삶과 운명을 긍정하는 방식으로 고삐를 채워야 한다는 뜻이었다.

    오로지 이 심리학적 깊이들에서만 우리는 어떤 목적, 어떤 가치, 어떤 미덕 들이 우리의 번영을 약속해주는지 결정할 수 있다. 오로지 그것을 통해서만 우리는 우리가 선택하는 가치들을 왜 '선택하는지', 그 가치들이 실제로 우리 삶에서 어떤 기능을 하는지, 그리고 우리에게 어떤 가치가 더 적합한지 이해할 수 있다. 우리가 따라야 할 도덕적 당위는 무엇인가, 또는 행복을 극대화하는 방법은 무엇인가, 또는 번식 적합성을 선호하는 것은 무엇인가, 또는 어떤 종교를 비롯한 사상들이 명령하는 것은 무엇인가 하는 물음들을 통해서가 아니라.

니체가 말년의 광기에 무릎을 꿇을 즈음, 두 사람의 작가가 이 예언에 눈부신 형체를 제공할 일생의 걸작을 처음 집필하고 있었다. 그리고 그들의 방식은 낭만주의와 기독교를 거쳐 플라톤과 성경의 유대교로까지 되짚어가는 서양의 지배적 사랑관에 실질적으로 전쟁을 선포하는 것이나 다름없을 터였다. 그 두 작가는 지그문트 프로이트와 마르셀 프루스트였다.

유대 혈통의 이 시적인 사상가들은 둘 다 그들의 이론이 유행에 한참 뒤떨어진 것이 되어버린 후에도 여전히 매혹적인데, 그 이유는 그들이 결코 안정적으로 만족될 수도, 파괴의 잠재력을 지울 수도 없는 조야한 욕망을 사랑의 동인으로 보는 소수의 시각을 두려움 없이 탐색하기 때문이다. 그들은 인간의 친밀한 애착이 이해하기 어렵고 많은 점에서 불길하다고 본다. 또한 그들은 그 세속적 세계관에서 하느님을 철저히 지워버린다.

프로이트와 프루스트는 인간의 개별성이 극복 가능하다는 생각을 부정한다. 또한 우리가 실제로 타인에게 순수하게 그 사람 자체만으로 관심을 갖거나 긍정할 수 있다거나, 사랑이 순수한 좋음과 조화를 찾을 수 있는 장소라거나, 또는 사랑의 기쁨들이 삶의 시련들을 경감하거나 심지어 좋게 만든다는 생각에 대해서도 마찬가지다. 이 점에서, 그들의 길은 이미 루크레티우스가, 그리고 낭만적 사랑을 가차없는 성적 욕망의 표현으로 보는 쇼펜하우어가 환히 밝혀놓았다. 그렇지만 거듭 좌절되고 자주 난폭해지는, 만족을 추구하는 사랑의 탐색을 충실한 심리적 디테일로 그려내는 그들의 방대한 서사는 루크레티우스와 쇼펜하우어를 한참 넘어선다. 그리고 성애가 작용하는 근원을, 어머니의 주의깊은 보살핌을 통해 처음 형성된 아동기의 애착과 더불어 따뜻함과 안정을 갈구하는 우리의 고뇌에 찬 필요에서 찾는다는 점에서도 그렇다. 무엇보다도 그들은 인간의 사랑이 그 근본적인 이기심을 초월할 수 있다는 위안을 거부한다.

그런데 이 이기심의 본질은 정확히 무엇일까?

프로이트[2]는 그의 초기 사상에서 모든 사랑이 해방과 쾌락을 욕망하는 성적 에너지의 표현이라고 시사한다. 비록 그는 이 에너지를 '리비도'라 부르고 그것을 인간 존재에 만연한 욕망으로 생각하지만, 그 에너지의 핵심 과녁은 특정한 나이가 되면 성교의 욕망에 집중하게 되는 촉각적 자극이다.

그는 에둘러 말하지 않는다. 종류를 막론하고 사랑의 '핵'은 '성적 결합을 목표로 하는 성애'로 이루어져 있다. 그는 여기에 구체적 대상과 추상적 사상에 대한 헌신을 포함해 자기애, 부모 자식 간의 사랑, 우정, 그리고 인류 일반에 대한 사랑을 분명히 포함시킨다.[3]

성욕은, 그리고 프로이트에 따르면 모든 욕망은 타고나는 것이며 만족시킬 수 없다. 성욕은 아무런 외적 자극 없이도 계속 타오를 수 있고, 그 어떤 만족도 이를 끝내 잠재울 수 없다. 성욕은 만족되면 쾌락을 낳고 좌절되면 고통을 낳는다. 쾌락과 고통은, 이 틀에 따르면, 인간 행동을 지배하는 두 주인이다. 실제로 프로이트는 성욕이 인간 삶에 미치는 영향력과 성욕의 충족을 방해하는 수많은 장애물 때문에, 리비도가 우리의 정서적 긴장과 고통의 주요 근원이라고 보게 된다.

리비도는 실제로 그것을 만족시키는 대상을 만나면 그 대상에게 애착을 형성하는 경향이 있다. 프로이트는 이를 '카텍시스cathexis'라고 부르는데, 그의 말에 따르면 이 만족은 우리 신체가 느낄 수 있는 가장 강렬한 쾌감, 즉 생식기의 쾌감을 동반한다. 우리가 이 만족에 눈을 뜨면, 섹스는 모든 만족의 전범이자 우리 삶의 핵심 충동이 된다.

인간은 성적(생식기의) 사랑이 가장 강력한 만족을 경험시켜줄 수 있음을, 그리고 사실 모든 행복의 원형을 제공할 수 있음을 깨닫게 되어, 그리하여 반드시 성적 관계라는 행로를 계속 따름으로써 삶의 행복을 추구해야겠노라고, 그리고 생식기의 관능을 삶의 핵심으로 삼아야겠노라고 생각하게 된 것이 틀림없다.[4]

여기서는 무슨 일이 일어나고 있는가? 우리가 우리 자신과의, 풍경과의, 혹은 전체로서의 인류와의 성교를 갈망한다고 주장하는 것은 말이 안 될 듯싶다. 그리고 섹슈얼리티가 형제와 부모에게 우리가 느끼는 사랑의 '핵'이라는 주장 역시 그에 버금가게 기이하다.

그러나 프로이트는 이것이 꼭 말이 안 된다고는 생각지 않는다. 비록 명확히는 아니지만, 그가 제시하는 바에 따르면 모든 사랑은 섹슈얼리티의 핵인 결합 욕망, 혹은 자기희생 경향을 보여준다. 부모와 자녀 사이처럼 성적 친애가 금기시되거나, 대상이 자연이나 추상적 개념일 때처럼 말 그대로 불가능한 많은 상황에서는, 반드시 리비도로 하여금 생식기의 결합이라는 그 순진무구한 목적에서 다른 쪽으로 눈을 돌려 성적이지 않은 출구를 찾게 해야 한다. 이것이 '목적이 억제된aim-inhibited' 사랑이고 이는 그 근원적 에너지의 '승화'를 통해 표현된다. 다르게 표현하자면 사랑의 에너지를 예술과 사상, 혹은 정치, 사회 조직처럼 더 높고 더 창조적이고 더 섬세한 목적을 향해 흘려보내는 것이다. 따라서 (선배인 니체에게도 그랬듯) 프로이트에게 승화는 문명화의 강력한 엔진이고, 인류 최고의 수많은 업적들 뒤에는 성애적 욕망을 억제해야 한다는 절대적 요구가 있다.

목적-억제는 초기 아동기에 시작된다. 어머니로 처음 시작해 다음으로는 양친, 그리고 아동기의 다른 보호자들을 거쳐 나중에는 더 폭넓게 사회까지 포함하는, 우리에게 꼭 필요한 사랑과 보호를 제공하는 이들이 우리의 리비도적 욕망에 적대감을 느낄 수 있다면, 그런 일이 일어나지 않도록 조심하는 것은 우리 생존이 달린 문제다. 프로이트의 초기 사상에 따르면, 삶은 그가 말하는 '에고 본능'에 따라 움직이는 자기보존 욕구들과 고집스럽게 성적 만족을 명령하는 리비도 사이의 끊임없는 투쟁이다.

모든 사랑하는 관계에는, 비록 무의식적이긴 하지만 몰염치한 성적 동기가 존재한다. 금기와 자기보존 욕구와 승화가 아무리 있는 힘을 다해 리비도를 저지하거나 재교육하려 해도, 리비도는 그 모든 것을 견디고 계속 살아남는다. '목적이 억제되지 않은 사랑은 사실 원래 철저히 관능적인 사랑이고, 우리의 무의식에서는 여전히 그렇다.'[5] 이 사고는, 우리의 모든 사랑 관계, 즉 부모, 친구, 자녀, 그 모두와의 사랑 관계는 그냥 놓아두면 알아서 성적 만족을 추구할 것임을 암시한다.

실제로 섹슈얼리티는 적어도 프로이트의 초기 사상에서는 너무나 근본적이라서, 섹슈얼리티 없이는 유아의 발달을 설명할 수 없다. "모든 성적 관계 중에서 최초이고 가장 중요한"[6] 것은, 그의 말에 따르면 어머니의 젖과 유아의 관계다. 유아기를 벗어난 아이가 자신을 보호하고 만족시키는 다른 사람들을 만나 그들과 맺는 관계 역시, "젖먹이와 젖 물리는 어머니의 관계를 본보기로 하며 그 관계가 연장된 것이다."[7] 프로이트는 "아이의 성감대는 그 아이와 1차 보호자와의 관계를 통해 끝없는 성적 흥분과 만족의 원천이 된다"고 주장한다. 특히 최초의 보호자인 어머니가, "자기 삶의 성적 부분에서 나온 감정으로 아이를 대할 경우에 그렇다. 그녀가 아이를 어루만지고 입을 맞추고 흔드는 것은 분명히 아이를 완벽한 성적 대상의 대용품으로 취급하는 행위다".[8]

프로이트의 이런 말은 실제로 유아가 어머니와 성기를 통한 성교를 욕망한다는 이야기는 아니다. 그 초기 유아기에서는 아직 어떤 구체적인 목적, 즉 의도를 가진, 그리고 무언가를 제공해줄 타인을 인식할 수 있는 어떤 유의미한 욕망이 형성될 수 없다. 아이는 그보다 접촉으로 자극되는 쾌감에 훨씬 더 집중한다. 이 쾌감들은 처음에는 자극에 대단히 민감한 구강과 항문 부위에서, 그리고 나중에는 신체의 거의 모든 부위에서 체험된다. 프로이트는 모든 발달 단계가 그렇듯이, 유아가 생식기와 무관한 친애에 초점을 맞추는 것은 우리의 발달단계상 성인이 된 후에도 남아 있는 한 특정한 단계의 표식이라고 생각한다. (그렇지만 프로이트는 이것이 고착되면, 생식기적 친애를 대체하면서 완전한 성적 관계로의 발전을 막는 페티시즘으로 남는다고 고찰한다.)

그렇지만 섹슈얼리티를 이처럼 엄청나게 강조함으로써 인간의 애착을 설명하려는 것은 부적절하고 한계가 있어 보인다. 게다가 프로이트 스스로, 그의 리비도 이론이 말하려던 것이 거의 완전히 뒤죽박죽이라는 사실을 인정하게 되었다. 애초에 그것은 유아가 온기와 양분을 얻는 데서 느끼는 쾌감이 어째서 더 폭넓은 친애의 기쁨이 아니라 성적인 것인지, 혹은 육체적인 면을 아우르는 유아와 어머니의 경험이 어째서 어머니에게는 성적인 체험이 되는지도 제대로 설명하지 못한다. 또한 그가 나중에 겪는 모든 사랑들이 재탕하게 되는 원시적인 관계가, 과연 유아와 어머니 사이 관계 맺기의 전체 범주가 아니라 어머니의 젖과의 관계인지도 분명치 않다. 틀림없이 접촉, 보기, 듣기, 보호하기, 관계 맺기, 그리고 양육의 이 많은 형태들 모두가 아이와 부모 사이의 친애를 경험하고 상징화할 수 있는 중요한 방식들일 것이다.

성인의 관계에서도, 리비도 에너지는 친구들끼리의 친애를 향한 열망이나 인류 또는 추상적 대상들에 대한 사랑 같은 그런 다양한 현상들을 그럴싸하게 설명해주지는 못하는 듯하다. 또한 그것이 어떻게 신뢰와 질투의 복잡한 감정들을 설명할 수 있는지도 명확지 않다. 다정함, 친절함과 결속감을 느끼고 싶은 우리의 욕구를, 그저 생식기를 만족시킨다는 자연적 목적을 억제당한 리비도로 치부할 수는 없다. 그리고 목적 억제나 비억제로 모든 사랑을 설명하는 것은 우리가 사랑의 역사에서 보아온 친애의 풍요로운 모티프들을 제대로 대우해주지 못한다.

인간 발달에 대한 프로이트의 설명은 사랑과 그 상실이 어떻게 우리의 자아 감각sense of selfhood을 형성하는지 탐구할 때 훨씬 더 위력을 발휘한다. 사랑과 상실은 어떻게 우리로 하여금 타인과 분리된 개인으로서 자신의 독립적 존재를 인식할 수 있게 해주는가.[9]

애초에 프로이트는 유아가 자신이 존재한다는 감각을 가지고 있지 않다고 주장한다. 비록 유아는 어머니의 젖에서 관능적 만족과 정서적 위안을 얻지만, 어머니와 어머니의 젖이 그 근원이라거나 자신이 그 수혜자라고 인지하는 식으로 그것을 체험할 수는 없다. 이른바 '최초의 나르시시즘' 상태에 있는 유아는 아직 자신의 존재를 외부 사람들이나 사물들로부터 구분할 수 없다. 아니면 좀더 현대적인 어휘[10]로 말하자면, 어머니로부터 충분히 좋은 보살핌을 받는 유아는 어머니를 비록 다른 점에서는 자신과 떨어져 있을지언정 자신이 완벽하게 통제할 수 있는 존재로 체험하게 될 것이다.

프로이트가 시사하는 바에 따르면 올바른 자아 감각, 다시 말해 자기 경험의 주체가 됨은 모든 인간을 괴롭히는 첫 트라우마에서 생겨난다. 그것은 유아가 어머니를 원할 때 그 사랑 넘치는 어머니가 늘 바로 옆에 있어줄 수는 없다는 사실이다. 유아는 점차로 자신이 어머니의 젖에서 얻는 육체적 만족도, 자신의 요구에 대한 그녀의 반응도 자신이 통제할 수 없으며, 그리하여 그의 욕망으로부터 구분되어야 한다는 것을 배운다.

가슴에 안긴 유아는 자신에게 유입되는 감각의 원천인 외부세계와 자아를 구분하지 못한다. 차차 다양한 자극에 반응하면서 그렇게 하는 법을 배운다. 유아는, 자극의 원천들 중 나중에 자신의 신체기관으로 인식하게 될 것들은 그에게 언제든 감흥을 제공할 수 있는 반면 어머니의 젖처럼 (…) 그가 가장 욕망하는 것들을 포함한 다른 원천들은 이따금 손이 닿지 않을 수 있다는 사실에서 반드시 무척 강한 인상을 받아야 한다. 이런 방식으로, '외부'에 존재하며 오로지 어떤 특정한 행위가 있어야만 강제적으로 나타나는 무언가의 형태로, 최초로 자아에 대한 '장애물'이 놓인다.[11]

나중에 이 교훈은 또다른 파국으로 인해 강화된다. 어머니에 대한 경쟁자가 있음을 깨닫는 것이다. 그 형태는 그의 아버지로, 유아는 아버지에게 감탄과 두려움을 동시에 느끼는 심오한 양가감정을 (나아가 프로이트의 오이디푸스 콤플렉스 개념에 따르면 아버지 살해를 소망하는 지점으로까지) 발달시킨다.[12] 더 나중에 다섯 살쯤 되면, 아이는 자신이 그토록 많은 리비도 에너지를 쏟아부은 대상인 부모가 자신이 갈구하는 정도의 만족을 제공할 수 없음을 깨닫게 된다.

이런 파국들은 우리 소망에 완벽하게 반응하지 않는 외부세계가 존재한다는 감각을 우리에게 밀어붙이고, 그리하여 우리 몸 주변에 하나의 테두리가 형성된다.

자아는 처음에는 모든 것을 아우르지만 나중에는 외부세계를 자신으로부터 분리한다. 따라서 우리가 지닌 현재의 자아감은 훨씬 포괄적인, 실상 모든 것을 부둥켜안는 자아와 그 주위 세계 사이의 좀 더 친밀했던 연대의식이 쪼그라든 찌꺼기일 뿐이다.[13]

따라서 우리는 사랑하는 이들, 즉 처음에는 어머니, 그리고 나중에는 아버지의 힘을 두려워하고 그들을 잃을 것을 두려워하며 그들을 차지하려고 지속적인 (그리고 흔히 실망으로 종결되는) 투쟁을 한 끝에, 결국 그들의 독립적인 현실, 즉 독자성을 수긍하게 되면서 한 개인이 된다.

그렇지만 우리는 이를 어느 지점까지만 수긍한다. 상실에 대한 두려움과 힘에 대한 두려움을 안김으로써 우리를 무자비하게 위협하는 이런 중요한 사람들을 통제하려는 투쟁은 방법을 바꾸어 계속된다. 그들을 내면화하는 (혹은 '흡수하는') 것이다. 우리는 그들을 심리적으로 우리 안으로 받아들임으로써, 그들을 우리의 일부로 만듦으로써 길들인다.

이것이 프로이트가 '동일시'라고 부르는 과정인데, 그는 그 과정을 '식인적인 타인 통합'[14]으로 묘사한다. 타인을 먹는다는 것은 난폭한, 어쩌면 완벽한 소유의 상징이기 때문에 이것은 엄청나게 강력한 이미지인데, 발달단계상 이것이 시작되는 시기('구강'기)는 우리와 우리 세계, 다시 말해 어머니와의 관계가 여전히 우리의 입을 매개로 이루어지는 시기다.

요점은, 분명 이것이 우리가 사랑하는 대상들을 파괴하는 방식이 아니라 우리 자신의 것으로 보존하는 방식이라는 점이다. 물론 플라톤은 일찍이, 좋음을 영원히 소유하고자 하는 갈망이 사랑이라고 보았다. 그렇지만 프로이트는 우리가 사랑하는 대상이 이 갈망에 아무리 충실히 보답해도 갈망이 충족될 수는 없다는 것을 안다. 사랑은 원래 좌절이 본성이다. 우리가 욕망하는 것, 다시 말해 우리가 엄청난 좋음이라고 여기는 것을 영원히 소유하기란 불가능하다. 이것이 사랑의 비극적 본성이다.

사랑이 이 좌절을 받아들이기를 거부하면 그 결과는 폭력으로 나타난다. 비록 현명한 개인들은 가까스로 좌절을 받아들일지도 모르지만, 유아(그리고 성인 안의 유아성)는 확실히 그럴 수 없다. 그리하여 무력감에 괴로운 유아는 사랑하는 대상들을 다정하게 대하지만 속으로는 그들에게 야만적인 욕망을 품고 있다. 유아는 그들이 자신의 사랑에 보답하든 말든 상관없이 그들을 긍정하지만, 보답받지 못한다면 복수를 갈망한다.

물론 복수는 반드시 고통의 근원을 향할 필요는 없다. 우리의 일상적 경험은 프로이트의 다음 주장을 매우 빈번히 입증한다. "복수의 행위는 엉뚱한 사람을 향할 수 있는데" 왜냐하면 처벌은 "죄지은 자에게 떨어지지 않더라도 반드시 가해져야 하기 때문이다".[15] 프로이트의 암시에 따르면, 좌절을 겪을 만큼 겪은 사랑은 늘 희생양을 찾아나설 것이다.

사랑의 원초적 대상을 향한 이런 모순된 감정은 그 자체로 '병적'인 것이 아니다. 우리에게 강력한 힘을 발휘하는 누군가를 소유하려 하고, 그들에게 애정과 복수심을 동시에 느끼고, 그들이 우리에게 만족과 좌절을 주는 한 그들과 동일시하고, 그들을 먹어치우되 동시에 우리 내면의 군주이자 주인으로 세우는 것, 이 모두는 사랑의 속성이다.

그리고 개인이 형성되는 과정의 속성이기도 하다. 우리가 부모를 별개 존재로 인식함으로써 형태를 갖추기 시작하는 자아는 부모를 우리 자신으로 바꾸어놓으면서 발달한다. 구체적으로, 우리는 부모의 가치와 양육 방식을 채용해 프로이트가 '초자아'라고 부르는 내면의 도덕적 경찰, 즉 양심을 형성한다. 그후 우리는 우리가 부모를 사랑하는 바로 그 점들을 이유로 자신을 사랑한다. 그리고 부모를 비난하는 바로 그 점들을 이유로 자신을 비난한다. 그리고 공격성의 방향을 기묘하게 전환해, 부모가 우리를 비난하는 바로 그 점들을 이유로 자신을 비난한다. 프로이트가 말하듯이, '동일시는 모범으로 택한 그 사람의 양식을 따라 자신의 자아를 주형하려 하는 것이다'.[16] (그리고 소유하는 것은, 늘 그렇듯 소유당하는 것이다.)

다른 말로, 부모와의 동일시는 우리 가치들의 토대를, 따라서 우리가 자신을 판단하고 자신과 관계 맺는 방식의 토대를 형성한다. 프로이트는 "자아가 자신을 가늠하는 기준이자 모방 대상으로서, 자아에게 갈수록 더 완벽을 요구해 그것을 충족시키고자 고투하게 만드는" 지배적 "자아 이상"을 확립하는 데 부모와의 동일시가 핵심적이라고 주장한다. 그리고 이렇게 덧붙인다. "이 자아 이상은 오래된 부모 이미지, 즉 아이가 예전에 완벽한 줄 알았던 부모에게 느꼈던 감탄의 찌꺼기라는 점에는 아무런 의심의 여지가 없다."[17]

우리의 정체성과 자존감의 그토록 많은 부분이 바로 여기에서 나온다. 그리고 우리가 지배적인 이상을 따라잡지 못할 때 느끼는 죄의식과 자학의 근원 역시 바로 이 지점이다. 프로이트가 그의 탁월한 방백에서 지목한 바에 따르면, 자학은 고통스러울 뿐 아니라 엄격하고 보호적인 아버지에게서 얻을 수 있는 종류의 쾌감도 제공한다. 프로이트는 이것이 사디즘처럼 "에로티시즘과 강력하게 융합된"[18] 마조히즘(폭력과 모욕을 당하는 데서 얻는 만족감)이라는 기묘한 세계의 문턱에 있지 않은가 하는 의문을 품는다. 따라서 자학은 성적 본능과 기꺼이 결합하여, "심지어 주체의 자기파괴에조차 반드시 성적 만족이 따른다".[19]

그리고 다음으로 우리 부모를 넘어선 세계가 있다. 고유의 가치와 구조를 가진 사회. 프로이트는 우리와 사회의 관계를 우리와 부모의 관계와 비슷하게 본다. 생존하려면 반드시 그로부터 보호와 사랑을 받아야 하는, 그리고 상존하는 초자아(혹은 양심)의 감시하에 우리가 그 가치와 가혹함까지도 내면화하는 거대 권력. 초자아라는 이 내면의 집행자는 사회와 감히 견줄 수도 없을 만큼 야만적이 될 수 있는데, 우리의 행위만이 아니라 모든 스쳐가는 의도와 욕망까지도 무자비하게 감찰하게 될 터이기 때문이다. 그와 맞먹게 무자비한 죄의식도 느끼게 하면서.[20]

판돈은 이보다 더 클 수 없다. 우리의 초자아가 우리 자아를 얼마나 증오하지 않고 사랑할 수 있느냐는 우리가 안전하다고, 즉 살아 있다고 느낄 수 있느냐에 있어 핵심적이다. 프로이트는 말한다. "자아에게 있어 살아 있다는 것은 사랑받는다는 것과 같은 뜻이다. 초자아에게 사랑받는 것이다."[21] 자아는 적절히 사랑받지 못하면 살려는 의지를 버리고, 비탄에 잠기고, 결국 죽음의 공포에 지고 말 것이다. 프로이트의 기술적 용어는 그의 소요하는 생각을 명확하게 드러낸다.

> 우울증에서 죽음의 공포는 오로지 한 가지 설명만을 허용한다. 자
> 아가 스스로 초자아에게 증오와 박해를 받는다고 느끼기 때문에
> 자신을 포기한다는 것이다. (…) 초자아는 더 어린 시절에는 아버
> 지가, 그리고 나중에는 신의 섭리나 운명이 맡는 것과 동일한 보호
> 자 겸 구원자 역할을 맡는다. 그렇지만 자아가 현실에서 혼자 힘으
> 로는 도저히 극복할 수 없을 것 같은 너무 큰 위험에 빠졌다고 느
> 낄 때 (…) 〔그것은〕 자신을 보호하는 모든 힘들에게 버려졌다고
> 느끼고 자신을 죽음에 방치한다. 게다가 이것은 다시금 신생아가
> 가진 최초의 크나큰 불안 상태와 유아기의 불안한 열망 밑에 놓인
> 것과 동일한 상황이다. (…) 지켜주는 어머니와 떨어져서 느끼는
> 불안.[22]

동일시를, 그리고 우리가 살아가는 사회와 우리 삶 그 자체를 지탱
하는 사회 표준의 내면화를 이야기하면서, 프로이트는 고대의 통찰
한 가지를 정신분석학적 용어로 표현한다. 사랑과 법이 불가분의 관
계라는 것이다. 우리는 그것을 구약성경에서 보았고 통념에는 어긋나
지만 신약성경에서도 보았는데, 신약에서는 예수가 직접 사랑의 근원
이 법의 근원이기도 하다고 말하는 것을 볼 수 있다. "너희가 나를 사
랑하면 나의 계명을 지키리라."(요한복음 14:15) 보호와 인정은 계명
과 양심의 명령과 같은 근원에서 나온다.

간단히 말해, 우리가 발전하고 성장할 때 우리 안에는 사랑하는 대

상들이 잇따라 통합되어 축적된다. 우리는 또한 그들 모두를 적어도 일시적으로나마 상실하는 경험을, 사랑하는 대상과 더불어 그 이상으로 상실 가능성이 따라오는 경험을 했을 것이다. (이미 플라톤에게서 보았듯이, 사랑은 소유를 욕망한다. 그러므로 소유가 불가능하다면 상실 없는 사랑은 없다.)

이 잃어버린 사랑들은 우리의 개별성을 구성하는 '소stuffing'의 일부가 된다. 그들을 내면화하면서 우리는 점점 더 자신을 행위와 행동들의 중심지이자 책임감의 구심점으로 경험하게 된다. 그들은 형태를 갖추기 시작하는 우리의 자아를 구축하는 열쇠다. 우리의 자존감, 우리의 윤리학, 동인이 될 우리의 능력. 프로이트가 말하듯, "자아의 성품은 대상부착object-cathexis의 찌꺼기이고 (…) 그런 대상 선택들의 역사를 아우른다."[23] 자아의 사랑의 역사는 '나'의 구성에서 엄청난 비중을 차지한다. 그리고 가장 강력한 것은 자아의 좌절한 사랑의 역사다.

이는 우리를 프로이트의 가장 영향력 있는 개념들 중 하나로 이끈다. 우리의 가장 어린 시절의 사랑이 미래의 사랑에 전범 역할을 하기도 한다는 것이다. 성인이 되어서도 우리는 부모에 대한 동일시를 고집스럽도록 충실히 지키며 살아간다. 우리가 누구를 사랑하고 어떻게 사랑하는가는 우리가 예전에 부모로부터 가져온 이상들에 의해 조형된다.

특히 우리가 살면서 달성하지 못한 그런 이상들에 의해서. '왜 그녀인가?'라는 질문에 대한 프로이트의 응답은 우리가 그녀 안에서 우리 부모의 복사판을 본다는 설명보다 한층 미묘하다. 그 이유는 이러하다.

그녀가 어떤, 우리가 손에 넣지 못한 자아 이상의 대용품 역할을 하기 때문이다. 우리는 그간 우리 자아를 위해 달성하려고 애써온 그 완벽함을 가졌다는 이유로 그것[사랑의 대상]을 사랑한다. 그리고 이제 이 우회적인 방식으로 그 완벽함을 손에 넣음으로써 나르시시즘을 만족시키려 한다.[24]

우리는 물론 우리가 도달하지 못한 부모의 이상을 사랑하는 대상을 통해 달성하려고 노력한다는 (그리고 그 결과로 그녀를 있는 그대로의 그 사람으로 보지 못한다는) 사실을 거의 깨닫지 못한다. 그런 깨달음에 필요한 관점을 갖기에는 우리가 부모를 너무 완벽하게 내면화해왔기 때문이다. 실제로 우리는 '나'와 닮은 인식 가능한 무언가를 발달시키기 이미 한참 전부터 어머니와 아버지에게 동화되어온 터라, 우리의 자아가 그들 존재의 식민지가 아니었던 시기는 한 번도 없었다.

그리하여, 우리가 성인기에 이르러 분리된 개인이 되는 데 얼마나 성공했든, 일단 사랑에 빠지면 원시적이고 가장 친숙한 안락의 원천으로 퇴행하는 것은 늘 예정된 수순이다.

프로이트가 퇴행이라고 말할 때, 이는 우리의 발달단계가 역주행한다거나 성인으로서 우리의 인성이 무언가 원초적인 상태로, 말하자면 자아 같은 것이 아예 없던 시절로 도로 해체된다는 뜻이 아니다. 정신에 대한 그의 고고학적 밑그림에서, 우리의 모든 이전 발달단계들은 그 최신 형태와 더불어 보존되는 경향이 있다.[25] 정신과 그 본능들은, 명확한 '반복 강박' 구축 패턴들과 더불어 놀랍도록 보수적이다.[26] 그러므로 나중의, 더 잘 조직된 단계들은 완벽하게 멀쩡한 상태인데, 말하자면 사랑에 빠지거나 하는 경우에 이전의 덜 분화된 단계들이 갑자기 활성화될 가능성이 꽤 있다. 그의 가정에 따르면 "정신적 삶에서 한번 형성된 것은 아무것도 사라질 수 없다. 모든 것은 어떻게든 보존되며, 적절한 상황에서 (예를 들어 퇴행이 충분히 멀리까지 진행되었을 때) 그것은 다시 한번 빛 속으로 나온다".[27]

프로이트는 사랑하는 이들 사이의 경계가 "녹아 없어질 조짐이 보이고" 그들이 우주와 하나가 되는 "대양감"에 압도될 때 체험하는 그 황홀한 결합에서 느끼는 좋은 기분보다 이 퇴행 가능성을 더 잘 보여주는 것은 없다고 시사한다. 시간은 멈추고 그들의 결합은 불멸로 느껴진다. 그래서 프로이트의 이론에 따르면, 사랑하는 이들이 '다른 건 어찌되든 상관없어'라고 말할 때, 그렇게 느끼는 이유는 그들이 어떤 의미에서 다른 모든 것들이 상관없을 수밖에 없는 미분화된 정서적 우주에서 살고 있기 때문이다. 그 퇴행 상태에서는 자신을 외부세계와 분리된 개인으로 경험할 수 있는 '나'가 아직 발달하지 않은 것이다.

이 무한함에 대한, 그리하여 불멸에 대한 감각은 우리가 평소의 제한된 존재 양식을 벗어난 것처럼 느껴지는 종교적이거나 신비주의적인 감각과 다르지 않다. 그러나 종교와는 달리 프로이트는 사랑의 퇴행을 병적인 현상으로 여기지 않는다. 그것은 그저 자아와 외부세계

사이의 경계가 일시적으로 흐려지는 현상, 명백히 우리의 자아에서 나온 것들을 외부세계의 사물들에 귀인하는 한 단계일 뿐이기 때문이다.[28] 한편 프로이트는 종교적 믿음에서는 퇴행이 일회성 사건이 아니라고 생각한다. 그것은 삶의 한 방식이다.

그럼에도 사랑에서 일어나는 퇴행은 그다지 달콤하거나 좋은 조짐이 아니다. 그것은 타자를 아직 독자적 욕구를 가진 구분된 인간으로 체험하지 못하는 유아기 상태로 돌아가는 것이다. 프로이트에 따르면, 서로에게 다정하게 헌신하는 것처럼 보이는 연인들이라도 실제로는 각자 근본적으로 나르시시즘적인 만족을 추구하고 있다. 각자 자기만족을 위한 대상으로 타인을 소유하겠다고 단호하게 작심하고 있으며, 각자 타자를 잃는다는 불안을 제거할 작정이다. 게다가 그들은 발달단계상 그처럼 원초적인 단계로 퇴행했기 때문에 그 폭력성을 인지하지 못한다. 그들의 감정적 세계는 자기들이 타인에게 입힐지 모를 해를 우려할 수 있는 세계가 아니다. 그것은 수세기 동안 사랑하는 대상에 대한 복종의 정점이라며, 클리셰처럼 우리가 그녀에게 우리의 모든 '몸과 영혼을' 다해 '우리 자신을 바치는' 순간이라며, 인간들에게 허락된 가장 영적인 친애라며 칭송받아온, 사랑의 결합에서 일어나는 일에 대한 암울하지만 특별한 재해석이다.

그 모두가 환상이라고 프로이트는 생각한다. 현실은 그 정반대다.

그렇지만 사랑은 두 얼굴을 가졌다. 사랑은 앞을 가리킨다. 그저 뒤쪽만 가리키지 않는다. 덜 개인화된 정서적 상태로의 퇴행을 자극하고 정서적 혼란을 초래하는 것과 더불어, 성애 본능은 또한 "더욱더 많은 원형질living substance을 융합하며 갈수록 더 큰 결합을 만들려고 노력하기도"[29] 한다. 그들의 주요 목표는, 프로이트의 후기 사상에 따르면, "결속과 통합"[30]이다.

여기서 프로이트는 사랑을, 만족을 목표로 하는 성적 욕구보다는 통합을 향한 욕구에 더 가깝게 본다. 사랑은 그것이 선택한 '저 바깥' 세계에 있는 물체들과의 갈수록 더 복잡한 동일시를 향해 우리를 밀어보냄으로써 우리의 내적 삶을 통합한다. 우리의 리비도가 외부세계와 그 대상들에 가치를 부여하면 그것들은 우리에게 진짜가 되고 중요해진다. 또한 디테일도 더 풍요로워지고 구조도 더 통합적이 된다.

이 통합 단계로 가는 열쇠는 우리를 이끄는 근본적인 본능과 가치들을 우리 것으로 청구하고 긍정하는 것이다. 만약 우리가 발달에 성공한다면, 그런 본능들은 폭압적인 도덕적 검열관처럼 우리를 무력하게 만들며 죄의식을 강요하는 초자아의 분리된 일부가 되지 않을 수 있다. 또한 제멋대로 구는 리비도 욕구, 프로이트가 후기 저작에서 'das Es' '그것', 혹은 (흔히 번역되듯) '이드'라고 부르는 그 카오스적이고 완전히 무의식적인, 본능의 영역에서 기원하는 리비도 욕구에게 우리 삶을 빼앗기는 일도 없을 것이다. 그 대신, 그런 본능과 욕구들은 그것들을 스스로 긍정하고, 그리하여 노예의 강요된 책임감보다는 주인의 주체적 책임감을 행사할 수 있는 통합되고 분화된 한 영역인 'das Ich', 즉 '에고'의 치마폭 안으로 데려올 수 있으리라.[31]

그런 통합이야말로 바로 정신분석학의 목표다. 프로이트는 분명한 메시지를 통해 그것을 암시한다. "이드가 있던 곳에, 자아가 있게 될 것이다Wo Es war, soll Ich werden."[32] 다른 말로, 이드가 "저마다 개별적으로 그리고 서로를 개의치 않으며 목표를 추구하는" 모순적 욕구들 때문에 괴로워하는 반면, 자아는 한 충동이나 욕구를 버리고 다른 것을 선호함으로써 (더불어 그들을 승화시키거나 방향을 전환함으로써) 그런 모순들을 해결하려고 노력한다. 즉 욕구들을 통합된 위계질서로 조직함으로써 그렇게 한다.

자아는 이 투쟁에 성공할 때만 진짜 자기애를 실현할 수 있다.[33] 고차원적인 정서적 조직화(와 거기에 필요한 욕구들 사이의 휴전과 조화)는 자신에 대한 새로운 애착이, 비록 제한된 정도로라도 다시금 자신의 만족감의 자족적 근원이 되게 해줄 것이다.[34] 자신을 사랑한다 함은 바로 그런 자기애착을 달성하는 것이리라.

사랑에 관한 프로이트의 생각을 관통하는 한 가지 테마가 있다면, 그것은 아마도 사랑하는 이의 근본적 양가감정이 아닐까. 나는 누군가가 내 만족의 원천이 되어주는 한 그를 사랑하지만, 그가 그것을 안정적으로 제공하지 못한다는 것이 불가피하게 입증된다면 그를 증오할 것이다. 내가 그를 독립적 자아로 인식하는 것(확실히 이것은 그와 어떤 관계를 발전시키기 위한 전제조건이다)은 오로지 이 못 미더움 때문이고, 그 결과로 나는 또한 그를 증오한다. 사랑의 엄청난 소유욕은 완벽하게 혹은 최종적으로 충족될 수 없으므로, 이 욕망에는 분노와 파괴성이 늘 잠재해 있다. 확실히, 사랑이 더 강할수록 분노의 잠재력 또한 더 크다.

프로이트는 후기 저작들에서 이 양가감정의 범위와 본질을 방대하게 확장하여 무언가 우주적 원칙 같은 것으로 바꾸어놓는다. 모든 생명은 통합 지향 추동과 분열 지향 추동의 투쟁에 지배된다고 프로이트는 고찰한다. 통합 지향 추동은 개인들을 한데 묶어준다. 배우자로, 가족으로, 국가로, 인종으로, 그리고 마지막으로는 우리가 '인류'라고 부르는 전체로. 그리고 분열 지향 추동은 이 통합에 반대하여 통합체들에 내재한 갈등 해소를 목표로 삼고, 무언가 비조직적인 상태로 돌아가서 사는 삶을 지향한다.

프로이트는 이 통합 지향 욕구를 더는 '리비도'라고 부르지 않고 '에로스'라고 개명한다(그리고 플라톤의 에로스와 동일한 것으로 취급하는데, 이는 오류다[35]). 그리고 반대되는 추동을 '죽음 본능'이라고 부른다.

> 삶의 현상들의 풍요로운 다중성은 원시의 두 본능, 에로스와 죽음 본능 중 어느 한쪽만 가지고는 설명할 수 없고, 그 둘이 공존하거나 상호대립하는 행위들로만 설명할 수 있다.[36]

프로이트의 주장에 따르면, 죽음 본능은 "정신적 삶의, 그리고 어쩌면 신경적 삶 일반의 (…) 내적 갈등을 줄이고 안정적으로 유지하거나 제거하려는 (…) 지배적 경향을" 드러낸다.[37] 그런 모든 갈등들이 폐기된 상태는 죽음이라는 의미에서, "모든 삶의 목적은 죽음이다."[38]

프로이트는 왜 죽음 본능을 소개해야 한다고 느꼈을까? 그것은 쾌락과 자기보존, 퇴행과 통합 같은 원칙들이 비록 인간 행동의 많은 부분을 설명해주긴 했지만, 인간 파괴성의 **규모**라는 거대한 현실, 따라서 사랑(타인에 대해서든 자신에 대해서든)을 설명하려는 그 모든 시도가 감안해야 하는 현실에 대해서는 근본적으로 설명해주지 못한다고 그가 믿게 되었기 때문이다.

프로이트는 사람들이 스스로를 향해서 쾌락이나 보존을 극대화하려 한다는 식으로는 설명되지 않는 행동을 할 수 있다는 점을 주목했다. 사람들은 공포의 원장면으로 몇 번이고 다시 돌아가면서 고통스러운 트라우마를 강박적으로 재생할 수도 있다. 프로이트가 "삶에서 스스로를 해쳐가면서 같은 반응들을 영원히 시정하지 않고 반복하는 사람들이 있다"[39]고 말했듯이. 누군가는 사람들이 많고도 다양한 방식으로 자신의 번영과 성공을 거부한다는 것은 굳이 말할 필요도 없는 뻔한 일 아니냐고 덧붙일지도 모른다. 실패와 자해로부터 이중의 고통을 겪으면서 말이다.

다른 이들을 향한 파괴적 충동은 어디서나 볼 수 있다는 프로이트의 고찰은 옳다. 역사는 대학살과 전쟁으로부터, 그보다는 덜 두드러지지만 이웃을 착취하고 학대하고 모욕 주고 고문하고 죽이려는 욕구들이 끊임없이 전시되는 전멸의 장면에 이르기까지 끊이지 않는 폭력의 기록이나 다름없다. 그런 잔인성에 대한 억제가 정상적으로 작동하지 않을 때, 그것은 "스스로 자신을 드러내어 인간이 같은 종을 향한 배려를 알지 못하는 야만적 짐승임을 보여준다".

훈족의 민족 이동이나 침략기에 저질러진, 또는 칭기즈칸과 티무르 치하의 몽골인들이 저지른 행위, 또는 예루살렘을 포위한 신심 강한 십자군의, 나아가 말 나온 김에 최근의 〔제1차〕 세계대전의 공포와 잔학 행위들을 떠올릴 수 있는 사람이라면 마땅히 이 시각의

진실성 앞에 겸손히 머리를 조아릴 일이다.[40]

　일반적으로 인간 공격성의 정도, 혹은 구체적으로 쾌락원칙에 위배되는 자신에 대한 태도를 설명하는 데 죽음 본능이 과연 꼭 필요한 것인지 진지하게 의심해봐야 한다. 그러나 여기서 중요한 것은, 사랑이 증오와 파멸과 불가분한 관계라고 보는 프로이트의 시각을 죽음 본능이 어떻게 확정해주느냐다. 너무나 자주 그렇듯, 프로이트는 고대의 한 신화, 다시 말해 고대의 설명 구조를 자신의 새로운 정신분석학 언어로 표현한다. 이 설명 구조는 다른 곳에, 그중에서도 조로아스터교(이란인 선지자 조로아스터가 창시한, 기원전 6세기 또는 그 이전의 종교)에 존재하는데, 조로아스터교는 우리가 사는 우주를 (유일신 안에 체현된 통합의 힘이기도 한) 선이 파멸과 분열의 힘인 악과 끊임없이 투쟁하고 있는 도덕적 전장이라고 주장한다. 프로이트는 사랑과 불화가 전 우주를 지배하며 그들의 투쟁이 자연을 끊임없는 유동 상태로 만든다고 했던 그리스 사상가 엠페도클레스의 우주론에서도 그것을 본다.[41] 그것은 또한 프로이트가 그토록 조롱하는 주류 기독교 개념에도 하느님과 사탄(이들 자체가 조로아스터교에서 영향을 받았다)으로 존재한다. 그리고 아우구스티누스가 기독교인이 되기 전에 몸담았던, 역시 3세기에 생겨났고 조로아스터교적인 요소가 많은 마니교에도 있다.

　인간 영혼에 대한 프로이트의 밑그림에는 사랑을 (그리고 전반적으로 우리가 세계에 가지는 관심을) 설명하기 위해 섹슈얼리티를 지나치게 강조한다든가(프로이트는 결국 이 한계를 인정했다), 또는 성욕에서 의도가 어떤 작용을 하는가에 대한 그의 개념이 너무 난해하다든가, 혹은 인간 애착의 풍요로움을 기본 욕구들의 만족으로 설명하려고 했다든가 하는, 더 광범위한 문제들이 있다. 그의 가부장적 편견처럼 내가 그냥 넘어간 많은 것들은 온건하게 표현해서, 의문을 제기할 만하다.

이런 문제들, 그리고 더욱 한계가 명확한 일련의 주장들은 비판자들에게 융단폭격을 받아왔는데, 그 비판 중 대부분은 정확했다. 그리고 정신분석학 이론의 검증 방식이 엄격함으로 따지자면 물리학, 화학, 생물학 같은 학문들의 발치에도 못 미친다는 사실이 아주 명확한 상황이었으니, 프로이트가 과학적 정당성에 어긋나는 주장들을 했다는 이유로 비판받은 것은 옳았다.

그렇지만 우리의 관심사는 과학적 정확성이 아니다. 만일 우리의 관심사가 그것이었다면, 우리는 당신 백성들에게 내린 계명 중에서도 당신을 사랑하라는 계명을 꼭대기에 올려놓은 하느님에 대한 유대교의 믿음, 사랑이 절대적 아름다움을 향한 탐색이라는 플라톤의 생각, 아리스토텔레스를 근원으로 하지 않는 거의 모든 기독교적 사랑, 르네상스에서 낭만주의까지 걸쳐진 사랑 신비주의, 그리고 섹스를 위대한 윤리적 여행의 시작으로 보는 그 모든 섹스 이론까지 포함하는 사랑의 역사 거의 전체를 입증 불가한 헛소리로 밀어놓게 될 것이다. 우리의 관심사는, 그보다는 서양의 사랑 개념이 서서히 축적되어온 방식에 있다. 우리는 그처럼 부조리하고 불합리한 사상이나 이론이 어쩌다 현대의 거의 모든 관계에 영향력을 미칠 정도로 강력하게 우리를 틀어쥐게 되었는지 알고 싶다. 그리고 이들이 정말로 이 책에서 말하는 사랑의 가장 심오한 목표인 강렬한 친애의 형태들을 통해 존재론적 터전을 찾을 수 있게 해주는지도 알고 싶다.

프로이트는 진정 여전히, 다른 그 어떤 심리학자보다도, 그리고 아마도 지난 100년간의 그 어떤 사상가보다도 강력하게 우리 시대에 말을 거는, 무시하려야 무시할 수 없는 인물이다. 우리의 언어는 억압, 회귀, 반복, 승화, 투사, 내면화, 리비도 같은 개념들로 흠뻑 물들어 있고, 이 개념들은 우리가 자아와 타인과의 관계를 생각하는 방식 전체를 구성한다. 아동기의 체험들, 특히 사랑의 체험이 이후의 삶에서 되풀이되는 패턴들을 형성한다는 생각은 거룩한 클리셰다.

프로이트는 또한 한 개인의 사랑과 상실의 역사가 그 개인을 구성한다고 생각하게 되는 데도 대단히 중요한 영향을 미쳤다. 그리고 그 생각은 속속들이 타당하다. 그 개인이 이 역사의 다양한 단계들 속을 어떻게 왔다갔다하는가. 성숙한 사랑이 유아적 패턴들로부터, 그리고 그 패턴들이 상실의 공포 때문에 친애를 인질로 잡는 방식으로부터 스스로를 어떻게 해방시키는가. (성적인 것이든 아니든) 좌절된 욕망이 어떤 식으로 보기에는 그와 무관한 행동들로 방향을 틀 수 있는가. 정상적인 성적 욕망은 비정상적 욕망에 얼마나 가까운가. 도착倒錯은 우리 정서에 얼마나 쉽게 자리잡을 수 있는가. 비록 사랑이 낳는 좌절과 무력함 때문일 뿐이라 해도, 증오와 분노가 사랑의 발달에 얼마나 핵심적이며 아울러 사랑하는 관계에 얼마나 만연하고, 그리하여 그들을 근본적 양가감정에 옭아맬 수 있는가. 사랑은 어떻게 도덕 관념이 전혀 없는 어린아이 같은 알맹이를 가졌으면서도 가장 위대한 이상들의 원천이 될 수 있는가. 어떻게 사랑하는 이는 사랑의 대상에게 아낌 없이 주면서 또한 그의 정서를 식인화하는 정도로까지 소유욕을 드러 낼 수 있는가. 순수함이 아닌 순수함의 상실이 어떻게 우리의 사랑하 는 능력을 결정하는가.

이런 생각들은 두려움을 준다. 이 생각들은 사랑이 곧 자신이 가장 원하는 무언가를 얻지 못하도록 스스로를 방해할 운명이라는 비극적 시각을 낳는다. 사랑을 하게 되면 우리는 (자기 부모를 내면화함으로 써 생겨난 이상들을 타인에게 투사함으로써) 계속해서 우리를 실망 시키도록 정해져 있는 타인과 결합하기를 갈망한다. 우리는 그 타인 을 퇴행 상태의 원초적 욕구들에 예속시키며, 그는 우리와 가까이 있 고 우리의 욕망의 대상이 됨으로써 불가피하게 인간 파괴욕의 엄청난 힘을 받는 대상이 된다. 그리고 그리하여 '일정 기간 동안 지속되는 두 사람 사이의 거의 모든 친밀한 감정적 관계, 즉 부부, 우정, 부모와 자녀 사이의 관계에는 혐오감과 적대감의 앙금이 섞여 있는데, 그것 을 알아채지 못하는 이유는 오로지 퇴행 때문이다.'[42]

물론 루크레티우스와 쇼펜하우어, 소포클레스에서 셰익스피어까 지의 비극 작가들, 그리고 라신부터 졸라까지 프로이트에 앞선 이 모 든 작가들이 그런 생각들을 어느 정도는 들려주었지만, 프로이트는 사랑하는 이들이 그저 인류의 피비린내 나는 충동들로부터 안전한 고 치를 짓지 못하는 것만이 아니라 그들의 친애의 울타리 내에서 바로 그런 공포들을 키울 수밖에 없다는 주장을 그 누구보다도 더 멀리까 지 밀고 나간다. 그런 공포들은 일반적으로 삶의, 구체적으로는 친애 의 본질에 속하기 때문이다. 한술 더 떠, 그런 사실들은 특히 사랑의 가장 황홀한 결합 속에서 감춰진다.

여기서 프로이트는 적어도 초기 기독교 이래 만연해온 사랑의 가능성에 관한 시각에, 그 여러모로 안일하고 속 편한 낙천주의에 필요했던 도전을 제기한다. 사랑이 완성, 축복, 조화, 이해, 협조, 박애, 참됨, 그리고 순수함을 표식으로 하는 완성에 도달하기 얼마나 어려운지 알면서도 사랑에서 그것을 찾는 낙천주의에.

예수는 "너희가 생각을 바꾸어 어린이와 같이 되지 않으면 결코 하늘나라에 들어가지 못할 것이다"(마태복음 18:3)라고 말했다 한다. 천국이 사랑의 왕국으로 여겨진다는 점에서, 이것은 여러 시대 동안 사랑을 잘하려면 아이들이 사랑하듯 해야 한다는 뜻으로 해석되어왔다. 사실 예수는 아이들의 겸손함을 칭찬하면서, 그들처럼 겸손해야 한다는 이야기를 하고 있었다.[43] 그렇지만 예수의 추종자들이 예수를 오해했든 아니든, 아이들의 사랑이 가장 순수한, 이타적인, 그리고 베푸는 것이라는, 그리고 순수함을 잃는 것은 우리의 사랑할 능력에 도움이 되기보다는 해가 된다는 믿음은, 사랑에 관한 서구의 한 강력한 관점이 되어왔다. 프로이트는 다른 사상가들은 감히 비교도 되지 않을 만큼 뛰어난 상상력, 상세함, 그리고 확신으로 그 시각에 저항해왔으며, 그의 모든 저작은 그 시각의 대척점을 위엄 있게 지키고 있다.

16
공포와 지루함으로서의 사랑
프루스트

마르셀 프루스트는 잡히지 않는 뜨거운 욕망의 대상인 다른 존재를 손에 넣으려 하는 그 지지부진한 사랑의 투쟁을 낱낱이 해부하는데, 그 점에서는 서양 전통의 그 어떤 작가도 그를 따라올 수 없다. 수많은 망상들, 관계들, 기억들에 시달리고 그들로부터 주조된 사랑은 열망과 실망, 희망과 싫증, 기쁨과 두려움의 가차없는 변증법으로 드러난다. 그것은 사랑하는 대상을 완전히 잃어버린 후에만 일종의 안정적 애착으로 용해되는 변증법이다.

고립과 무력함에 대한 공포는 사랑을 구축하고 사랑에 그 엄청난 위기의식을 준다. 공포에서 태어나 공포 속에 살고 이따금 공포 때문에 죽는 사랑은, 우리가 광적으로 그리고 제멋대로 '바로 그 사람'으로 칭송하는 한 낯선 이를, 설령 그녀가 우리 취향에 맞지 않는다 해도 소유하고야 말겠다는 불가능한 목표를 추구한다. 우리는 그녀를 우리 삶에 새로운 침상을 제공하는 존재로 보고, 그 자신의 무자비함과 혼란스러움 때문에 실패하고 마는 의지와 함께 (그저 환상일 뿐일 때가 잦은) 이 비전에 돌진한다.

만약 그럼에도 우리가 그녀와 조화롭게 살아갈 수 있다면, 이것은 우리가 그녀의 장점을 제대로 알아보았거나 정직하게 서로 마음을 터놓아서라기보다 무언가 무척 다른 요인의 결과다. 우리가 제 발로 들어가 갇힌, 거의 모든 상황을 신성하게 만들고 안정시킬 수 있는 습관의 특별한 재주.

그녀가 우리에게 정직하게 마음을 터놓든 터놓지 않든, 분명 그것은 우리가 그녀를 사랑할지 하지 않을지에 거의 영향을 미치지 않을 것이다. "사랑받기 위해서 진정성은 전혀 필요 없고, 심지어 거짓말에 재능이 있을 필요도 없다. 여기서 내가 말하는 사랑의 의미는 상호 고문이다."[1] 그리하여 프루스트의 기념비적 작품 『잃어버린 시간을 찾아서』의 화자인 마르셀은 자신이 갈망하고, 경멸하고, 욕망하고, 의심하고, 감탄하고, 업신여기고, 오해하는 여성 알베르틴과의 관계에 관해 그렇게 말한다.

그러나 이전의 서양 전통 거의 전체와 마찬가지로, 화자는 사랑에서 삶을 구원할 그 위대한 기회를 목격하지 않고는 못 배긴다. 프루스트를 읽는다는 것은 사랑이 지닌 배덕의 위력과 풍부함에 눈을 뜨고, 고통이 얼마나 사랑을 구축하고 기만이 얼마나 사랑에 활력을 주며 지루함이 얼마나 사랑을 마비시키는지를 깨닫고, 질투, 잔인함, 무관심, 그리고 나르시시즘에 대한 타의 추종을 불허하는 뛰어난 묘사들을 접한다는 것을 뜻하지만, 그게 전부가 아니다. 막대한, 어쩌면 극복할 수 없는 삶의 고통을 최고의 좋음으로 구원받고 싶은 서양의 갈망을 다시금 떠올린다는 뜻이기도 하다. 화자의 고통을 그려내고 정당화하느라 장장 3000쪽 가까이 소모하고 있지만, 반대로 그 고통이 없었다면 태어날 수 없었던 예술작품을 통해서 말이다.

따라서 거장의 염세주의가 서양 사랑의 지배적 전통과 그것의 조화, 안정, 영원과 무조건적 긍정을 향한 맹렬한 욕망에 맞서 투쟁하고 있는 것처럼 보이는 서사는, 실은 다른 방식으로 그 전통을 영속화하고 있다.

어쩌면 화자는 결국 그 고문으로부터 구원받을 수 있을지도 모르지만, 그것이 그토록 오래 지속된다면 그는 어떻게 계속 알베르틴에게 매달릴 수 있었을까? 심지어 화자가 반복적으로 그녀가 무책임하고 계획적이고 기만적인데다 따분하기까지 하다고 단언하고 있는데도 말이다. 사랑을 그토록 엄청나게 고집스럽게 만드는 희망은 무엇일까?

답은 바로, 다른 인간에게서, 자연에서, 일반적인 사물들에서 궁극의 존재를 발견하고 소유하려는 소망인 듯하다.[2] 그리고 그로써 완전해졌다고 느끼고 싶은 소망. "사랑은, 욕망의 지복에서나 불안의 고통에서나, 전체를 향한 요구다."(3:102) 그것은 사랑하는 대상의 절대적 존재를 통해 누그러지기를 열망하는, 외로움의 갉아먹는 고통으로부터 솟아난다. 모든 인간이 사랑하고 사랑받고 싶은 욕구를 가지고 있다면, 그것은 모든 인간이 고독감과 무력감으로 괴로워하기 때문이다.

따라서 사랑의 미친 욕망은 모든 취약함을 없애버릴 수 있도록 사랑하는 대상을 너무나 완벽하게 소유하려는 것이다. 사랑은 수단과 방법을 가리지 않고 이 꿈을 추구한다. 유혹, 친절함, 회유, 설득, 지배력, 잔인함, 상상력, 그리고 특히 유독 강력한 결합, 즉 성교를 시도함으로써.

그렇지만 다른 이를 소유하고자 하는 바람은 좌절할 수밖에 없다. 과연 어떤 사람이, 혹은 말 나온 김에 어떤 무엇이, 소유할 궁극의 현실을 가지고 있는가? 그리고 심지어 그렇다 해도, 우리가 그 현실을 포착할 수 있다고 해도, 타인들은 우리가 소유하기에는 너무 변덕스럽고, 너무 자신에만 빠져 있고, 너무 이해하기 어렵지 않은가? 그들은 우리의 사랑에 보답할지도 모르지만, 여전히 자기들의 삶이 있으며 때때로 우리가 예상하거나 통제할 수 없는 방식들로 사라져버린다.

프로이트와 마찬가지로 프루스트는 원시의 안정성을 향한 우리의 욕구와 그 불가피한 좌절을 유아기의 어머니를 향한 불안한 열망, 그리고 끊임없는 몰두가 불가능한 개인들의 세계에 살고 있다는, 점점 명확해지는 깨달음으로 되짚어간다. 그 깨달음이란, 다가왔던 누군가는 다시 사라지게 되어 있다는 것이다.

화자는 어머니가 잘 자라고 인사하며 해주는 입맞춤을 갈망하던, 기대에 부풀어 어머니가 자기 방에 오기만 기다리던 소년 시절을 회상한다. 그는 갈망하던 안락을 채 얻기도 전부터 그 끝, 즉 어머니가 떠나는 것을 두려워했다.

밤에 자러 위층으로 올라갈 때 내 유일한 위안거리는 침대에 든 후 엄마가 들어와서 입맞춤을 해주리라는 것이었다. 그렇지만 이 밤 인사는 너무 짧고 엄마는 너무 빨리 다시 내려가기 때문에, 엄마가 계단을 올라오는 소리를 듣는 순간은 (…) 내게 극한의 고통의 순간이었다. 왜냐하면 그것은 그뒤에 이어질 순간, 엄마가 나를 두고 다시 아래층으로 내려갈 순간을 예고했기 때문이다. 그리하여 나는 너무나 사랑하는 이 밤 인사가 가능한 한 늦게 오기를 바라는 지경까지 이르렀다. 엄마가 아직 나타나지 않은 유예의 시간을 연장할 수 있도록.(1:13~14)

어른이 되어서 화자는 어머니가 고작 가벼운 입맞춤만 하고 그를 두고 가는 밤이면 느끼던 어릴 적의 고통과, 알베르틴이 말다툼 끝에 같은 행동을 할 때 느낀 극도의 고통을 노골적으로 병치시킨다. 이럴 때면 알베르틴은 화자의 어머니와 마찬가지로 깜짝 놀랄 정도로 멀어 보인다. 심지어 화자가 알베르틴에게 입맞춤을 받고 있어도 알베르틴은 그곳에 없다. 그렇지만, 성인이 된 화자는 예전에 어머니에게 요구했던 식으로 알베르틴에게 자신의 불안을 달래달라고 요구할 수 없다.

그것은 더는 내 어머니의 입맞춤에서 느끼던 평화로움이 아니었다. (…) 내가 알베르틴과 함께 있는 이런 저녁 시간에 느낀 것은, 그와는 반대로, 어머니가 내게 화가 났거나 손님들 때문에 아래층에 붙잡혀 있느라 거의 밤 인사를 해주지 않던, 혹은 내 방으로 아예 올라오지도 않던 그런 저녁마다 느끼던 괴로움이었다. (…) 그렇지만 내가 어린 시절과 같은 괴로움을 느꼈다 해도 그 괴로움을 느끼게 만든 이는 다른 사람이었고, 그녀가 내 안에 불러일으킨 그 감정의 차이, 내 성품의 변화 그 자체로 인해 나는 옛 시절 어머니에게 그랬던 대로 알베르틴에게 위로를 요구할 수 없었다. 나는 더는 이렇게 말할 수 없었다. "나는 불행해." (…) 옛날에 그랬듯이 (…) 어머니가 나를 입맞춤으로 달래주지 않고 떠났을 때처럼 나는 알베르틴을 뒤쫓아 달려가고 싶었고, 그녀를 다시 보기 전까지 내게 평화는 없으리라고 느꼈다.(3:107~108)

성인기의 사랑은 아동기의 패턴을 그대로 반복하지 않는다. 성인기의 사랑은 요구사항이 훨씬 많고 더욱 불안정하며, 유아는 하지 못하는 방식으로 사랑하는 대상의 정수를, 그리고 '완벽하다고' 느낄 그 정수와의 결합을 추구한다. 타자를 알고 이해하려 노력하지만, 미치게 만드는 그들의 모호함을 거듭 맞닥뜨린다. 그렇지만 소유하려는 욕망이 아무리 격해져도, 성적 자극과 포만의 리듬처럼, 그것은 속속들이 양면적이다. 그것은 자신이 한순간 갈망한 사람을 다음 순간에는 지워버린다. 그것은 또한 자신이 벗어나고자 갈망하는 불안에 매달리기도 한다. 성인기의 사랑은 욕망과 혐오 사이를 요요처럼 오간다.[3]

그리하여 성인은 어머니의 사랑처럼 명확한 사랑의 보답을 기대할 수 없다. 비록 안도감을 얻을 수 있는 원천들은 전보다 늘었지만(적어도 이론상으로는 자연, 학습, 업무 같은 인간 이외의 대상에 대한 사랑도 있고, 연인들의 선택지도 다양하다) 그에게 사랑은 어린 시절보다 덜 만족스럽다. 에로스는 강력한 만큼 변덕스러울 수 있다. 그것은 믿기 어려운 복잡함과 유동성을 가진 힘이다.

화자는 따라서 결합을 향한 성인의 욕망을 어머니를 필요로 하는 유아의 퇴행으로, 그리하여 정서적 구조의 더 원초적 형태로 보지 않는다. 그렇다고 세계에 대한 우리의 모든 관심을 성적 에너지의 투자로 보려는 유혹을 받지도 않는다[4](비록 프루스트가 우리의 모든 예술적 노력과 지적 노력에서 욕망이 한몫한다고 말했고,[5] 물리적 대상들에 대한 그의 묘사에서는 성적 이미지들이 눈에 띄지만[6]). 프루스트는 프로이트의 재탕이 아니다. 그 대신, 어머니를 향한 유아의 욕망은 인간에게 보편적인 안정감을 향한 탐색이 최초로, 어쩌면 가장 강력하게 나타난 것이다.

프루스트를 읽노라면 삶의 모든 위업들 중에서 사랑만큼 그렇게 목적과 수단 사이의 간극에 시달리는 것이 또 있을까 싶어진다. 그것은 하늘까지 솟구치는 야심과, 우리가 그 야심을 추구하는 서툴고 엉망진창인 방식들 사이의 간극이다.

사랑을, 특히 '낭만적인' 사랑을 가로막는 장애물의 시초는 우리 선택의 독단성이다. 우리는 모종의 이유로 한 사람을 정해서 그에게 우리의 모든 희망을 쏟아붓는다. 환멸을 느끼고 다른 누군가로 갈아타야겠다는 생각이 들기 전까지. 우리는 왜 '제짝이다'라는 사실을 미처 짐작도 하기 전에 그녀를 택할까? 그녀가, 또는 그가 어떤 사람인지 어렴풋한 감도 잡히기 전에.

화자는 발베크의 해변에서 "고대 그리스의 처녀들만큼이나 고귀한"(1:853) 소녀들의 무리를 본다. 그들은 "완벽하게 나긋나긋한 육체로, 나머지 인류를 진심으로 경멸하는 듯한 절도 있는 몸짓으로"
(1:847) 걷는다. 그들은 아름답고 무디고 경박하다. 모두가 거만해 보
일 정도로까지 자신감이 넘친다.(1:848) 그리고 처음에 화자는 그 처
녀들 모두에게 홀딱 반한다. 화자에게 있어 그들은 근심걱정 하나 없
는 마법 같은 세계를 다스리는 미의 여신으로, 그들 모두는 상호교체
가 가능하다. 이 소녀나 저 소녀나 다를 바 없다.

그후 자전거를 밀고 가는, "빛나는, 웃는 눈과 펑퍼짐한, 보송보송
한 뺨을 가진 (…) 하층계급에다 전형적인 속어를 사용하는"(1:850)
한 소녀가 화자의 눈에 띈다. 예기치 못한 순간 그 소녀는 그에게 "이
작은 부족의 삶을 둘러싼, 인간세계가 아닌 어딘가의 심장부에서 나
온 듯한 웃음과 곁눈질을 쏘아보낸다. 그것은 확실히 내가 누구인가
하는 생각 같은 것은 침투할 수도 없고, 있을 자리도 없는 접근 불가
한 미지의 세계다".(1:851)

비록 화자는 그녀가 평범하고, 어린애 같고 결점투성이며, 달리 말
해 그의 다소 세련된 취향과는 정반대이며 자신을 결코 이해하지 못
할 거라고 느끼지만, 그리고 비록 이 소녀와, 아니 그 소녀들 중 어떤
누구와도 어떤 진정한 영혼의 만남을 이룬다는 것은 불가능해 보이지
만, 그럼에도 단테가 베아트리체를 만날 때처럼, 그와 그녀가 사랑에
빠지는 데 필요한 것은 이 한 번의 눈길이 전부다. 그리하여 그녀와
그녀의 전체 삶을 소유하려는 욕망을 화자는 이렇게 그린다.

나는 내가 그녀의 눈에 담긴 것 또한 소유하지 못한다면 이 젊은
자전거 처녀를 결코 소유할 수 없음을 알았다. 따라서 나를 욕망으

로 채운 것은 그녀의 삶 전체였다. 그것은 충족될 수 없을 것 같았기 때문에 내게는 서글픈 욕망이었지만 한편으로 짜릿하기도 했는데, 왜냐하면 지금까지 내 삶이었던 것이 갑자기 더는 내 삶 전체가 아니었고, 그저 내가 갈망하는, 그리고 이 소녀들의 삶으로 이루어진, 내 앞에 뻗어 있는 공간의 조그만 일부가 되어버렸기 때문이다. (1:852)

만약 화자가 (알베르틴으로 밝혀지는) 이 알지 못할 소녀에 대한 자신의 집착을 어떻게든 설명할 수 있다면, 그것은 그녀의 수수께끼 같은 세계, 즉 그에게는 없는 자신감, 수줍음, 웃음, 그리고 젊음 같은 것들로 가득한 세계가 그의 질린 영혼에 "마른 땅이 타는 것과 비슷한"(1:852) 새로운 갈증을 일으킬지도 모른다는 이유에서다. 그녀는 그로 하여금 친숙한 자신으로부터 벗어나게 해준다.

그렇지만 이 이유가 떠오르자마자 화자는 실상 자신의 "닿을 수 없는 이상"(1:852)이 붉은 머리를 가진 여성임을 떠올린다. 반면 소녀는 머리색이 검다. 그런데 그 기묘한 이상은 어디에서 왔을까? 그것은 붉은 머리 그 자체를 사랑해서가 아니라, 오래전 자신이 욕망했던 질베르트라는 소녀가 그런 머리색을 가졌기 때문이라고 화자는 우리에게 말한다. 화자는 베르고트라는 작가를 존경하고 그의 문학세계로 들어가기를 열망한 적이 있는데, 질베르트는 그 작가의 친구였다. 그는 베르고트를 존경했기 때문에 질베르트와 사랑에 빠졌고, 질베르트가 붉은 머리를 가졌기 때문에 붉은 머리가 그의 이상형이 되었다.

자, 그렇다면 화자는 어째서 알베르틴과 사랑에 빠지는가? 이는 그녀가 제일 먼저 그를 보았고, 그가 이 눈길에 크게 기뻐하기 때문으로 보인다. 그 기쁨은 그녀의 어떤 특별한 점 때문이 아니라, 그녀가 그를 다른 모든 친구에게 소개해주겠다고, 그리고 어쩌면 그중 한 명과는 친구가 될 수도 있을 거라고 약속하는 것처럼 느껴지기 때문이다. 어쩌면 그의 열정은 결국 알베르틴을 향한 것이 아니라 그녀가 가리키는 중독적인 현실을 향한 것인지도 모른다. 어쩌면 화자가 베르고트를, 그리고 질베르트를 사랑한 이유 역시 그 때문인지도 모른다. 화자는 다음과 같이 매우 분명히 말한다.

한 사람이 미지의 세계에 한 지분을 가지고 있어서, 그나 그녀의 사랑이 우리에게 그 세계의 입장권을 얻어다줄지 모른다는 믿음은, 사랑이 모든 전제조건 중에서도 가장 높이 치는 전제조건이다. (1:108)

그러니 우리의 사랑의 선택은 무작위와 운명의 끔찍한 조합으로 이루어지는지도 모른다. 운명적인 것은, 혹은 적어도 무작위에서 가장 먼 것은 우리가 들어가기를 희망하는 '미지의 삶'이다. 무작위적인 것은, 이 삶으로 우리를 이끌어줄 안내자로 우리가 누구를 택하느냐다.

프루스트는 우리가 어떤 사람을 사랑하느냐를 결정하는 것은 자신과 반대되거나 서로 보완할 수 있는 사람들을 찾는 우리 자신의 고정된 기질이라고 말한다. 무엇보다도, "반대되는 요소들이 짝을 짓는 것은 삶의 법칙이다. (…) 마치 법칙인 양 우리는 자신을 닮은 무엇을 혐오한다".(3:103)[7] 어쩌면 교양 있는 사람은 교양 없는 사람을, 예민한 사람은 무딘 사람을, 신경질적인 사람은 차분한 사람을 찾을지도 모른다. 우리는 우리에게 "자아의 그 연장, 그 가능한 증식, 즉 행복"을 제공하는 존재를 욕망한다.(1:852)

따라서 어쩌면 우리는 우리에게 기쁨을 주고 우리를 긍정해줄 것 같은 미지의 세계를 가진 상상 속의 사람을 오랫동안 숨어서 기다릴 것이다. 그러다 그 사람이다 싶은 사람이 나타난다. 해변의 그 소녀들처럼, 그녀는 감질나게 손에 닿지 않는 존재다. 그녀의 마법 같은 세계는 우리에게는 꽁꽁 닫힌 듯 느껴진다. 그녀의 내면세계는 수수께끼다. 우리는 이 요정이 우리만을 욕망하리라고는 거의 믿을 수 없다.
바로 이 손에 넣을 수 없음이야말로 우리 상상력에 불을 붙이는 것이다.

우리에게 미지의 존재인 사람들의 이 덧없음은 (…) 상상력의 흐름을 끊어놓을 것이 더는 없는 그 추구의 상태로 우리를 몰아간다. 우리가 상상한 쾌락을 벗겨내면 그들은 그들 자신의 차원으로, 말하자면 무로 돌아간다.(1:853)

우리는 어쩌면 결코 그런 아름다움을 맛볼 수 없으리라고 생각하면서 "좌절감에 아파한다". 그 대신 "우리가 욕망하지 않는 여성으로부터 쾌락을 요구함으로써" 자신을 억지로 위로하게 될 거라고, "그리하여 어떤 다른 쾌락이 존재하는지 알지도 못한 채 죽게 될 거라고"

(1:855) 생각한다. 미지의, 알 수 없는, "우리가 욕망하는 아름다움에서 가장 수수께끼 같은 모든 것"(1:855)을 체현하는 사랑하는 대상은 우리 마음에 연쇄적인 이미지들을 불러일으키고, 그 다수는 불분명하지만 모두가 최상의 행복을 약속한다.

그녀를 있는 그대로 볼 기회는 주어지지 않는다. "타인의 비극은, 그들이 그저 나 자신의 마음이라는 바로 그 변질되기 쉬운 집합체의 전시장일 뿐이라는 것이다."(3:568) 그리고 그녀에게서 우리가 찾던 바로 그것을 '찾음'으로써, 우리는 불가피하게 그녀를 사랑하게 된다. 그렇지 않고서야 수백만 명 중에 어떻게 이 한 사람을 만났겠는가? 물론, 화자가 나중에 알베르틴에 대한 사랑에서 깨닫듯 그것은 불가피하지 않지만, "그것은 따라서, 내가 그토록 열망했고 믿고 싶어했던 것과는 달리, 절대적으로 필요하고 운명적으로 예정된 일이 아니었다."(2:408)

그렇지만 아무리 오래 기다려도 우리 욕망을 만족시켜주겠다고 약속하는 사람이 아무도 나타나지 않는다면? 그때는 어쩌면 좋을까?

아마도 화자는 우리가 그냥 그녀를 꾸며내면 된다고 말하는 듯하다. 달리 말해, 우리는 오로지 우리 상상 속에만 존재하는 누군가와 사랑에 빠질 수 있다. 화자는 어렸을 적 메제글리즈 길을 따라 시골길을 산책하던 기억을 떠올린다. 그는 그 길의 아름다움에 사로잡혀 기쁨을 표현하고 싶어하지만 자신이 할 수 있는 것이라고는 감상적이고 어색한 몸짓이 고작임을 깨닫는다. "물을 보고, 벽면을 보고, 웃음짓는 하늘에 희미한 미소로 답례를 보낸 후, 나는 열정에 사로잡혀 접힌 우산을 휘두르며 큰 소리로 외쳤다. '이런, 이런, 이런, 이런!'"(1:169~170) 기쁨을 명료하게 표현하지 못하자 그는 무력감을 느낀다. 그의 말에 따르면, "내 기쁨의 외침"은 "나를 들뜨게 만들었던 혼란스러운 생각들의 표현에 지나지 않았다. 그 생각들은 계몽의 차분함에 도달하지 못했고, 느리고 힘든 설명의 경로를 따르기보다는 즉각적 배출구를 향하는 안일한 흐름에서 쾌감을 느끼고자 했다".(1:169)

즉각적 배출구란 단박에 그를 이 자연과 하나로 만들어, 자연과의 연결고리를 찾는 데 드는 수고를 면해주는 한 여성일 것이다. 손닿는 곳에는 실제로 아무도 없기 때문에 그는 자신의 존재 전체와 적절히 들어맞을 수 있는 한 농부 소녀를 만들어낸다. 그 소녀는 그를 그토록 매혹하는 풍경을 개인화한다. 그 풍경의 아름다움은 그녀 한 사람만의 것이고, 오로지 그녀만이 그 수수께끼를 밝힐 수 있다고 그는 스스로에게 다짐한다. "따라서 품에 안을 농부 소녀 없이 루생빌의 숲속을 방황하는 것은 그 숲을 보면서 그들의 비밀스런 보물, 깊이 숨겨진 아름다움에 대해서는 아무것도 모르는 것이나 다름없다."(1:171) 그리고, 화자는 그 소녀가 자신에게 제공하는 이런 자연의 아름다움들은 "내가 그 여자의 매력 속에서 발견한 무언가 너무 제한된 것"을 확대해준다고(1:171) 스스로에게 말한다.[8]

"내가 그 여자의 매력 속에서 발견한 무언가 너무 제한된 것." 이 마지막 말은 프루스트가 사랑을 이해하는 방식에 대한 열쇠다. 화자가 그녀가 지닌 무엇이 제한될지 모른다는 걱정을 하기 전까지, 그 농부 소녀는 화자의 마음에서 거의 형태를 갖추지 못했다. 한순간 전만 해도 뜨거웠던, 그녀를 손에 넣는다는 욕망이 가능한 것이 되려면, 그녀는 어떤 더 큰 현실(둘러싼 자연의 장엄함)을 가리켜야 하고 그 현실로 인해 풍요로워져야 한다. 화자는 소유욕의 충족 그 자체가 그 욕구를 약화한다고 시사한다.

그것이 현실에서 화자에게 일어나는 일이다. 결국 알베르틴을 얻자 그는 곧 따분함에 지고 만다. 이유는 분명하다. "사랑은 오로지 고통스러운 불안에 의지해서만 존재를 유지한다. (…) 오로지 아직 정복하지 않은 부분이 남아 있을 때에만 태어나고 살아남는다. 우리는 오로지 우리가 완전히 소유하지 않은 것만을 사랑한다."(3:102) 이것은 사랑의 목적이 사냥이지 사냥감은 아니라는 오래된 격언의 한 변주다. 이 격언은 오로지 얻을 수 없는 상대, 말하자면 결혼했거나 반응이 없는 상대에만 이끌리는, 그리고 그나 그녀를 얻을 수 있게 되자마자 흥미를 잃는 수많은 남녀들에 의해 날마다 확인된다.

그러나 누군가와의 사랑에서 벗어난다고 해서 우리가 이제 그녀를 '현실적으로' 보게 된다는 것이 정해진 수순은 아니다. 그와는 반대로, 일련의 망상이 단순히 다른 일련의 망상들로 바뀌어, 우리는 그녀를 과대평가하는 대신 과소평가하게 될 것이다. 그녀의 완벽함에 눈부셔했던 우리가 이제는 그녀의 둔감함에 진저리를 칠 것이다. 믿을 수 없는 행운이라고 생각하는 대신 억울하게 불행에 발목 잡힌 기분을 느낄 것이다. 그녀는 이제 우리에게 '맞춤'한 사람이 아니라 낯선 사람처럼 느껴질 것이다. 프루스트 소설의 또다른 위대한 사랑꾼인 스완은 그것을 이렇게 말한다. "내가 매력적이지도 않은, 심지어 내 타입도 아닌 한 여자 때문에 내 인생의 여러 해를 낭비하고 죽음까지 간절히 바랐으며, 내 최고의 사랑을 그녀와 경험했다고 생각하면!"(1:415) 이것은 화자가 마침내 알베르틴을 손에 넣었다고 느꼈을 때 그녀를 대하는 태도와 다르지 않다.

그리하여 그들의 사랑은 요원함과 따분함이라는 쌍둥이 주인에게 지배를 받는데, 그 두 주인은 사랑의 섬뜩한 변증법의 원동력이기도 하다. 가난과 풍요(욕망과 질림을 유발하는)가 에로스의 부모라고 말한 플라톤의 뒤늦은 메아리인 양. 이 두 공포 모두 사랑의 좌절에 한몫한다. 요원함은 소유욕을 자극한다. 친숙함은 무심함을 낳는다.

게다가 소유욕과 무관심은 즉석에서 서로 자리를 바꿀 수 있다. 절박한 갈망은 도피의 욕망에 불쑥 자리를 양보할 수 있다. 한 지점에서 화자는 자기가 더는 알베르틴을 사랑하지 않는다고 확신한다. 그는 자기 마음속을 들여다보고 세심히 검토한 후 명확한 평결을 내렸다. 화자는 알베르틴이 흥미롭지 못하고 지루하다고, 지금은 다른 여자를 찾을 때라고 느낀다. 몇 분 후 그가 갑자기 "알베르틴 양이 가버렸어!"라고 말할 때, 그가 정말이지 얼마나 자신을 몰랐는가, 사랑하는 사람이 자기 마음을 제대로 읽기가 얼마나 어려운가 하는 것이 명확해진다. 그녀에 대한 사랑의 확신이 그녀와 헤어지려는 결단을 즉각 밀어낸다.

한순간 전만 해도, 자신을 분석하는 과정에서, 나는 이렇게 헤어져 두 번 다시 만나지 않는 것이 내 바람이라고 믿었다. 그리고 알베르틴이 내게 제공하는 하찮은 쾌락들과 그녀 때문에 내가 실현하지 못하고 있는 욕망들의 풍부함을 비교하면서 (…) 나는 내가 영리하게 행동하고 있다고 느꼈으며, 더는 그녀를 보고 싶지 않다는, 더는 그녀를 사랑하지 않는다는 결론을 내렸다. 그렇지만 이제 이 말,

"알베르틴 양이 가버렸어"라는 말은 내 마음속에 그리 오래 견디지 못할 것 같은 그런 괴로움을 만들어냈다.(3:425)[9]

그토록 자주 불변의 기준으로 여겨지는 사랑은 가장 폭넓은 흔들림을 겪는다. 오로지 다른 이의 요원함이 주는 고통만이 사랑을 계속 존재하게 한다. 그렇지만 그녀를 얻는 것 역시 고통을 야기한다. 따분함의 고통을. 어느 쪽이든 우리는 괴롭다. 고통은 사랑의 운명이다. 화자가 말하듯, "나는 고통받는 것을 그만두든지 아니면 사랑하는 것을 그만두든지 한쪽을 택해야 한다".(3:101)

우리는 우리가 완전히 소유하지 않은 것만을 사랑할지도 모른다. 그러나 현실적으로 우리가 누군가를 '소유한다'는 표현이 가당키나 한가? 우렁찬 반대의 외침이 들려오는 듯하다.

우선 문제는, 우리가 사랑하는 대상이 "사람의 마음이라는 변질되기 쉬운 바로 그 집합체의 단순한 전시장"(3:568)이라면, 그렇다면 우리가 소유하려 애쓰는 것은 그들 안에 존재하지 않고 오직 우리 상상속에만 존재한다는 것이다. 그들을 좇을 때 우리는 자신의 그림자를 좇고 있다. 그들의 현실은 거기에 거의 들어 있지 않다.

그리고 더 심오한 문제가 있다. 소유라는 관념 그 자체는 인간 자아를 그것을 규정하는 안정적인 핵을 가진, 그리고 거의 말 그대로 '움켜쥘 수 있는' 탄탄한 무언가로 여기는 개념에 의거한다. 사랑하는 이는 타인이 완전히 알 수 없거나 예측할 수 없다고 해도 어떻게든 부둥켜안을 수 있는 지속적인 '핵'을 가졌다고 가정한다. 알베르틴이 자기

것이라고 생각할 때, 화자는 바로 그런 믿음을 가지고 있다.

　그렇지만 적어도 우리가 그들과 사랑에 빠져 있을 때, 만약 한 사람에 대한 더 정확한 밑그림이 "공간과 시간에 흩어져 있는" 것이라면, "(…) 우리가 아무런 빛도 비출 수 없는 일련의 사건들, 해결할 수 없는 일련의 문제들이고, 우리가 마치 삼킨 병사들을 토해놓으라며 막대로 바다를 채찍질하는 크세르크세스처럼 불합리한 시도를 하고 있다면"(3:99~100), 그러면 소유는 어떻게 작용해야 하는가? 우리는 공간과 시간에 흩어져 있는 사건들을 소유할 수 있다고 생각하는가? "우리는 이런 모든 지점들에 손이 닿지는 않는다"(3:95)고 화자는 말한다. 그리고 심지어 그럴 수 있다고 해도 새로운 사건들, 새로운 공간과 시간의 지점들이 아마도 우리가 그들을 기대하지 않는 바로 그곳에서 난데없이 솟아날 것이다. 우리는 우리가 사랑하는 이의 존재의 양상들을 '소유'했을 것이다. 한 인간의 삶의 그 지속적 유동성은 이미 다른 곳으로 옮겨가버린 후에. 한 삶에 대한, '전체'에 대한 소유는, 원칙적으로 불가능하다.

　따라서 사랑의 공허한 미덕 역시 그러할 것이다. 진정성. 진정성은 우리가 적절하게 표현할 수 있는 일관되고 안정적인 자아를 가졌다고, 더욱이 우리가 알기를 소망하는, 그리고 우리의 '진짜' 감정을 표현하고 있다고 확신할 수 있으려면 알 수 있어야 하는 한 자아를 가졌다고 가정한다.

　그렇지만 만약 우리가 그런 일관된 자아를 가지고 있지 않다면, 공간과 시간에 흩어져 떠도는 점들과 같이 고정되거나 심지어 규정할 수 있는 차원이 우리에게 없다면, 혹은 달리 말해 우리가 식별할 수 있는 논리 없이 그저 흘러왔다 흘러가는 연쇄적인 자아들이라면, 그렇다면 진정성은 그저 우리가 삶, 그리고 사랑에 통달하지 못했다는 사실을 흐려버리는 그런 경건한 척하는 허구들 중 하나일 뿐 아닌가? 게다가, 우리가 이런 흘러가는 형태들 중 하나를 붙잡을 수 있고 알 수 있다고 쳐도, 우리는 과연 정말 그렇게 하고 싶어할까? 우리는 우리 자신에게 낯선 사람이고, 또한 낯선 이로 남으려고 애쓰는데도? 사실 "그 낯선 이에게 경멸당하는 것이 우리에게는 가장 고통스러운 일이기 때문에 우리는 그에게 가장 거짓말을 많이 한다".(2:907)

그리고 진정성에는 다른, 어쩌면 더 분명한 장애가 있다. 심지어 우리가 우리 감정을 알 수 있고 기꺼이 알려 하는 그런 드문 순간들에조차, 그 감정들을 정확하게 표현하기가 유별나게 어렵다는 것이다. 메제글리즈 길 산책의 추억을 떠올리면서 화자는 깨닫는다.

우리의 가장 내밀한 감정들을 번역하려는 시도로 끄집어낸 그 감정들은 대부분 알아보기 힘들 정도로 형태가 흐려져 있어, 그저 우리에게서 그 감정들을 풀어놓는다는 의미밖에 없다. 내가 메제글리즈 길에 빚진 모든 것들, 그 모든 우연한 배경이나 직접적 영감과 원인의 총계를 내려 할 때면, 우리의 인상과 습관적 표현 사이의 이 불일치에 내가 최초로 충격을 받았던 것이 바로 그 가을이었음을 떠올리게 된다.(1:169)

섹스는 어떤가? 온전한 한 사람은 손에 닿지 않는다 해도, 우리는 섹스를 통해 어떤 방식으로든 사랑하는 대상을 소유할 수 있다고 말할 수 있지 않은가?

　이번에도 대답은 그렇지 않다이다. 섹스의 친밀함은 타인이라는 방대한 대륙 앞에서 우리를 감질나게 하지만, 실제로 거기에 접근할 기회는 거의 주지 않는다. 우리는 어쩌면 육체적 관계를 일시적 소유로 체험할지도 모르지만, 그러나 화자는 현실적으로 우리가 아무것도 소유하지 않는다고 말한다. 이것은 이미 그 첫 단계에서부터 명확하다. 입맞춤. 우리가 누군가에게 입술을 밀어붙이자마자 그들의 깊숙한 곳까지 닿기란 불가능함을 상기시키는 어떤 장벽이 우리를 밀쳐낸다.

　　식욕을 돋우는 그 모든 맛을 미각에 전달하고자 설계된 한 쌍의 입
　　술은, 뭐가 잘못됐는지 알지 못한 채 실망을 감추면서, 침투할 수
　　없지만 거부할 수도 없는 뺨이라는 장벽에서 멈추어 표면만 헤매
　　는 것으로 만족해야 한다.(2:377~378)

　화자는 성적 모험이 그처럼 갑작스레 중단되는 과정을 거의 희극적으로 그린다.[10] 그리고 화자는, 우리가 어떻게든 다른 이의 궁극적 현실을 손에 넣을 수 있다고 아무리 희망을 품어도, 모든 사랑과 마찬가지로 섹스 역시 연인들의 자기중심주의와 좌절, 착각과 탐욕, 공포와 경쟁에 의해 왜곡되면서 그 희망이 더욱 짓밟힌다는 점을 명확히 한다.

　그리고 사디즘에 의해서도. 화자는 루생빌 근방 산책을 회상한 직후에 다른 사건 이야기를 들려준다. 그는 어느 나무 덤불에 누워 있다가 뱅퇴유 양이라는 아가씨와 그녀의 동성 연인이 최근 작고한 뱅퇴

유 양의 부친의 사진을 훼손하는 데 열을 올리고 있는 광경을 우연히 목격했다. 한 마을의 음악 교사였던 그 노인은 분명 딸을 위해 모든 것을 희생했었다. 그리고 그를 추모하며 마땅히 애도하고 있어야 할 그 딸은 자신의 '악독한' 친구가 이 불경스러운 행위를 하도록 부추긴다.

그 사진은 그 불경스러운 의식에 정기적으로 사용된 것이 분명했는데, 왜냐하면 그 친구는 의례적인 반응임이 분명한 말로 대답했기 때문이다. "그냥 거기 놔둬. 그는 더는 우리를 귀찮게 굴 수 없어. 너는 네가 이제 창문을 열어놓고 있는 걸 그가, 그 추한 늙은 원숭이가 보면 구시렁대면서 네게 외투를 입혀주려 할 거라고 생각하니?" (…) 〔뱅퇴유 양〕은 무방비한 고인을 향해 그처럼 냉혹한 태도를 보여준 여성이 자신을 다정하게 대해준다는 데에 저항할 수 없는 매력을 느끼고, 친구의 무릎에 올라앉아 딸에게 어머니가 하는 것과 꼭같은 방식으로 입맞춤을 받기 위해 순결한 이마를 내밀었다. 그것은 실제로 뱅퇴유 씨의 무덤을 함부로 파헤치는 것과 마찬가지로 그에게서 그 성스러운 부성의 권리를 약탈하는 잔인한 행위의 종지부였고, 거기서 그 둘은 매우 특별한 감흥을 느꼈다.(1:177~178)

뱅퇴유 양이 연인에게 자기 아버지 사진에 침을 뱉으라고 도발하는 장면에서 상황은 절정에 이른다.

이게 다 무슨 이야기인가? 그저 한 여자가, 근본적으로 "마음이 고결"한데다 아주 선하고 다정한 사람인 줄로만 알았던 여자가 일부러 잔인한 짓을 즐기고 있는 것인가? (잔인함은 우리가 서로와 맺는 관계에서 흔히 숨겨진 라이트모티프*이지만, 섹스라는 유희에서는 그것을 그저 하나의 농담으로 생각하기가 더 쉽다.) 아니면 그와는 대조적으로, 고결하고 망자를 존경하고 자식으로서 마땅히 아버지를 사랑해야 할 그녀가 "잔인함의 가장 끔찍하고 오래가는 형태인 (…) 자신이 야기하는 고통에 대한 무관심"(1:180)을 스스로는 깨닫지 못하고 있는지 화자가 궁금해하는 것은 옳은가? 내가 11장에서 루소에 대해 논할 때 제시했듯, 우리 심장은 우리 자신이 야기한 바로 그 고통에 대해 가장 무감할(동정심을 가장 덜 느낄) 수 있다.

그리고 다른 무엇, 화자가 언급하지 않는 무엇이 작용하고 있지는 않은가? 자신의 사랑, "자아의 그 가능한 증식, 즉 행복"에 대한 자신의 욕망에 침을 뱉으려는 욕망이. 그 욕망은 이따금씩 절박할 정도로 사람을 취약하게 만든다. 특히 그 욕망에 응답하는 이들에게 그렇다. 어쩌면 뱅퇴유 양이 아버지의 사진에 침을 뱉는 행위를 하면서, 그리고 사랑하는 이에게 그 불경스러운 짓을 시키면서 행복해하는 이유는, 그 노인에 대한 고마움과 그가 그녀를 위해 했던 그 모든 희생을 무시하는 것이 아니라 바로 그 모든 희생을 의식하는 것인지도 모른다. 그의 기억에 침을 뱉는 것은 그에 대한 그녀의 필요라는 짐에, 그녀가 그에게 진 빚이라는 짐에, 그를 사랑함으로써 느끼는 고통에 침을 뱉는 것이다. 그것이 그녀가 "정확히 딸처럼 입맞춤을 받기 위해 순결한 이마를" 내미는 이유다. 딸로서 자신의 필요를 가볍게 만들기

---

* 반복적으로 나타나는 주제.

위해, 진정 갈망하지만 더는 얻을 수 없는 것, 부모만이 줄 수 있는 그 안정감에 무심한 척하기 위해.

이 모든 것, 즉 우리 선택의 무작위성, 다른 이의 삶을 소유하는 것의 불가능함, 사랑의 변덕스러움은 우리가 사랑하는 대상들을 선택하는 데서 오류를 저지르기 쉽다는 사실을 말하는가? 그리고 우리가 과연 그들을, 혹은 그들이 우리를 사랑하는지 확신할 수 없음을?

그런 듯하다. 화자가 알베르틴을 선택한 것은 그 반응으로 사랑을 낳는 어떤 근본적인 '좋음'과는 전혀 관련이 없어 보이는 사소한 것들 때문이다. 그녀의 눈길. 하나의 만족스러운 육체적 형태. 수수께끼 같은 웃음. 그는 자신과 그녀가 서로의 깊이를 알 수 없음을 깨닫는다. 우리는 서로에게 (그리고 우리 자신에게) 불가해하다. 그녀를 향한 그의 욕망은 시야가 어둡고, 늘 변하는 기억과 상상의 이미지에, 그리고 질투와 외로움의 고문들에 끌려다닌다. 그는 적어도 누군가 자신의 취향에 좀 맞는 사람의 본질로 침투하기를 희망한다. 그녀는 그의 무력함이 규정하려 헤매고 있는 한층 원초적인 욕망의 대상의 대용품인가? 그의 원래 어머니 같은? 아니면 대자연의 어머니 같은? 아니면 그가 접촉하고자 하는, 그리고 그가 사랑하는 이를 피뢰침 삼아 가닿을 수 있는 "보이지 않는 힘들" 또는 "모호한 신들"(2:1165)? 아니면 무언가 완전함 같은 것의 다른 상징인가?

비록 화자가 자주 그러듯 오로지 우리가 욕망하는 여자를 소유하지 못하는 것과, 그에 따른 지속적 의혹만이 그녀를 향한 우리의 사랑을 지속시킬 수 있다고 말하는 것은 지나친 단순화 같지만, 질투의 일

그려진 작용을 프루스트보다 더 상세하게 드러낸 이는 일찍이 없었다. 질투는 우리가 다른 이들의 삶이라는 어둠침침한 영토에서 강박적으로 켜드는 탐조등이다. 심지어 사랑의 필요들이 순간순간 충족되어도, 질투는 늘 한발 앞서 있다. 무엇이 잘못될지, 어떤 것들이 겉보기와 다른지 늘 경계를 늦추지 않고 있다. 화자는 상상에서 고통을 느낀다.

> 그녀[알베르틴]의 삶에서 알려지지 않은 사악한 요소들, 밝힐 수 없는 장소들, 그녀가 어디 있었는지, 우리와 함께 있지 않은 시간에 그녀가 어디로 갈지, 숫제 거기서 완전히 눌러 살 생각은 아닌지. 그녀가 우리와 떨어져 우리 것이 아닌, 우리와 함께 있을 때보다 더 행복한 그런 장소들.(3:98)

사랑하는 대상의 감정과 행위들을 알지 못한다는 이 고문은 그처럼 고통스러운지라 화자는, 남자가 차라리 자기 애인이나 아내가 "혼자 외출하는 편"을 선호할 법하다고도 말한다. "내가 알고 있는 그녀의 연인과 함께, 내가 모르는 고문보다는 적어도 아는 고문이 낫다 싶어서!"(3:100)

그리하여 질투는 "쫓아버릴 수 없는 귀신"(3:98)이다. 그것은 무지를 먹기만 하는 것이 아니라 창조하기도 하여, 무지 자체를 만드는 악순환을 일으킨다.

두 눈이 가려진 질투는 자신을 빈틈없이 에워싼 어둠 속에서 아무것도 보지 못하지만 그게 전부가 아니다. 다나이데스의, 혹은 〔영원히 돌아가는 바퀴에 비끄러매인〕 익시온의 고문처럼 끊임없이 반복되는 고문의 하나이기도 하다.●(3:147~148)

그렇지만 이런 의혹들, 다른 이가 속으로 무슨 생각을 품고 있을까에 관한 이런 반복되는 궁금증은 다른 방식으로도 사랑을 유지해준다. 사랑하는 이를 향해 우리를 열어놓아주는 것이다. 이 열어놓음을 통해 타인이 우리 안으로 흘러들어, 사랑이 잠깐이나마 우리가 원하는 무언가를 제공하는 것처럼 보일 수도 있다고 화자는 골똘히 생각한다. 우리 자신의 존재의 빈 곳을 그들의 것으로 채우는 것.

그렇다. 나는 그녀가 매 순간 무엇을 하고 생각하고 희망할지, 그녀의 의도가 무엇인지, 그녀가 돌아갈 예정인지 아닌지를 꾸준히 자문함으로써 사랑이 내 안에 열어놓은 소통의 문을 계속 열어놓아, 그 열린 수문을 통해 다른 사람의 삶이 흘러들어 다시는 고여 있지 않을 그 저수지를 채우는 것을 느껴야 한다.(3:459)

의심은 고통스럽지만, 의심하지 않아도 고통스럽다. 만약 모든 의심을 잠재울 수 있다면, 우리는 "오로지 힘으로 정절을 얻었다는 좌절, 사랑받지 못했다는 좌절"(3:99)과 친구가 될 것이다. 그렇지만 의심은 오랫동안 잠들어 있을 수 없다. 우리가 사랑하는 이가 어디 있는

● 다나이데스와 익시온은, 죽은 후에도 끝나지 않는 벌을 받은 그리스신화 속 인물들이다.

지, 혹은 심지어 그녀가 누구인지조차 결코 계속 확인할 수 없다는 점을 우리 스스로 솔직히 인정한다면.

우정은 어떤가? 우정은 거짓과 이기심이 그나마 덜한 사랑의 형태가 아닌가? 우정은 자아로부터 다른 이의 세계로 도피하려는 무익한 시도와 그나마 좀 거리가 있는 것인가? 화자는 정확히 그런 이유들 때문에 우정을 권유하게 되지는 않았나?

결코 그렇지 않다. 화자는 우정을 자신의 삶과 작품들을 창조할 수 있는, 그리하여 "자신을 위해 살 의무"(1:968)가 있는 그런 사람들, 말하자면 예술가들에게 특히 위험한, "고결함이 없는 (…) 자아 포기'라며 비난한다.

그는 우정이 겁쟁이들을 위한 친애라는 생각을 제시한다. 우정은 우리를 고독에서 해방시켜줄지도 모르지만, 그 대가로 우리는 내적 현실과 그 발전을 포기해야 한다. 따라서 "친구와 한 시간의 대화를 위해 한 시간의 노동을 포기하는 예술가는 자신이 존재하지 않는 무언가를 위해 현실을 희생하고 있음을 알고 있다".(3:909) 이 무언가는 우리 피상적 자아가 타인을 편하게 기댈 수 있는 팔걸이로 삼을 수 있고, 우리가 우리 안에서는 찾지 못하는 위안과 위로를 그들로부터 끌어낼 수 있다는 즐거움에서 느끼는 "희미하고 감상적인 감정"(2:410)과 거의 다를 바 없다.

그렇지만 우리는 우정의 소통이 진정하고 고결하고 풍요로움을 준다는 망상에 쉽게 굴복한다. 우리는 친구가 한 말에서 스스로 감동을 받았다고 믿고 싶어한다. 한 사람으로서 우리의 본질에 무언가 귀중한 것을 더해주었다고 말이다. 그와의 그 깊은 대화가 우리 각자를 다른 이의 핵심에 가닿고 거기서 기쁨을 느끼고 그것을 긍정할 수 있게 해주기 때문에 귀중하다고 우리는 상상한다. 그렇지만, 사실 "우정의 표현 양식인 대화는 우리에게 아무런 가치 있는 것을 주지 않는 피상적인 외도다. 우리는 오로지 일 분의 멍청함을 무한반복하는 것만으로 죽을 때까지 대화를 나눌 수 있을지도 모른다".(1:968)

이것은 믿음직한 연대가 아니다. 성적 욕망에 기반한 사랑과는 달리 우정은 "우리가 돌이킬 수 없는 외톨이가 아니라고 믿게 만들려 하는 거짓말"을 이용한다고 화자는 시사한다. 그 거짓말은 "우리가 잡담을 나눌 때, 말하고 있는 사람은 더는 우리 자신이 아니고, 우리 자신들을 그들과 다른 하나의 자아가 아니라 다른 사람을 닮은 모습으로 만들어내고 있다는 사실을 인정하지 못하게 덮어 가린다".(1:969)

사랑의 역사라는 스펙트럼 위에서 우리는 아리스토텔레스, 키케로, 몽테뉴, 그리고 심지어 니체(그가 고독을 칭송했다는 것은 별도로 하자)의 반대편 끝에 있다. 그들은 모두 우정을, 최고의 사랑을 찾을 가능성이 있는 경기장으로 여긴 인물들이다. 아리스토텔레스의 전통에서 그 가능성의 기반은 친구들이 공유한 품성의 미덕이다. 그들이 우정을 존중하는 것은 친구들이 적어도 윤리적으로는 서로에 관해 많은 것을 알 수 있다고, 그리고 삶에 관한 대화가 개인들로서 그들의 번영을 돕는다고 생각하기 때문이다. 실제로, 몽테뉴는 우리의 다른 모든 관심사를 제치고 친구에게 충성을 다하는 것은 우리의 자아를 빈곤하게 만드는 것이 아니라 향상시켜준다고 주장한다.

그런 가정들은 프루스트의 화자에게는 저주와 같다. 그에게 있어 인간의 진정한 연대는 존경, 이해, 공감, 진지함, 호의 같은 덕목들, 즉 전통적으로 우정의 특징이라고 여겨지는 것들과는 적대적이다. 그는 이것들이 사랑하는 이가 염원해야 하는 미덕이 아니라, 사랑과 그로 인한 투쟁으로부터 도망칠 피신처라고 생각한다. 그로 인해 우리는 본성과 의도를 가늠할 수 없는 타인을 믿는다는 것이 그저 사랑의 진짜 과제를 피해 숨을 돌리려는 의도가 아닌가 궁금해하게 된다. 이 맥락에서 신뢰는 사랑의 표식이기는커녕, 사실 사랑에는 낯선 것이 아닌가.

사랑에 관해 (공공연히) 비관주의를 토로한다는 이유로 프루스트의 화자를 비판하기란 쉬운 일이다. 또한 그가 인정하는 것보다 사랑할 만한 것이 훨씬 많고, 두 사람이 '영혼을 교환'하거나 서로에게 '제2의 자아가 되는' 쌍방적이고 삶을 더 좋게 만드는 친애가 얼마든지 가능하고, 사랑은 타자의 행복에 꾸준히 관심을 기울이고 그녀의 가치를 진지하고 정확하게 찬미하는 것이며, 질투와 취약함은 신뢰로 누그러뜨릴 수 있고, 타자의 궁극적 개별성이 오로지 불안만을 주는 것은 아니고 경이와 기쁨과 심지어 안도감까지도 줄 수 있는데 왜 그걸 모르느냐고 그에게 따져묻기도 쉽다.

그렇지만 사물을 새롭게 경험하는 법을 배우려는 희망에서 남다른 의견에 귀를 기울여놓고서는 고작 화자가 통념을 배척해버린다는 이유로 불만을 늘어놓는다면, 고작 좀더 감성적이고 윤리적인 고귀함으로 그의 서사에 고삐를 매라고 요구한다면 얼마나 무의미한 일이겠는가. 많은 위대한 작가들과 마찬가지로 프루스트는, 그 대가가 아무리 고통스러운 일방성이라고 해도, 그의 특수한 진실들을 마지막 도피처까지 추적한다.

　그의 냉엄한 통찰은, 사랑이 고통 중에 태어나, 고통 속에서, 고통을 통해 살아간다는 것이다. 그리고 만약 사랑이 (다른 말로 사랑의 원동력인 그 채울 수 없는 결핍이) 죽는다면 그것은 고통 때문이라는 것, 그리고 고통 속에서라는 것이다. 이 고통의 결과로 사랑은, 아마도 비뚤어져서, 그것이 두려워하며 잡지 못하는 상대의 특수한 현실을 보지 못하는 동시에, 세계의 일반적 구조 역시 속속들이 들여다보지 못할 수 있다. "사랑은 심장이 인식할 수 있게 된 공간이자 시간이다."(3:392) 사랑은 시간을 유예하거나 초월하기는커녕, 시간 그 자체로 만들어진 건축물이다.

　확실히 화자는 행복이 고통으로 이어진다는 점만 제외하면 행복을 경멸하는 듯하다. 행복은 "우리에게 오직 한 가지 점에서만 진정 유용한데, 불행을 가능케 한다는 것이다".(3:945)

　그렇지만 누가 그런 가혹한 현실을 보고 싶어하겠는가? 더구나 우리에게는 아주 탁월한 효과를 발휘하는 습관이라는 은폐 수단이 있는데, 굳이 그럴 필요가 있겠는가?

　습관! 그 노련하지만 느린 조정자의 첫 조치는 우리 마음이 몇 주동안 계속해서 간헐적 고통을 겪도록 내버려두는 것인데, 그래도 우리는 그것을 발견하면 기뻐할 수밖에 없다. 습관 없이 우리가 이미 가진 수단들만 써야 한다면, 우리는 그 어떤 방도 살 만한 곳으로 보이게 만들지 못할 터이기 때문이다.(1:9)

습관은 따분함의 귀재인 덕분에 변화무쌍한 바다에서 우리 삶이라는 선박을 흔들리지 않게 붙잡아주고, 충격, 진실, 그리고 위안을 주지 않는 모든 경험들로부터 보호해준다.

사뮈엘 베케트는 프루스트에 대한 연구에서, 습관을 일컬어 "개를 자신의 토사물 근처에 매어두는 바닥짐ballast"이라고 했다.[11] 일상적인 삶은 습관을 빼면 시체라고 베케트는 말을 잇는다. "아니면 삶 자체가 잇따른 습관들이라고 해야 하리라. 그 개인은 잇따른 개인들이니까." 우리가 한 개인에서 다른 개인으로 변신하는 이행의 시기에는 잠깐씩이 "따분한 불가침성의 확약"이 효력을 잃는 그 위험한 순간들이 찾아온다. 삶의 따분함이 "한순간 존재의 고통에, 다른 말로, '모든 능력의 자유로운 발휘'에 밀려날 때, 이런 이행들은 위태롭고, 고통스럽고, 신비롭고 비옥하다".[12]

사랑의 공포보다 그런 비옥한 이행을 더 잘 배양할 수 있는 것이 과연 있을까?

화자가 자신의 사랑에 관한, 또는 사랑하기loving의 어떤 한 방식에 관한 매혹적인 설명을 바로 그 지점에서 멈췄더라면 흥미로웠을 것이다. 그는 우리로 하여금 그 열정적인, 그러면서 안정적이고 확고하고 그토록 많은 기쁨을 약속하는 듯한 사랑이 실제로는 이타주의를 포함한 모든 편의주의적 수단을 동원해서라도 사랑하는 이를 차지하고 조종하려는 것은 아닌가 하고 생각하지 않을 수 없게 만들었다. 더불어 우리는, 그런 노력의 대가를 얻지 못하면 분노와 질투와 비애를, 충족되면 싫증과 따분함을 느낄 가능성, 가장 사랑하는 사람들의 현실을 보살피고 긍정하는 것은 고사하고 결코 인정하고 싶지도 않을 가능성, 우리가 오로지 우리 자신의 이상이라는 프리즘을 통해서만 볼 수 있는 우리의 공포와 망상들을 그 사랑하는 대상에게 투사할 가능성, 평소 같으면 우리에게 정말이지 와닿지 않는 누군가와 사랑에 빠질 가능성 역시 생각하게 된다. 화자가 법의학적 통찰이라도 하듯 공들여 설명한 것을 루크레티우스와 스피노자와 루소와 플라톤 같은 사상가들은 그저 병으로 진단해버렸다. 그러나 화자는 습관과 오해라는 우리의 변화무쌍한 힘들을 빌려 이것이 우리가 매일 자신에게 숨기고 있는 사랑의 광적인 욕망의 핵심이라고 제시하고 있다.

그렇지만 프루스트의 화자는 또한 삶의 고통으로부터의 구원을 추구하려는, 그리고 결국 그것을 찾아내려는 유혹에 저항하기에는 너무 전형적인 서양인으로서, 플라톤과 기독교의 사상에 너무 흠뻑 절어 있다.

마지막은 거의 말 그대로다. 거의 3000쪽을 고통, 희망, 오해, 망상, 혐오, 분노, 잔인함, 기만, 애도, 공포, 간헐적인 기쁨들, 연극적인 감정 폭발, 다정함, 배반, 유머, 갈망과 무관심으로 채운 끝에, 기묘한 마지막인 『다시 찾은 시간』('구원된 시간'이라고 불리는 편이 더 적절해 보일 법도 한데)에서 화자는 다른 개인을 소유하려는 불가능한 욕망의 덫에서 풀려나는 것이 실제로 가능하다고 제시한다. 적어도 그럴 의지와 재능이 있는 일부에게는. 그런 해방, 혹은 부활은 창조적 통찰력의 프로젝트를 통해 발견되어야 한다. 그 프로젝트란 플라톤적 양식으로 일상을 초월해 전체에 관한, 이 경우에는 전체로서 취해진 삶과, 그리고 그것이 드러내는 사랑의 일반적인 형태에 관한, 진실을 향

해 손을 뻗는 것이다.[13]

> 우리는 우리를 괴롭히는 모든 개인에게 하나의 신성을 부여하는데,
> 그러면 그나 그녀는 그 신성의 그저 단편적인 상, 그 신성에 이르는
> 오르막길에서 가장 낮은 계단이 된다. 고찰해보면, 그 신성 또는 이
> 데아는 우리가 이전에 느끼고 있던 고통 대신 우리에게 즉각 기쁨
> 을 주는 무엇이다. 즉 삶의 예술이란 그저 우리에게 고통을 주는 개
> 인들을, 그들이 비추는 그 신적인 형태로 더 가까이 다가갈 수 있게
> 해주는 하나의 계단으로 이용하는 것이다.(3:935)

속속들이 낭만주의적 사고로 조형된 한 남자에게, 진실과 전체성을
향한 이 발돋움이 예술을 통해, 구체적으로 서사예술을 통해 이루어
진다는 사실은 어쩌면 놀라운 일이 아니리라.[14] 마치 니체의 메아리인
양, 우리는 삶이 문학이 되어야 한다는 메시지를 듣게 된다. 개인은
자신의 고통스러운 경험을 그 경험을 포괄하고 통달하는 한 서사로
녹여넣어야 하고, 그럼으로써 자유를 찾을 수 있다. 그리고 기쁨도. 이
런 방식으로 사랑이 심장으로 하여금 인식할 수 있게 만든 시간의 황
폐화는 완파된다. 베케트가 말하듯, 시간은 "죽음의 한 도구이기 때문
에 부활의 한 조건이" 될 수 있다.[15]

　서사예술 작품은 허구일 수 있지만, 그렇다고 우리가 그것을 그냥
지어낼 수 있는 건 아니다. 그와는 반대로, "그것은 우리보다 앞서 존
재하므로, 우리는 그것을" 우리 안에서 "발견할 (…) 수밖에 없
다".(3:915) 이것은 그리 쉬운 일이 아니다. 보통 우리의 내적 본성은

"영원히 우리에게 미지로" 남아 있다. 우리는 모름지기 세상 그 무엇보다도 귀중히 여겨야 할 "진정한 삶의, 우리가 있는 그대로 느끼는 현실의 발견"을 회피한다.(3:915) 우리는 자신의 내면을 들여다보지 못하고, "현실이 우리에게 구술해온 유일한 것"(3:914)인 "미지의 상징들에 관한 내면의 책"(3:913)을 읽어내지 못한다.

우리가 보지 못하는 것은 그 과업이 외롭기 때문이다. 이 내면의 책의 암호를 푸는 것은 "아무도 우리 대신 해주거나 심지어 도와줄 수도 없는 창조의 행위"다.(3:913) 우리는 거의 늘 자신으로부터 고개를 돌린 채 거창한 변명들을 잔뜩 지어낸다. 거대한 공적 사건들에 참여하고, "정의의 승리"를 추구하고, "국가의 도덕적 통일성을 되찾느라"(3:913) 바쁘다면서. 그렇지만 자신의 삶을 문학으로 바꾸어놓는 예술가에게는 그렇게 할 자유가 없다.

우리는 진정한 느낌을 자신에게서 감추기 위해 삶이라고 잘못 부르는 언어적 개념들과 실제적 목표들의 전체 더미 아래에 그것을 질식시키며 매 순간 허영과 열정과 지력과 또한 습관을 동원해 자신에게서 눈길을 피한 채 매일의 삶을 살아가지만, 이 작품, 물질과 경험과 언어 밑에 놓인 다른 무언가를 알아내려는 예술가의 이 투쟁은 그것과는 정반대 과정이다.(3:932)

그 예술가에게 있어 괴롭고 즐거운, 좋고 나쁜, 고귀하고 저열한, 경솔하고 진지한, 게으르고 부지런한 거의 모든 경험은 그 창조적 방아로 빻을 곡식이 될 수 있다. 진정 경험으로부터 일반적인 깨달음,

즉 예술의 목표와 구원의 목적을 추출하려 한다면, 우리는 가능한 한 많은 경험을 하고 가능한 한 많은 고통을 겪어야 한다.

그렇지만 우리는 때가 무르익기 전에는 그 서사가 어떤 형태를 띨지, 그리고 그것이 우리의 경험들과 어떻게 연관될지 알 수 없다. 키르케고르의 말을 바꿔 말하자면, 우리는 삶을 오로지 앞으로만 살고 뒤로만 이해할 수 있다.[16] 그리하여 마침내 '잃어버린 시간을 되찾는 유일한 수단은 예술작품'이라는 사실을 깨달았을 때, 화자는 그때까지 겪은 경험에 관해 이렇게 말한다.

> 나는 그들의 운명적인 목적이나 심지어 그들의 지속적인 존재를 알지도 못한 채 그들을 축적했었다. 씨앗 하나가 제 몸 안에 한 식물을 먹일 그 모든 영양분을 담은 물질들의 저장고를 만들 때 그러듯이 (…) 나는 그 사실을 알지 못한 채 그 식물을 위해 살았다는 사실을 깨닫기 시작했다. (…) 그리하여 오늘날까지 내 일생은 어쩌면 이런 제목으로 요약될지도 모른다. 하나의 소명.(3:935~936)

이렇게 총계를 낼 수 있으려면, 우리는 우리의 사랑들로부터 "그것이 얼마나 우리를 다치게 하든"(3:933) 자신들을 풀어내어, 그리하여 우리 각자가 우리의 사랑으로부터 일반적 형태를 움켜쥐고 "이 사랑을, 이 사랑의 이해를, 단순히 우리의 연속된 첫 자아가, 그다음에는 다른 자아가 영원히 결합하고 싶었던 처음 한 여자에게, 그리고 또 그다음 여자에게 하는 식으로 주는 것이 아니라 모두에게, 우주의 영혼에게 줄 수 있어야 한다".(3:934)

플라톤식 상승에서 그렇듯, 우리의 애착은 반드시 특수에서 보편으로 움직여야 한다. 사랑하는 대상에의 개입은 어떤 형태를 띨지라도 다시금 동일한 고통을 촉발할 것이다. 그런 욕망의 만족을 추구하는 심리는 다음과 같다.

앞으로 곧장 걸어감으로써 수평선에 도달하려는 시도만큼이나 순진하다. 욕망이 더 앞으로 나아갈수록 진짜 소유는 더 멀리 뒷걸음질친다. 그러니 만약 행복, 적어도 고통의 부재를 발견하는 것이 가능하다면, 사람이 추구해야 하는 것은 욕망의 만족이 아니라 단계적 축소, 그리고 결국에는 소멸이다. 우리는 사랑하는 대상을 보기를 추구하지만, 보지 않으려고 노력해야 한다. 건망증만이 욕망의 최종적 소멸을 가져온다.(3:458)

우리는 쇼펜하우어에게서 플라톤적 상승의 이 특정한 형태를 알아보는데, 쇼펜하우어 역시 완전히 만족시킬 수 없는 한 폭압에 대한 가장 영리한 반응은 욕망을 잠재우는 것이라고 본다. 그렇지만 프루스트의 화자는 이 위대한 금욕주의자보다도 더 음울하다. 그는 우리가 근본적으로 혼자라고 주장하는 듯하다. 열정적 사랑에 좌절했을 때 우리를 위로해줄 수 있는, 인간들과의 다른 형태의 친애는 존재하지 않는다. 아가페나 쇼펜하우어가 찾는 그런 종류의 공감은 존재하지 않는다. 어째서? "우리 자신들과 다른 사람들 사이의 끈은 오로지 우리 마음속에만 존재하니까."

기억이 흐릿해질수록 그 끈은 느슨해지고, 우리가 아무리 그 망상에 속고 싶어해도, 그리고 사랑, 우정, 정중함, 존중, 의무감에서 그 망상으로 남을 속여도, 우리는 홀로 존재한다. 인간은 자신으로부터 도망치지 못하는, 오로지 자신 안에서만 타인을 아는 존재이고, 그렇지 않다고 우기는 사람은 거짓말을 하고 있는 것이다.(3:459)

17
사랑을 다시 생각하다

사랑은, 거의 그 역사 내내 대척점들에 대한 집착에 사로잡혀 있었다. 사랑은 이기적이거나 자기희생적, 둘 중 하나다. 독점적이거나 순종적이거나, 망상을 지어내든가 진실을 추구하든가, 조건적이거나 무조건적이거나, 변덕스럽거나 지속적이거나, 환상에서 생겨났거나 현실을 보는 탁월한 창이거나. 그리고 어떤 경우든 사랑은 문제적인 성질들의 정점으로, 패러다임으로 여겨진다.

대부분의 사람들, 특히 루터 이후의 사람들에게 진정한 사랑은 이들 각 대립항의 오른쪽이다. 자기를 내어주기, 진실 추구하기, 순종, 무조건성, 지속성. 한편 (애초에 사랑이라고 부를 수 있다면) 그보다 못한 사랑은 왼쪽이다.

한편 그와는 대조적으로 소수의 반란자들은 모든 진정한 사랑, 특히 성애적 만족을 지닌 사랑은 불가피하게 이기적이고 독점욕이 강하며 변덕스럽다고 주장한다. 오비디우스는, 적어도 그의『사랑의 기술』에서는, 힘과 쾌락과 유희로 누리는 사랑의 기쁨을 찬양한다. 니체는 그것을 한층 공격적으로 되풀이하면서, 이타심을 공포와 원한에 지쳐버린 영혼의 병증으로 폄하한다. 프로이트와 프루스트의 화자 같은 '염세주의자들'은 사랑에서 불가피하게 결핍과 환상과 파국을 보지만, 그래도 이 지점까지는 주류와 함께 있다. 이런 성질들은 엄청난 고통과 실망을 낳는다. 사랑에서 에너지와 생각을 위한 원료, 예술과 자기창조와 더불어 희극성과 기쁨 역시 보는, 특히 프루스트 같은 이들도 있긴 하지만, 그들은 서로와의 관계에서 우리가 그토록 간절히 원한다고 주장하는 불변성과 이해와 친애를 우리 스스로 가로막는다는 것을 믿어 의심치 않는다.

선과 악, 낙천과 비관이라는 마니교식 대립항들의 관점에서 세계가 그려지면, 그것은 이데올로기의 영역이 된다. 내 경험은, 어쩔 수 없이 인상주의적이긴 하지만, 우리 시대가 단순히 이 수세기나 된 이데올로기를 유지하기만 하는 것이 아니라 명확히 루터와 그의 후계자들 진영에 속해 있다는 것이다(종교를 믿는 사람들과 무신론자들, 형이상학자들과 박물학자들 모두가 불만 없이, 그리고 아마도 의식도 못한 채 이 진영에 속할 것이다). 특히, 그들은 진정한 사랑을 무조건적이고 지속적이고 이타적인 것으로 본다. 그리고 이런 기대들이 깨지면 그토록 많은 희망을 쏟아부었던 사랑하는 대상들을 지독히 원망하면서, 그리고 사랑을 잔인하거나 불가능한 것으로 평가절하하면서 쉽사리 반대편 극단으로 넘어간다.

이 책의 첫 장에서는, 그런 잘못된 기대를 품지 않으면서 그들이 다루는 대상에 그릇된 이분법을 덧씌우지도 않는 사랑의 한 이론, 즉 사랑이 무엇인가에 관한, 무엇이 사랑을 불러일으키고 유지하는가에 관한 이론을 제시했다. 결론에서는 이 이론의 몇 가지 핵심 요소들, 여기까지 오는 동안 그 대부분을 이미 보아온 요소들을 제시할 것이다. 그러나 그렇게 하기 전에, 이런 기대들이 얼마나 기독교 전통에 흠뻑 젖어 있는지, 그리고 우리의 이 세속적인 시대가 얼마나 그것을 고수하고 심지어 심화하는지 다시 한번 떠올려보아도 좋으리라.

환상 1: 사랑은 무조건적이다

성경의 뒷받침이 충분치 않은데도, 기독교는 그 대상이 하느님이든 서로이든 인간들이 조건 없이 사랑할 수 있다는 생각에 다음과 같은 명확한 논리를 제공한다(심지어, 내가 7장에서 주장했듯, 그 논리에 오류가 있는데도 말이다).

(i) 신은, 정의상, 전적으로 독립적이다. 따라서 하느님을 제외한 그 무엇도 그분의 사랑의 행위(창조 같은 사랑의 행위, 이스라엘과의 계약, 그리고 예수가 인간으로 태어나 희생된 것)에 조건을 지울 수 없다.

(ii) 인간의 진정한 사랑은 모두 하느님에게 의존하며 하느님을 모방하는 것이다(그 방식과 정도에 관해서는 의견이 크게 엇갈린다).

(iii) 따라서, 인간의 진정한 사랑은 모두 반드시 무조건적이어야 한다.

신의 사랑을 인간 사랑의 모델로 삼으려는 포부는 이미 기독교의 두 주요 원전 모두에서 찾을 수 있다. 우리는 하느님의 방식을 흉내내라는 구약성경의 명령에서 그 생각의 배아를 본다. "나 야훼 너희 하느님이 거룩하니, 너희도 거룩한 사람이 되어라".(레위기 19:2) 또한 사랑하는 이가 신과 같은 사색의 상태로 상승하는 것을 그리는 플라톤의 우화에서도 마찬가지다. '하느님은 사랑이시다'(요한일서 4:8, 16)라는 공식에서는 그것이 가늠할 수 없을 정도로 강해지는 것을 볼 수 있는데, 왜냐하면 하느님이 사랑이라면, 하느님 본받기는 틀림없이 하느님이 사랑하듯 사랑한다는 이상과 깊이 관련되어 있을 터이기 때문이다.

주목할 점은, 심지어 현대의 철학자들조차 철저히 세속적인 맥락에서 사랑에 관해 이야기할 때조차 조건 없는 사랑이라는 주문을 반복한다는 것이다. 예를 들어 어빙 싱어는 사랑을 "조건에 대한 반응이 아니라 사랑하는 이의 자발적인 선물"이며 "사랑의 대상의 좋음에서 비롯되지 않는" "증여"라 할 수 있다고 이야기한다.[1] 이것은 주류 기독교 전통이 하느님의 아가페 사랑을 묘사할 때 사용하는 바로 그런 종류의 언어이지만, 그렇기 때문에 그 필수적인 맥락에서 떨어져나왔을 때는 자칫 의미를 잃어버릴지 모를 언어이기도 하다.

왜냐하면 사랑은, 인간의 다른 모든 것과 마찬가지로 조건적이기 때문이다. 여러분이 어떤 종교를 믿고 있어서, 그에 따라 하느님의 은혜가 사람들로 하여금 신과 같은 방식으로 사랑할 수 있게 해준다고 주장한다면, 그럴 경우 '무조건적인 사랑'이라는 개념은 적어도 신학적인 의미에서는 말이 된다. 그러나 그것은 근본적으로 인간 사랑의 본질에 속하지 않을뿐더러, 현실에서는 불가능한 기대라는 함정을 관계들에 심어놓고 만다.

환상 2: 사랑은 영원하다

신의 사랑을 인간 사랑의 전범으로 삼는 것은, 또한 진정한 사랑이라면 본질적으로 하느님의 사랑처럼 지속적이어야 하고, 어떤 의미에서는 심지어 영원해야 한다는 망상을 낳는다. 이런 생각에 따르면, 만약 인간 사랑이 약해진다면 그것은 애초부터 사랑이 아니었다. ("사랑은 사랑이 아니어라/ 변화를 마주쳐 변화한다면.")

그렇지만 인간은 하느님이 아니다.

인간에게 진정한 사랑은 오로지 사랑하는 이가 그 대상에게서 자신의 사랑을 불러일으키는 최고의 좋음을 보는 동안만 지속될 것이다. 그에게 그 좋음이 무엇이든 간에 말이다. (토마스 아퀴나스는 심지어 인간이 하느님을 사랑하는 것에 관해서도, 하느님이 좋지 않다면 우리가 그분을 사랑할 이유가 하나도 없으리라고 말한다.) 게다가 사랑은 오로지 사랑하는 이가 그 대상에게, 사랑의 가장 큰 덕목이자 사랑이 발전하기 위한 전제조건인 몰두를 유지할 수 있는 동안만 지속될 것이다. 또 어쩌면 아리스토텔레스가 우리에게 일깨워주듯, 사랑하는 이들이 사랑의 잠재력을 실현하려면 반드시 필요한 삶의 공유, 삶의 대화를 발전시킬 때에만 지속될 수 있을 것이다. (돌이켜보면 아리스토텔레스는 사랑이 죽을 수 있음을 분명히 인정한 얼마 안 되는 사상가에 속한다.)

그렇지만 경청은 강력하지 못해서 저도 모르는 새 부주의한 습관에 굴복한다. 진정한 사랑은 지속되기 어렵다. 우리가 항구적이라고 생각하는 무엇은 단순히 습관, 베케트의 말에 따르면 "따분한 불가침성의 확약"일 때가 잦다.

습관의 뛰어난 재능은 우리가 이 자기기만을 계속 깨닫지 못하게 만드는 것이다. 우리는 우리가 관계 안에서 친밀하고 마음 편한 조화를 찾아냈다고 상상하고, 서로의 프로젝트를 지지하고 참여한다. 그렇지만 우리는 그저, 이 비밀스러운 상호용인 자체가 우리 친애의 표지처럼 보이는 암묵적인 법칙들에 기대는 어중간한 상태에 있을 뿐이다. 습관은 심지어 우리로 하여금 습관 자체의 본성을 착각하게 만든다. 습관이 실용적이고 현실적이라고 확신하게 만드는 것이다. 그렇지만 우리를 환상에 묶어두는 것은 망상들의 사슬이다. "개를 자신의 토사물 근처에 매어두는 바닥짐"처럼.

환상 3: 사랑은 이타적이다

이타적인 사랑을 가장 진정한 사랑으로 여기는 진영에 루터와 니그렌 같은 종교사상가들만 있는 것은 아니다. 우리는 여기서 쇼펜하우어 같은 무신론자나 해리 프랑크푸르트 같은 현대 철학자도 보게 되는데, 프랑크푸르트는 사랑의 가장 근본적인 것이 "그 대상의 행복이나 번영을 바라는 이타적 관심으로 이루어진다"[2]고 주장한다. 이는 기독교 전통이 강조하는 이타주의의 세속적 형태지만, 그러면서도 이타적인 사랑이라는 개념이 성립되려면 필요한 신학은 배제하고

있다.[3]

그렇지만 다른 이의 현실을 세심하게 들여다보기, 그녀의 적법한 위치와 그것이 제기하는 요구에 따르기, 제2의 자아로 여기는 그녀에게 헌신하기와 같은 참 사랑의 미덕들은 침착함과 우리 자신의 번영에 대한 관심과, 그리하여 가장 발달된 형태의 자아를 요한다. 이런 덕목들은 자아가 주어진 임무들에 인식의 힘과 개입 의지를 최대치까지 쏟아부어 달성해낸 위업이다. 그것은 사랑이 너무나 미래지향적이어서, 대체로 알 수 없고 예측 불가능한 진화하는 삶과 지속적 관계를 맺는 것이기에 특히 그렇다.

어쩌면 하느님의 사랑은 욕구와 관심의 자극을 받지 않아도 가능할지 모른다. 그렇지만 여기서 다시금 우리는 신의 사랑을 인간 사랑의 전범으로 삼는 것의 어리석음을 본다. 특히 이 모델이 유일한 근거인 종교적 맥락으로부터 떨어져나갔을 때는 심지어 우상숭배까지 보게 된다.

비록 이런 세 가지 환상은 종교적 사상과 실천에서 나온 사랑의 모델에 의존하지만, 나는 이 책 전체에 걸쳐 종교의 권위가 기울 때 오히려 이 모델이 더욱 지배적이 된다는 사실을 지적해왔다. 심지어 계몽주의 이래로는 대체로 종교적인 이들조차 자연적 사건을 설명하고 미덕을 규정하고 집행하는 데에서, 그리고 정치와 교육에서 종교의 역할이 점점 줄어드는 것을 인정해왔다. 그 하락세가 더 가팔라지면서, 남녀를 막론하고 사람들은 그들의 사랑이 하느님이 남긴 공백을 갈수록 더 차지하기를 기대해왔다. 그리고 한때 하느님의 것이었던 사랑하는 힘을 인간 본성에 귀인하면서, 종교적 전통들이 고수하는, 그리고 '은총' 같은 개념들이 힘을 실어준 겸손과 인내심을 밀어내버렸다.

그간 이 신적인 역할을 한 공동체나 민족이나 국가나 인종적 집단에 떠맡기려는, 그리고 이것들을 그 구성원의 사랑의 가장 큰 근원이자 초점으로 만들려는 우상숭배적이고 때로는 끔찍한 시도들(특히 나치즘의 총통과 독일민족 숭배)이 이루어졌다. 비록 그 집단은 결국 한 인간의 내적 본성과의 친애를 달성한다는, 또는 지위와 사회적 인정을 향한 갈망에 오염되지 않은 한 진정한 개인성을 되찾거나 발견한다는 압도적인 도덕적 가치와는 경쟁이 되지 못했지만 말이다. 18세기 이래로, 그리고 어느 정도는 루소 덕분에(그의 사상의 집산주의적 경향에도 불구하고), 사랑은 도덕적 가치를 향한 이 특정한 탐색에서 갈수록 중요한 역할, 즉 무너지고 영적으로 결핍된 집산적 정체성 속에서도 우리가 저마다 진정한 존재가 되는 데 이바지하는 역할을 맡아왔다.

개인주의가 확산되는 만큼 사랑의 위상이 더 높아진다는 것은 틀림없다. 우리 정체성이 정치, 종교, 국가, 혹은 공동체에 대한 충성심에서 더 독립적이 될수록, 우리는 소속감의 궁극적 근원이자 표식을 찾아 더욱 사랑에 의지한다. 이전 시대 사람들이 교회나 국가에 충성심을 과시했듯이 오늘날 사람들은 이 사랑이라는 표식을 열심히 과시한다. 그리고 사랑에서 영혼을 구원받기 위한 세속의 여정을, 의미와 자유의 궁극적 기원을, 최고의 가치 기준을, 정체성 문제를 푸는 한 열쇠를, 뿌리 없음을 깨달은 자의 위안을, 세속을 지향하는 동시에 세

속을 초월하려는 욕망을, 고통으로부터의 구원을, 그리고 영원의 약
속, 또는 동시에 이들 모두를 더 많이 기대할수록 우리는 더욱 개인주
의적이 된다.

간단히 말해, 사랑은 과부하되어 있다.

그렇지만 성스러움은 헐값에 얻을 수 없다. 아브라함, 모세와 하느
님 사이의 언약, 설령 이따금씩 백성에게 공포를 안기더라도 온 힘을
다해 자신을 사랑하라는 계명, 이스라엘과 하느님의 굴곡진 관계, 그
리고 (신약에서 보듯) 잔인하고 굴욕적인 죽음으로 자신의 아들을 희
생시킴과 더불어 서양의 사랑이 시작되었다는 사실은, 우리에게 고통
을 견디는 인내심과 수양과 상실이 최고의 사랑의 표식임을 경고한
다. 드니 드 루주몽이 주장하듯 사랑이 장애물 그 자체를 위해 장애물
을 찾으려 하기 때문이 아니다. 사랑의 목표는 손에 닿지 않고(이 책
에서 우리가 접한 사랑에 관한 거의 모든 정의가 그렇게 말한다), 사
랑의 야심은 너무 조급하고, 그리로 가는 길은 너무 험난하기 때문이
다. 이스라엘 백성이 하느님과의 관계에서 깨달았듯, 이 야심은 한낱
인간들을 압도하고도 남는 공포와 더불어 기쁨을 일깨울 것이다.

그것이 여전히 우리의 처지다. 한낱 인간들. 사랑은 하느님이 인간
을 사랑한다고 하는 방식이 아니라 인간이 하느님을 사랑하도록 명령
받은 방식을 전범으로 삼아야 한다. 하느님과는 달리, 모든 인간의 행
위는 철저히 조건적이고 이기적이고 시간에 얽매이며, 예측 불허로
뒤바뀌는 운명과 취약성의 한가운데에서 굳건한 자아를 구축하는 것
을 핵심으로 한다. 그리고 우리는 하느님에게는 없는 가장 절실한 요

구를 가지고 있는데, 실상 그 요구 때문에 하느님을 발명했다 해도 과언이 아니리라. 우리 존재의 터전(이라고 우리가 여기는 것)과 결합하겠다는 요구, 우리 삶이 무너뜨릴 수 없이 안정적이고 생기 있으며 닻을 내리고 있다고 느끼고자 하는 요구, 고향을 찾고자 하는 요구다. 이들은 모두 '존재론적 정착'을 말로 표현해보려 하는 방식들인데, 그것들을 찾으려 하는 것은 결국, 1장에서 처음 제시했듯이, 사랑의 본질을 찾고자 하는 것이다.

사랑과 고향을 향한 탐색

사랑은 우리 안에 존재론적 정착의 경험이나 희망을 일깨우는 사람들(혹은 사물들)에게 우리가 느끼는 황홀이다. 우리 존재와 그들 존재 사이의 필연적인 관계를 향한 오랜 탐색을 촉발하고 지속시켜주는 황홀. 우리는 그들 존재 그 자체를 터전으로, 또는 터전을 찾게 될 거라는 약속으로 체험하는데, 왜냐하면 그들이 우리의 가장 근본이라고 생각하는 무언가를 수용하고, 인정해주고, 메아리쳐주고, 든든한 정박지를 제공하는 것처럼 보이기 때문이다. 그들의 존재는 우리의 기원을, 그리고 그들이 우리에게 부여하는 힘, 취약성, 민감성과 운명을 아우른다. 그리고 그들의 존재는 순수하게 개인적이기는커녕, 우리가 부모와 사회와 또래로부터 흡수하는 전범들로부터 깊은 영향을 받아 형성된다.

더러 사랑의 대상이 실제로 우리와 공통된 기원을 가졌을 수도 있다. 그렇지만 꼭 그래야 하는 건 아니다. 중요한 것은, 그들의 존재가 우리에게 더 이전에 경험했던 안도감의 근원들을 상징하거나 발전시킨다는, 그리고 우리와의 존재론적 대화에 열려 있다는 점이다. 이 대화는 이러한 초기의 안도감의 근원들을 일깨우고, 우리 존재에 '죽음같이 강하게'(아가서 8:6), 소멸의 공포만큼 강하게 느껴지는 생생함과 현실을 주입한다.

그렇다면 사랑이 이토록 혼란스러울 수 있다는 사실에 놀랄 것도 없다. 사랑의 목적, 즉 터전을 잡음, 정착, 고향에 있음은 규정하기 어렵다(비록 '아름다움'이나 '좋음'이나 '진실함'이나 '완전함', 즉 현재까지 사랑의 대상과 영감에 관한 서양의 사상을 지배해온 개념들보다 반드시 더 어려운 것은 아니지만). 우리는 우리가 그런 정착의 느낌을 누린 적이 있는지조차 확신할 수 없다. 그것은 다른 면에서는 우리와 거의 관련이 없는 무척 다양한 사람들(그리고 사물들)에 의해서도 일깨워질 수 있다. 타인에 대한 우리의 기대에 명확성을 부여하려 안달하고, 무엇이 바람직하며 무엇이 그렇지 않은가에 대한 지배적인 이미지들에 강한 영향을 받는 우리의 상상력은, 저 멀리서 사랑의 낌새가 피어오를 때 즉각 우리에게 터전이 되어줄 것 같은 이들을 이상화하고, 그렇게 하지 못하는 이들로부터는 뒷걸음질치게 만드는 작업에 착수한다.

그 결과, 우리는 우리의 정착의 근원이 될 법한 누군가를 알아보는 데 굼뜨다. 그리고 이 유독 포착하기 어려운 힘에 복종하는 데는 더욱 그렇다. 사랑의 대상이 그런 근원이라는 우리의 믿음은 결코 착각일 수 없다. 비록 그 약속이 어디까지, 얼마나 믿음직하게, 그리고 어떤 방식으로 실현될 것인가 하는 것들은 크게 착각할 수 있다 해도. 그리고 물론 우리의 사랑이 보답을 받을지, 그리고 어떻게 받을지에 관해서도.

열정적이지만 사랑은 아닌 애착

그와는 대조적으로 우리는 존재론적 정착의 약속을 일깨우지 못하는 누군가와는 사랑에 빠지지 않을 것이다. 그녀가 아무리 아름답고 선해도, 우리가 다른 면에서는 아무리 서로에게 너그럽고 공감하고 서로를 위하고 동정하고 보호하려 하거나 존중해도, 서로의 삶과 과제에 아무리 관심이 있어도, 같은 가치를 아무리 많이 가지고 있어도 말이다.

이런 자질들은 그 자체로 사랑을 일깨우지 않기 때문이다. 일단 사랑이 불붙고 나면 그것들은 자연적인 반응으로 나타나지만, 그리고 분명히 연인들이 함께하는 삶을 기쁨과 조화와 매혹으로 풍요롭게 채우지만, 사랑이 근본적으로 추구하는 대상은 아니다. 우리는 그 모든 것을 우리에게 베푸는 누군가에게는 끝끝내 냉담하게 굴면서 그렇지 않은 다른 사람을 사랑할 수 있다. 사실 숱한 사랑의 불행이 바로 이 때문이다.

존경 역시 사랑을 일깨우는 데에 보기보다 덜 중요하다. 우리는 모두 우리에게 무관심하거나 우리를 경멸하는 사람, 혹은 우리에게 있어 존재론적 의미 외에 별다른 가치가 없는 사람과 사랑에 빠질 수 있다. 이는 비뚤어지거나 어리석은 짓이 아니다. 타인에 대한 존경심은,

비록 일시적으로 그렇게 보일지 몰라도, 우리의 터전이 되어 줄 수 없다. 존경심만으로는 우리 삶이 안전하고 생생하다는 느낌을 결코 가질 수 없기 때문이다. 우리는 늘 그 이상을 원한다.

그리고 이는 우리가 서로를 얼마나 많이 존중하고 높이 사는가를 기준으로 사랑의 관계가 지닌 힘을 평가하는 것이 그토록 위험한 이유이기도 하다. 이런 오류는 우리가 우리 연대의 회복력을 착각할뿐더러, 또한 존경심이 그 연대를 더 강화해줄 거라고 기대하게 만든다. 그리고 그렇게 되지 않으면 더욱 많은 존경심을 갖도록 노력하게 한다. 이조차도 통하지 않으면 그 진정성을 의심하게 만든다. 그렇지만 존경심에 의지해 사랑을 강화하려 하는 것은 엉뚱한 곳을 찾아 헤매는 격이다.

이것은 또한 사랑의 핵심이, 우선, '사람 전체'에 가치를 두거나, 또는 그 대상의 모든 핵심 자질과 과제들을 포함해 '그녀의 완전한 독특함'에 가치를 두는 것이 아니라는 뜻이기도 하다. 클리셰를 빌리자면 한 사람 전체를 '그녀 자체로' 사랑하는 것 역시 핵심이 아님은 물론이다. 심지어 그녀를 좋아하느냐조차 핵심이 아니다. 아무리 우리가 그녀의 자질들인 섹슈얼리티, 아름다움, 예술적 기교, 관심사, 다정함을 욕망한다 해도, 우리가 진정 굳건한 관계를 맺고 싶은 이유, 즉 우리에게 존재론적 정착의 약속을 들려주는 그녀 존재 안의 그 수수께끼 같은 알맹이의 대용품으로 그녀의 자질들이 제공되는 거라면, 또는 그 알맹이를 내주지 않기 위해 제공되는 거라고 상상한다면, 우리는 그녀의 자질들이나 과제들을 난폭하게 거부할지도 모른다.

사랑의 원인이 아니라 결과로서의 아름다움

육체의 아름다움이든, 영혼이나 인성의 아름다움이든, 아름다움이
사랑을 일깨운다는 생각이 진리가 된 것은 이런저런 탈을 쓴 플라톤
사상의 힘 덕분이다.

그렇지만 이것이 정말 사실일까?

우리는 분명 우리가 아름답다고 느끼는 모든 이와 모든 것을 사랑
하지 않고, 심지어 우리가 가지지 못한 모든 아름다움을 사랑하지도
않는다. 아름다움을 사랑의 진정한 대상으로 보는 플라톤의 생각은
'사랑'이라는 단어의 쓰임에서 엄청난 인플레이션을 부추겨왔다. 그
것은 우리가 그 말을 할 때 의도하는 바와, 우리가 언제 진정으로 그
것을 느끼는가에 관해 혼동을 일으키는 데에 한몫했다. 한편 대부분
의 경우에 실제로 일깨워지고 있는 것은 다른 형태의 친애, 존중, 헌
신, 소유욕과 애착 같은 것들이다. 사랑의 존재론적 관계와 동기를 결
여한 형태들.

분명 우리는 추한 것 역시 사랑할 수 있다. 그 이유는 그것이 추해
서가 아니라 우리를 무언가 원시적인, (우리) 삶의 무언가 세속적으
로 필수적인 부분과 접촉하게 해주기 때문이다. 이는 '추한 것에서 우
리가 보는 아름다움'과는 다르다. 예를 들어 베르크의 오페라 〈보체크
Wozzeck〉•에서 그 무언가를 발견하고 사랑하는 것은 말이 된다. 또한

• 1925년작으로, 정부를 살해한 죄로 공개처형당한 실존 인물을 주인공으로 내세워 사회의 부
조리를 그렸다.

리하르트 슈트라우스의 음시tone poems●를 말할 수 없이 아름답다고 느끼되 사랑하지 않는 것 역시 말이 된다. 암울하고 거칠고 천한 무엇은 음시에서는 전혀 느낄 수 없는 강력한 존재감을 발휘할 수 있다. 어째서인지는 모르지만 음시에는 오히려 우리가 그 강력한 존재감을 느끼지 못하게 가로막는 무언가가 있는 듯하다.

이것은 사랑과 아름다움 사이의 관계가 플라톤의 생각과는 반대임을 말해준다. 사랑의 대상에서 아름다움, 또는 좋음을 찾는 것은 사랑의 원인이라기보다는 결과에 속한다. 터전의, 뿌리의, 그리고 고향의 약속이 일깨우는 황홀은 우리가 그 근원을 아름다움으로, 그리고 좋음으로 체험하도록 만들 것이다(진정 황홀은 아름다움에 대한 판단과 동일하다). 그렇지만 우리가 아름답거나 선하다고 느끼는 모든 사람이나 사물이 우리에게 그 약속을 들려주지는 않을 것이다.

무엇이 사랑을 일깨우는가 vs. 무엇이 사랑을 발전시키는가

그러니 (플라톤과 프루스트처럼) 소유욕이 사랑의 일부라고 말할 때, 혹은 (유대교, 기독교의 다양한 전통과 그들의 세속적 후계자들처럼) 사랑하는 태도를 수용이나 받아들임, 복종이나 자기희생, 연민이나 공감, 인내심이나 자아의 비움으로 규정할 때, 또는 (루소, 쇼펜하우어, 그리고 많은 다른 이들처럼) 사랑은 그 대상을 이상화하거나 (아리스토텔레스와 몽테뉴처럼) '제2의 자아'로 동일시하는 것이라고

● 교향시라고도 하며, 시나 회화 작품을 모티프로 해서 만들어진 관현악 작품을 말한다.

말할 때, 우리는 주객이 전도되지 않도록 주의해야 한다. 사랑은, 일단 존재론적 정착의 약속으로 일깨워지면 이런 감정들을 끌어낸다. 그렇지만 사랑이 곧 그것들은 아니다.

확실히 이런 감정들은 사랑의 핵심적인 미덕들을 드러낸다. 그리고 (자신에게서 도망치기 위해 다른 사람의 삶에 들어가려는 욕망이나, 예를 들어 동정심이나 굴복이나 수용을 통해 타인을 조종하려는 욕구 같은) 다른 동기들에 의해 왜곡될 때, 사랑은 그 핵심적인 악덕들을 드러낸다. 일단 우리 안에서 사랑이 불붙은 후에는, 소유나 복종, 자기희생이나 이상화를 통해 사랑하는 대상과의 친애를 확보하고 표현한다. 이런 행위는 사려 깊게 갈고닦는다면, 사랑의 대상들로 인해 우리 안에 파괴할 수 없다고 느껴지는 한 터전의 황홀한 희망이 깨어난 뒤에는, 우리가 그 대상들과 안정적 관계를 맺는 데 필요한 조건이 된다. 이런 행위는 사랑하는 이에게 관심을 집중할 때 나타나며, 대상과 성공적으로 관계 맺기 위해서는 끊임없이 발전적으로 갈고닦아야 하는 것들이다. 진정 플라톤에서 음유시인들, 그리고 루소에 이르기까지 사랑의 수많은 혁신가들이 지적했듯, 사랑의 핵심 덕목은 배우고 수련할 필요가 있다.

왜 사랑은 결핍되었으면서도 도구화되지 않는가

지금까지 내 주장에 따르면, 사랑은 바로 이 한 가지 점에서 모든 다른 열정적 애착들과는 다르다. 그 대상이 일깨우는 존재론적 정착에 초점을 맞춘다는 점, 그리고 사랑을 발달시키고 깊어지게 만드는 대화의 성격이 존재론적이라는 점이다.

그것이 낭만적 사랑이든, 아니면 자식이나 형제나 부모를 향한 사랑이든, 아리스토텔레스가 묘사한 완벽한 우정이든, 아니면 심지어 자연, 예술, 돈, 지위, 포도주, 그리고 우리 감정에 응답할 수 없는 다른 사물들을 향한 것이든 마찬가지다. 이런 관계들에 숨을 불어넣는 사랑은 아예 종류가 다른 것이 아니라, 그저 세계 내에서 우리 존재의 정착을 체험해야 한다는, 그리고 따라서 우리를 긍정해주는 반향을 찾아야 한다는 똑같은 요구를 다른 방식으로 표현하는 것일 뿐이다. 이런 의미에서 사랑이 아무리 많이 내어주고 함께 나눈다 해도, 그 어떤 감정도 사랑보다 더 궁핍할 수 없다. 그리고 사랑은 다른 어떤 감정보다도 더 조건에 구애된다. 궁핍하거나 조건적이라고 해서 사랑을 거부하는 것은 사랑 자체를 거부하는 것이리라. (소크라테스는 사랑이 늘 가난하고 궁핍하다고 아주 흥미롭게 보고한다.)

이 모두는 지독히도 냉혹한 이야기처럼, 마치 사랑의 대상을 그저 심오한 필요를 충족시키기 위한 단순한 도구로 여기는 것처럼 들릴지 모른다. 하지만 이것은 전혀 사실이 아니다. 타자, 또는 그보다 우리의 타자와의 관계를 우리 존재의 터전으로 체험하려면 우리는 그의 존재 안에서 그를 우리와 완전히 별개인 존재로 보아야 한다. 그 본질상 우리의 확장판이 아니라, 그 개별성에 주의하며 관심을 쏟아야 하는 한 고향의 근원으로서. 신도가 하느님의 궁극적 독립성을 믿지 않는다면 하느님을 존재론적 터전으로 의지할 수 없듯이, 그 대상이 손에 넣을 수 없는 존재로 체험되지 않는다면 모든 사랑은 무산될 것이다. 다른 누군가의 존재로 인해 속속들이 고향에 있는 듯한 기분을 느낀다는 것은, 그 본질상 도구적일 수 없는 체험이다. 그리고 그를 조금이라도 어떤 목적을 위한 수단이라는 식으로 생각한다면 그 체험은 즉각 위태로워질 것이다. 사랑의 대상은 우리와 하나인 동시에 낯선 것처럼 느껴지는데, 친숙하면서도 잡히지 않는다는 그 불안한 조합은 사랑의 전형이다.

그렇지만 사랑이 도구화되지 않는 데는 다른 이유도 있다. 일단 존재론적 정착의 약속에 자극받으면 우리는, 사랑이 발달할 수 있는 건강한 상황에서 사랑하는 대상에게 압도적인 기쁨과 감사와 너그러움으로, 강렬한 애착과 헌신으로 자신들을 열어젖히고, 그들의 요구와 행복과 계획에 아낌없이 관심을 쏟고, 우리의 삶과 그들의 삶을 함께 엮으려는 욕망에 온 마음이 사로잡히기 때문에, 그때 가서는 우리와 그들과의 관계가 철저히 무조건적으로 보일 것이다.

그리고 그저 무조건적으로 보이기만 하는 것이 아니다. 더는 조건이 없어도 그들을 사랑할 수 있을 정도로까지 무조건적일 테고, 그들이 그 어떤 일을 하건 우리의 사랑이 죽는 일은 없을 것이다. 아무리 그들이 우리에게 해롭거나 무심하거나 야비하게 굴거나 앙심을 품은 것처럼 보여도, 우리의 사랑은 거의 영향을 받지 않을 것이다. 그리고 아리스토텔레스와는 반대로, 헤어짐에도, 불신에도, 그들의 뛰어난 성품이 변해버린 것에도 영향을 받지 않을 것이다. 그들이 우리 안에서 더는 존재론적 정착의 희망을 일깨울 수 없는 사람이 되지만 않는다면 말이다. 그리고 이것이, 사랑이 죽을 수 있는 유일한 경우다.

사랑은 두 얼굴을 가졌다

고향을 향한 사랑의 탐색을 가리키는 가장 오래된 표현 중에 '회귀'의 갈망이 있다. 그것은 무엇보다도 우리의 정체성을 규정하는 기준이면서도 우리가 거기서 소외당한 것처럼 느껴지는 한 기원을 되찾으려는 갈망이다. 하느님, 국가, 인종적 집단, 가족, 자연, 어머니, 아버지. 기원을 향한 사랑과 신앙심은 깊은 관련이 있다.[4] (어쩌면, 사람들이 그렇게 해야 한다는 사회적 압박이 없을 때에도 비슷한 배경을 가진 사람들과 그토록 흔히 사랑에 빠지는 한 가지 이유일지도 모른다.)

우리가 그간 살펴본 전통의 핵심적인 순간들에서 이런 회귀라는 테마의 강력한 표현들을 볼 수 있다.

플라톤은 『파이드로스』에서 영혼이 날아서 그 영적 근원으로 돌아간다고 했고, 『향연』에서는 잃어버린 반쪽과 결합하려 하는 사랑의 탐색에 관한 이야기를 아리스토파네스의 입을 빌려 들려주었다.

창세기는 인간들이 자연과 하느님과 하나였던 원시의 낙원 에덴동산의 상실을 이야기한다. 그리고 이후의 숱한 종교적 전통들이 사랑을 통한 인간의 구원을 원시의 하느님과의 헤어짐을 극복할 방법으로 제시해왔다. ('원죄'의 교리는 인간 본성을 비난하는 듯한 부분은 거부감이 들지만, 그럼에도 우리 모두가 정확히 이 최고의 좋음으로부터 떨어져나온 채로 세상에 태어난다는 현실에 대한 강력한 메타포다. 우리 삶의 터전이자 우리의 구체적 존재를 결정해주는 고향을 발견해야 한다는 것이다. 그 좋음을 찾는 데 바쳐진 삶은 잘 산 삶이라 할 수 있다.)

아우구스티누스는 우리에게 존재의 좋음을 제공하는 하느님 안의 영적 기원으로 영혼이 돌아가려 하는 것을 참사랑으로 규정한다. 한편 그에게 죄는 비존재non-being의 상태다.

성 보나벤투라는 영성을 조물주로 가는 길을 찾는 것으로, 그리하여 결국 우리가 존재의 완성, 즉 하느님을 만나는 것으로 묘사한다.

프리드리히 슐레겔은 사랑을 통해 "인간 본성이 원래의 신성 상태로 돌아간다"고 말한다.

프로이트는 사랑하는 이들이 서로와 결합하는 경험에서 '퇴행'을 겪는다고 말하면서, 성인들의 사랑은 우리의 1차 보호자, 대체로 어머니에 대한 우리의 초기 리비도적 애착을 다시금 깨어나게 하고, 어떤 의미에서는 새롭게 발견한다고 고찰한다. 이따금씩 그는 모든 본능이 하나의 초기 상태를 되살리려 하는 것은 아닌가 하고 묻는다. 그의 후기 사상의 용어로 말하자면, 에로스와 '죽음 본능'이 둘 다 근본적으로 보수적이 아닌가 하는 물음이다.[5] (사실상 평자들에게 숱하게 조롱당한 죽음 본능이 흥미로운 이유는, 바로 그것이 심지어 삶 그 자체보다 더 앞서 존재했던 비유기적 상태로 그려지는, 시원을 되살리려는 우리의 강력한 본능의 메타포이기 때문이다.)

그렇지만 사랑은 과거를 돌아보는 동시에 미래로 나아가는 움직임이기도 하다. 따라서 『향연』은 아리스토파네스의 신화에 그려진 회귀를 향한 이끌림만이 아니라, 또한 사랑이 절대적 아름다움에 대한 명상으로 상승한다는 디오티마의 설명을 통해 전진을 향한 욕구도 표현한다. 기독교 서사들은 신에게서 영감을 받은 사랑이 낳는 변화를 이야기함으로써 하느님을 향한 어떤 움직임을 그린다. 아우구스티누스는 사랑이 우리의 영적인 뿌리로 돌아가는 것이라고 말하지만, 또한 사랑을 늘 미래와 관련된 것으로 보기도 한다. 그는 사랑이 우리의 '자족'을 향한 투쟁이라고 말하는데, 그것은 최대의 존재maximum being가 되려는 투쟁이라는 뜻이다. 스피노자에게 있어 사랑(그는 사랑이 그 원인과 결부된 쾌락이라고 정의했다)은, 늘 더 큰 '완벽'을 위해 투쟁해야 한다. 그 이상의 존재more being, 또는 우리 존재의 더 위대한 실현을 위해. 루소와 그가 열어젖힌 낭만주의 전통은 사랑을 내면을 향한 여정으로 묘사한다. 한 사람이 개인으로서 자신이 누구인가를 깨닫고 [진정한] 자신이 되려 하는 여정. 니체가 염원하는 아모르 파티는 단순히 과거를 향한 경로, 우리를 지금의 우리가 되게 만든, 그리고 한계까지 가면 존재의 전체 역사인 잇따른 사건들과 그들의 모든 가능성을 긍정하기만 하는 것이 아니라, 또한 그 사건들의 연쇄가 결정하는 미래를 의욕will하기도 한다. 프로이트에게 사랑은 단순히 퇴행의 촉매를 넘어, 성애적 본능들이 갈수록 더 많은 원형질을 통합하며 갈수록 더 큰 결합을 이루는 정서적 상태들의 분화와 통합을 촉진하는 발달의 촉매이기도 하다.

따라서 사랑은 과거와 미래를 동시에 본다. 다르게 말하면, 사랑의 영혼은 향수적인 동시에 유토피아적이고, 보수적이면서 이상주의적이다. 그런 점에서 사랑은 양면적이다. 회귀인 동시에 발견이다.[6]

사랑은 비개인적이다

기원을 향해 돌아가거나 미래의 완성을 향해 앞으로 나아간다는 이 체험은 사랑의 한 핵심적 특징을 말해준다. 그것은 사랑의 즉각적 대상을 '넘어서' 그 너머를 보려는, 그리고 그런 점에서 비개인적이 되려는 경향, 나아가 욕구일 것이다. 그것도 정확히 사랑이 가장 개인적이고 그 대상의 고유성에 가장 강렬하게 초점을 맞추고 있으며 존재론적 터전에 대한 그녀의 약속이 가장 커다란 때에, 따라서 그녀를 사랑하는 이가 그녀의 존재와 번영을 위해 가장 충실하게 헌신했을 때에 그렇게 하려는 것이다.

그런 터전은 흔히 사랑이 우리를 그리로 이끌어준다고 여겨지는 그 완전체를 가리키는 것으로, 또는 심지어 그와 동일한 것으로 체험되기 쉽기 때문이다. 이 완전체, 달리 말해 최고선은, 예를 들면 하느님으로(유대교와 기독교), 절대적 아름다움으로(플라톤), 신의 창조로(피치노), 자연으로(스피노자), 보이지 않는 영원한 세계로(슐레겔), 모든 살아 있는 것들의 결합으로(쇼펜하우어), 운명으로(니체), 그리고 서사로(프루스트) 여겨져왔다. 사랑은 완전체를 갈망할 때, 혹은 두 사람 사이의 관계를 완전체라고 생각하고 싶어할 때 사랑의 대상에게 그들이 도저히 실현할 수 없는 것을 요구할 위험이 있다.

그렇다고 이 요구 때문에, 사랑이란 모름지기 그 완전체를 향한 야심을 버리고 사랑하는 대상의 고유성에 초점을 계속 맞추어야 한다고 트집을 잡으며 사랑을 비판할 필요는 없다. 사랑의 본성은 사랑하는 개인적인 대상 안에서, 그리고 그를 통해 이 세상에서의 터전을 찾으려 하는 것이고, 그렇게 함으로써 그것은 거의 이중 방향성을 가질 수밖에 없기 때문이다. 그것은 그녀의 고유함을 골똘히 들여다볼 것이다(비록 현대의 통념들처럼 다 아는 척 그녀를 '있는 그대로', 그녀의

'완전한' 고유함을, 혹은 그녀의 '모든' 복잡성을 본다고 자처하지는 않지만). 그리고 정확히 이 고유함과, 존재론적 터전이 되어주겠다는 그 약속에서 영감을 받아 사랑은 이제 그 대상을 넘어 하나의 우주를 보게 되고, 사랑하는 이는 거기서 마치 고향에 온 듯한 기분을 느끼게 될 것이다.

이 말이 수수께끼처럼 들린다 해도 어쩔 수 없다. 존재론적 터전은 오로지 삶의 한 원시의 근원과 공급자에 관한 신화를 통해서만 표출될 수 있다. 그것이 우리를 틀어쥐는 특별한 힘의 본질은 비밀로 남아 있을 것이다. 이 비밀은 우리에게 주문을 걸고, 우리가 다른 이를 진정한 사랑의 관계로 유혹할 때 의도적이든 아니든 우리가 종종 가지고 노는 것이다.

오래된 이분법들 깨뜨리기

우리는 조건적인 사랑, 즉 우리가 사랑하는 대상에게서 추구하는 어떤 매우 특정한 좋음, 다시 말해 존재론적 정착의 약속에 자극받지만, 처음에는 그 대상의 좋지 않은 모든 점에 무감하거나 심지어 거부감을 느끼는 사랑이 그녀에 대한 무조건적인 헌신의 전제조건이지 그런 헌신의 대척점이 아님을 보아왔다. 같은 이유로 (자주 '에로스 사랑'으로 불리는) 자기본위적인, 소유하려 하는 사랑은 대다수 전통이 주장하는 것과는 달리 (자주 '아가페'라고 불리는) 자기희생적인, 복종적인 사랑의 전제조건이지 그런 사랑의 대척점이 아니다. 사실, 아가페 사랑이 더 강력할수록, 아가페적 탐색 에너지의 원천인 에로스적 사랑은 더 강력해야 한다.

그렇지만 에로스와 아가페를 더 자세히 들여다보면, 사실 그 둘은 단순히 사랑이 욕망에서 자기희생으로 진보하는 단계가 아니라 둘 다 이미 발달된 형태로, 동일한 목적을 가지고 사랑의 대상에게 지속적으로 몰두하는 방식들임을 알게 된다. 그 목적은 그녀의 존재를 온전히 이해하는 것이다. 이 존재는 거기 내재한 법칙과 그것이 우리에게 요구하는 바에 주의를 집중함으로써만 손에 넣을 수 있다. 음악 한 곡을 소화하고 해석하는 것이 그런 몰두를 요구하는 것과 꼭같다. 음악에서도 그렇듯, 사랑에서도 상대에게 복종하고 우리 자신을 내어주는 것만이 유일하게 진정으로 상대를 소유하는 방법이다. (타자가 그들의 존재와 법칙을 우리에게 쏟아부어 그것이 우리의 존재이자 우리의 법칙이 되는 진정한 소유는 이따금 '소유'라고 불리는, 타자의 위협적 독립성을 삼키고 소멸시키려는 시도와는 아무런 관련이 없는데, 후자는 프로이트와 프루스트에 의해 매우 탁월하게 그려졌다.)

디오티마의 입을 빌려 에로스를 설명한 플라톤은 이 몰두의 필요성을 너무나 명확하게, 갈수록 더 많이, 더 섬세하게 몰두하는 것에 관해 너무도 명확하게 인식하고 있으므로, 일부 기독교 전통, 특히 종교개혁 이후의 전통에서 볼 수 있는, 에로스를 사랑의 대상에 대한 개방성과 너그러움과는 양립할 수 없는, 조야한 이기적인 욕망으로 여기는 경향은 단순히 오류일 뿐이다. 마찬가지로 에로스의 소유욕은 결코 마르셀과 알베르틴이 말하듯 그렇게 사랑의 대상을 통제하거나 삼켜버리려 하지 않는데, 디오티마는 분명히, 전혀 그런 식으로 말하고 있지 않기 때문이다.

‘에로스’ ‘아가페’ ‘필리아’ 같은 단어들은, 사랑의 서로 다른 유형들이 아니라 그보다는 완숙한 사랑의 몰두의 세 가지 양상(사랑의 몰두의 발달단계의 세 가지 양상일 수도 있는)을 지칭하는 데 사용되는 편이 더 유용할지도 모른다.[7] 그렇다면 우리는 에로스가, 우리에게서 존재론적 정착의 욕망을 자극해 그의 존재를 우리 삶에 붙잡아놓으려 노력하게 만드는 한 사랑의 대상을 향한 욕망(자신을 망치는 조야한 소유욕의 의미가 아니다)이라고 말해야 할지도 모른다. 이 만남은 아가페, 즉 그녀의 존재에 대한, 그리고 무엇보다도 더는 아무런 조건도 만들지 않는 그녀 존재의 법칙에 대한 열렬한 항복을 낳으며, 이 항복은 점점 발달할수록 이제는 순수하게 몰두의 한 양상으로 여겨지는 필리아(이것은, 아리스토텔레스의 생각과는 **대조적으로**, 고유하게 윤리적인 자질들에 기반하거나 그 자질들을 향할 필요는 없다)의 성질을 띠게 된다. 그것은 제2의 자아로 체험되는 타자의 예측 불가한 삶과의 친밀한, 그리고 반드시 쌍방적인 동일시다. 우리가 그녀를 제2의 자아로 체험하는 이유 중에서 그저 그녀가 우리와 비슷한 미덕을 가졌다는 것은 중요한 이유도 되지 못하고, 그보다 훨씬 폭넓게, 추구하는 일과 좋음과 민감성과 역사와 기원에 관한 비슷한 이해를 가졌기 때문이다.[8]

이웃에 대한 사랑

그렇지만 확실히, 이기심과 이타심은 어느 지점에 이르면 갈라서지 않느냐고 반박할 사람들이 있을지도 모른다. 확실히 굶주린 고아나

지진 피해자들을 위해 자기 목숨을 내거는 자원봉사자는 순수하게 자기를 포기하는 사랑에서 그렇게 하는 것이지 자신의 삶의 어떤 유형의 터전을 찾고 있는 것이 아니지 않은가?

그렇지만 여기서도 이타심은 정착이라는 강력한 욕망에 자극된다고 볼 수 있다. 이 경우에 그것은, 예를 들어 아시시의 프란체스코, 스피노자, 쇼펜하우어와 슐레겔이 저마다 무척 다른 방식들로 표현한 결합의 감각처럼, 공동체와의, 혹은 심지어 인류나 전체로서의 자연과 결합하는 체험이다. 그저 한 사람의 타인을 제2의 자아로 동일시하는 것을 넘어, 공동체나 인류의 어떤 동료 일원이 제2의 자아처럼 느껴지는 것이다.

기독교 성경이 흔히 보편적인 자기희생적 사랑이라는 이상의 확실한 출처로 여겨지기 때문에, 신약성경에서 사랑의 범위를 주로 사랑하는 이의 삶과 헌신이 닻을 내리고 있는 공동체로 한정하는 부분들을 되짚어볼 가치가 있다. 그 공동체가 예수님 말마따나 "하느님의 말씀을 듣고 행하는 자들"이든, 아니면 요한의 편지와 복음들에서 보듯, 그 정체성과 수호에 일원들 간의 사랑이 핵심적이라고 여겨지는 한 특정 기독교 공동체, 즉 자아가 비워지거나 이기심이 사라진다고 말하지 않는 공동체의 내적 동아리이든 말이다. 이기심은 명확히 드러난다. 사랑은 우선 비슷한 믿음을 지닌 이들을 향한다. 사랑의 첫 동아리는, 바울이 시사하듯, 동료 기독교인들로 구성된다. "기회 있을 때마다 모든 사람에게 선을 행합시다. 믿는 식구들에게는 더욱 그렇게 해야 합니다."(갈라디아서 6:10)

공포는 사랑의 구성요소다

음식, 물, 피난처 그리고 애정과 인정을 얻는 것을 제외하면, 인간 욕구 중 우리의 삶이 안정적으로 정착해 있음을 느끼고 싶은 것보다 더 큰 욕구는 없다. 이 존재론적 필요, 그리고 이것이 드러내는, 그리고 만들어내기도 하는 취약성은 사랑을 어느 정도 공포로 채우고, 그 점에서 사랑은 다른 모든 종류의 열정적 애착과, 그리고 다른 모든 형태의 희생, 복종, 보살핌 및 가치 부여와도 구별된다.

존재론적 관계는 왜 그토록 두려운가? 가장 분명한 이유는, 우리가 사랑하는 대상을 잃을까 두려워서이다. 그녀의 삶은 많은 점에서 우리에게 수수께끼로 남아 있다. 우리는 그녀가 과연 우리에게 충실할 지를 포함해 그녀를 지배하는 법칙들을 결코 완전히 이해하지 못할 것이다. 우리는 그녀가 한 약속이 못 미더워서 두려워한다. 하느님이 그의 백성과 대대손손 약속했듯이, 그녀가 우리에게 명시적으로 약속했든 아니면 우리가 약속을 그녀에게 떠넘겼든 두렵기는 마찬가지다. 우리는 프루스트의 화자가 어린 시절 어머니와의 장면에서 묘사하듯 심지어 그녀가 떠나기 전부터도 그녀가 떠날까봐 두려워하고, 십자가의 성 요한의 표현을 빌리자면 "가장 혹독한 고난의 하나", 즉 퇴짜 맞는 것을 끔찍이도 두려워한다. 프로이트는 그런 두려움의 근원을 초기 유아기로 되짚어갈 수 있다고 시사한다. 사랑은 오랜 상실의 경험, 상실에 대한 반응, 그리고 사랑을 잃고 말 거라는 상실에 대한 예측을 통해 발달한다. 최초의 상실을 겪은 것은 어머니가 우리에 대한 집중적인 관심을 거뒀을 때다.

다음으로는 사랑하는 대상의 파괴성에 대한 공포가 있는데, 이 공포는 아무리 그녀가 우리의 사랑에 화답하더라도 결코 배제될 수 없다. 구약성경에서 설명하는 신의 분노나 영원히 지옥불에서 고통받을 거라는 예수의 말은 하느님이 당신이 사랑하시는 피조물에 내릴 수 있는 천벌과 앙갚음을 떠올리게 만든다. 잘못을 저질렀을 때 받는 어쩌면 예측 가능한 벌도 그렇지만, 그보다 더욱 두려운 것은 예측 불가능하고 왜 벌을 받는지 이해할 수 없을지도 모르는 시련이다. 욥의 시련과 같은.

그렇지만 공포가 사랑의 구성 요소라고 하는 데는 더욱 근본적인 이유가 있다. 우리의 존재 감각에 영향을 미칠 수 있는 누군가가 있다면, 아무리 그가 결코 우리를 버리거나 파괴하지 않으리라 믿더라도, 그에 대한 경외심에 압도될 위험이 있다. 칸트의 숭고 개념처럼, 우리는 '절대적인 위대함' 앞에서 격상되는 동시에 초라해진다. 그 장려함은 우리로 하여금 힘이 솟는 감각과 힘이 빠지는 감각을 동시에 느끼게 만든다. 사랑하는 대상을 소유하고자 할 때가 그런데, 우리의 존재 그 자체, 즉 사랑이 머물기를 갈망하는 우리의 존재 자체가 이런 상황에 처해 있다. 종교적 신비주의자들은 거의 예외 없이 이 고통스러운 양가감정을 간증한다.

만약 우리가 동일한 대상을 사랑 없이 체험할 거라면, 그 대상을 장악하거나 이해하려는, 그리고 동등한 관계를 맺으려는 시도를 할 수 있다. 그러나 우리에게 그 대상의 존재론적 의미가 크면 클수록 그런 시도는 더욱 좌절을 겪는다. 그리고 우리가 대상의 참모습, 마치 우리 삶을 보장해주거나 파괴할 수도 있는 힘을 지닌 것처럼 느껴지는 실제 모습에 잠식당할 위험도 더 크다. (또한 대상이 비추는 빛은 우리의 존재를 있는 그대로 드러나게 해 숨을 곳을 없앤다. 즉 우리가 언제나 황급히 도망쳐 피하려는 우리 존재의 참모습과 마주하게 한다. 사랑이 강렬할수록 그것은 우리의 고독을 더욱 가차없이 드러낸다.)

이것이 바로 히브리 선지자들이 하느님에 관해, 정의상, 존재론적 정착의 가능한 한 가장 큰 원천인 하느님에 관해 이야기하는 체험이다. 이는 모세가 "나의 얼굴만은 보지 못한다. 나를 보고 나서 사는 사람이 없다"(출애굽기 33:20)라는 하느님의 말씀을 듣고 느낀 공포다. 간절한 욕망의 대상인 하느님의 무한한 존재 앞에서 유한한 인간 존재가 느끼는 공포. 아브라함의 공포이자 욥의 공포. 그들의 고생담이 그토록 웅변적으로 말하는 것이 바로 이것이다.

가장 두려운 것은 하느님을 보는 것이다. 하느님을 잃는 것이나 하느님에게 벌을 받는 것이 아니다. 우리가 사랑하는 이들이 우리를 버리지 않을 거라는 믿음이 아무리 굳건해도, 그들이 아무리 사랑으로 넘치며 항상 곁에 있어도, 그들은 공포를 유발할 것이다. 아마도 특히 공포를.

사랑, 공포와 증오

물론 공포는 재빨리 증오로 이어진다. 우리가 사랑하는 이들에 대한 우리의 취약함을 진정으로 인정하지 않을 때 그렇다. (우리가 완전히 힘을 잃었다고 생각지 않을 때, 우리에게 아직 다른 선택지가 있는 것처럼 보일 때 분노와 불안은 격앙된다.)

사랑의 대상이 일신교의 하느님일 때, 사랑하는 이는 아무리 하느님과 말다툼을 하고 그분께 애걸해도, 결국 받아들이는 것 말고는 선택의 여지가 없다. 인간과 하느님의 관계, 피조물과 전능한 조물주의 관계, 부수적인 존재와 모든 존재의 근원 사이의 관계에는 절대적 취약함이 존재한다. 신도는 이 취약함을 원망하기보다는 긍정하는데, 그것이 그의 신앙 구조의 자체 속성이기 때문이다. 하느님을 향한 증오가 솟구치는 일은 없을 테고, 예를 들어 엄청나게 하느님이 필요한 시기에 하느님이 자취를 감추어버림으로써 일시적으로는 그럴 수 있다 해도, 하느님 외에 의지할 곳이 전혀 없다는 사실은 그 증오를 누그러뜨릴 것이다. 따라서 하느님과의 관계에서 공포와 사랑은 공존할 수 있다.

그러나 사랑하는 대상이 인간일 때, 당연히도 우리는 결코 무력하지 않다. 원칙적으로 어떻게든 그녀를 움직여 우리를 사랑하게 만들 수 있는 여지가 언제나 존재한다. 소크라테스가 보고하듯, 사랑은 "교활한 사냥꾼처럼 늘 술수를 짜내는", 냉혹할 정도로 계획적이고 노련한 마법사다. 우리의 취약함이 일시적일 수 있다면, 그리고 두 연인 사이의 필요, 힘, 그리고 유용성의 균형이 불확실하며 변화한다면, 굳이 스스로 취약함을 인정할 이유가 없지 않겠는가? 그리하여, 하느님을 사랑할 때와 달리 인간을 사랑할 때는 공포가 쉽사리 증오로 이어진다. (비록 결코 사랑을 식게 하지는 못하지만) 결국 사랑을 덮어 가릴 수 있는 증오로.

사랑의 반대말은 증오가 아니라 혐오다

하지만 증오는 사랑의 반대가 아니다. 증오는 여전히 사랑의 핵심적 덕목, 즉 타인에 대한 몰두를 보여주기 때문이다. 확실히 증오는 몰두를 더 강화하고, 우리가 타자에게, 그리고 우리에게 가장 큰 존재론적 힘을 행사하는 바로 그런 자질들에 매료되게 만든다. 사랑을 일깨우는 바로 그 자질들에.

우리는 사랑의 반대 감정을, 사랑을 느끼고 서로를 변화시킬 수 있는 관계로 발전하게 해주는 사랑의 조건이 전무한, 타자에 대한 감정으로 생각할 수 있다. 이는 증오와 달리 사랑과 공존할 수 없는 감정이다.

그 감정은 혐오다. 우리가 혐오를 느끼는 대상은 그저 우리 안에서 사랑을 일깨우지 못하는, 다른 말로 하면 존재론적 정착의 약속을 불러일으키지 못하는 것뿐만이 아니라(반면 우리가 증오하는 대상은 이것이 가능하다), 그와 반대로 정확히 이 점에서 우리의 불안을 심화시킨다. 그가 있는 그 주변에서는 우리가 중요시하는 모든 것이 부패하고, 중력을 잃고, 법칙에 어긋나고, 닻이 내려지지 않고, 더러워지고, 방향을 잃는 것처럼 보인다. 우리는 우리 자신의 현실감각을 무사히 지키려면 그로부터 도망쳐야 한다. 이런 감정들을 유발하는 그의 힘이 기묘한 점은, 그가 거슬리는 그 어떤 행동이나 말 한마디 하지 않고도 발밑의 땅이 녹아 사라지는 느낌을 우리에게 안겨줄 수 있다는 것이다. 우리를 향한 그의 태도는 진정 상냥하고, 심지어 사랑으로 가득할 수도 있다.

혐오는 겉보기에는 사소한 자극에도 과잉 반응을 한다. 사랑에 대한 반응과는 정반대 방향으로. 그 자체로는 해롭지도, 심지어 우리를 겨냥하지도 않는 몸짓이나 행위, 침을 흘리는 입이나 사소한 거짓말에도 우리는 우리의 토대가 흔들리는 기분을 느낄 수 있다. 혐오는 늘 극단으로 치닫기 쉬워서, 그 자극 원인이 무엇이든 그것을 넘어 숨겨진 위험의 세계를 감지하고, 한계에 이르면 육체적인 동시에 심미적인, 그리고 윤리적인 동시에 지적인 역겨움으로 반응한다.

간단히 말해 혐오는, 사랑과는 반대 방향으로 움직인다. 타인이 내게 들려주는 존재론적 정착에 대한 약속으로 사랑이 일깨워진다면, 혐오는 타인의 존재 안에 있는, 정착의 가능성 자체를 위태롭게 만드는 것처럼 보이는 (똑같이 정의하기 어려운) 무언가에 반응한다. 타자의 약속에 사랑이 최대한의 인내심과 몰두의 자세로 반응할 때, 혐오는 그 어떤 몰두도 인내심도 없이 즉각 외면하는 반응을 보인다. 사랑이 소유나 굴복이나 귀기울임이나 눈여겨봄이나 자기희생이나 동정을 통해 관계를 안착시키려 애쓸 때, 혐오는 이런 관계들 하나하나를 모조리 닫아버리는 존재론적 대항-회피fight-and-flight 반응이다. 사랑이 타자를 이상화할 때 혐오는 그를 존재하지 않는 무로 찌그러뜨린다. 타인의 삶에 대해 복잡하다못해 집착에 가까운 몰두를 낳는 증오나 복수심이나 질투와는 달리, 혐오는 대상을 눈앞에서 치워버리고 싶어한다. 마음에서 먼 곳으로, 그리고 시각, 청각, 후각, 촉각, 그리고 모든 의미에서 미각이 닿지 않는 곳으로. 그가 주체로나 심지어 객체로도 존재하지 않을 때까지, 몸서리쳐지는 과거의 기억으로만 존재할 때까지. 증오는 결코 이처럼 대단한 야심을 품은 적이 없다.

아이를 사랑하는 것은 당연한가?

마지막으로, 내가 이전에 제기한 한 가지 주장을 더 풀어볼 필요가 있다. 우리가 사람과 사물을 사랑하지 않고도, 즉 그들 안에서 존재론적 정착의 약속을 기대하지 않고도 그들의 행복에 깊이 헌신할 수 있다는 주장이다.

이런 주장은 비뚤어진 것처럼 보인다. 우리는 바로 이 사람만을 가치 있게 여기고, 그녀의 아름다움을 좋아하고, 그녀의 삶에 감탄하고, 그녀의 활동에 들뜨고 그녀의 번영에 관심을 쏟는다. 우리는 그녀가 보여주는 어떤 각별한 친절이나 도움이나 기쁨에 감사한다. 서로에 대한 공감에는 거의 부족함이 없다. 그럼에도, 무언가가 빠져 있다.

바로 그만큼, 역으로 우리는 이런 기쁨을 거의 누리지 못하는 관계들에 묶여 있을 수 있다. 그러나 그러면서도 우리는 타자를 사랑하기를 멈추지 않는다.

많은, 아마도 대다수 사람들이 사랑과, 열정적 동일시나 애착 사이의 이런 차이를 알아차릴 것이다. 배우자나 친구나 형제나 성적 파트너나 부모와의 관계에서 이런 가능성을, 비록 썩 내켜 하지는 않더라도 인정하긴 할 것이다.

그렇지만 자녀에 대해서는 아니다. 다른 그 어떤 관계와도 달리, 유독 이 관계에서 우리는 반드시 무조건적인 (그리고 공평한) 사랑을 공언해야만 하는, 사랑이 생물학적이고 도덕적인 기정사실로 체험되는 심오하게 이데올로기적인 영역에 놓인다.

사실 자녀를 향한 사랑이 이처럼 신격화되기 시작한 것은 고작해야 18세기부터다.⁹ '아동기'가 그렇듯이 분명히 그전에도 부모의 자식 사랑이 존재했다. 그러나 그 관계가 진정한 사랑을, 그리고 특히 무조 건적인 사랑을 시험하는 리트머스로까지 승격되는 것은 훨씬 근래의 일이다.

좋은 부모는 물론 모든 자녀를 공평하게, 그것도 맹렬하게 보호하고 지키고 양육할 것이다. 그리고 그런 의미에서 이 아이보다 저 아이에게 더 신경쓰거나 더 큰 의무감을 가지지 않을 것이다. 그렇지만 한 아이 혹은 누군가의 삶을 보호하고 지켜주는 것, 또는 아이의 삶을 존중하고 거기에 감탄하는 것은 사랑하는 것과 같지 않다.

현실에서, 이는 다른 모든 사랑과 마찬가지다. 부모는 자신에게 가장 큰 존재론적 정착의 감각을 선사하는 자녀를 가장 사랑할 것이다. 함께 있으면 가장 터전을 잡은 것처럼, 가장 고향에 있는 것처럼 느껴지는 아이 말이다. 어쩌면 그 아이들이 그에게 그의 삶과 그 기원을 규정하는 것들에 대한 가장 사무치는 반향을 일으키기 때문일 수도 있고, 어쩌면 그보다 수수께끼 같은 이유들 때문일 수도 있다. 아이들은 미덥지 못하고, 책임감도 없고, 부모에게 큰 슬픔을 안겨줄지도 모른다. 그렇다 해도 부모는 그들을 사랑한다.

유대교와 기독교 성경 양쪽에서 우리는 자식 사랑에 대한 훨씬 현실적인 그림과, 그 지독한 불평등함을 본다. 우리는 구약성경과 신약성경의 하느님이 불공평하고 자격과 무관한 은총을 내려 어떤 이는 택하고 다른 이들은 택하지 않는 것을 본다. 결혼 피로연의 우화는 우리에게 "부르심을 받은 사람은 많지만 뽑히는 사람은 적다"고 말하고, 역시 마태복음에 나오는 일꾼 우화는 "꼴찌가 첫째가 되고 첫째가 꼴

찌가 될 것이다"라고 선포한다. 또한 하느님은 의심할 바 없이 도덕적
으로는 더 나은 사울을 놔두고 다윗을 더 사랑하며, 탕아가 덕 있는
형, 즉 아버지에게 더 너그럽고 더 충직하고 아버지를 더 잘 섬기는
(만약 자녀에 대한 사랑이 공평하다면 그는 어쩌면 적어도 똑같은 방
식으로 축복을 받았을 것이다) 형보다 더 축복받는다. "하느님이 세상
을 그토록 사랑하사 독생자를 주셨"지만 그럼에도 하느님의 자녀 중
몇몇은 영원한 지옥의 저주를 받으리라고 예수가 직접 말하기도 했
다. 야곱이 열두 아들 중 하나, 요셉을 다른 모든 아들들보다 편애했
다면(야곱이 이스라엘의 열두 부족의 아버지임을 감안하면 그 편애
는 가볍게 넘기기 어렵다), 그 이전에 야곱은 또 레베카가 총애하는
아들이었고, 그리고 아버지인 이삭의 눈에 야곱은 에사오 다음가는
아들이었다……

　　여기서의 교훈은, 이런 식으로 행동하는 하느님을 사랑하는 것이
비뚤어진 일이라거나, 사랑의 '부당함'을 그토록 냉혹하게 그려내는
기원 신화들을 가진 종교들을 그대로 따르라는 것이 아니다. 사랑이
보살핌, 헌신, 보호와는 별도로, 심지어 원칙적으로도 공평하거나 보
편적이거나 무조건적일 수 없다는 것이 그 교훈이다. 그리고 비록 아
이들이 보살핌과 사랑의 차이를 날카롭게 인식하면서 부모의 사랑을
일깨우기 위해 할 수 있는 모든 일을 한다 해도, 처음부터 존재하지
않았던 사랑을 만들어내지는 못하리라는 것이다.
　　또한 이런 신화들은 우리에게 사랑이 보답받지 못할 가능성을 받
아들이는 법을 배워야 한다고 경고한다. 성공적인 쌍방적 사랑의 유

일한 토대는 괴테의 『빌헬름 마이스터의 수업 시대』에 등장하는 창녀 필린이 보여주는 태도이다. "Wenn ich Dich liebe, was geht's Dich an?" 내가 당신을 사랑한다 해도 그게 당신과 무슨 상관이람? 사랑하는 이는 부모든 친구든 자식이든 낭만적인 연인이든 하느님이든 사랑의 대상에게 자신을 내어주되, 거기에 보답하는 것이 상대의 의무라고 여기지 않는다. 그리고 어쨌거나 우리를 향한 타인의 사랑의 본질과 정도를 확신하기에는 우리가 서로에게 너무나 알 수 없는 존재라는 점을 잊지 말자.

사랑과 악덕

만약 존재론적 정착을 향한 갈망이 내가 제시한 만큼 강력하다면 결말은 명확하다. 사랑이 더 강렬할수록, 즉 그런 정착의 약속이 더 생생할수록 사랑하는 이는 자신의 모든 것을, 사랑하는 대상의 법칙을 위해 바칠 것이다.

도덕적인 모든 것도 거기 포함된다. 사랑이 부도덕함을 용납하거나 혹은 못 본 체할 가능성은 실제로 이 지점에 놓여 있다. 난폭한 질투나 소유욕도 아니고, 사랑하는 대상을 스토킹하거나 납치하는 행위도 아니고, 그와는 반대로 사랑하는 이가 대상에게 바치는 충성심에 그럴 가능성이 담겨 있는 것이다.

사랑받는 이의 존재론적 힘이 더 클수록, 그의 요구들은 사랑하는 이가 평소 자신이 지켜야 한다고 느끼는 모든 윤리보다 더 우위를 차지할 것이다. 최대치의 존재론적 실제인 일신교 하느님이나 공산주의, 자유, 진보, 민족 같은 그의 세속적 후계자들에 대한 복종이 최대치의 비인간성을 허용할 수 있는 이유가 바로 이것이다.

우리가 2장에서 보았듯이, 사랑의 최고 본보기는 하느님에 대한 아브라함의 사랑이다. 하느님이 그에게 이삭을 제물로 바치라고 명령하는 바로 그 순간. 그렇다, 그는 하느님을 친아들보다도 더 사랑한다. 어떤 불가사의한 이유 때문이 아니라 하느님이 그의 존재의 터전이기 때문이다(그리고 물론 이삭의 터전이기도 하다. 이삭이 저항하지 못했던 것은 덜 언급되지만 똑같이 중요하다).

하느님이 아브라함에게서 시험하고 있는 것은 사랑의 그 핵심 속성들이다. 우리가 우리 존재의 터전으로 인식하는 누군가에 대한 공포와 복종. 그렇지만 하느님은 자아의 붕괴로 이어지는 공포와 복종에는, 즉 하느님의 존재론적 힘으로 인해 혼란스럽고 마비되어 카오스가 되어버리는 사랑을 하는 이에는 관심이 없다. 그보다 하느님은 결단력 있게 행동할 수 있는 자아에 관심이 있다. 다른 모든 사랑의 대상을 하느님의 명령에 희생하는 것을 포함해 (용기라는 오직 한 가지 요소를 갖추고) 그 명령을 책임지고 수행할 극기심이 있는 자아. 이것이 의미하는 바는, 양심이나 정의가 명령하는 다른 모든 것을 포기한다는 것이다.

아브라함은 이를 알고, 물러서지 않고 행한다. 그는 하느님의 명령을 외적인 것이 아니라 그 자신의 가장 내적인 법칙으로 경험한다. 하느님에 대한 아브라함의 충성, 즉 하느님의 요구에 대한 세심한 몰두는 수동적인 것이 아니라 자기 의지에 따른 것이다.

그리하여 사랑은 명령받는 동시에 자유로울 수 있다. 사람은 마음을 다하고 영혼을 다하고 힘을 다하여 사랑에 모든 것을 쏟아부으라는 명령에 몰두하는데, 왜냐하면 이미 자유롭게 사랑하기 때문이다. 아브라함은 이미 거대한 존재론적 실제, 즉 구약의 하느님과 사랑에 빠졌고, 최종 시험대에 오를 때는 이미 하느님으로부터 언약을 받았다.

유대교와 기독교의 신을 인간이 사랑할 때 요구되는 그 몰두의 자세는, 내가 이 책 전반에 걸쳐 논한 바에 따르면, 모든 사랑의 전범이다. 일신교의 하느님은 상상할 수 있는 최대치의 존재이며 모든 다른 존재의 원천이자 공급자다. 그리하여 정의상 하느님은 사랑의 단일한 조건, 존재론적 정착의 약속을 충족시킨다. 그렇지만 하느님은 단순히 존재함으로써만 우리를 붙잡아주지 않는다. 우리는 하느님과의 관계를 모색할 필요가 있는데, 그러려면 내가 '에로스' '아가페' '필리아'라고 부르자고 제의한 세 가지 몰두의 양식을 인내심 있게 함양해야 한다.

그런 관계는 우리가 부당하고 잔인한 취급과 버림을 받을 각오가 되어 있을 때만 꽃을 피울 수 있다. 이는 모든 지속 가능한 친애를 뒷받침하는 각오다. 그것의 표식은 공포, 특히 사랑의 이룸에 대한 공포인데, 왜냐하면 우리가 사랑하는, 우리에게 존재론적 힘을 발휘할 수 있는 이에게 가까이 다가간다는 것이 그를 잃는 것보다도 더 우리를 짓누를 수 있기 때문이다. 우리는 사랑의 화답을 소망하지만 화답이 없어도 살아갈 준비가 되어 있다(플라톤의 『향연』에서 사랑의 최고의 대상, 즉 절대적 아름다움이 화답하지 않듯, 확실히 하느님은 우리를 필요로 하지 않는다). 우리는 사랑하는 대상을 알려고, 그리고 스스로를 단련시킴으로써 진정 보고 들으려고 노력하되, 그를 '있는 그대로', 혹은 '그가 아무리 복잡하더라도', 혹은 '그의 내면 그대로' 이해할 수 있다며 다 아는 척하지는 않는다. 우리의 시각은 필요, 불안, 습관, 역사에 의해 왜곡된 편파적 시각이기 때문이다. 따라서 우리는 자신을 그에게 내맡기고, 그의 존재의 법칙이 우리에게 요구하는 바를 이해하려 애쓴다.

　이것이 모든 진정한 인간관계의 형판이다. 우리는 하느님이 우리를 사랑한다고 하는, 과연 그럴까 싶은 방식을 인간 사랑의 전범으로 삼는 교만함을 버리고, 우리가 하느님을 어떻게 사랑해야 하는가를 보는 편이 더 나을 것이다. 하느님을 사랑하라는 명령은, 우리의 번영이 우리 존재의 터전과 강력한 관계를 맺는 방법을 평생 탐색하는 데에 달려 있다고, 그리고 종교적 형태로든 세속적 형태로든 그런 탐색이야말로 잘 산 삶의 궁극적 목적이라고 말하는 한 가지 방식이다.

감사의 말

　많은 학자께서 귀한 시간을 내어 이 책을 평해주셨다. 다음 분들께 큰 빚을 진 기분이다. 레이철 아델만, 키스 앤셀-피어슨, 리즈 카마이클, 그레이엄 데이비스, 니컬러스 덴트, 앨리슨 핀치, 윌리엄 피츠제럴드, 서배스천 가드너, 사이먼 곤트, 켄 젬스, 렌 굿맨, 에드워드 하커트, 필립 하디, 마이클 해리스, 샌드라 제이컵스, 로버트 잭슨, 스티븐 재거, 수전 제임스, 크리스 재너웨이, 베르너 예안론트, 메너험 켈너, 크리스토퍼 켈리, 덩컨 라지, 다이애나 립턴, 올리버 오도너번, 조지 패티슨, 제임스 포터, 앤서니 프라이스, 버나드 리진스터와 구드룬 폰 테페나어. 마이클 버넷, 미드 맥클라우언, 바너버스 펄프리, 그리고 크리스 사이크스는 연구를 도와주고, 인용문을 확인하고 내가 놓친 원전들을 짚어주는 등 이루 헤아릴 수 없는 도움을 주신 분들이다. 유익하고 즐거운 대화 상대가 되어준 스티븐 바버와 프랜시스 파이크의 관심과 우정에 감사한다.

여러 해 동안 내 철학적 고향이었던 버크벡 대학교, 그리고 수없이 많은, 즐거운 대화로 생각의 틀을 잡게 해준 런던 대학교의 동료들과 학생들께 진심으로 감사한다. 그들과의 대화는 그 자체로 하나의 교육과정이었다. 언제나 응원과 지지를 보내주는 문학 에이전트 빌 해밀턴에게 감사한다. 마지막으로, 예일 대학교 출판부의 로버트 발도크와 레이철 론스데일과의 작업이 얼마나 즐거웠는지 이야기하고 싶다. 그보다 더 자극을 주는 노련하고 집요한 편집팀은, 작가로서 바랄 수 없을 것이다.

머리말

1) 사랑받는 이를 가리키기 위해 그/그녀의/그를, 그녀/그녀의, 혹은 그들/그들을/그들의 등 등 다양한 표현이 사용될 것이다.

1장 하느님 놀음을 하는 사랑

1) Friedrich Nietzsche, *The Antichrist*(안티크라이스트), sect.19, in *The Portable Nietzsche*, trans. W. Kaufmann(New York, 1954), p.586.

2) 이 정보의 출처는 다음과 같다. Irving Singer, *The Nature of Love*(Chicago, 1984~1987), vol. II, p.294.

3) 예를 들어, 헨리 프랑크푸르트는 사랑이 '기본적으로 사랑받는 사람의 복지나 번영을 위한 이타적 관심으로 구성된다'고 주장한다. '그것은 어떤 숨은 목적에 이끌리는 것이 아니라 그 사랑받는 이의 좋음…… 그 자체를 추구한다.'(*The Reasons of Love*, Princeton, NJ, 2004, p.79, cf. pp.42, 52) 어빙 싱어는 그의 3부작 *The Nature of Love*에서 사랑하는 대상의 가치 '평가'로서의 사랑을 자발적이거나 무상의 가치 '부여'로서의 사랑과 거듭 구분한다—앞으로 보게 되겠지만 그 구분은, 그 낡은 에로스/아가페 이분법의 그저 또다른 표현일 뿐이다. 하지만 싱어는 그런 구분들을 낳고 그 의미를 부여할 수 있는 종교적 맥락을 거

부한다. 그는 이어서 플라톤과 아리스토텔레스로부터 시작해서 자기가 그 둘 중 더 위대하다고 생각하는(다시금 전통적인 아가페의 우선순위에 따라) 베풂의 중요성을 인식하지 못하는 모든 사상가들을 꾸짖는다. 현대의 선구적 사상가들이 이처럼 사회 통념을 떠받드는 또다른 놀라운 예는 마사 누스바움이 실제로 현대의 클리셰를 따르지 않는다는 이유로 프루스트를 비판하는 데서 볼 수 있다. 그녀는 프루스트에게 그럴 만한 이유가 있지는 않았는지 미처 확인도 하기 전에 프루스트의 사랑에 대한 설명에서 빠져 있는 것에 관한 세 가지 '우려'를 제기한다. '열정에 관한 우려, 쌍방성에 관한 우려, 그리고 개인에 관한 우려'. 마지막 우려는 사랑이 사람들이 '질적으로 다르고, 특히 별개 존재이며 각자 자신의 살아야 할 삶이 있음'을 인식해야 한다는 것을 보지 못하는 모든 사상가(플라톤도 그중 하나인)에 관한 우려이다. 그 인식은 '다름이라는 사실 그 자체를 포옹'해야 한다.(*Upheavals of Thought*, Cambridge, 2001, pp.496~499 passim). 그리고 그녀는 '사랑하는 이가 대상들에게서 좋음과 행복의 원천이라는 점에 초점을 맞춘다면 그들을 완전히 고유한 존재로 사랑하지 않을 가능성이 높다'(ibid., p.527)라고 덧붙인다. 그렇지만 이 세 철학자들—사랑에 관해 글을 쓴, 그나마 얼마 안 되는 사람들 중 셋—은 실상 사랑의 핵심이 근본적으로 그런 위대한 야심들인지 아닌지, 그리고 만약 그렇다고 치면, 다른 이들을 '완전히 고유한 존재로' 사랑할 수 있다는 그런 전지적으로 들리는 주장들이 가능한지, 혹은 의미가 있는지조차 고찰한 적이 없다.

4) Philip Larkin, 'An Arundel Tomb', l.42, in *Collected Poems*(London, 2003), p.117.

5) 이 주장들은 힌두 문헌과 플로티노스, 그리고 루미와 싱어에게 빚지고 있다. Singer, *The Nature of Love*, vol.I, pp.216~219.

6) Benedict XVI, Encyclical Letter, *Deus Caritas Est*(하느님은 사랑이십니다, 2005), Part I, sect.11.

2장 서양 사랑의 뿌리: 구약성경

1) 사랑의 계명이 등장하는 신명기와 레위기의 집필 시기에 관해서는 논란이 심하지만, 거의 확실한 것은 각각 기원전 7세기와 6세기 이후는 아니라는 것이다. 그러므로 실질적으로 플라톤, 아리스토텔레스나 예수가 태어나기 전이다. 또한 토라(구약성경의 첫 다섯 권)에서 볼 수 있는 전통들의 최종 교정은 기원전 5세기 이전에는 불가능했다. Alexander Rofé, *Introduction to the Literature of the Hebrew Bible*, Jerusalem Biblical Studies, vol.9(Jerusalem, 2009), pp.214~249를 볼 것.

2) 성경(구약과 신약)의 번역은 모두 영국의 신개정판 표준성경(Oxford, 1995, 앞으로 NRSV에서 빌려왔고, 그렇지 않은 곳은 따로 적어놓았다.[일러두기에서 밝힌 바와 같이, 이 한국어판에서는 성경 인용시 공동번역성서의 번역을 토대로 했다—옮긴이] 신명기

6:5의 이 표현은 신명기 10:12에서 더욱 강조된다. '이제, 너 이스라엘아! 야훼 너희 하느님께서 너희에게 바라시는 것이 무엇인지 아느냐? 너희 하느님 야훼를 경외하고 그가 보여주신 길만 따라가며 그를 사랑하는 것이요 마음을 다 기울이고 정성을 쏟아 그를 섬기는 것이 아니냐?' 또한 신명기 11:1과 여호수아 22:5에서도 그것을 볼 수 있다. 이 요구에 관한, 그리고 신아시리아의 충성 서약(treaty oaths)에서 발견되는 충성의 표현들과 그 요구의 용어적 관련성에 관한 비평적 학문연구는 Moshe Weinfeld, *Deuteronomy and the Deuteronomic School*(Oxford, 1972), pp.59~146, 그리고 그의 논문 'The Loyalty Oath in the Ancient Near East'(1976), pp.379~414에서 볼 수 있다. 더 최근의 내용으로는 다음을 참조할 것. Udo Rüterswörden, 'Die Liebe zu Gott im Deuteronomium', *Die deuteronomistischen Geschichtswerke: Redaktions-und religionsgeschichtliche Perspektiven zur 'Deuteronomismus'-Diskussion in Tora und Vorderen Propheten*, ed. Markus Witte et al.(Berlin, 2006), pp.229~238. 이 점을 지적해준 샌드라 제이컵에게 감사한다.

3) 레위기 19:18에서는 이렇게 말한다. '동족에게 앙심을 품어 원수를 갚지 마라. 네 이웃을 네 몸처럼 아껴라. 나는 야훼이다.'

4) 사랑이라는 뜻으로 가장 자주 사용되는 히브리어 단어는 אהבה인데(ahavah), 그것은 단순히 하느님과 이웃에 대한 사랑만이 아니라 연인과 친구, 부모, 그리고 자녀의 친애도 포함한다. 성애는 또한 히브리 단어 דוד(dod)로 표현된다. 한편 חסד(hesed)는 우애에 가까운 것을 나타내며, 그 성격은 충성, 자비, 그리고 타인을 제2의 자아로 동일시하는 것이다. 그러나 이런 단어들 중 일부는 성경의 문맥에 따라 그 쓰임이 크게 달라진다.

5) 출처는 Maimonides, *Mishneh Torah, The Book of Adoration by Maimonides*, 'Laws of Repentance', ch.X, para.5, ed. and trans. Moses Hyamson(Jerusalem and New York, 1975), p.92b. 이 인용문은 *The Code of Maimonides: BookII, The Book of Love*(New Haven and London, 2004), trans. Menachem Kellner, p. xvi에서 빌려왔다.

6) 이것은 또한 희년서 36:4 같은, 성경 이후의 문헌 출처들에서도 볼 수 있다. '그리고 내 아들들아, 너희가 제 몸을 사랑하듯 너희 형제를 사랑하라. 너희가 저마다 형제에게 좋은 일을 찾고, 땅 위에서 협동하며, 서로를 제 몸처럼 사랑하라'. 'Jubilees', trans. O.S. Wintermute를 볼 것, *The Old Testament Pseudepigrapha*, vol.2, ed. James H. Charlesworth(New York, 1985), p.124.

7) 평등에 관한 이 주장과 예루살렘 탈무드(*Hagigah* ch.2: Mishnah 1)에서 가져온 인용문은 렌 굿맨의 *Love Thy Neighbor As Thyself*(New York, 2008), p.12에 빚지고 있다. 그의 논의는 이 계명과 그 함의를 이해하는 데에 큰 도움이 되었다. 예루살렘 탈무드(히브리어로는 Talmud Yerushalmi)는 흔히 팔레스타인 탈무드(Palestinian Talmud)라고도 한다.

분석적 번역을 원한다면 *The Talmud of the Land of Israel*, vol.20(*Hagigah and Moed Qatan*), trans. Jacob Neusner(Chicago, 1986), p.50을 볼 것.

8) Goodman, *Love Thy Neighbor*, pp.15~17에 논의된 대로.

9) 잠언 11:17에서는 이렇게 말한다. '남 사랑하면 제가 사랑받고 남 잡으면 제가 잡힌다.'

10) Mishnah, 'The Fathers'(*Avot*), ch.2, Mishnah 10, in *The Mishnah*, trans. Herbert Danby(London, 1958), p.447. 이 논문은 'The Ethics of the Fathers'라는 제목으로도 알려져 있다.

11) 나흐마니데스가 레위기 19:18에 관해 한 말을 Goodman, *Love Thy Neighbor*, p.13에서 인용했다.

12) 히브리 단어 גר(ger)는 '낯선(alien)'과 '외국인(stranger)' 양쪽으로 번역된다.

13) 정식 랍비 전통에 따르면 성경에서 개종자를 일컬을 때 'alien'이라는 단어를 사용하지만, 거기에 대한 어떤 명확한 근거는 없다. 이 주장은 그레이엄 데이비스에 빚지고 있다(출처는 개인적 교신).

14) 우리는 나훔서 1:2에 나오는, 그와는 무척 다른 전통을 눈여겨보아야 한다. '주님은 질투하고 복수하는 하느님이다. 주님은 복수하고 분노에 차 있다. 주님은 당신의 적들에게 복수하시고 당신의 적들에게 분노하신다.'

15) NRSV 성경은 이렇게 말한다. '너희는 이웃의 피로 이득을 보아서는 안 된다.' 하지만 주석에서는 그보다 '너희는 너희 이웃의 피에 맞서서는 안 된다'가 직역에 더 가깝다고 인정하고 있다.

16) 이것은 신명기에서 '군국주의적 정신과 법에 의거해 모든 땅의 주민들을 멸망시키라는 완고한 계명'(Rofé, *Introduction*, p.204)이 만연한 그 부분들의 시각이다. 구약성경에서는, 고대 근동에서도 그렇듯, 전쟁과 사회적 질서 확립이 우주론적 맥락으로 인지되었다. 여기서 (신적인) 신들과 (인간적인) 왕들 사이의 관계는 왕의 군사 활동을 카오스의 힘에 맞선 우주적 전투의 일부로 나타낸다. 그리하여, 국가적 교전은 '도덕적으로 용인할 만한 정도가 아니라 도덕적 의무로까지' 인정받는다. 다음에서 그 주장을 볼 수 있다. C.L. Crouch, *War and Ethics in the Ancient Near East: Military Violence in Light of Cosmology and History*(Berlin and New York, 2009), p.194.

17) Cf. 창세기 1:26, 5:1 그리고 히브리서 1:3. 이 부분은 메소포타미아의 전통과 비교해 보면 흥미로운데, 거기서는 신전과 도시에서 신들의 존재를 나타낼 때 '신 마르두크의 모습'과 '신 네르갈의 모습' 같은 표현들을 사용한다. Moshe Weinfeld, *The Place of the Law in the Religion of Ancient Israel*(Leiden and Boston, 2004), pp.106~109; 그리고 V.A. Hurowitz, *Mishneh Todah: Studies in Duteronomy and Its Cultural Environment in Hornor of Jeffrey H. Tigay*, 'The Divinity of Mankind in the Bible and the Ancient

Near East: A New Mesopotamian Parallel', ed. N. Sacher Fox, D.A. Gilat-Gilad and M.J. Williams(Winona Lake, IN, 2009), pp.263~274를 볼 것. 이 점을 짚어준 샌드라 제이컵에게 감사한다.

18) Cf. 미가서 6:8.

19) Babylonian Talmud, Shabbat 133b, Goodman, *Love Thy Neighbor*, p.16에 인용된 대로. *Shabbath II*, The Babylonian Talmud, ed. and trans. I. Epstein(London, 1935~1948)을 볼 것.

20) Cf. 레위기 25:35~38, 잠언 22:22~23, 그리고 잠언 17:5절은 다음과 같이 말한다. '가난한 사람을 조롱함은 그를 지으신 이를 모욕함이다.'

21) 이웃의 것을 허락 없이 넘보는 자는 훔친 물건 가치의 5분의 1을 더해 보상하게 하고 지은 죄를 주님께 속하기 위해 제사장에게 끌고 가라고 명하는 레위기 6:2~7에서 보는 바와 같이.

22) Babylonian Talmud, Ta'anit 20b. 이 문단의 참조 내용은 Goodman, *Love Thy Neighbor*, p.17에 빚지고 있다.

23) 이 의견은 마이클 해리스에게 빚지고 있다(출처는 개인적 교신). 그리스어로 번역한 '나는 존재이다' 혹은 '나는 존재하는 자이다'는 신의 존재를 떠올리게 하지만, 히브리어에 충실하지 않다(그레이엄 데이비스, 출처는 개인적 교신).

24) 여기서 신의 이름의 사용에 관한(그리고 또한 출애굽기 6:3에 관련해서) 의미 있는 논의를 원한다면 Thomas L. Thompson, 'How Yahweh Became God: Exodus 3 and 6 and the Heart of the Pentateuch', *Journal for the Study of the Old Testament*, vol.68, 1995, pp.57~74를 볼 것.

25) *The Concise Dictionary of Classical Hebrew*, ed. D.J.A. Clines(Sheffield, 2009), p.148; 그리고 הוה는 Brown, F., Driver, S.R. and Briggs, C.A., *The Brown-Driver-Briggs Hebrew and English Lexicon of the Old Testament*(Peabody, MA, 2000), pp.217~218을 볼 것.

26) Menachem Kellner, *Maimonides on Human Perfection*에서 'Imitatio Dei and the Nature of God', 그리고 Brown Judaic Studies vol.202(Atlanta, 1990), pp.59~60을 볼 것.

27) 해럴드 블룸은 분개하여 '누가복음에서, 그리고 그후 거의 내내, 기독교의 가장 큰 역설은 유대인들을 (기껏해야) 한물간 존재로 치부하면서도 여전히 구약성서의 개정 번역에 거의 전적으로 의존한다는 사실이다'라고 말한다. Harold Bloom, *Jesus and Yahweh: The Names Divine*(New York and London, 2005), p.165.

28) 시편 145:20('야훼는 당신을 사랑하는 사람은 다 지켜주시고'), 그리고 시편 31:23에서

도 그와 비슷한 내용을 볼 수 있다.

29) (솔로몬의 노래로도 알려진) 아가서 8:6.

30) 신명기 11:13에 대한 이 주해는 초기 (익명의) 랍비 논평가가 내놓은 것이다. *Sifre: A Tannaitic Commentary on the Book of Deuteronomy*, trans. R. Hammer(New Haven, 1986), Piska 41, p.85.

31) Mishnah, 'The Fathers'(*Avot*), ch.1, Mishnah 2, in *The Mishnah*, p.446.

32) R. 아키바는 이렇게 말했다. '이웃을 네 몸처럼 사랑하라는 말은 토라의 근본 원칙이다.' 출처는 *Sifra: An Analytic Translation*, vol.III, trans. Jacob Neusner(Atlanta, 1988), p.109. 로마서 13:8과 비교해보자. '남에게 해야 할 의무를 다하십시오. 그러나 아무리 해도 다할 수 없는 의무가 한 가지 있습니다. 그것은 사랑의 의무입니다. 남을 사랑하는 사람은 이미 율법을 완성했습니다.' 또한 마태복음 22:39~40도.

33) Babylonian Talmud, Shabbat 31a. 현자 힐렐은 예루살렘에서 기원전 1세기 후반에서 서기 1세기 초까지 이름을 떨쳤다. 초기 아람어(팔레스타인) 성경인 탈굼에서 그와 비교할 만한 표현에 관한 논의를 보려면 Serge Ruzer 'From "Love Your Neighbor" To "Love Your Enemy": Trajectories in Early Jewish Exegesis', *Revue Biblique*, vol.109, no.3, 2002, p.378을 보라.

34) Cf. 누가복음 6:31. 또한 요한복음 13:34~35, 마태복음 19:19, 22:39~40, 마가복음 12:31, 누가복음 10:27, 로마서 13:8, 갈라디아서 5:14, 그리고 야고보서 2:8.

35) Tessa Rajak, *Translation and Survival: The Greek Bible of the Ancient Jewish Diaspora*(Oxford and New York, 2009), pp.7~10.

36) Henry Chadwick, *The Early Church*(초대 교회사)(London, 1967), p.42.

37) 70인역에서 아가페는 에로스 사랑과는 반대로 '무조건적인' 사랑과만 배타적으로 관련되지 않고, 예를 들어 창세기 22:2과 28:28에 나오는 것 같은 어머니나 부모의 사랑, 레위기 19:18에 나오는 것 같은 이웃 사랑, 창세기 24:67, 29:18, 그리고 29:30에 나오는 것 같은 부부애, 그리고 창세기 34:3에서 말하는 세겜의 디나를 향한 육욕과 사무엘서 하 13:1, 4, 15에서 말하는 배다른 누이 다말을 향한 암논의 욕망처럼 성애적 욕망 역시 표현한다.

38) 7장에서는, 심지어 신약성경에서도 아가페는 성애와 날카롭게 그리고 지속적으로 구분되지 않는다는 점을 논할 것이다. 그 구분은 여러 세기 후의 신약성경에서, 무엇보다도 종교개혁과 그 후계자들에게서 나온 것이다.

39) 성애는 또한 히브리어 דוד(dod)로도 나타내어지고, 종종, 동의어로, '내 사랑'과도 함께 쓰인다. 아가서 1:13, 14, 16; 2:16; 그리고 6:3도 같이 볼 것.

40) 이사야서 6:3은 이렇게 말한다. '거룩하시다, 거룩하시다, 거룩하시다. 만군의 야훼, 그의 영광이 온 땅에 가득하시다.'

41) 제의에서 고자들의 지위에 대한 다른 시각은 이사야서 56:3~5을 볼 것.

42) '요나단은 입고 있던 겉옷을 벗어 다윗에게 주고 칼과 활과 허리띠까지도 다 내주었다.' (사무엘서 상 18:4). 이 제스처는 외양상 왕자의 상징적인 동의에 의해 다윗이 요나단의 군주 자리를 차지하게 될 것을 암시한다.

43) 그리고 20:17 역시 그와 비슷하다. '요나단은 다윗을 자기 목숨처럼 아꼈다. 요나단은 다윗을 아끼는 마음에서 그에게 다시 맹세하였다.'

44) 성경과 대조적으로, 랍비 전통은 다윗에 대한 요나단의 헌신을 무조건적인 사랑의 본보기로, 그리고 암논의 다말을 향한 사랑을 조건적인 사랑으로(사무엘서 하 13:1~20) 언급한다. Mishnah, *Avot*, ch.5, Mishnah 16, in *The Mishnah*, p.457을 볼 것.

45) Martin Buber, *On Judaism*(New York, 1967), p.210.

46) 무엇이 옳고 정당한 행위인가에 대한 이러한 감각은, 이 맥락에서 우리가 오늘날 양심이라고 부르는 무엇에 이른다. 그리고, 비록 '양심'은 성서적 단어는 아니지만, 나는 이후의 내용에서 그 단어를 사용할 것이다.

47) 예를 들어, 창세기 20:12~17, 23:1; 레위기 18:6~23, 19:11.

48) 시편 51:15~17, 아우구스티누스의 *City of God*(신국론), trans. Henry Bettenson(London, 2003), p.377에 인용된 대로.

49) 욥기 1:12, 2:6. 욥에 대한 내 논의는 Singer, *The Nature of Love*, vol.I, pp.254~255에 빚지고 있다.

50) Cf. 로마서 9:15.

51) 이 경탄스러운 문장은 다음과 같다. '나는 믿는다, 나의 변호인이 살아 있음을! 나의 후견인이 마침내 땅 위에 나타나리라. 나의 살갗이 뭉그러져 이 살이 질크러진 후에라도 나는 하느님을 뵙고야 말리라. 나는 기어이 이 두 눈으로 뵙고야 말리라.'(욥기 19:25~27).

52) 욥기 2:9에서 아내가 이렇게 묻는 부분이다. '당신은 아직도 요지부동이군요? 하느님을 욕하고 죽으시오.'

53) 기도에 관련해, 욥기 42:10에서는 이렇게만 말한다. '욥이 친구들을 위하여 기도를 드리니, 야훼께서 욥의 소유를 회복시켜주셨다. 야훼께서 욥의 소유를 전보다 두 배나 돌려주셨다.'

54) 노아의 방주 이야기가 시사하듯, 하느님에 대한 불충은 그분의 분노와 파괴를 불러올 수 있다. 방주는 신앙심 깊은 노아를 위한 것이었고, 노아의 하느님에 대한 사랑은 '세상이 사람의 죄악으로 가득차고'(창세기 6:5)라는 구절과 대조를 이룬다.

55) Immanuel Kant, *Critique of Judgement*(판단력 비판), trans. J.C. Meredith(Oxford, 1952), sect.25. p.94.

56) 비록 후세의 랍비 유대교는 그것을 족장들의 은사와 관련짓지만 말이다(이 주장은 메너

햄 켈너에게 빚지고 있다. 출처는 개인적 교신).

57) 해럴드 블룸은 하느님의 통제할 수 없는 본성을 셰익스피어적인 용어로 규정한다. '야훼 안에는 리어, 폴스타프, 그리고 햄릿의 모습들이 뒤섞여 있다. 리어의 예측할 수 없는 격분, 폴스타프의 넘치는 활력, 그리고 햄릿의 불안한 자의식.' Bloom, *Jesus and Yahweh*, p.169.

58) 예를 들어, 우리는 출애굽기 33~34장에 나오는 '황금 송아지' 뒷이야기에서 그런 중재를 본다. 호세아와 예레미아와 같은 선지자들 일부는—토라에서와는 달리—하느님이 심지어 이스라엘이 일탈을 했어도, 그리고 회개하기 전에도 이스라엘에게 손을 내민다고 말한다(이 점을 짚어준 그레이엄 데이비스에게 감사한다. 출처는 개인적 교신).

59) 여기서 내가 말하는 그런 사람들은 단순히 우리 부모의 대역이나 메타포가 아니다.

3장 육체적 욕구에서 낙원으로: 플라톤

1) 나는 이 부분에서 마사 누스바움에게 빚을 지고 있다. Nussbaum, *The Fragility of Goodness: Luck and Ethics in Greek Tragedy and Philosophy*(Cambridge, 1986), passim.

2) 사랑을 우주의 힘으로 보는 엠페도클레스의 생각을 더 찾아보고 싶으면 Jonathan Barnes, *The Presocratic Philosophers*(London, 1982), pp.309~310 그리고 pp.419~420을 볼 것.

3) Barnes, *Presocratic Philosophers*, p.241.

4) Sophocles, *Antigone*(안티고네), ll.881~887, in *The Three Theban Plays: Antigone, Oedipus the King, Oedipus at Colonus*, trans. Robert Fagles and Bernard Knox(London, 1984), p.101.

5) Plato, *The Symposium*(향연), trans. Walter Hamilton(Harmondsworth, 1951), 177C, p.40.

6) 비록 플라톤은 이 좋음에서 이성 간의 사랑을 배제하지만.

7) 그리스인들에게 아름다움—칼론(kalon), 가끔은 '섬세한(fine)'으로 번역되는—은 심미적인 아름다움과 윤리적 아름다움 양쪽을 아우르는, 그리고 그리하여 가치 있는 모든 것을 그 표본으로 삼는 무언가 대단히 폭넓은 것이었다.

8) Plato, *Symposium*, 209C~D and 212A, pp.91~94.

9) 이 고찰과 그 뒤에 따라나오는 보들레르의 인용은 A.W. Price, *Love and Friendship in Plato and Aristotle*(Oxford, 1997), p.228에 빚지고 있다.

10) Kenneth Dover, 그의 주요(비록 이제는 도전받고 있지만) 연구인 *Greek Homosexuality* (Cambridge MA, 1978)는 수동적인 젊은이의 성기가 '심지어 건강한 청년의 성기라면

누구나 싫든 좋든 반응을 보일 거라고 기대하는 상황에서조차 축 늘어져 있어야 한다'라
는 데에 놀라움을 표현한다'. Nussbaum, *The Fragility of Goodness*, p.188에 인용된 대
로.

11) 플라톤은 후기 작품 두 편, *Republic*(국가)와 *Laws*(법)에서 동성애를 자연에 어긋나는
    것으로 혹평하면서 그것에 맞서 확실한 선을 긋는다. *Republic*, trans. Desmond
    Lee(London, 2003), 403B~C, pp.99~100; *Laws*, trans. Trevor J.
    Saunders(Harmondsworth, 1975), 636C~E 그리고 838E, pp.61~62, 336~337을 볼
    것. 또한 *Phaedros*(파이드로스) 250E와 255E~256E in *Euthyphro, Apology, Crito,
    Phaedo, Phaedrus*, trans. Harold North Fowler(Cambridge, MA, 2005), pp.484~487,
    500~501도 볼 것.

12) Plato, *Charmides*(카르미데스), 155C~D, in *Early Socratic Dialogues*, trans. Trevor J.
    Saunders(London, 1987), p.179.

13) Plato, *Symposium*, 191D, p.62.

14) Plato, *Symposium*, 192E, p.64.

15) Plato, *Symposium*, 193C, p.65.

16) Plato, *Symposium*, 191C, p.61.

17) 로저 스크루턴은 (바그너의 오페라에 대한 논의의 맥락에서) 그것은 '우화도 종교적 교리
    도 아니고 인간 지식의 수레이다. 신화는 우리의 내적 충동에 객관적 형태를 부여하는 상
    징들과 인물들을 사용하여 우리에게 우리 자신과 우리의 조건을 깨닫게 한다'라는 말로
    신화의 본성과, 그것의 지속적인 힘을 유려하게 묘사한다. *Death-Devoted Heart: Sex
    and the Sacred in Wagner's Tristan and Isolde*(New York, 2004), p.5.

18) Cf. Plato, *Symposium*, 191D~192B, pp.62~63.

19) Sigmund Freud, *Inhibitions, Symptoms and Anxiety*(억압, 증후 그리고 불안), vol.XX,
    p.122(1959), in *Standard Edition of the Complete Psychological Works of Sigmund
    Freud*, trans. and ed. James Strachey, vols.I~XXIV(London, 1953~1974).

20) Plato, *Symposium*, 193C, p.65.

21) Plato, *Symposium*, 192D~E, pp.63~64.

22) Plato, *Symposium*, 201A, p.78.

23) Plato, *Symposium*, 205E, pp.85~86.

24) Plato, *Symposium*, 201A, p.78.

25) Plato, *Symposium*, 205E, pp.85~86.

26) Plato, *Symposium*, 199E, p.76.

27) Plato, *Symposium*, 200A, p.76.

28) Marcel Proust, *Remembrance of Things Past*(잃어버린 시간을 찾아서), trans. C.K. Scott Moncrieff and Terence Kilmartin(Harmondsworth, 1983), vol.2, p.637.

29) 로빈 워터필드가 옮긴 *The Symposium*(Oxford, 1994), 203B, p.44에서.

30) Plato, *Symposium*, 203C~D, p.82.

31) Plato, *Symposium*, 206C~E, p.86.

32) 아름다움에서 번식한다는 것이 아름다움의 존재 속에서 번식한다는 뜻인지 아니면 아름다움으로부터 번식한다는 것인지는 명확하지 않다—혹은 양쪽 다인지.

33) Plato, *Symposium*, 203E, p.82.

34) Plato, *Symposium*, 212A, p.95.

35) Plato, *Symposium*, 211A~B and D~E, pp.93~95.

36) Plato, *Symposium*, 202E, p.81.

37) Plato, *Symposium*, 212A~B, p.95.

38) Plato, *Symposium*, 210A, p.92.

39) Plato, *Symposium*, 210B, p.92.

40) Plato, *Symposium*, 210D, pp.92~93.

41) Plato, *Symposium*, 212B, p.95.

42) Plato, *Symposium*, 212A, p.95.

43) 플라톤은 다른 곳에서 우리에게 최고의 좋음이 태양과 같다고 말한다. 태양은 다른 모든 것들의 진정한 모습을 있는 그대로 드러내는 광원이다. 이 의미는 짐작건대, 태양처럼, 똑바로 쳐다본다고 해서 볼 수 없다는 뜻이리라. 플라톤적 좋음에 관한 논의는 Iris Murdoch, *The Sovereignty of Good*(London, 1970), 특히 pp.46~76를 볼 것.

44) W.H. Auden, *The Age of Anxiety: A Baroque Eclogue*(New York, 1947), p.35.

4장 완벽한 우정으로서의 사랑: 아리스토텔레스

1) 아리스토텔레스가 사용하는 단어는 *eudaimonia*인데, 더러 '행복(happiness)'으로 (잘못) 번역된다.

2) 친구들의 좋음에 기반하는 완전무결한 필리아와는 별도로, 아리스토텔레스는 필리아라는 용어를 다른 두 가지 의미—경쟁적이기보다는 협력적인 사업 관계 같은 유용성에 기반한 우정과 쾌락을 토대로 하는 우정—로도 쓰는데, 그것은 여기서는 중요하지 않다.

3) Marcel Proust, *Remembrance of Things Past*, vol.1, p.968.

4) 다른 많은 그리스인들과 마찬가지로 아리스토텔레스 역시 오늘날의 우리에 비해 성격을 한 사람의 삶에 더 중요한 영향을 미치는 요인으로 본다. 그들에게 성격의 덕목—용기, 자비심, 믿음직함, 진실함, 극기, 지혜 혹은 너그러움 같은—은 한 사람의 인간적 잠재력

을 충족시킬 전체 능력을 지배한다. 그리스 사상의 창립자에 속하는 헤라클레이토스(기원전 약 500년에 활약한)는 '성격이 운명이다'라고 말한다. Charles H. Kahn, *The Art and Thought of Heraclitus*(Cambridge, 1979), CXIV(Diels-Kranz frangment 119), p.81.

5) 그렇지만 물론 다른 이를 사다리 위쪽으로 이끄는 플라톤적 사랑은 (『파이드로스』에서는 명시적으로, 『향연』에서는 암묵적으로 드러났듯이) 그의 협조를 요구한다. 이 점을 깨우쳐준 A. W. 프라이스에게 감사한다.

6) Price, *Love and Friendship*, p.108.

7) Nussbaum, *The Fragility of Goodness*, p.358~359. cf. 그와 비슷하게 '자아는 주로 그 선택들을 통해 인식되기 때문에', 최고의 사랑은 이런 선택들이 드러나는 활동들의 광범위한 공유를 바탕으로 한다고 지적하는 A.W. 프라이스. Price, *Love and Friendship*, p.107을 볼 것.

8) Nussbaum, *The Fragility of Goodness*, p.358.

9) Sonnet 116, in William Shakespeare, *The Sonnets and a Lover's Complaint*(London, 1995), p.134.

10) Nussbaum, *The Fragility of Goodness*, p.360.

11) '……만약 그 부재가 오래 지속된다면 그것은 사랑 그 자체의 망각을 불러오는 것으로 보인다.' Nussbaum, *The Fragility of Goodness*, p.360에서 인용.

12) Nussbaum, *The Fragility of Goodness*, pp.338~339.

13) Aristotle, *Nicomachean Ethics*(니코마코스 윤리학)(앞으로는 NE), 1165b15, in *The Complete works of Aristotle*, ed. Jonathan Barnes(Princeton, NJ, 1984), vol.II, p.1842 에서.

14) *NE*, 1165b23~25, p.1844.

15) *NE*, 1165b26~30, p.1842.

16) *NE*, 1156b12, p.1827.

17) *NE*, 1155b32, p.1826. cf. Price, *Love and Friendship*, p.107.

18) *NE*, 1168b7, p.1847; 1170b6, p.1850; 1245a34~35, p.1974. '또다른 자아'나 '제2의 자아' 혹은 '하나의 영혼'이라는 생각에 관한 탁월한 논의는 Price, *Love and Friendship*, pp.110~111, 123~124를 볼 것.

19) *NE*, 1156b7~8, p.1827.

20) '이제 평등과 닮음은 우정이다': *NE*, 1159b3, p.1832, 강조는 저자.

21) 아리스토텔레스는 남편과 아내 사이의 관계가 본질적으로 불평등한 관계에 속하며(*NE* 1158b13~19, p.1831), 둘 중 우월한 측은 자신이 사랑하는 것보다 더 많이 사랑받아야 하

고 열등한 측은 자신이 사랑하는 것보다 덜 사랑받아야 한다(*NE*, 1158b24~28, p.1831)고 말한다.

22) *NE*, 1158b13~14, p.1831.

23) '노예에 대한 우애는 존재할 수 없다. 그러나 노예가 인간인 한, 우애는 가능하다.'(*NE*, 1161b4~8, p.1835). cf. C.C.W. Taylor, 'Politics', *The Cambridge Companion to Aristotle*, ed. Jonathan Barnes(Cambridge, 1995), pp.256~257에서.

24) *NE*, 1159b12~13, p.1832.

25) *NE*, 1155b7, p.1826. 아리스토텔레스 자신이 '닮음은 서로에게 소중하다'라고 말한다. *NE*, 1165b16~17, p.1842.

26) 예를 들어, David M. Buss, *Evolutionary Psychology: The New Science of the Mind*(진화 심리학)(Boston, MA 1999), p.130을 볼 것.

27) '……호의[eunoia]는 서로 주고받을 때만 우애로 간주되기 때문이다.' *NE*, 1155b33, 1156a3~5, p.1826. John M. Cooper, 'Aristotle on Friendship', in *Essays on Aristotle's Ethics*, ed. Amélie Oksenberg Rorty(Berkeley and Los Angeles, 1980), pp.308~311 을 볼 것. 내 논의는 쿠퍼에게 크게 빚지고 있다.

28) *NE*, 1155b31~32, p.1826.

29) *NE*, 1164a3~13, p.1839.

30) 이 장에 큰 도움을 준 마사 누스바움은 이렇게 말한다. '플라톤과는 달리 그는 강렬한 성 욕이나 흥분이 사랑의 가치와 특혜에 어떤 필수적 역할을 한다고 믿는 것처럼 보이지 않 는다'. Nussbaum, *The Fragility of Goodness*, p.358.

31) *NE*, 1159a11~12, p.1832.

32) 존 M. 쿠퍼는 '타인을 그 사람 자체로 사랑하고 가치 있게 여김으로써 사람은 자신을 사 랑하고 가치 있게 여길 수 있게 된다'는 것이 아리스토텔레스의 생각이라고 시사한 다.(John M. Cooper, 'Aristotle on Friendship', p.333)

33) '함께 시간을 보내는 것이 친구들의 가장 두드러진 특성이기 때문이다.' *NE*, 1157b19~20, p.1829.

34) *NE*, 1170a4~11, 특히 5~6, p.1849.

35) 아리스토텔레스가 '함께 사는 것'으로 의미한 바에 대한 내 해석은 Nussbaum, *The Fragility of Goodness*, p.358~359에 빚지고 있다.

36) *NE*, 1170b12~13, p.1850.

37) *NE*, 1156b4~5, p.1827; 1157b11~12, p.1829.

38) Aristotle, *Eudemian Ethics*(에우데모스 윤리학), 1245b18~19, in *The Complete Works of Aristotle*, ed. Jonathan Barnes(Princeton, NJ, 1984), vol.II, p.1974.

39) Aristotle, *Politics*(정치학), 1253a28~29, in *The Complete Works of Aristotle*, ed. Jonathan Barnes(Princeton, NJ, 1984), vol.II, p.1988.

40) 여기서 내 논의는 쿠퍼에게 크게 빚지고 있다. 'Aristotle on Friendship', pp.320~324.

41) *NE*, 1105a29~33, p.1746.

42) Aristotle, *Magna Moralia*, 1213a16~17, in *The Complete Works of Aristotle*, ed. Jonathan Barnes(Princeton, NJ, 1984), vol.II, p.1920.

43) Friedrich Nietzsche, *On the Genealogy of Morals*(도덕의 계보), in *The Basic Writings of Nietzsche*, trans. W. Kaufmann(New York, 1968), p.451(Preface, sect.1).

44) Aristotle, *Magna Moralia*, 1213a20~26, p.1920. cf. *NE*, 1169b28~1170a3, p.1849, 그리고 *Eudemian Ethics*, 1245a35~36, p.1974: '따라서, 친구를 이해하는 것은 자아를 이해하는 한 방법이 되어야 하고, 친구를 아는 것은 자신을 아는 것이다.' 일부 학자들은 *Magna Moralia*가 실제 아리스토텔레스의 저작인지 의심하지만, 여기 인용된 단락은 전형적으로 아리스토텔레스답다.

45) in Kahn, *Art and Thought*, fragment XLIV(Diels-Kranz fragment 94), p.49.

5장 성욕으로서의 사랑: 루크레티우스와 오비디우스

1) 이 장은 Singer, *The Nature of Love*에 크게 빚지고 있다.

2) 루크레티우스, C.H. 시슨이 서문을 쓴 *De Rerum Natura*(사물의 본성에 관하여), 이후로는 DRN으로 표기하고 뒤에는 권과 행을 제시함, 번역본(New York, 2003), IV: 1054~1057, p.131(이 부분은 Singer, *The Nature of Love*, vol.I, p.132에 빚지고 있다.) 나는 시슨의 번역판을 이용했는데 그 이유는 M.F. 스미스가 개정한 W.H.D. 라우스의 번역판(Cambridge, MA, 1975)이 더 낫긴 하지만 시슨의 영어가 더 현대식이기 때문이다.

3) Lucretius, *DRN* IV: 1089~1090, p.132.

4) Lucretius, *DRN* I: 4~5, p.15.

5) Lucretius, *DRN* I: 21~25, pp.15~16.

6) Lucretius, *DRN* IV: 1110~1111, p.133.

7) Lucretius, *DRN* IV: 1079~1083, p.132.

8) Lucretius, *DRN* IV: 1155~1164, p.134.

9) 이 부분은 Singer, *The Nature of Love*, vol.I, p.133 및 도처에 빚지고 있다.

10) Epicurus, *Epicurus: The Extant Remains*, ed. and trans. Cyril Bailey(Hildesheim and New York, 1970), p.89. 이 부분은 W.H.D. 라우스의 *De Rerum Natura* 번역본에 실린 M.F. 스미스의 머리말에 나오는 에피쿠로스 부분에 빚지고 있다.

11) Epicurus, *The Extant Remains*, p.123.

12) Epicurus, *The Extant Remains*, p.101.

13) Epicurus, *The Extant Remains*, p.95.

14) Epicurus, *The Extant Remains*, p.95.

15) 오스카 와일드의 *A Woman of No Importance*(London, 1996), ActⅢ에서 로드 일링워스가 한 농담처럼.

16) Lucretius, *DRN* Ⅳ: 1240~1247, passim, p.136.

17) Lucretius, *DRN* Ⅳ: 1261~1262, p.137.

18) Lucretius, *DRN* Ⅳ: 1265~1268, p.137.

19) Lucretius, *DRN* Ⅳ: 1269~1277, p.137.

20) Lucretius, *DRN* Ⅳ: 1063~1067, p.132.

21) Stuart Gillespie and Philip Hardie, eds., *The Cambridge Companion to Lucretius*(Cambridge, 2007), pp.6~7에서 인용됨.

22) Alfred, Lord Tennyson, 'Lucretius', ll.14~23, in *The Major Works*, ed. Adam Roberts(Oxford, 2009), pp.380~381.

23) Singer, *The Nature of Love*, vol.I, p.140.

24) Ovid, *The Art of Love*, trans. Rolfe Humphries(Bloomington, 1957), Book2, ll.233~234.

25) 여기서 나는 어떻게 '우리 육신이 우리 이성이 비난하는 것을 갈망하는지를' 전달하는 칼룰루스의 능력을 칭송하는 옥타비오 파스의 말을 내 식으로 표현했다. *The Double Flame: Essays on Love and Eroticism*(이중 불꽃), trans. Helen Lane(New York, 1995), p.48.

26) Paz, *The Double Flame: Essays on Love and Eroticism*, p.47. 그러나 로마 제국이 발달하면서 여성들의 자치권이 느리게나마 발전했지만 정치적인 여성 해방은 거의 이루어지지 않았다. 아우구스토 프라스체티가 언급하듯, '여성들의 삶은 종종 정치적 흥미(그들이 배제된 영역)와 낭만적 흥미(그들이 주역인 영역)의 이야기들로 엮어 짜인다…… 만약 어떤 여성이…… 이 배타적인 남성 영역에 갑자기 뛰어드는 것처럼 보이면(그리고 실제로 그들은 힘차게 그렇게 한다), 그들의 행위는 그저 흥미로운 행동이 아니라 무척 해로운 행동, 단순히 그들과 관련된 남자들에게만 해로운 것이 아니라 전체 도시에도 해로운 행동으로 그려진다는 점을 주목해야 한다.' Augusto Fraschetti, ed. *Roman Women*, trans. Linda Lappin(Chicago and London, 2001), p.16.

27) Ovid, *The Art of Love*(사랑의 기교), Book3, ll.793~794.

28) Ovid, *The Art of Love*, Book2, ll.153~158. 이 인용은 Singer, *The Nature of Love*, vol.I, p.129에 빚지고 있다.

29) Ovid, *The Art of Love*, Book1, ll.35~36.

30) Ovid, *The Art of Love*, Book1, ll.89~92.

31) Ovid, *The Art of Love*, Book1, ll.269~270.

32) Ovid, *The Art of Love*, Book1, ll.365~366.

33) Ovid, *The Art of Love*, Book1, ll.459~462.

34) Ovid, *The Art of Love*, Book1, ll.509, 513, 520~524 passim.

35) Ovid, *The Art of Love*, Book1, ll.579~580.

36) Ovid, *The Art of Love*, Book1, ll.601~602.

37) Ovid, *The Art of Love*, Book1, ll.659~662.

38) Ovid, *The Art of Love*, Book2, ll.109~123 passim.

39) Ovid, *The Art of Love*, Book3, ll.95~96.

40) Ovid, *The Art of Love*, Book3, ll.193~194.

41) Ovid, *The Art of Love*, Book3, l.201.

42) Ovid, *The Art of Love*, Book3, l.280.

43) Ovid, *The Art of Love*, Book3, ll.475~477.

44) Ovid, *The Art of Love*, Book3, ll.529~531.

45) Ovid, *The Art of Love*, Book3, ll.773~776 passim.

46) Ovid, *The Art of Love*, Book3, ll.795~796.

47) Ovid, *The Art of Love*, Book3, ll.797~798.

48) Ovid, *The Art of Love*, Book1, l.342.

49) Ovid, *Metamorphoses*(변신이야기), trans. F.J. Miller(Cambridge, MA, 1951), BookIV, ll.376~379. 살마키스와 헤르마프로디토스에 대한 이 언급은 Singer, *The Nature of Love*, vol.I, p.127에 빚지고 있다.

6장 지고의 미덕으로서의 사랑: 기독교

1) 기독교는 확실히 폭넓고 다양한 한 무더기의 믿음들과 실천들을 포용하므로, 우리가 무언가를 기독교의 다양한 텍스트들과 교파와 사상가들이 아니라 바로 기독교 자체에 귀인하려 할 때는 극히 주의를 기울일 필요가 있다. 그렇지만 우리가 그 복잡성에서 한 발 물러나서 사랑에서 기독교가 일으킨 위대한 혁신들이 무엇인가 하고 묻는다면, 나는 그 둘이 바로 그 답이라고 생각한다.

2) Augustine, *Tractates on the Gospel of John*, 55~111(Washington, DC, 1994), p.131.

3) 공관복음서란 마태복음과 마가복음 및 누가복음을 말하는데, 그들은 구체적 내용과 서술구조가 매우 비슷해서 나란히 놓고 보면―'공관(共觀)'이라는 글자 그대로―도움이 된

다. 마가복음의 대부분은 마태복음과 누가복음에 실려 있고(자주 글자 그대로), 마태복음과 누가복음에는 마가복음에 없는 내용들이 공통으로 담겨 있다. 이 세 복음들은 주로 짧은 '발췌문들'—초기 기독교에서 돌던 예수의 이야기와 말들—의 나열 구조를 보인다. 한편 넷째 복음인 요한복음은 앞서와는 충격적일 정도로 다른데, 사랑에 관해 말하는 부분만이 아니라 예수가 등장하는 더 긴 담론과 대화들에서도 그렇다. 요한복음은 공관복음서보다 상당히 세월이 흐른 뒤에 쓰였다고 주장된다—일각에서는 예수 사망 65년 후로 추정하기도 한다.

4) 마태복음 5~7장, cf. 누가복음에서는 비슷한 이야기가 더 짧게 제시된다. '평지에서의 설교(Sermon on the Level Place)', 6:17~49.

5) 우리가 2장에서 보았듯이 힐렐은 이 원칙을 부정문 형식으로 표현한다. '네가 당하기 싫은 일을 이웃에게 하지 말라. 그것이 전체 토라이다. 나머지는 주석일 뿐이다.'(바빌로니안 탈무드, *Shabbat* 31a) 힐렐은 1세기 팔레스타인의 종교적 해석자들의 일파인 바리새파의 배경이나 다름없는 인물이었는데, 공관복음서 속 예수는 그들과 많은 생각을 공유하는 동시에 날카롭게 반대하기도 한다.

6) 공관복음서에서, 마태는 예수를 가장 확실하게 법을 고수하는 인물로 그린다. 마태는 이어서 계명 중 하나라도 제대로 지키지 않은 자는 천국에 갈 가망이 가장 낮을 거라고 말한다(마태복음 5:19~20). 심지어 유대인의 법이 덜 권위적으로 보이는 다른 복음서들에서도(그리고 성 바울에서도), 법은 사랑하라는 신의 명령에서 준수된다.

7) Anders Nygren, *Agape and Eros*(아가페와 에로스), trans. Philip S. Watson(Philadelphia, 1953), p.251.

8) Augustine, *St Augustine: On the Spirit and the Letter*, trans. W.J. Sparrow-Simpson(London, 1925), p.69.

9) John Rist, 'Faith and Reason', in *The Cambridge Companion to Augustine*, ed. Norman Kretzmann and Eleonore Stump(Cambridge, 2001), p.36.

10) Werner G. Jeanrond, *A Theology of Love*(London, 2010), p.79.

11) Augustine, 'Letters 100~155', *The Works of Saint Augustine*(New York, 2003), p.413.

12) Augustine, *City of God*, pp.636~637.

13) 이것은 초기 루터—1525년 이전—에게는 특히 진실인데, 더 뒤에 가서는 루터의 후기 사상 역시 살펴볼 것이다.

14) in Nygren, *Agape and Eros*, p.720 n.1.

15) in Nygren, *Agape and Eros*, p.734 n.2.

16) in Rudolf Otto, *Mysticism East and West: A Comparative Analysis of the Nature of Mysticism*, trans. Bertha L. Bracey and Richenda C. Payne(New York, 1932), p.194.

17) in Nygren, *Agape and Eros*, p.734. 나는 원래 이 단락의 인용문 대다수를 Singer, *The Nature of Love*, vol.I pp.312~342에서 접했다. 루터에 대한 내 논의는 싱어에 빚지고 있다.

18) Augustine, 'Sermon 192: On Christmas Day', *The Works of Saint Augustine*(New York, 1993), p.46.

19) Augustine, 'Sermon 121: On the Words of the Gospel of John 1:10~14: The World Was Made through Him', *The Works of Saint Augustine*(New York, 1992), p.234.

20) 번영하는 개인적 자아란 소수의 이들이 가장 열심히 지속적으로 준비해야만 얻을 수 있는 능력들의 위계질서를 바탕으로 구축된다는 생각은 사상사에서 매우 오랫동안 자리를 지켜왔고, '반기독주의'를 스스로 선포한 프리드리히 니체 같은 전형적으로 현대적인 사상가들에게서도 여전히 볼 수 있다.(e.g. *On the Genealogy of Morals*, EssayII, sect.2, pp.494~496)

21) Bonaventura, *The Soul's Journey into God, the Tree of Life and the Life of St Francis*, trans. Ewert H. Cousins(New York, 1978), p.79. 보나벤투라와 신비주의에 대한 논의는 Singer, *The Nature of Love*, vol.I, pp.179~181에 빚지고 있다.

22) Jeanrond, *A Theology of Love*, p.77을 보라.

23) 하느님과 우정을 맺을 수 있는 인간 능력에 대한 아퀴나스의 이 인용 부분은 리즈 카마이클에 빚지고 있다(출처는 개인적 교신).

24) Jeanrond, *A Theology of Love*, p.82. 아퀴나스에 대한 이런 언급들은 Jeanrond, pp.77~83에 빚지고 있다.

25) 이 주장은 Jeanrond, *A Theology of Love*, p.108 덕분에 형성할 수 있었다.

26) Augustine, 'Confessions(고백록)', *The Works of Saint Augustine*(New York, 1997), p.39.

27) 아우구스티누스가 크게 기대고 있는 플라톤은 자기 스승인 소크라테스의 입을 빌려 인간 영혼을 한 말 탄 남자로 그리는 우화를 들려준다. 순종인 말은 그 남자를 우주의 지붕 위로 끌어올리지만, 잡종 말은 그를 아래로, 기원이나 역사로 잡아내린다(*Phaedrus*, p.246, in Plato, *Euthyphro, Apology, Crito, Phaedo, Phaedrus*, pp.471~475). 물론 플라톤에게는 그런 상승을 일깨우고 방향을 잡아줄, 기독교의 은총의 교리에 비견할 만한 것이 없다. 그렇지만 양방향으로 당겨지는 영혼이라는 개념은 확실히 그에게 뿌리를 두고 있다. 이 점을 지적해준 스탠리 로젠에게 감사한다.

28) Nygren, *Agape and Eros*, p.528, n.3에서 인용. 니그렌은 아우구스티누스의 'Answer to the Pelagians, III: Unfinished Work in Answer to Julian', *The Works of Saint Augustine*(New York, 1999), p.342를 인용했다. 번역문은 다음과 같다. '그보다, 하느님

의 은총은 의욕 없는 자였던 그들을 의욕 있는 자들로 만든다.'

29) Oliver O'Donovan, *The Problem of Self-Love in St Augustine*(New Haven 1980), p.128에서 가져옴. The New City Press 번역판(Augustine, 'The Trinity(삼위일체론)', *The Works of Saint Augustine*, New York, 1991, p.209)에서 인용한 것. 원문은 이러하다. '우리는 하느님과 서로를 참조하여…… 은총에 의해 이 쌍방성을 흉내내도록 명령받는다.'

30) 아우구스티누스는 이 생각을 은유로 표현한다. '이 사랑을 정화시킨 후, 배수관을 내려가는 물이 네 정원으로 방향을 틀게 하여라. 너희를 세계의 가지로 흘러가게 하는 그 물길을 세계의 창조주에게로 틀어라.' Augustine, 'Exposition 2 of Psalm 31', *The Works of Saint Augustine*(New York, 2000), p.367.

31) 이 허영심을 통해 아우구스티누스의 말마따나 사랑은 '자신에게로 돌아오고(curvatus in se)', 그리하여 카리타스가 되지 못한다.

32) Augustine, *Treatises on Various Subjects*, trans. Mary Sarah Muldowney(Washington, DC, 1952), p.252.

33) Martin Luther, 'Second Christmas Sermon: Early Christmas Morning Service, Titus 3:4~8', *Sermons of Martin Luther*, vol.6(Grand Rapids, MI, 1995), p.145.

34) Singer, *The Nature of Love*, vol.I, p.327. 루터와 내가 선택한 루터의 인용문에 관한 내 주장은 싱어에게 크게 빚지고 있다.

35) Singer, *The Nature of Love*, vol.I, p.327에 인용.

36) Nygren, *Agape and Eros*, p.733.

37) Martin Luther, 'Second Christmas Sermon', p.145.

38) Nygren, *Agape and Eros*, p.734 n.2에 인용.

39) Nygren, *Agape and Eros*, p.734.

40) Meister Eckhart, *The Works of Meister Eckhart*, trans. C. de B. Evans, ed. Franz Pfeiffer(Kila, MT, 1992), pp.381~382. 이 주장은 Singer, *The Nature of Love*, vol.I, p.225에 빚지고 있다.

7장 기독교 사랑은 왜 조건 없는 사랑이 아닌가

1) 예를 들어, Augustine, *Tractates on the Gospel of John*, pp.127~128.

2) St John of the Cross, *A Spiritual Canticle of the Soul and the Bridegroom Christ*, trans. David Lewis(London, 1919), pp.172~173. 여기서 십자가의 성 요한은 우리 몸이 주님(예수)의 지체이자 그리스도의 일부라고 말하는 성 바울을 되풀이한다. 바울은 이렇게 말한다. 창녀와 관계를 하는 사람은 그 창녀와 한몸이 되지만, '주님과 합하는 사람은 주님

과 영적으로 하나가 됩니다'.(고린도전서 6:17)

3) St John of the Cross, *A Spiritual Canticle of the Soul*, p.239. 나는 이 단락들을 원래 Singer, *The Nature of Love*, vol.I에서 접했다.

4) St Teresa of Avila, *The Interior Castle or the Mansions*(London, 1921), p.272. 이 인용은 Singer, *The Nature of Love*, vol.I, p.222에 빚지고 있다.

5) St John of the Cross, *Dark Night of the Soul*, trans. E. Allison Peers(New York, 1959), p.52.

6) St John of the Cross, *Dark Night of the Soul*, p.55.

7) Meister Eckhart, *The Essential Sermons, Commentaries, Treatises and Defense*, trans. Edmund Colledge and Bernard McGinn(New York, 1981), p.78. 이 인용은 Denis de Rougemont, *Love in the Western World*(사랑과 서구 문명), trans. Montgomery Belgion(Princeton, NJ, 1983), p.156에 빚지고 있다.

8) Eckhart, *The Works of Meister Eckhart*, p.176. 이 인용과 이후의 인용은 de Rougemont, *Love in the Western World*, p.155에 빚지고 있다.

9) Eckhart, *The Works of Meister Eckhart*, p.186.

10) Cf. 사도 요한은 이렇게 말했다: '여러분은 세상이나 세상에 속한 것들을 사랑하지 마십시오. 세상을 사랑하는 사람에게는 그 마음속에 아버지를 향한 사랑이 없습니다.'(요한일서 2:15).

11) Clifton Wolters, Introduction in Julian of Norwich, *Revelations of Divine Love*, trans. Clifton Wolters(Harmondsworth, 1966).

12) Jeanrond, *A Theology of Love*, p.72.

13) Bernard of Clairvaux, *Bernard of Clairvaux: Selected Works*, trans. G.R. Evans(New York, 1987), p.198. 이것과 이후의 인용은 Singer, *The Nature of Love*, vol.I, p.191에 빚지고 있다.

14) Bernard of Clairvaux, *Selected Works*, pp.196~197.

15) Thomas Aquinas, *Summa Theologiae*, vol.34: Charity, trans. R.J. Batten(London, 1975), pp.93~95; Jeanrond, *A Theology of Love*, p.80.

16) '여러분은 이 세상을 본받지 말고 마음을 새롭게 하여 새 사람이 되십시오.'(로마서 12:2)

17) '우리는 죽지 않고 모두 변화할 것입니다. 마지막 나팔 소리가 울릴 때에 순식간에 눈 깜빡할 사이도 없이 죽은 이들은 불멸의 몸으로 살아나고 우리는 모두 변화할 것입니다.'(고린도전서 15:51~52)

18) 에베소서의 저자—흔히 바울의 추종자가 바울의 이름으로 쓴 것으로 생각되는—는 그리스도와 교회가 한 남자와 여자가 합쳐진 하나의 육체가 되는 이미지를 발견한다.(에베

소서 5:31) 그렇지만 바울은 우리가 더 나중의 기독교에서 발견하는 '결혼의 신성함'을 명확히 칭송하는 말은 한마디도 하지 않았다.

19) 산 위에서의 설교에 반복적으로 사용되는 이 말은 거의 확실히 구약성서를 참조한 것이다.

20) 레위기 20:10, 신명기 17:7, cf.레위기 22:22.

21) 요한복음 8:1~11은 간통죄로 잡혀온 여성을 용서하라는 예수의 요구를 인용한다.

22) Dikaiosune — '정의'로도 번역할 수 있다.

23) '온유한 자' — 말하자면 점잖은 자들이지만 '고통받는'이라는 의미도 있다 — 들은 다른 이들에게 괴롭힘을 당하는 이들이다. 예수는 의인들에게 '고요하게 지내라, 야훼만 믿어라. 남이 속임수로 잘된다고 불평하지 마라'라고 명령하는 시편 37장을 직접 인용하고 있다. 10~11절을 보자. '조금만 기다려라, 악인은 망할 것이다. 아무리 그 있던 자리를 찾아도 그는 이미 없으리라. 보잘것없는 사람은 땅을 차지하고, 태평세월을 누리리라. 악한 자, 이를 갈며 의인을 모해하려 할지라도 야훼, 그 끝남을 보고 비웃으신다.'

24) 이것은 '오만은 죄의 시작'이라고 공언하는 시라크(집회서)를 떠올리게 한다.(10:13)

25) 새뮤얼 헌팅턴은 이것을 미국과, 다른 신앙과 국가 출신의 이민자들을 하나로 묶어주는 핵심 윤리로 일컫는다. Samuel P. Huntington, *Who Are We?: The Challenges to America's National Identity*(새뮤얼 헌팅턴의 미국)(New York, 2004), pp.59ff.

26) 성적 내숭과 권력과 부의 축적 사이의 관계는 우연일까? 아마도 아닐 것이다. 사회학자인 막스 베버는 금욕적 자기 부정이 부의 창조에 초점을 맞추는 것과 밀접한 관련이 있다고 주장한다. '왜냐하면 금욕주의가 수도원의 방으로부터 매일의 일상으로 옮겨졌을 때…… 그것은 현대 경제 질서라는 거대한 우주를 건설하는 데 한몫했다.' Max Weber, *The Protestant Ethic and the Spirit of Capitalism*(프로테스탄티즘의 윤리와 자본주의 정신), trans. *Talcott Parsons*(Mineola, 2003), pp.155~183.

27) 요한복음 3:16; cf.요한일서 4:9.

28) Thomas Aquinas, *Summa Theologiae*, vol.16: *Purpose and Happiness*, trans. Thomas Gilby(London, 1969), p.139.

29) Anthony Kenny, *What is Faith?: Essays in the Philosophy of Religion*(Oxford, 1992), p.66.

30) Augustine, 'Letter 194: Augustine to Sixtus', *The Works of Saint Augustine*(New York, 2004), p.296.

31) Augustine, 'The Trinity', pp.252, 421; and Oliver O'Donnovan, *The Problem of Self-Love in St Augustine*, pp.130, 135를 보라.

32) John Calvin, 'Articles concerning predestination', in *Theological Treatises*, p.179.

Vincent Brümmer, *The Model of Love: A Study in Philosophical Theology*(사랑의 모델) (Cambridge, 1993), p.189에서 인용.

33) 마가복음 10:27, 마태복음 19:26, 누가복음 18:27, cf. 또한 누가복음 1:37.

34) Thomas Aquinas, *Summa Theologiae, vol.34: Charity*, p.135.

35) 누가복음과 요한공동체에서 사랑의 범위를 한정하는 것에 관한 논의는 Jeanrond, *A Theology of Love*, pp.36~37을 볼 것.

36) 마틴 길버트의 *The Righteous: The Unsung Heroes of the Holocaust*(London, 2003)는 교황과 바티칸이 유대인들의 운명에 무심했다는 시각을 바로잡을 증거들을 제시한다. 예를 들어, 강제추방을 규탄하는 성명을 발표한 프랑스의 성직자들과, 유대인들을 강제추방으로부터 구한 예수회를 포함해 이탈리아의 수많은 성직자들을 거론한다.

37) Martin Rohnheimer, 'The Holocaust: What Was Not Said', *First Things*, no.137, 2003, p.18.

38) 대니얼 골드하겐의 *A Moral Reckoning: The Role of the Catholic Church in the Holocaust and Its Unfulfilled Duty of Repair*(New York, 2002)보다 더 이 주제를 더욱 공평하게 다루는 논문들도 여전히 교회의 행보를 실용주의나 반유대주의, 또는 그 양쪽과 관련지어 설명하는 경향이 있다.

39) 그 표현의 출처 중 남아 있는 가장 오래된 것은 고린도전서 11:25이다. 바울은 성체 제도에 관련해 '주님으로부터 받은' 것을 전달한다. 저녁식사 후에 예수는 잔을 가지시고, 이르시되 "이것은 내 피로 맺는 새로운 계약의 잔이니". cf.누가복음 22:20. 마가복음과 마태복음은 이 상황에서 예수가 한 말을 설명할 때 '새로운'이라는 단어를 생략한다.

40) 그럼에도, 이런 죄악들을 모든 종교적 신앙에 반대하기 위한 근거로 들먹이는 것은 불합리하다. 세속주의 또한 이루 말할 수 없는 극심한 편견과 폭력을 낳기도 했거니와, 한 교리의 사악함과 그 이름으로 처형되는 사람들의 수를 단순한 함수 관계로 보기는 어렵다.

41) Thomas Aquinas, *Summa Theologiae, vol.9: Angels*, trans. Kenelm Foster(London, 1968), p.197.

42) Thomas Aquinas, *Summa Theologiae, vol.9: Angels*, p.203.

43) Nygren, *Agape and Eros*, p.642에 인용.

8장 이상으로서의 여성: 사랑과 음유시인들

1) 프랑스 중세 연구가인 가스통 파리스가 1883년에 'amour courtois'라는 용어를 만들어 냈다.

2) Friedrich Nietzsche, *Beyond Good and Evil*(선악의 저편), in *The Basic Writings of Nietzsche*, trans. W. Kaufmann(New York, 1968), sect.260, p.398.

3) 중세 유럽에서 피나모르와 성처녀 숭배의 우연한 시기적 겹침은 서구 세계가 여성성과 맺는 관계에서 가장 놀랍고 신비로운 순간이다. 이 장 마지막 미주를 볼 것.

4) 이 부분은 L.T. 톱스필드의 *Troubadours and Love*(Cambridge, 1975)에 빚지고 있다. p.39를 볼 것.

5) 오늘날에는 William IX, 아키텐 공작이자 푸아티에 백작으로 더 널리 알려져 있다.

6) Linda M. Paterson, 'Development of the courtly *canso*', in *The Troubadours*, ed. Simon Gaunt and Sarah Kay(Cambridge, 1999), p.36.

7) 영문번역된 음유시인들의 시들 중 아래에 언급된 2차 문헌 작품들에서 인용하지 않은 것들은 앨런 R. 프레스(ed. and trans.)에게서 가져왔다. *Anthology of Troubadour Lyric Poetry*(Edinburgh, 1971). 이 부분은 p.13에서 발췌한 것이다.

8) Press, *Anthology of Troubadour Lyric Poetry*, p.15.

9) C.S. 루이스의 고전이자 여전히 영향력 있는 연구서인 *The Allegory of Love*에서는 간음을 기사도적 사랑의 네 가지 주요한 특색 중 하나로 간주한다. 그러나 2세대 이후로 일부 음유시인들이 간음을 비난한 것을 보면 그것이 결코 항구적인 특색이 아님을 짐작할 수 있다. 비록 간음의 욕망 그 자체는 항구적일 수 있어도.

10) 이 주장은 Catherine Léglu, 'Moral and satirical poetry', in *The Troubadours*, ed. Simon Gaunt and Sarah Kay(Cambridge, 1999), pp.49~50에 빚지고 있다.

11) Léglu, 'Moral and satirical poetry', p.49.

12) Linda M. Paterson, *The World of the Troubadours*(Cambridge, 1993), p.235에서 인용.

13) Singer, *The Nature of Love*, vol.II, p.80에서 인용. 이 장은 싱어에게 크게 빚지고 있다. cf. de Rougemont, *Love in the Western World*, p.34. 그러나 연애 문제 법원이 일찍이 12세기부터 실제로 존재했는지, 아니면 그 시기에는 단순히 문헌상으로만 존재하는 허구였는지는 명확하지 않다.

14) 이 문제에 대한 통찰력 있는 의견을 들려준 스티븐 재거에게 감사한다(출처는 개인적 교신). 이 공식은 또한 Singer, *The Nature of Love*에 빚지고 있다.

15) Press, *Anthology of Troubadour Lyric Poetry*, p.19.

16) Press, *Anthology of Troubadour Lyric Poetry*, p.69.

17) 베르나르 드 방타도른의 'Can vei la lauzeta mover' 속의 여성혐오 정서에 주목할 수 있게 해준 사이먼 곤트에게 감사한다(개인적 교신).

18) Press, *Anthology of Troubadour Lyric Poetry*, p.79. 강조는 저자.

19) 이 번역문은 패터슨에게 빚지고 있다, 'Development of the courtly *canso*', p.31.

20) Press, *Anthology of Troubadour Lyric Poetry*, p.79.

21) Press, *Anthology of Troubadour Lyric Poetry*, p.67.

22) Press, *Anthology of Troubadour Lyric Poetry*, p.81.

23) 이 주장은 Paterson, 'Development of the courtly *canso*', p.31~32에 빚지고 있다.

24) Press, *Anthology of Troubadour Lyric Poetry*, p.183.

25) Press, *Anthology of Troubadour Lyric Poetry*, p.187.

26) Press, *Anthology of Troubadour Lyric Poetry*, p.313.

27) 예를 들어, de Rougemont, *Love in the Western World*, pp.35, 76.

28) Topsfield, *Troubadours and Love*, p.11에 인용—비록 음유시인들의 그런 전기적 설명을 얼마나 믿어도 될지는 확실하지 않지만.

29) Press, *Anthology of Troubadour Lyric Poetry*, p.189.

30) 이 문단은 *Nature of Love*, vol.II, p.27에서 싱어의 질투에 대한 논의에 빚지고 있다.

31) Topsfield, *Troubadours and Love*, pp.221~222. 질투에 대한 내 언급들은 톱스필드에게 크게 빚지고 있다.

32) Topsfield, *Troubadours and Love*, p.32; cf. pp.28~33.

33) Topsfield는 *jois*가 '삶에서 즐거움을 추구하는, 강력하고 저절로 작동하지만 결정체를 이루려면 들러붙을 대상이 필요한 내면의 힘'이라고 말한다. *Troubadours and Love*, pp. 123~124.

34) Press, *Anthology of Troubadour Lyric Poetry*, p.197.

35) Press, *Anthology of Troubadour Lyric Poetry*, p.69.

36) 기사도적 사랑을 마조히스트적-나르시시스트적으로 보는 이 해석은 드니 드 루주몽의 *Love in the Western World*로부터 라캉에 크게 의존하는 *The Žižek Reader*의 슬라보예 지젝까지 더없이 다양한 작가들에 의해 발전되어왔다. 'Courtly Love, or Woman as Thing', *The Žižek Reader*, ed. Elizabeth Wright and Edmond Wright(Oxford, 1999) 참조.

37) 기사도적 사랑이 귀부인(*ma domna*, 혹은 *midons*)을 이상화하는 현상과 성모마리아를 숭배하는 현상이 동일한 시기인 12세기와 13세기에 나타난다는 사실은 매혹적이다. 우리가 7장에서 만난, 주교이자 신비주의자였던 베르나르 드 클레르보는 알려진 한 최초의 음유시인인 기욤 9세와 거의 동시대인이었다. 기욤이 자신의 유부녀 정부들에게 경의를 표하고 있을 때 베르나르는 순결한, 그러나 열정적인, 마리아의 숭배를 조장하고 있었다.

9장 인간 본성이 어떻게 사랑을 할 수 있게 되는가: 중세 성기(盛期)에서 르네상스까지

1) 이런 연애편지들 중 일부는 아벨라르와 엘루아즈가 죽고 나서 약 1세기 후에 발견되었고, 나머지는 20세기 말에 가서야 빛을 보게 되었다. 그들의 진위에 관해, 그리고 특히 최근에 발견된 서신들이 아벨라르와 엘루아즈의 것인지에 관해서는 역사가들의 의견이 엇갈

린다.

2) Abelard and Heloise, *The Lost Love Letters of Heloise and Abelard: Perceptions of Dialogue in Twelfth-Century France*, trans. Constant J. Mews and Neville Chiavaroli(Basingstoke, 2001), p.229.

3) Abelard and Heloise, *The Letters of Abelard and Heloise*, trans. Betty Radice(Harmondsworth, 2003), p.69.

4) Abelard and Heloise, *The Letters of Abelard and Heloise*, p.11.

5) Abelard and Heloise, *The Letters of Abelard and Heloise*, p.12.

6) 나는 이 점을 Singer, *The Nature of Love*, vol.II, p.102에 빚지고 있는데, 여기서 내 논의의 많은 부분은 그에게 빚지고 있다.

7) Scruton, *Death-Devoted Heart*, p.32.

8) Gottfried von Strassburg, *Tristan*, trans. A.T. Hatto(London, 1960), pp.262~263.

9) Gottfried, *Tristan*, p.263.

10) Gottfried, *Tristan*, p.264. Singer, *The Nature of Love*, vol.II, pp.105~106에 인용.

11) 나는 이 주장을 Singer, *The Nature of Love*, vol.II, pp.106에 빚지고 있다.

12) Gottfried, *Tristan*, p.43.

13) Gottfried, *Tristan*, p.265.

14) Gottfried, *Tristan*, p.267~268.

15) de Rougemont, *Love in the Western World*, pp.133~134.

16) St Francis of Assisi, *Francis and Clare: The Complete Works*, trans. Regis J. Armstrong and Ignatius C. Brady(New York, 1982), p.39.

17) 이 문단과 그 인용은 Ingrid D. Rowland, 'The Renaissance Revealed', *From Heaven to Arcadia: The Sacred and the Profane in the Renaissance*(New York, 2008), pp.3~4에 빚지고 있다.

18) Bamber Gascoigne, *A Brief History of Christianity*(London, 2003), p.62. 성 프란체스코에 대한 이 부분은 개스코인에게 크게 빚지고 있다.

19) Friedrich Nietzsche, *On the Genealogy of Morals*, EssayIII, sect.28, p.598.

20) Augustine, *City of God*, pp.375~376.

21) 예를 들어, 잉그리드 롤런드가 지적하듯, 티치아노는 1518년에 '성모 승천(Assumption of the Virgins)'을 그렸을 때 '순전히 육체적 지복을 통해 종교적 희열을 묘사할 수 있었다'. 'Titian: the Sacred and the Profane', in *From Heaven to Arcadia: The Sacred and the Profane in the Renaissance*(New York, 2005), pp.129~130.

22) Marsilio Ficino, *Platonic Theology*, trans. Josephine L. Burroughs, Journal of the

History of Iedas vol.5, no.2(1944), p.238. Richard Tarnas, *The Passion of the Western Mind*(London, 1991), p.214에 인용.

23) Giovanni Pico della Mirandola, 'The Dignity of Man', in *The Portable Renaissance Reader*, ed. J.B. Ross and M.M. McLaughlin(New York, 1977), p.478. Tarnas, *The Passion of the Western Mind*, p.215에 인용.

24) Singer, *The Nature of Love*, vol.II, pp.170~171. 르네상스의 사랑에 대한 내 논의는 싱어에게 크게 빚지고 있다.

25) 이 주장들은 Singer, *The Nature of Love*, vol.II, pp.171~172에 빚지고 있다.

26) 다시금 이 주장들은 Singer, *The Nature of Love*, vol.II, p.173~175 및 도처에 빚지고 있다.

27) Singer, *The Nature of Love*, vol.II, p.180에 인용.

28) Michel de Montaigne, *The Complete Essays*, tras. M.A. Screech(London, 1993). 이 인용문은 'On Affectionate Relationships'('On Friendship'이라고도 번역되는) p.212에서 가져온 것이다.

29) Montaigne, *The Complete Essays*, p.212.

30) Montaigne, *The Complete Essays*, p.208.

31) Montaigne, *The Complete Essays*, p.212.

32) Montaigne, *The Complete Essays*, p.215.

33) Montaigne, *The Complete Essays*, p.212~213.

34) Montaigne, *The Complete Essays*, p.215.

35) Montaigne, *The Complete Essays*, p.214.

36) Montaigne, *The Complete Essays*, p.217.

37) Montaigne, *The Complete Essays*, p.210.

38) Montaigne, *The Complete Essays*, p.207.

39) *Homo sum, humani a me nihil alienum puto.* Peter Burke, *Montaigne*(Oxford, 1981), p.9.

40) Montaigne, *The Complete Essays*, p.1251.

41) 이 공식은 M.A. Screech, *Montaigne and Melancholy: The Wisdom of the Essays*(London, 1991), p.122에 빚지고 있다.

42) Montaigne, *The Complete Essays*, p.1268.

43) Burke, *Montaigne*, p.12에 인용.

44) Montaigne, *The Complete Essays*, p.1261.

45) Burke, *Montaigne*, p.10에 인용; cf. Montaigne, 'On educating children'에 인용.

46) Montaigne, *The Complete Essays*, p.1269.

47) Montaigne, *The Complete Essays*, p.1268.

48) Montaigne, *The Complete Essays*, p.1261.

49) Montaigne, *The Complete Essays*, p.1267.

50) Montaigne, *The Complete Essays*, p.1268, 번역은 저자.

10장 전체에 대한 환희에 찬 이해로서의 사랑: 스피노자

1) Baruch(Benedict de) Spinoza, *Ethics*(에티카), ed. and trans. G.H.R. Parkinson(London, 1989), Part II. proposition xlvii, p.75.(앞으로 인용에는 부와 명제 번호를 표기함.)

2) Spinoza, *Ethics*, I, xxix, p.25.

3) Spinoza, *Ethics*, I, xxix, p.27.

4) 스피노자에게 하느님은 피조물로부터 분리되어 있는 한 조물주가 아니기 때문에, 하느님을 세계를 창조하고 나서 그후로는 더 참견하지 않고, 자신이 창조한 법칙들과 작용기제에 따라 세계가 저절로 돌아가게 놔두는 존재로 생각할 수 없다. 하느님은 모든 사건들과 사물들의 지속적인 원인으로 지속적으로 활동하고 있다.

5) Spinoza, *Ethics*, V, xxiv, p.213.

6) Spinoza, *Ethics*, IV, xlii, p.223.

7) Spinoza, *Ethics*, III, xiii, pp.94~95.

8) Spinoza, *Ethics*, III, xxxi, p.105.

9) Spinoza, *Ethics*, III, xxxi, p.106.

10) Spinoza, *Ethics*, III, xxxi, p.106에 인용.

11) Spinoza, *Ethics*, V, vi, p.204.

12) Spinoza, *Ethics*, V, iii, p.202.

13) Spinoza, *Ethics*, V, xv, p.208.

14) 이 장의 이전 교정본을 읽고 의견을 준 수 제임스에게, 그리고 Henry E. Allison, *Benedict de Spinoza*(New Haven and London, 1987), Stuart Hampshire, *Spinoza*(Harmondsworth, 1987)에도 고마움을 전한다.

11장 계몽된 낭만주의로서의 사랑: 루소

1) Jean-Jacques Rousseau, *The Reveries of the Solitary Walker*(고독한 산책자의 몽상), in The Reveries of the Solitary Walker, *Botanical Writings and Letter to Franquiéres*, trans. Charles Butterworth(Hanover, NH, 2000), P.89. 이 인용문은 singer, *The Nature*

of Love, vol.Ⅱ, p.343에서 빌려왔다.

2) Jean-Jacques Rousseau, *Emile, or On Education*(에밀), trans. Allan Bloom(New York, 1979), p.433.

3) Rousseau, *The Reveries of the Solitary Walker*, pp.89~90.

4) Rousseau, 'Discourse on the Origins of Inequality' in *Discourse on the Origins of Inequality(Second Discourse), Polemics, and Political Economy*(인간 불평등 기원론), trans. Judith R. Bush and Roger D. Masters(Hanover, NH, 1992), p.38.

5) Rousseau, 'Discourse on the Origins of Inequality', p.36.

6) Rousseau, 'Discourse on the Origins of Inequality', p.42.

7) Rousseau, *Emile*, p.212.

8) Rousseau, *Emile*, p.213.

9) Rousseau, 'Discourse on the Origins of Inequality', p.76.

10) Rousseau, 'Discourse on the Origins of Inequality', p.91.

11) Rousseau, 'Discourse on the Origins of Inequality', p.63.

12) Rousseau, 'Discourse on the Origins of Inequality', p.36.

13) Rousseau, 'Discourse on the Origins of Inequality', p.36.(1782년판에 보태짐.)

14) 이 점을 내게 지적해준 니컬러스 덴트에게 감사한다(개인적 교신).

15) Rousseau, 'Discourse on the Origins of Inequality', p.36.

16) Rousseau, 'Discourse on the Origins of Inequality', pp.38~39.

17) François de la Rochefoucauld(1613~1680), *Maxims*, trans. Leonard Tancock(Harmondsworth, 1982), p.54.

18) Rousseau, 'Discourse on the Origins of Inequality', p.86.

19) 이 주장은 Bloom, *Love and Friendship*, p.65에 빚지고 있다.

20) Jean-Jacques Rousseau, *Julie, or the New Heloise*(줄리, 신 엘루아즈), trans. Philip Stewart and Jean Vaché(Hanover, NH, 1997), p.294. 이 인용은 Ernst Cassirer, *The Question of Jean-Jacques Rousseau*, trans. and ed. Peter Gay(New Haven and London, 1989), p.93에 빚지고 있다.

21) Rousseau, *Emile*, p.235.

22) Bloom, *Love and Friendship*, p.57. 이 전체 문단은, 특히 pp.44~46, 56~57, 그리고 p.61은 블룸에게 크게 빚지고 있다.

23) Rousseau, *Emile*, pp.333~334. 이 인용은 Bloom, *Love and Friendship*, p.93에 빚지고 있다.

24) Rousseau, *Confessions*(고백록), in *The Confessions and Correspondence, Including*

the Letters to Malesherbes, trans. Christopher Kelly(Hanover, NH, 1995), p.91.

25) Bloom, *Love and Friendship*, p.47.

26) Bloom, *Love and Friendship*, p.47.

27) 루소와 동정심에 대한 내 언급들은 Bloom, *Love and Friendship*, pp.67~71에 크게 빚지고 있다.

28) 루소, *Emile*, p.329. Bloom, *Love and Friendship*, p.91에 인용.

29) 루소, *Emile*, p.329. Bloom, *Love and Friendship*, pp.112~113에 인용.

12장 종교로서의 사랑: 슐레겔과 노발리스

1) Friedrich Schlegel, *Lucinde*, in *Friedrich Schlegel's Lucinde and the Fragments*, trans. Peter Firchow(Minneapolis, 1971), p.113. 이것을 인용한 싱어(*The Nature of Love*, vol.II, pp.386~387)는 내가 논의와 인용들을 선별하는 데 큰 도움을 주었다.

2) Friedrich Schlegel, *Lucinde*, p.47.

3) Friedrich Schlegel, 'On Philosophy: To Dorothea', in *Theory as Practice: A Critical Anthology of Early German Romantic Writings*, ed. and trans. J. Schulte-Sasse et al.(Minneapolis, 1991), pp.423~424.

4) Friedrich Schlegel, *Lucinde*, p.49.

5) Friedrich Schlegel, 'Athenaeum Fragments', in *Friedrich Schlegel's Lucinde and the Fragments*, trans. Peter Firchow(Minneapolis, 1971), no.34, p.165.

6) Friedrich Schlegel, *Lucinde*, p.46.

7) Friedrich Schlegel, 'Athenaeum Fragments', no.34, pp.165~166.

8) Friedrich Schlegel, *Lucinde*, p.108.

9) Friedrich Schlegel, 'On Philosophy: To Dorothea', p.427.

10) Friedrich Schlegel, *Lucinde*, p.113, 강조는 저자.

11) Friedrich Schiller: *Werke und Briefe, Band 12, Briefe II: 1795~1805*, ed. N. Oellers(Frankfurt, 2002), 467쪽에 실린, 실러가 1799년 7월 19일자로 괴테에게 보내는 편지에서.

12) Friedrich Schlegel, *Lucinde*, p.113. 이 인용은 Singer, *The Nature of Love*, vol.II, p.386에 빚지고 있다.

13) Friedrich Schlegel, *Lucinde*, p.48. 이 인용은 Thomas Mann, *Pro and Contra Wagner*, trans. Allan Blunden(London, 1985), p.124에 빚지고 있다.

14) 이 공식은 Singer, *The Nature of Love*, vol.II, p.294에 빚지고 있다.

15) Friedrich Schlegel, *Lucinde*, p.48.

16) 이 문단은 Singer, *The Nature of Love*, vol.Ⅲ, p.18~19에 빚지고 있다.

17) 노발리스는 프리드리히 폰 하덴베르크의 필명이다. 그는 소피 폰 쿤을 1794년 11월에 만났는데 그때 노발리스는 22세, 쿤은 12세였다. 두 사람은 이듬해에 약혼했지만 소피는 병에 걸려 1797년에 죽었다(15세 생일 이틀 후). 노발리스 자신은 29세에 폐결핵으로 죽었다. 노발리스에 대한 내 논의와 인용문 선택은 Mann, *Pro and Contra Wagner*에 빚지고 있다.

18) Novalis, *Hymns to the Night*, in *Hymns to the Night and Other Selected Writings*, trans. Charles E. Passage(Indianapolis, 1960), p.4.

19) Novalis, *Hymns to the Night*, p.6.

20) 노발리스의 인용문은 Mann, *Pro and Contra Wagner*, p.124에서 가져왔다. 이 문장은 노발리스의 1797년 일기의 독일어판에 첨부된 주석에 들어 있는데, 영어 번역판에는 실리지 않았다. ['Im Tode ist die Liebe am süßesten; für den Liebenden ist der Tod eine Brautnache—ein Geheimniß süßer Mysterien.'] 출처: Novalis, *Schriften*, vol.4, ed. Richard Samuel(Stuttgart, 1975), p.50. 일기의 영어 번역판은 *The Birth of Novalis: Friedrich von Hardenberg's Journal of 1797, with Selected Letters and Documents*, trans. Bruce Donehower(Albany, NY, 2007), pp.79~97에서 볼 수 있다.

21) Novalis, *Hymns to the Night*, pp.6~7.

22) 에밀리 디킨슨, 루이스와 프랜시스 노크로스에게 보내는 편지, 1863년 5월 말. *In The Letters of Emily Dickinson*, ed. Thomas H. Johnson(Cambridge, MA, 1997), p.425.

23) Novalis, 'Faith and Love', sect.16, p.39, in *The Early Political Writings of the German Romantics*, ed. and trans. Frederick Beiser(Cambridge, 1996). 1798년 7월에 발간된 'Faith and Love'는 프리드리히 빌헬름 3세와 그의 아내 루이스의 대관식을 위해 쓰인 짧은 글이다.

24) Novalis, 'Faith and Love', sect.4, pp.35~36.

25) Novalis, *Hymns to the Night*, p.4.

26) Novalis, *Hymns to the Night*, p.4.

27) Schlegel, *Lucinde*, p.127. Mann, *Pro and Contra Wagner* p.125에 인용. 만은 이 말들과 바그너의 〈트리스탄과 이졸데〉의 텍스트 사이의 놀라운 평행관계에 이목을 끄는데, 나는 거기에 빚지고 있다.

13장 생식욕으로서의 사랑: 쇼펜하우어

1) 아르투르 쇼펜하우어, *The World as Will and Representation*(의지와 표상으로서의 세계)(이후로 WWR), trans. E.F. J. Payne(New York, 1966), vol.Ⅱ, p.513.

2) Schopenhauer, *WWR*, vol.II, p.513.

3) Schopenhauer, *WWR*, vol.II, pp.512~513.

4) Schopenhauer, *WWR*, vol.II, pp.513~514.

5) Schopenhauer, *WWR*, vol.II, p.513.

6) Schopenhauer, *WWR*, vol.II, pp.533~534.

7) Schopenhauer, *WWR*, vol.II, p.531.

8) Schopenhauer, *WWR*, vol.II, p.534.

9) Schopenhauer, *WWR*, vol.II, p.542.

10) Schopenhauer, *WWR*, vol.II, p.545.

11) Schopenhauer, *WWR*, vol.II, p.544.

12) Schopenhauer, *WWR*, vol.II, p.545.

13) Schopenhauer, *WWR*, vol.II, p.544.

14) Schopenhauer, *WWR*, vol.II, p.543.

15) 나는 *Wille zum Leben*을 '살려는 의지'(will-to-live, Payne의 영어 번역판에 쓰인 대로)
보다는 '삶에의 의지(will-to-life)'로 번역한다. 왜냐하면 '삶에의 의지' 쪽이 그저 개인으
로서 인내하며 버티는 것만이 아니라 내 후손들을 통해 살아남으려 하는 욕구를 더욱 잘
담아내기 때문이다.

16) Schopenhauer, *WWR*, vol.II, p.571.

17) Schopenhauer, *WWR*, vol.II, p.542.

18) Schopenhauer, *WWR*, vol.II, p.536.

19) Schopenhauer, *WWR*, vol.II, p.216.

20) Schopenhauer, *WWR*, vol.II, p.209.

21) Schopenhauer, *WWR*, vol.II, p.205.

22) Schopenhauer, *WWR*, vol.II, p.216.

23) Schopenhauer, *WWR*, vol.II, pp.216~217.

24) Schopenhauer, *WWR*, vol.II, p.217.

25) Schopenhauer, *WWR*, vol.II, pp.209~210.

26) Schopenhauer, *WWR*, vol.II, p.573.

27) Schopenhauer, *WWR*, vol.II, pp.507~508.

28) Schopenhauer, *WWR*, vol.II, p.613.

29) Schopenhauer, *WWR*, vol.II, p.621.

30) Schopenhauer, *WWR*, vol.II, p.374.

31) Schopenhauer, *WWR*, vol.II, pp.372, 375.

32) Schopenhauer, *WWR*, vol.II, p.374.

33) Schopenhauer, *WWR*, vol.II, p.373.

34) Schopenhauer, *WWR*, vol.II, p.404.

35) Schopenhauer, *WWR*, vol.II, pp.411~412.

14장 삶의 긍정으로서의 사랑: 니체

1) John Hick, *Evil and the God of Love*(London, 1985), p.51에 인용되었음.

2) Friedrich Nietzsche, *Ecce Homo*, in *The Basic Writings of Nietzsche*, trans. W. Kaufmann(New York, 1968), p.714.

3) Friedrich Nietzsche, *The Gay Science*(즐거운 지식), trans. W. Kaufmann(New York, 1974), sect.370, p.328.

4) Nietzsche, *The Gay Science*, sect.370, p.328.

5) Nietzsche, *Beyond Good and Evil*, Preface, p.193.

6) Nietzsche, *On the Genealogy of Morals*, Essay III, sect.14, p.558.

7) Nietzsche, *On the Genealogy of Morals*, Essay III, sect.28, pp.598~599.

8) Nietzsche, *On the Genealogy of Morals*, Preface, sect.5, p.455.

9) Nietzsche, *The Gay Science*, sect.338, p.269.

10) Nietzsche, *The Gay Science*, sect.14, p.88.

11) Nietzsche, *Beyond Good and Evil*, sect.225, p.344.

12) Nietzsche, *Twilight of the Idols*(우상의 황혼), in *The Portable Nietzsche*, trans. W. Kaufmann(New York, 1954), p.562('What I owe to the Ancients', sect.4).

13) Nietzsche, *The Gay Science*, sect.338, p.270.

14) Nietzsche, *Thus Spoke Zarathustra*(차라투스트라는 이렇게 말했다), Part I, sect.16, in *The Portable Nietzsche*, trans. W. Kaufmann(New York, 1954), p.172.

15) Nietzsche, *Beyond Good and Evil*, sect.293, pp.420~421.

16) Nietzsche, *On the Genealogy of Morals*, Preface, sect.5, p.455.

17) Nietzsche, *On the Genealogy of Morals*, Preface, sect.6, p.456.

18) Nietzsche, *On the Genealogy of Morals*, Essay I, sect.8, p.470.

19) Nietzsche, *On the Genealogy of Morals*, Essay I, sect.8, p.470. 강조는 저자.

20) Nietzsche, *On the Genealogy of Morals*, Essay I, sect.8, p.471.

21) Friedrich Nietzsche, *Human, All Too Human*(인간적인 너무나 인간적인), trans. R.J. Hollingdale(Cambridge, 1986), vol.I, sect.224, p.107.

22) Nietzsche, *On the Genealogy of Morals*, Essay II, sect.18, pp.523~524.

23) Nietzsche, *On the Genealogy of Morals*, Essay I, sect.6, pp.468~469.

24) Nietzsche, *Beyond Good and Evil*, sect.168, p.282.

25) Nietzsche, *The Gay Science*, sect.290, p.233.

26) Nietzsche, *The Twilight of the Idols*, p.500(The Four Great Errors', sect.8).

27) Nietzsche, *The Gay Science*, sect.14, p.89.

28) Nietzsche, *The Gay Science*, sect.14, p.89.

29) Nietzsche, *The Gay Science*, sect.334, p.262.

30) Nietzsche, *On the Genealogy of Morals*, Essay III, sect.6, p.541.

31) Nietzsche, *The Gay Science*, sect.276, p.223.

32) Nietzsche, *The Gay Science*, sect.125, pp.181~182.

15장 상실의 역사로서의 사랑: 프로이트

1) Nietzsche, *Beyond Good and Evil*, sect.23, p.222.

2) 이 장은 논지와 인용문의 선택에 조너선 리어의 *Love and Its Place in Nature*(New York, 1990)와, 세바스티안 가드너, 켄 짐스, 그리고 버너드 레진스터로부터 큰 영향을 받았다(개인적 교신).

3) Sigmund Freud, *Group Psychology and the Analysis of the Ego*, vol.XVIII(1955), p.90. *Standard Edition of the Complete Psychological Works of Sigmund Freud*, trans. and ed. James Strachey, vols.I~XXIV(London, 1953~1974[이후로 *SE*]).

4) Sigmund Freud, *Civilization and Its Discontents*(문명 속의 불만), *SE*, vol.XXI(1961), p.101.

5) Freud, *Civilization and Its Discontents*, pp.102~103, 강조는 저자.

6) Sigmund Freud, *Three Essays on Sexuality*(성욕에 관한 세 편의 에세이), *SE*, vol. VII(1953), p.222, 강조는 저자.

7) Freud, *Three Essays on Sexuality*, pp.222~223.

8) Freud, *Three Essays on Sexuality*, p.223.

9) 다시금, 내 논지는 Lear, *Love and Its Place in Nature*, e.g. pp.160~163에 빚지고 있다.

10) '초기 나르시시즘'이라는 개념은 초기 아동 심리학의 경험 연구가 이루어지면서 대체로 신빙성을 잃어왔다.

11) Freud, *Civilization and Its Discontents*, pp.66~67.

12) Sigmund Freud, *The Future of an Illusion*, *SE*, vol.XXI(1961), p.24.

13) Freud, *Civilization and Its Discontents*, p.68.

14) Sigmund Freud, *New Introductory Lectures on Psycho-Analysis*(새로운 정신분석 강

의), lecture 31, *SE*, vol.XXII(1964), p.63.

15) Sigmund Freud, *The Ego and the Id*, *SE*, vol.XIX(1961), p.45.

16) Freud, *Group Psychology*, p.106.

17) Freud, *New Introductory Lectures on Psycho-Analysis*, lecture 31, p.65.

18) Freud, *Civilization and Its Discontents*, p.120.

19) Sigmund Freud, *The Economic Problem of Masochism*, *SE*, vol.XIX(1961), p.170.

20) Freud, *Civilization and Its Discontents*, pp.126~128. 이 생각은 니체의 *On the Genealogy of Morals*, Essay II에서 놀랍도록 잘 드러나 있는데, 거기서 양심의 발달은 거의 동일한 개념으로 설명된다.

21) Freud, *The Ego and the Id*, p.58.

22) Freud, *The Ego and the Id*, p.58. Lear, *Love and Its Place in Nature*, pp.154~155에서 인용, 내 논의는 여기에 빚지고 있다.

23) Freud, *The Ego and the Id*, p.29. Lear, *Love and Its Place in Nature*, p.164, n.24에 인용.

24) Freud, *Group Psychology*, pp.112~113.

25) Freud, *Civilization and Its Discontents*, pp.71~72.

26) Freud, *Civilization and Its Discontents*, p.118. 또한 Freud, *New Introductory Lectures on Psycho-Analysis*, p.106도 볼 것.

27) Freud, *Civilization and Its Discontents*, p.69.

28) Freud, *Civilization and Its Discontents*, p.66.

29) Freud, *New Introductory Lectures on Psycho-Analysis*, lecture 32, p.107.

30) Freud, *The Ego and the Id*, p.45.

31) 이 공식은 Lear, *Love and Its Place in Nature*, p.176에 빚지고 있다.

32) Freud, *New Introductory Lectures on Psycho-Analysis*, lecture 31, p.80; cf. Freud, *The Ego and the Id*, p.56.

33) 이 생각은 Lear, *Love and Its Place in Nature*, pp.164~172에서 탁월하게 발전되었다.

34) 이 공식은 버너드 레진스터에게 빚지고 있다(개인적 교신).

35) 확실히 플라톤과 프로이트의 에로스 개념에는 큰 차이가 있다. 예를 들어, 프로이트는 결코 성적 본능이 시간에 구애를 받지 않는, 초월적인 좋음을 향한 탐색을 이끈다고 믿지 않는데, 따라서 '그것의 기원, 기능, 그리고 성적 사랑과의 관계로 보면 철학자 플라톤의 "에로스"는 정신분석의 리비도에 해당하는 사랑-힘(love-force)과 정확히 일치한다……' 라는 그의 말은 너무 심한 과장이다. Freud, *Group Psychology*, p.91을 볼 것; cf. Freud, *The Resistances to Psycho-Analysis*, *SE*, vol.XIX(1961), p.218.

36) Sigmund Freud, *Analysis Terminable and Interminable*(끝이 있는 분석과 끝이 없는

분석), *SE*, vol.XXIII(1964), p.243; cf. Freud, *New Introductory Lectures on Psycho-Analysis*, p.107.

37) Sigmund Freud, *Beyond the Pleasure Principle*(쾌락 원칙을 넘어서), *SE*, vol. XVIII(1955), p.55.

38) Freud, *Beyond the Pleasure Principle*, p.38.

39) Freud, *New Introductory Lectures on Psycho-Analysis*, pp.106~107.

40) Freud, *Civilization and Its Discontents*, p.112.

41) 3장을 볼 것.

42) Freud, *Group Psychology*, p.101. 프로이트는 오로지 한 어머니가 아들과 맺는 관계만이 이 법칙의 예외일지 모른다고 시사한다.

43) 다른 복음서들의 비슷한 단락들 또한 아이가 특별히 사랑을 잘하는 능력이 있다고 말하지 않는다. 마가복음은 이렇게 말한다. '하느님 나라를 어린 아이와 같이 받들지 않는 자는 결단코 그곳에 들어가지 못하리라.'(마가복음 10:15), 예수가 가치 있게 여기는, 아이와 같다는 것이 무슨 뜻인가 하는 설명은 전혀 없다. 심지어 겸손함도 명시적으로 언급되지 않는다.

16장 공포와 지루함으로서의 사랑: 프루스트

1) Marcel Proust, *Remembrance of Things Past*, vols.1, 2 and 3, trans. C.K. Scott Moncrieff and Terence Kilmartin(Harmondsworth, 1983), vol.3, p.105. 권수와 페이지 번호는 이제 본문에 적혀 있다.

2) 이 부분은 Singer, *The Nature of Love*, vol.III, pp.161~162에서 영향을 받았다.

3) 이 부분은 Malcolm Bowie, *Proust Among the Stars*(London, 1998), p.262에 빚지고 있다.

4) 이 문장의 형성은 Lear, *Love and Its Place in Nature*, p.133에 빚지고 있다.

5) 이 점을 지적해준 앨리슨 핀치에게 감사한다(개인적 교신).

6) 이 주장은 Alison Finch, 'Love, sexuality and friendship', in *The Cambridge Companion to Proust*, ed. Richard Bales(Cambridge, 2001), p.169에 빚지고 있다. 이 장은 그녀의 기사 덕을 많이 보았다. 보위(*Proust Among the Stars*, pp.263~264) 또한 프루스트 저작의 '철저하게 에로틱한' 질감을 강조한다. 어떤 단순한 범섹슈얼리티가 아니라 욕망의—그리고 '바람직한 사고'의—복잡함, 차별, 강렬함과 취약성이라는 의미에서이다.

7) 이 인용은 André Maurois, *The Quest for Proust*, trans. Gerard Hopkins(London, 1962), p.210에 빚지고 있다.

8) 싱어의 이 장면에 대한 논의는 Singer, *The Nature of Love*, vol.III, pp.170~171에 빚지고 있다.

9) 이 단락은 마사 누스바움의 탁월한 분석에서 도움을 받았다. *Love's Knowledge: Essays on Philosophy and Literature*(Oxford and New York, 1990), pp.261~285를 볼 것.

10) 프루스트의 희극적 측면을 강조해준 앨리슨 핀치에게 감사한다(개인적 교신). 많은 논평가들, 특히 철학자들이 간과한 부분이었다.

11) Samuel Beckett, *Proust*(London, 1970), pp.19~20.

12) Beckett, *Proust*, p.19.

13) 이 섹션에서, 그리고 플라톤적 '격상'을 통해 사랑의 고통을 개인들을 위해 구원한다는 생각은 특히 Martha Nussbaum, *Upheavals of Thought*, 그중에서도 pp.511~526에 각별히 빚지고 있다. 비슷한 설명이 그녀의 'People as Fictions: Proust and the Ladder of Love' in *Erotikon*, ed. Shadi Bartsch and Thomas Bartscherer(Chicago and London, 2005), 특히 pp.229~238에 제시된다. 인용문을 선택하는 데도 여기서 도움을 받았다. 또한 Finch, 'Love, sexuality and friendship', e.g. p.169에도 빚지고 있다.

14) Nussbaum, 'People as Fictions', p.229.

15) Beckett, *Proust*, p.35.

16) 키르케고르는 '삶은 반드시 거꾸로 이해해야 한다는 철학의 주장은 완벽하게 옳다. 그러나 그때 우리는 다른 단서를 잊는다—삶은 앞으로 살아야 한다는 것'이라고 언급한다. *Søren Kierkegaard's Journals and Papers*, vol.1, A~E, ed. and trans. Howard V. Hong and Edna H. Hong(Bloomington and London, 1967), p.450.

17장 사랑을 다시 생각하다

1) Singer, *The Nature of Love*, vol.I, p.96; cf. vol.I, p.5.(가치는 사랑의 대상에 부여되는데, '그 대상이 관심사를 만족시키는 능력이 있는지는 관계가 없다'.) 그리고 p.15.('사랑은 순전한 선물이다. 그것은 마치 머리통에서 머리카락이 나듯 사랑하는 이에게서 자라나오지…… 외부에서는 나올 수 없다.')

2) Frankfurt, *The Reasons of Love*(Princeton, NJ, 2004), p.79.

3) 예를 들어 여러분이 아우구스티누스와 마찬가지로 참된 사랑은 오로지 하느님에게만 가능하고, 하느님의 도움 없는 인간의 사랑은 늘 이기심과 악에 의해 비뚤어질 거라고 믿는다면, 그렇다면 우리는 하느님의 사랑이 우리를 통해 작용할 수 있도록 이타주의를 실천하고자 분투할 필요가 있다. 그러나 여러분이 그런 믿음들을 폐기한다면, 이타적인 관심은 결코 진짜 사랑의 특징인 그 열정과 몰입을 뒷받침하지 못할 것이다.

4) 정말로, 이것이 모든 종류의 진정한 사랑이 그처럼 놀랍도록 보수적인 이유이다. 심지어

사랑이 친숙하지 않은 세계를 추구할 때조차, 심지어 사랑이 '차이'를 갈망할 때조차, 그 이유는 이것이 사랑하는 이가 탐험되지 않은 친연성을 감지하고, 자신의 정통 계승권을 청구하고 싶어하는 세계이기 때문이다. 그가—프루스트의 화자가 시사하듯—무언가 근본적으로 자신과 다른 것을 찾고 있어서가 아니다.

5) Freud, *New Introductory Lectures on Psycho-Analysis*, pp.107~108.

6) 적절히 함양되면 회귀와 쇄신이라는 속성을 가지는 사랑의 쌍둥이 미덕인 회개와 용서 역시 그렇다. 회개는 모든 사랑하는 관계에 핵심적인데, 개인들을 도로 자신들에게로, 그의 존재의 참 터전으로 돌아가게 해주는 터전 잡기나 고향 찾기라는 사랑의 임무에 필요하기 때문이다. 그것은 말하자면 우리에게 재시동을 걸어, 자신에 대한, 특히 우리 존재의 터전과의 진정한 관계에 대한 과거의 배신—우리가 사랑하는 대상과 자유롭게 관계 맺고 말하는 것을 불가능하게 만들었던 배신들—으로부터 자유를 되찾게 한다. 용서란 이 행위에 대한 사랑받는 이의 수용이자, 그 수용을 가능케 해주는 새로워진 친애이다. 그것은 타자가 그에게 집이나 터전이 될 수 있는 존재의 양식으로 돌아온 사랑하는 이를 환영한다. 사랑 그 자체처럼, 용서-그리고-회개는 과거로의 움직임이 또한 미래로의 움직임이기도 한 순환운동을 한다. 사랑이 실제로 시간을 어떤 최종적 '완성'이나 구원의 순간을 향하는 순수한 선형운동이 아니라 끝없는 원형운동으로 체험하듯.

7) 다른 말로는 배려의 양상들로, 에로스와 아가페와 필리아는 통시적이면서 공시적일 수 있다.

8) 2장에서 나는 다윗을 향한 요나단의 사랑과 나오미를 향한 룻의 사랑에서 주의집중의 세 양상 모두를 볼 수 있다고 시사했다. 더욱 중요한 것으로, 우리는 하느님에 대한 히브리인들의 사랑에서 그 셋 모두를 볼 수 있는데, 그것은 이따금씩은 아가서를 떠올리게 하는 황홀하고 관능적인 어조를 띠고, 이따금씩은 한 친구에게로 확장되고 그의 선함에 의해 자극되는 헌신과 호의의 양상을 띠며, 이따금씩은 타자의 의지에 대한 기탄없는 복종의 양상을 띤다.

9) '아동기'의 역사에 관한 논의로 나를 고무시켜준 제이 벨킨에게 감사한다.

Abelard and Heloise, *The Lost Love Letters of Heloise and Abelard: Perceptions of Dialogue in Twelfth-Century France*, trans. Constant J. News and Neville Chiavaroli(Basingstoke: Palgrave Macmillan, 2001).

—— *The Letters of Abelard and Heloise*, trans. Betty Radice(Harmondsworth: Penguin, 2003).

Allison, Henry E., *Benedict de Spinoza*(New Haven and London: Yale University Press, 1987).

Aquinas, Thomas, *Summa Theologiae*, vol.9: Angels, trans. Kenelm Foster(London: Eyre&Spottiswoode, 1968).

—— *Summa Theologiae*, vol.16: *Purpose and Happiness*, trans. Thomas Gilby(London: Eyre&Spottiswoode, 1969).

—— *Summa Theologiae*, vol.34: *Charity*, trans. R.J. Batten(London: Eyre&Spottiswoode, 1975).

Aristotle, *Eudemian Ethics*(에우데모스 윤리학), *Magna Moralia*, *Nicomachean Ethics*(니코마코스 윤리학) and *Politics*(정치학), in *The Complete Works of Aristotle*, vol.II, ed. Jonathan Barnes(Princeton, NJ: Princeton University Press, 1984).

Auden, W.H., *The Age of Anxiety: A Baroque Eclogue*(New York: Random House, 1947).

Augustine, 'Answer to the Pelagians, III: Unfinished Work in Answer to Julian', in *The Works of Saint Augustine*, PartI, vol.25(New York: New City Press, 1999).

—— *City of God*(신국론), trans. Henry Bettenson(London: Penguin, 2003).

—— 'Confessions'(고백록), in *The Works of Saint Augustine*, PartI, vol.1(New York: New City Press, 1997).

—— 'Exposition 2 of Psalm 31', in *The Works of Saint Augustine*, PartIII, vol.15(New York: New City Press, 2000).

—— 'Letter 194: Augustine to Sixtus', in *The Works of Saint Augustine*, PartII, vol.3(New York: New City Press 2004).

—— 'Letter 100~155', in *The Works of Saint Augustine*, PartII, vol.2 (New York: New City Press 2003).

—— *St Augustine: On the Spirit and the Letter*, trans. W.J. Sparrow-Simpson(London: Macmillan Co., 1925).

—— 'Sermon 121: On the Words of the Gospel of John 1:10~14: The World Was Made through Him', in *The Works of Saint Augustine*, PartIII, vol.4(New York: New City Press, 1992).

—— 'Sermon 192: On Christmas Day', in *The Works of Saint Augustine*, PartIII, vol.6(New York: New City Press, 1993).

—— 'Teaching Christianity', in *The Works of Saint Augustine*, PartI, vol.11(New York: New City Press, 1996).

—— 'The Trinity'(삼위일체론), in *The Works of Saint Augustine*, PartI, vol.5(New York: New City Press, 1991).

—— *Tractates on the Gospel of John*, 55~111(Washington, DC: Catholic University of America Press, 1994).

—— *Treatises on Various Subjects*, trans. Mary Sarah Muldowney, The Fathers of the Church vol.16(Washington, DC: Catholic University of America Press, 1952).

Babylonian Talmud, ed. and trans. I. Epstein(London: Soncino Press, 1935~1948).

Barnes, Jonathan, *The Presocratic Philosophers*(London: Routledge, 1982).

Beckett, Samuel, *Proust*(London: Calder&Boyars, 1970).

Benedict XVI, Encyclical Letter, *Deus Caritas Est(God is Love)*(Vatican: Libreria Editrice Vaticana, 2005).

Bernard of Clairvaux, *Bernard of Clairvaux: Selected Works*, trans. G.R. Evans(New

York: Paulist Press, 1987).

Bible, New Revised Standard Version, Anglicised Edition(Oxford: Oxford University Press, 1995).

Bloom, Allan, *Love and Friendship*(New York: Simon&Schuster, 1993).

Bloom, Harold, *Jesus and Yahweh: The Names Divine*(New York and London: Riverhead Books, 2005).

Bonaventure, *The Soul's Journey into God, the Tree of Life and the Life of St Francis*, trans. Ewert H. Cousins(New York: Paulist Press, 1978).

Bowie, Malcolm, *Proust Among the Stars*(London: HarperCollins, 1998).

Brown, F., Driver, S.R. and Briggs, C.A., *The Brown-Driver-Briggs Hebrew and English Lexicon of the Old Testament*(Peabody, MA: Hendrickson Publishers, 2000).

Brümmer, Vincent, *The Model of Love: A Study in Philosophical Theology*(사랑의 모델) (Cambridge: Cambridge University Press, 1993).

Buber, Martin, *On Judaism*(New York: Schocken Books, 1967).

Burke, Peter, *Montaigne*(Oxford: Oxford University Press, 1981).

Buss, David M., *Evolutinoary Psychology: The New Science of the Mind*(Boston, MA: Allyn&Bacon, 1999).

Calvin, John, *Calvin: Theological Treatises*, ed. and trans. J.K.S. Reid(Philadelphia: Westminster Press, 1954).

Cassirer, Ernst, *The Question of Jean-Jacques Rousseau*, ed. and trans. Peter Gay(New Haven and London: Yale University Press, 1989).

Chadwick, Henry, *The Early Church*(초대 교회사)(London: Penguin, 1967).

The Concise Dictionary of Classical Hebrew, ed. D.J.A. Clines(Sheffield: Sheffield Phoenix Press, 2009).

Cooper, John M., 'Aristotle on Friendship', in *Essays on Aristotle's Ethics*, ed. Amélie Oksenberg Rorty(Berkeley and Los Angeles: University of California Press, 1980).

Crouch, C.L., *War and Ethics in the Ancient Near East: Military Violence in Light of Cosmology and History*, Beihefte zur Zeitschrift für die alttestamentliche Wissenschaft(Berlin and New York: Walter de Gruyter, 2009).

Dickinson, Emily, *The Letters of Emily Dickinson*, ed. Thomas H. Johnson(Cambridge, MA: Harvard University Press, 1997).

Dover, Kenneth, *Greek Homosexuality*(Cambridge, MA: Harvard University Press, 1978).

Eckhart, Meister, *The Essential Sermons, Commentaries, Treatises and Defense*, trans.

Edmund Colledge and Bernard McGinn(New York: Paulist Press, 1981).

—— *The Works of Meister Eckhart*, ed. Franz Pfeiffer, trans. C. de B. Evans(Kila, MT: Kessinger, 1992).

Epicurus, *Epicurus: The Extant Remains*, ed. and trans. Cyril Bailey(Hildesheim and New York: George Olms Verlag, 1970).

Ficino, Marsilio, *Platonic Theology*, trans. Josephine L. Burroughs, Journal of the History of Ideas, vol.5, no.2(April 1944), pp.227~242.

Finch, Alison, 'Love, sexuality and friendship', in *The Cambridge Companion to Proust*, ed. Richard Bales(Cambridge: Cambridge University Press, 2001).

Francis of Assisi, *Francis and Clare: The Complete Works*, trans. Regis J. Armstrong and Ignatius C. Brady(New York: Paulist Press, 1982).

Frankfurt, Harry G., *The Reasons of Love*(Princeton, NJ: Princeton University Press, 2004).

Fraschetti, Augusto, ed., *Roman Women*, trans. Linda Lappin(Chicago and London: University of Chicago Press, 2001).

Freud, Sigmund, *Standard Edition of the Complete Psychological Works of Sigmund Freud*, trans. and ed. James Strachey, vols.I to XXIV(London: Hogarth Press, 1953~1974):

—— *Analysis Terminable and Interminable*(끝이 있는 분석과 끝이 없는 분석), vol. XXIII(1964).

—— *Beyond the Pleasure Principle*(쾌락 원칙을 넘어서), vol.XVIII(1955).

—— *Civilization and Its Discontents*(문명 속의 불만), vol.XXI(1961).

—— *The Economic Problem of Masochism*, vol.XIX(1961).

—— *The Ego and the Id*, vol.XIX(1961).

—— *The Future of an Illusion*, vol.XXI(1961).

—— *Group Psychology and the Analysis of the Ego*, vol.XVIII(1955).

—— *Inhibitions, Symptoms and Anxiety*(억압, 증후 그리고 불안), vol.XX(1959).

—— *New Introductory Lectures on Psycho-Analysis*(새로운 정신분석 강의), vol. XXII(1964).

—— *The Resistances to Psycho-Analysis*, vol.XIX(1961).

—— *Three Essays on Sexuality*(성욕에 관한 세 편의 에세이), vol.VII(1953).

Gascoigne, Bamber, *A Brief History of Christianity*(London: Constable&Robinson, 2003).

Gaunt, Simon and Kay, Sarah, eds., *The Troubadours*(Cambridge: Cambridge University Press, 1999).

Gilbert, Martin, *The Righteous: The Unsung Heroes of the Holocaust*(London: Black Swan, 2003).

Gillespie, Stuart and Hardie, Philip, eds., *The Cambridge Companion to Lucretius*(Cambridge: Cambridge University Press, 2007).

Goldhagen, Daniel, *A Moral Reckoning: The Role of the Catholic Church in the Holocaust and Its Unfulfilled Duty of Repair*(New York: Random House, 2002).

Goodman, Lenn E., *Love Thy Neighbor as Thyself*(New York: Oxford University Press, 2008).

Gottfried von Strassburg, *Tristan*, trans. A.T. Hatto(London: Penguin, 1960).

Hampshire, Stuart, *Spinoza*(Harmondsworth: Penguin, 1987).

Hick, John, *Evil and the God of Love*(London: Macmillan, 1985).

Huntington, Samuel P., *Who Are We?: The Challenges to America's National Identity*(새뮤얼 헌팅턴의 미국)(New York: Simon&Schuster, 2004).

Hurowitz, V.A. 'The Divinity of Mankind in the Bible and the Ancient Near East: A New Mesopotamian Parallel', in *Mishneh Todah: Studies in Deuteronomy and Its Cultural Environment in Honor of Jeffrey H. Tigay*, ed. N. Sacher Fox, D.A. Gilat-Gilad and M.J. Williams(Winona Lake, IN: Eisenbrauns, 2009).

Hyamson, Moses, ed. and trans. *Mishneh Torah, The Book of Adoration by Maimonides*(Jerusalem and New York: Feldheim, 1975).

Jeanrond, Werner, G., *A Theology of Love*(London: T.&T. Clark, 2010).

John of the Cross, *Dark Night of the Soul*, trans. E. Allison Peers(Garden City, NY: Image Books, 1959).

—— *A Spiritual Canticle of the Soul and the Bridegroom Christ*, trans. David Lewis(London: T. Baker, 1919).

Julian of Norwich, *Revelations of Divine Love*(Harmonsworth: Penguin, 1966).

Kahn, Charles H., *The Art and Thought of Heraclitus*(Cambridge: Cambridge University Press, 1979).

Kant, Immanuel, *Critique of Judgement*(판단력 비판), trans. J.C. Meredith(Oxford: Oxford University Press, 1952).

Kellner, Menachem, *Maimonides on Human Perfection*, Brown Judaic Studies, vol.202(Atlanta: Scholars Press, 1990).

Kenny, Anthony, *What is Faith?: Essays in the Philosophy of Religion*(Oxford: Oxford University Press, 1992).

Kierkegaard, Søren, *Søren Kierkegaard's Journals and Papers*, vol.1, A~E, ed. and trans. Howard V. Hong and Edna H. Hong(Bloomington and London: Indiana University Press, 1967).

Larkin, Philip, *Collected Poems*(London: Faber&Faber, 2003).

Lear, Jonathan, *Love and Its Place in Nature*(New York: Farrar, Straus&Giroux, 1990).

Leclercq, Jean, *Monks and Love in Twelfth-Century France*(Oxford: Oxford University Press, 1979).

Léglu, Catherine, 'Moral and satirical poetry', in *The Troubadours*, ed. Simon Gaunt and Sarah Kay(Cambridge: Cambridge University Press, 1999).

Lindemann, Albert S., *Anti-Semitism before the Holocaust*(Harlow: Longman, 2000).

Lucretius, *De Rerum Natura*(사물의 본성에 관하여), trans. C.H. Sisson(New York: Routledge, 2003). Also trans. W.H.D. Rouse, rev. M.F. Smith(Cambridge, MA: Harvard University Press, 1975).

Luther, Martin, 'Second Christmas Sermon: Early Christmas Morning Service, Titus 3:4~8', in *Sermons of Martin Luther*, vol.6(Grand Rapids, MI: Baker Books, 1995).

Maimonides, Moses, *The Code of Maimonides: Book II*, The Book of Love, trans. Menachem Kellner(New Haven and London: Yale University Press, 2004).

Mann, Thomas, *Pro and Contra Wagner*, trans. Allan Blunden(London: Faber&Faber, 1985).

Maurois, André, *The Quest for Proust*, trans. Gerard Hopkins(London: Penguin, 1962).

The Mishnah, trans. Herbert Danby(London: Oxford University Press, 1958).

Montaigne, Michel de, *The Complete Essays*, trans. M.A. Screech(London: Penguin, 1993).

Murdoch, Iris, *The Sovereignty of Good*(London: Routledge, 1970).

Nietzsche, Friedrich, *The Antichrist*(안티크라이스트), *Thus Spoke Zarathustra*(차라투스트라는 이렇게 말했다) and *Twilight of the Idols*(우상의 황혼) in *The Portable Nietzsche*, trans. W. Kaufmann(New York: Viking, 1954).

―― *Beyond Good and Evil*(선악의 저편), *Ecce Homo* and *On the Genealogy of Morals* in *The Basic Writings of Nietzsche*, trans. W. Kaufmann(New York: The Modern Library, 1968).

―― *The Gay Science*(즐거운 지식), trans. W. Kaufmann(New York: Vintage, 1974).

―― *Human, All Too Human*(인간적인 너무나 인간적인), trans. R.J. Hollingdale(Cambridge: Cambridge University Press, 1986).

Novalis, 'Faith and Love', in *The Early Political Writings of the German Romantics*, Cambridge Texts in *the History of Political Thought*, ed. and trans. Frederick Beiser(Cambridge: Cambridge University Press, 1996).

—— *Hymns to the Night*, in Hymns to the Night and Other Selected Writings, trans. Charles E. Passage(Indianapolis: Bobbs-Merrill, 1960).

—— Journal, in *The Birth of Novalis: Friedrich von Hardenberg's Journal of 1797, with Selected Letters and Documents*, trans. Bruce Donehower(Albany, NY: State University of New York Press, 2007).

—— *Schriften*, vol.4, ed. Richard Samuel(Stuttgart: Kohlhammer, 1975).

Nussbaum, Martha, *The Fragility of Goodness: Luck and Ethics in Greek Tragedy and Philosophy*(Cambridge: Cambridge University Press, 1986).

—— *Love's Knowledge: Essays on Philosophy and Literature*(Oxford and New York: Oxford University Press, 1990).

—— 'People as Fictions: Proust and the Ladder of Love', in *Erotikon*, ed. Shadi Bartsch and Thomas Bartscherer(Chicago and London: University of Chicago Press, 2005).

—— *Upheavals of Thought*(Cambridge: Cambridge University Press, 2001).

Nygren, Anders, *Agape and Eros*(아가페와 에로스), trans. Philip S. Watson(Philadelphia: Westminster Press, 1953).

O'Donovan, Oliver, *The Problem of Self-Love in St Augustine*(New Haven: Yale University Press, 1980).

Otto, Rudolf, *Mysticism East and West: A Comparative Analysis of the Nature of Mysticism*, trans. Bertha L. Bracey and Richenda C. Payne(New York: Macmillan, 1932).

Ovid, *The Art of Love*(사랑의 기교), trans. Rolfe Humphries(Bloomington: Indiana University Press, 1957).

—— *Metamorphoses*, trans. F.J. Miller(Cambridge, MA: Harvard University Press, 1951).

Paterson, Linda M., 'Development of the courtly canso', in *The Troubadours*, ed. Simon Gaunt and Sarah Kay(Cambridge: Cambridge University Press, 1999).

—— *The World of the Troubadours*(Cambridge: Cambridge University Press, 1993).

Paz, Octavio, *The Double Flame: Essays on Love and Eroticism*(이중 불꽃), trans. Helen Lane(New York: Harcourt Brace, 1995).

Pico della Mirandola, Giovanni, 'The Dignity of Man', in *The Portable Renaissance Reader*, ed. J.B. Ross and M.M. McLaughlin(New York: Penguin, 1977).

Plato, *Charmides*, in *Early Socratic Dialogues*, trans. Trevor J. Saunders(London:

Penguin, 1987).

—— *Euthyphro, Apology, Crito, Phaedo, Phaedrus*, trans. Harold North Fowler(Cambridge, MA: Harvard University Press, 2005).

—— *The Laws*(법), trans. Trevor J. Saunders(Harmondsworth: Penguin, 1975).

—— *The Republic*(국가), trans. Desmond Lee(London: Penguin, 2003).

—— *The Symposium*(향연), trans. Walter Hamilton(Harmondsworth: Penguin, 1951). Also trans. Robin Waterfield(Oxford: Oxford University Press, 1994).

Press, Alan R., ed. and trans., *Anthology of Troubadour Lyric Poetry*(Edinburgh: Edinburgh University Press, 1971).

Price, A.W., *Love and Friendship in Plato and Aristotle*(Oxford: Oxford University Press, 1997).

Proust, Marcel, *Remembrance of Things Past*(잃어버린 시간을 찾아서), vols.1, 2, and 3, trans. C.K. Scott Moncrieff and Terence Kilmartin(Harmondsworth: Penguin, 1983).

Rajak, Tessa, *Translation and Survival: The Greek Bible of the Ancient Jewish Diaspora*(Oxford and New York: Oxford University Press, 2009).

Rohnheimer, Martin, 'The Holocaust: What Was Not Said', *First Things*, no.137(2003), pp.18~27.

Rist, John, 'Faith and Reason', in *The Cambridge Companion to Augustine*, ed. Norman Kretzmann and Eleonore Stump(Cambridge: Cambridge University Press, 2001).

Rochefoucauld, François de la, *Maxims*, trans. Leonard Tancock(Harmondsworth: Penguin, 1982).

Rofé, Alexander, *Introduction to the Literature of the Hebrew Bible*, Jerusalem Biblical Studies, vol.9(Ein-Kerem, Jerusalem: Simor, 2009).

Rougemont, Denis de, *Love in the Western World*(사랑과 서구 문명), trans. Montgomery Belgion(Princeton, NJ: Princeton University Press, 1983).

Rousseau, Jean-Jacques, *Confessions*(고백록), in *The Confessions and Correspondence, Including the Letters to Malesherbes*, The Collected Writings of Rousseau, vol.5, trans. Christopher Kelly(Hanover, NH: University Press of New England, 1995).

—— 'Discourse on the Origins of Inequality', in *Discourse on the Origins of Inequality*(인간 불평등 기원론, *Second Discourse*), *Polemics, and Political Economy*, The Collected Writings of Rousseau, vol.3, trans. Judith R. Bush and Roger D. Masters(Hanover, NH: University Press of New England, 1992).

── *Emile, or On Education*(에밀), trans. Allan Bloom(New York: Basic Books, 1979).

── *Julie, or the New Heloise*(쥴리, 신 엘루아즈), The Collected Writings of Rousseau, vol.6, trans. Philip Stewart and Jean Vaché(Hanover, NH: University Press of New England, 1997).

── *The Reveries of the Solitary Walker*(고독한 산책자의 몽상), in The Reveries of the Solitary Walker, *Botanical Writings and Letter to Franquiéres*, The Collected Writings of Rousseau, vol.8, trans. Charles Butterworth(Hanover, NH: University Press of New England, 2000).

Rowland, Ingrid D., 'The Renaissance Revealed' and 'Titan: The Sacred and the Profane', in *From Heaven to Arcadia: The Sacred and the Profane in the Renaissance*(New York: New York Review of Books Collections, 2005).

Russell, James C., *The Germanization of Early Christianity: A Sociohistorical Approach to Religious Transformation*(New York: Oxford University Press, 1994).

Rüterswörden, Udo, 'Die Liebe zu Gott im Deuteronomium', in *Die Deuteronomistischen Geschichtswerke: Redaktions- und religionsgeschichtliche Perspektiven zur 'Deuteronomismus'—Diskussion in Tora und Vorderen Propheten*, ed. Markus Witte et al.(Berlin: Walter de Gruyter, 2006).

Ruzer, Serge, 'From "Love Your Neighbour" To "Love Your Enemy": Trajectories in Early Jewish Exegesis', *Revue Biblique*, vol.109, no.3(2002), pp. 371~389.

Schiller, Friedrich, *Werke und Briefe*, Band12, BriefeII: 1795~1805, ed. N. Oellers(Frankfurt: Deutscher Klassiker Verlag, 2002).

Schlegel, Friedrich, *Lucinde* and 'Athenaeum Fragments', in *Friedrich Schlegel's Lucinde and the Fragments*, trans. Peter Firchow(Minneapolis: University of Minnesota Press, 1971).

── 'On Philosophy: To Dorothea', in *Theory as Practice: A Critical Anthology of Early German Romantic Writings*, ed. and trans. J. Schulte-Sasse et al.(Minneapolis: University of Minnesota Press, 1991).

Schopenhauer, Arthur, *The World as Will and Representation*(의지와 표상으로서의 세계), trans. E.F.J. Payne, vols.1 and 2(New York: Dover, 1966).

Screech, M.A. *Montaigne and Melancholy: The Wisdom of the Essays*(London: Penguin, 1991).

Scruton, Roger, *Death-Devoted Heart: Sex and the Sacred in Wagner's Tristan and Isolde*(New York: Oxford University Press, 2004).

Shakespeare, William, *The Sonnets and a Lover's Complaint*(London: Penguin, 1995).

Sifra: An Analytic Translation, vol.III, trans. Jacob Neusner(Atlanta: Scholars Press, 1988).

Sifre: A Tannaitic Commentary on the Book of Deuteronomy, trans. R. Hammer(New Haven: Yale University Press, 1986).

Singer, Irving, *The Nature of Love*, vols. I, II, and III(Chicago: University of Chicago Press, 1984~1987).

Sophocles, *Antigone*(안티고네), in *The Three Theban Plays: Antigone, Oedipus the King, Oedipus at Colonus*, trans. Robert Fagles(London: Penguin, 1984).

Spinoza, Baruch(Benedict de), *Ethics*, ed. and trans. G.H.R. Parkinson(London: J.M. Dent&Sons, 1989).

The Talmud of the Land of Israel, vol.20(Hagigah and Moed Qatan), trans. Jacob Neusner(Chicago: University of Chicago Press, 1986).

Tarnas, Richard, *The Passion of the Western Mind*(London: Random House, 1991).

Taylor, C.C.W., 'Politics', in *The Cambridge Companion to Aristotle*, ed. Jonathan Barnes(Cambridge: Cambridge University Press 1995).

Tennyson, Alfred(Lord), *The Major Works*, ed. Adam Roberts(Oxford: Oxford University Press, 2009).

Teresa of Avila, *The Interior Castle or the Mansions*(London: T. Baker, 1921).

Thompson, Thomas L., 'How Yahweh Became God: Exodus 3 and 6 and the Heart of the Pentateuch', *Journal for the Study of the Old Testament*, vol.68(1995), pp. 57~74.

Topsfield, L.T. *Troubadours and Love*(Cambridge: Cambridge University Press, 1975).

Weber, Max, *The Protestant Ethic and the Spirit of Capitalism*(프로테스탄티즘의 윤리와 자본주의 정신), trans. Talcott Parsons(Mineola: Dover Publications, 2003).

Weinfeld, Moshe, *Deuteronomy and the Deuteronomc School*(Oxford: Clarendon Press, 1972).

—— 'The Loyalty Oath in the Ancient Near East', *Ugarit-Forschungen*, 8(1976), pp. 379~414.

—— *The Place of the Law in the Rewligion of Ancient Israel*, Supplements to Vetus Testamentum(Leiden and Boston: Brill, 2004).

Wilde, Oscar, *A Woman of No Importance*(London: Penguin, 1996).

Wintermute, O.S., trans., 'Jubilees', in *The Old Testament Pseudepigrapha*, vol.2, ed. James H. Charlesworth(New York: Doubleday, 1985).

Wolters, Clifton, introduction in Julian of Norwich, *Revelations of Divine Love*, trans. Clifton Wolters(Harmondsworth: Penguin, 1966).

Žižek, Slavoj, 'Courtly Love, or Woman as Thing', in *The Žižek Reader*, ed. Elizabeth Wright and Edmond Wright(Oxford: Blackwell, 1999).

찾아보기

옮긴이 **김지선**

서울에서 태어나 서강대학교 영문학과를 졸업하고 출판사 편집자로 근무했다. 현재 번역가로 활동하고 있다. 옮긴 책으로는 『반대자의 초상』 『기사도에서 테러리즘까지: 전쟁과 남성성의 변화』 『필립 볼의 형태학 3부작: 흐름』 『여러분, 죽을 준비 했나요』 등이 있다.

사랑의 탄생
혼란과 매혹의 역사

초판 인쇄   2016년 4월 6일
초판 발행   2016년 4월 15일

지은이 사이먼 메이
옮긴이 김지선
펴낸이 염현숙

책임편집 이경록 | 편집 장영선 박영신
디자인 고은이 이주영 | 마케팅 정민호 이연실 정현민 김도윤 양서연
홍보 김희숙 김상만 이천희
제작 강신은 김동욱 임현식 | 제작처 영신사

펴낸곳 (주)문학동네
출판등록 1993년 10월 22일 제406-2003-000045호
주소 10881 경기도 파주시 회동길 210
전자우편 editor@munhak.com | 대표전화 031) 955-8888 | 팩스 031) 955-8855
문의전화 031)955-3576(마케팅) 031)955-3572(편집)
문학동네카페 http://cafe.naver.com/mhdn | 트위터 @munhakdongne

ISBN 978-89-546-4007-7 03100

www.munhak.com